Eisteddf(
Genedlaethol
Cymru

Eisteddfod Genedlaethol Cymru

RHONDDA CYNON TAF

2024

CYFANSODDIADAU

a

BEIRNIADAETHAU

Golygydd:
W. GWYN LEWIS

Cyhoeddir gan Lys yr Eisteddfod

ISBN 978-1-913257-11-8

Argraffwyd gan Wasg Gomer,
Llandysul, Ceredigion SA44 4JL

CYNGOR YR EISTEDDFOD GENEDLAETHOL 2024

Cymrodyr
R. Alun Evans

Geraint R. Jones

John Gwilym Jones

Garry Nicholas

Dyfrig H. Roberts

D. Hugh Thomas

SWYDDOGION Y LLYS
Llywydd
Ashok Ahir

Is-Lywyddion
Y Prifardd a'r Prif Lenor Mererid (Archdderwydd)

Helen Prosser (Cynrychiolydd Eisteddfod 2024)

Llinos Roberts (Cynrychiolydd Eisteddfod 2025)

Cadeirydd y Cyngor
Gethin Thomas

Is-Gadeirydd y Cyngor
Heulwen Jones

Cyfreithwyr Mygedol
Emyr Lewis

Aled Walters

Trysorydd
Gwenno Williams

Cofiadur yr Orsedd
Y Cyn-Archdderwydd Christine

Ysgrifennydd
Catrin Jones

Prif Weithredwr
Betsan Moses

Cyfarwyddwr Artistig
Elen Huws Elis

RHAGAIR

Y tro diwethaf i'r Eisteddfod Genedlaethol gael ei chynnal ym Mhontypridd oedd yn 1893 (gan gael y llaw uchaf ar Gastell-nedd, Llanelli, a Chicago am yr hawl i'w chynnal y flwyddyn honno) – ond, yn rhyfedd iawn, ymddengys na chadwyd unrhyw gofnodion na thrafodion swyddogol o'r Eisteddfod honno! Y llynedd, fodd bynnag, gwnaed iawn am hynny gyda chyhoeddi cyfrol Sheldon Phillips, *No One Remembers Pontypridd: The forgotten story of the 1893 National Eisteddfod of Wales*, Gwasg Carreg Gwalch (gyda rhagymadrodd gan y Cyn-Archdderwydd Myrddin ap Dafydd). Hyderaf y bydd yr Eisteddfod a gynhaliwyd ym Mhontypridd eleni yn wahanol yn y cyd-destun hwn, ac y bydd cyfrol *Cyfansoddiadau a Beirniadaethau Eisteddfod Genedlaethol Rhondda Cynon Taf 2024* – gyda'i 30 cyfansoddiad arobryn a'i 57 beirniadaeth – yn gofnod swyddogol teilwng ac yn dystiolaeth weladwy a pharhaol o lwyddiant ysgubol yr holl weithgarwch creadigol a gyrhaeddodd ei benllanw ym Mharc Ynysangharad rhwng 3 a 10 Awst.

Y llynedd, am y tro cyntaf, torrodd yr Eisteddfod dir newydd yn dechnolegol drwy sefydlu'r Porth Cystadlu, a oedd yn galluogi pob cystadleuydd a beirniad i uwchlwytho'u cyfraniadau yn electronig i'r Eisteddfod yn ganolog. Fel a nodwyd gennyf yn Rhagair cyfrol *Cyfansoddiadau a Beirniadaethau* y llynedd, ni fu'r drefn newydd hon heb ei thrafferthion, ond braf yw gallu nodi bod pethau wedi gwella eleni wrth i'r dechnoleg gael ei mireinio ymhellach – er bod ambell feirniad wedi cael mwy o anawsterau na'i gilydd gyda'r system! Llwyddodd y beirniaid cyntaf i gyflwyno'u beirniadaethau mor gynnar â 15 Ebrill – ond roedd yn Hirddydd Haf (21 Mehefin) ar y pechaduriaid olaf yn llwyddo i groesi'r llinell derfyn – a hynny heb unrhyw reswm cyfiawn a digonol dros fod mor anfaddeuol o hwyr yn cyflwyno'u sylwadau!

Fodd bynnag, mae fy nyled a'm diolch yn fawr iawn i fwyafrif y beirniaid yn yr holl adrannau am gyflwyno beirniadaethau cynhwysfawr o safon ac ansawdd uchel (a'r rhan fwyaf ohonynt yn brydlon erbyn y dyddiad cau, 15 Mai). Ar eu gorau, maent yn ddadansoddol dreiddgar a gwerthfawrogol o ddawn a chrefft yr ymgeiswyr buddugol – ac, ar yr un pryd, yn cynnig adborth gwerthfawr ac adeiladol i'r rheiny na lwyddodd i gyrraedd y brig. Wedi dweud hynny, gwelwyd rhai tueddiadau anffafriol yn eu hamlygu eu hunain ymhlith rhai beirniadaethau eleni: ambell un yn cyfyngu'r sylwadau i waith yr ymgeiswyr buddugol yn unig (heb roi unrhyw sylw o gwbl i weddill y cystadleuwyr) ac eraill yn cynnig sylwadau ar ffurf nodiadau bras (fel pe baent yn sgwrsio'n llafar â'r cystadleuwyr) heb ddangos unrhyw ymwybyddiaeth o arddull a natur beirniadaeth ysgrifenedig safonol mewn cyfrol fel hon. Afraid dweud bod hynny wedi achosi i mi orfod ailysgrifennu ambell feirniadaeth fy hun, ynghyd â gofyn i feirniaid eraill ailgyflwyno'u beirniadaethau mewn ffurf a oedd yn fwy cyflawn ac a oedd yn gwneud cyfiawnder dyladwy â phob ymgeisydd yn y gystadleuaeth. Gyda'r ffenestr olygu mor gyfyng, mae hyn yn achosi tipyn mwy o waith i unrhyw olygydd ... a dyma finnau'n dechrau mynd i swnio fel fy rhagflaenydd yn y swydd hon! Ond beth sy'n newydd?!

Wn i ddim faint ohonoch sy'n ymddiddori yn yr ystadegau a gyflwynir yn flynyddol yn y Rhagair hwn? Un person, fodd bynnag, a oedd yn gyson yn gwerthfawrogi'r wybodaeth ystadegol hon yn ei adolygiad o'r *Cyfansoddiadau a Beirniadaethau* yn rhifyn mis Medi o *Barn* bob blwyddyn oedd y diweddar Vaughan Hughes – gan ddwyn cymariaethau gwerthfawr â chyfrolau'r gorffennol. A thrist yw gorfod cyfeirio ato bellach fel y **diweddar** Vaughan Hughes – a hynny'n eironig iawn yng nghyd-destun yr Eisteddfod arbennig hon yn Rhondda Cynon Taf, gan iddo wasanaethu ar ei phanel llenyddiaeth lleol hyd at ei farw sydyn yn gynharach yn Ionawr eleni. Ac felly, o barchus goffadwriaeth am Vaughan, dyma droi at ystadegau 2024.

Llwyddodd y 51 cystadleuaeth a osodwyd eleni i ddenu cynifer â 552 o gystadleuwyr (o gymharu â 531 y llynedd) a hynny ar draws y naw adran a ganlyn: Barddoniaeth (194), Rhyddiaith (100), Theatr (48), Maes D (134), Cerddoriaeth (45), Gwerin (23), Dawns (3), a Gwyddoniaeth a Thechnoleg (5). Diau y byddai Vaughan wedi sylwi bod y niferoedd hyn yn is na rhai y llynedd ymhob un o'r adrannau – ac eithrio yn Adran Maes D: go brin y gwelwyd cynifer â 134 wedi rhoi cynnig ar gystadlaethau'r adran hon erioed o'r blaen, sy'n tystio i'r diddordeb a'r brwdfrydedd sy'n bodoli ymhlith siaradwyr newydd y Gymraeg yn Rhondda Cynon Taf ac ardaloedd eraill ledled Cymru (a thu hwnt) ac sy'n deyrnged glodwiw i'r holl diwtoriaid ymroddedig sy'n gweithio'n ddiflino yn y maes allweddol a hollbwysig hwn. Tair cystadleuaeth yn unig a fethod ddenu'r un ymgeisydd eleni (un yn Adran Theatr, un yn Adran Cerdd Dant, ac un yn Adran Gwyddoniaeth a Thechnoleg) a dim ond mewn pedair cystadleuaeth yr ataliwyd teilyngdod (dwy yn Adran Rhyddiaith, gan gynnwys Gwobr Goffa Daniel Owen; un yn Adran Gwyddoniaeth a Thechnoleg; yn ogystal ag atal cystadleuaeth y Fedal Ddrama yn dilyn trafodaethau a gafwyd ar ôl cwblhau'r broses o feirniadu'r gystadleuaeth). O ran y prif gystadlaethau, roedd nifer yr ymgeiswyr yn weddol iach ac ymhlith yr uchaf ers rhai blynyddoedd: 13 yn ymgiprys am y Gadair, 33 am y Goron, 14 am y Fedal Ryddiaith a'r Fedal Ddrama fel ei gilydd – ond, yn siomedig iawn, dim ond 5 egin nofelydd a ymgeisiodd heb lwyddiant am Wobr Goffa Daniel Owen.

Fel arfer, bu staff canolog yr Eisteddfod yn gymorth parod i mi yn y gwaith o gael y gyfrol at ei gilydd. Mae fy nyled yn arbennig i Iwan Standley (Ymgynghorydd Amlgyfrwng yr Eisteddfod) am ei gyngor amhrisiadwy wrth ddatrys unrhyw broblem dechnolegol eto eleni; diolchaf hefyd i Elen Huws Elis (Cyfarwyddwr Artistig) a Steffan Prys (Rheolwr Cystadlu) am eu cymorth wrth gysylltu â beirniaid a chyflwyno gwybodaeth berthnasol i mi ar gyfer y gyfrol. Eleni, am y tro cyntaf, estynnwn ein croeso a'n diolchiadau i Olwen Fowler (Swyddog Dylunio Cyngor Llyfrau Cymru) am ddylunio a chynllunio'r clawr – ac mae ein dyled arferol i Gari Lloyd, y cysodydd dibynadwy yng Ngwasg Gomer, am y cydweithio effeithiol a phroffesiynol blynyddol wrth fy nghynorthwyo i gael y gyfrol drwy'r wasg mewn pryd.

Ar achlysur lansio'r gyfrol *No One Remembers Pontypridd: The forgotten story of the 1893 National Eisteddfod of Wales* ym Mawrth 2023, gobaith mawr Helen Prosser, Cadeirydd Pwyllgor Gwaith Rhondda Cynon Taf, oedd y byddai ffrwyth a gwaddol Eisteddfod 2024 yn **hollol wahanol** i'r ŵyl a gynhaliwyd nôl yn 1893, ac y byddai'r Eisteddfod hon yn cael ei chofio am amser hir fel un o'r prifwyliau gorau erioed, yn llwyddo i ddod â phobl o bob oed a chefndir ynghyd i ddathlu ein hiaith a'n diwylliant mewn ffordd fywiog, egnïol, croesawgar a chynhwysol. Doedd hi fawr o feddwl bryd hynny pa mor **wahanol** – a **gwefreiddiol** – fyddai Prifwyl Rhondda Cynon Taf yn bersonol iddi hi a'i theulu, wrth i'w mab, Gwynfor Dafydd, gipio'r Goron! Eich braint a'ch pleser chi, yn awr, yw troi tudalennau'r gyfrol hon i brofi'r wefr o fwynhau a gwerthfawrogi'r holl gynnyrch creadigol a ddeilliodd o'r ŵyl 'wahanol' hon.

W. Gwyn Lewis

Rhybudd: Oherwydd bod llenyddiaeth greadigol, yn ei hanfod, yn ymwneud ag amrywiol brofiadau bywyd, fe all rhai cyfansoddiadau yn y gyfrol hon fod yn ymdrin â phynciau o natur sensitif ac, o ganlyniad, beri gofid i rai darllenwyr.

viii

CYNNWYS

(Nodir rhif y gystadleuaeth yn ôl y *Rhestr Testunau* ar ochr chwith y dudalen)

*   *   *

ADRAN LLENYDDIAETH

BARDDONIAETH

RHYDDIAITH

ADRAN THEATR

ADRAN MAES D

ADRAN GWERIN

ADRAN CERDD DANT

ADRAN DAWNS

ADRAN GWYDDONIAETH A THECHNOLEG

Adran Llenyddiaeth

BARDDONIAETH

Awdl neu gasgliad o gerddi mewn cynghanedd gyflawn,

ar fwy nag un o'r mesurau traddodiadol, hyd at 250 o linellau:
Cadwyn

CADWYN

Haf 2002

Gwyliem o gefn y gwely'n dweud dim oll,
tra bod Mam yn erfyn
yn wyw am help gan *rywun* –
allai hi ddim deall hyn.

Y doctoriaid yn heidio. Dwi'n eu gweld
yn eu gwisg, yn cofio
un wrth un yn penlinio
ar lawr ger ei wely o.

A'r sŵn isel drws nesaf drodd yn wae,
drodd yn udo araf.
Syllem, tra bod pob sillaf
o'i gwaedd hi yn rhewi'r haf.

Mynwent Macpela

O 'mlaen, roedd mil o enwau –
cerrig oer mewn cwr o gae
fel 'tai'r oesoedd yn bloeddio
'daw yr awr pan ddaw dy dro'.
Moeli oedd y meini maith,
di-lun oedd eu dylunwaith,
a phetalau'r blodau blêr
wyrai wedyn dan freuder.

Yna cyrraedd cae arall,
y cae yn llai, llai na'r llall,
a newyddach ei feddi.

Mi welwn nawr o 'mlaen i
rai â dyddiad diweddar,
a lilis gwyn, fesul sgwâr.
Wrth wau drwy'r enwau yno,
dyna weld ei enw o.

Nôl i'r ysgol

Gan wybod eu bod yn ymwybodol,
rhaid dod i oresgyn iard yr ysgol,
a nifer wedyn, yn anfwriadol,
ag ofn hogia' o gael sgwrs gefnogol.
I'w sŵn nhw mi es yn ôl, mynd atynt
yn un ohonynt, ond yn wahanol.

Nes daeth hogyn pengoch, crwn ei fochau,
yn fyr ei ana'l i 'nghwfwr innau.
A thrwy dwrw chwerw yr iard chwarae,
aeth ati i holi sut oedd fy hwyliau.
Ennyd oedd i ni ein dau, ond drwy hwn,
yn awr mi welwn fod i'r storm olau.

Llystad

Ydw i'n ei alw'n Dad?
Ydi o wedi dŵad
am chwiw sydyn i'n tŷ-ni'n
gwenu cyn ei heglu hi?
Os, rhyw ddiwrnod, priodi,
a gollwn ein henw ni?

Yn ara' bach, crebachu'n
ddi-sôn wnâi'r gofidion fu.
Dod yn fêts go dynn â fo
a wnes. Â'r hafau'n asio'n
fân sgyrsiau am bethau'r byd,
tyfodd yn ail dad hefyd.
Wedi dod i'w 'nabod o,
eleni, mae'n dal yno.

Gwagio'r tŷ

Gyrru draw mewn car tawel
a wnaethon ni. A than hel
ein traed, dod at yr adwy,
a'i sŵn mawr na swniai, mwy.
Rhoi clic â'r goriad i'r clo,
mynd i mewn a dim yno,
dim ond seler o'n geriach
mewn cesys a bocsys bach.
Roedd nodyn ar un yno,
yn fân iawn â'i 'sgrifen o.

Ei agor wnes, dagrau'n hel.
Crysau, pytiau, llond potel
o'i hoff *aftershave* hefyd.
Sawr y Boss fel drws i'r byd
cynharaf, un cyn hiraeth,
wyddwn i cyn gwyddwn waeth.

Un lled bocs o ddillad bach
yw fy myw fa'ma, mwyach.
Am dro olaf, dwi'n arafu
y tu hwnt i ddrws y tŷ,
ac mae cywair y seiren
yn mynd a mynd yn fy mhen.

Mam-gu

Fan hyn, haf nôl,
haf gaeafol,
bu hi'n rhoi i'r bedd
ŵr i orwedd.
Dros fedd heddiw,
yn drwm o driw,
datod blodau
ei mab y mae.
Fin haf, fan hyn,
haf fel gefyn,
ailbetalu
yw gwaith Mam-gu.

Hi

Mi es i yn fy niod. Mi es i'n
drwm o swil, a chanfod,
yn gaib, ei bod hi'n gwybod.

I'w thu hi, es a thywallt. Gyda gwên
lygad-gynnes arall,
dywedai hi: 'rydw i'n dallt.'

Pefriai gip o 'fory gwych ynddi hi,
a'r sgwrs hawdd fel edrych
ar enaid draw yn y drych.

Lle bynnag âi, sylwais i, arhosai
unrhyw was amdani –
a rhywfodd, fe welodd fi.

Cefnder

Yn ddwy oed, ni wyddai o unrhyw ran
o'r hanes aeth heibio.
Ond roedd cefnlen i'w wên-o,
hanes hir yn cosi'r co'.

A thrwy glegar ei chwarae, tywynnai
ysbryd hŷn nag yntau;
â Dad lond ei lygaid iau,
gwenodd, a'm mygu innau.

Mêts

Mae math o alar arall,
mae 'na gur sy'n llyncu'r llall.
Mae rhai tadau'n gadael tŷ,
yn rhoi'r gorau i garu,
rhai'n cael hwyl â'u dyrnau clo,
a rhai sy'n troi at dreisio.

Am bob un tad, mae bradwr,
am bob tad aeth, mae gwaeth gŵr.
Mewn dioddefaint, braint, bron
yw galar lond dy galon.

Mam

Mi all y 'Dolig bigo. Weithiau mae
twll mawr yma hebddo.
Ond hi yw'r un sydd bob tro'n
awr ein galar yn gwylio.

Ac er brad fy nwy lygad laith, dwi'n gweld
yn ei gwedd bod gobaith.
Â'r wên, mi wn ar unwaith –
ry'n ni'n dau ar yr un daith.

Drwy'r 'chydig edrychiadau, dwi a hi'n
cael sgwrs hir, ddi-eiriau.
Hyd ei mêr fy 'nabod mae,
yn fwy na fedraf innau.

Hi ŵyr fod Dad yn aros – ei gariad
ar y gorwel agos.
Ei thri bach yw ei hachos,
a thrwy'r cur, wynebu'r nos.

Euog

Hawdd yw addo,
a dweud 'fod o
yno beunydd –
nid yw bob dydd.
A'r gwir garw?
Llai, ar fy llw,
yw'r graith weithiau
â 'nghof ynghau.

Er dod i'r du,
er galaru,
rwy'n siŵr, yn sôn
di-ri'r straeon,
ei fod fel fi –
hwyl ei ddwli
yng nghist fy nghof.
Enaid ynof
o hyd ydyw.
O fath, mae'n fyw.

Dydd Calan, 2024

Twyll haul, a down yn deulu'n
glwm o bryder, yn fferru,
i herio dawns y môr du.
Fan hyn oedd ei ffefryn o,
a dyma'r traeth lle daeth-o
â ni ein tri yn ein tro.
Y ci'n swnian. Rhoi anwes,
yntau'n twrian yr hanes,
mae hi'n oer – down gam yn nes.
Chwerthin iach, a rhythwn ni
ar liw Ionawr eleni
yn y dŵr didosturi.
Ac am adeg, mi oedwn.
Ennyd syn cyn dod at sŵn
y dŵr uchel. Ymdrochwn.

Brynmair

Hoffwn ddiolch i'r pwyllgor llên a hefyd eu llongyfarch ar ddewis testun sydd nid yn unig yn addas wrth ystyried lleoliad yr Eisteddfod gerllaw hen safle Brown Lenox Chainworks, ond hefyd am gynnig testun sy'n rhoi myrdd o bosibiliadau i'r beirdd. Dylai testun egnïo ein beirdd, tanio dychymyg; dylai fod yn agored i allu cael ei ddehongli mewn sawl ffordd, ac yn eironig ddigon, mae'r 'gadwyn' hon eleni yn cynnig rhyddid ac adenydd i hedfan yn uchel.

Ar safle Brown Lenox y crëwyd y patrwm a'r patent ar gyfer cadwyni angor llong y *Titanic*. Er nad yn yr union fan hon y daeth y dur sydd bellach yn gorwedd ar wely'r môr yng nghanol yr Iwerydd yn sgil trasiedi suddo'r *Titanic*, o fan hyn, o fewn golwg i ni, eisteddfodwyr ym Mhontypridd, y daeth y gwaith meddwl pwysig.

Ar y cyfan, ces fy mhlesio â'r gwaith meddwl a wnaethpwyd gan y beirdd hefyd, yn enwedig ar frig y gystadleuaeth. Mae yma ieuo cadwyni annisgwyl gyda phosibiliadau trosiadol cadwyni wedi esgor ar ganu gwirioneddol wych, ac mae hynny'n galondid. O ran fy nisgwyliadau i, roeddwn yn gobeithio gweld cynganeddu disglair, defnydd pwrpasol o fesurau annisgwyl ac yn y pen draw, ganfod cerdd a oedd yn canu o galon i galon ac yn cadwyno ynof yn dynn.

Rhos Wen: Yn anffodus, nid yw *Rhos Wen* yn cydymffurfio ag un o reolau pennaf cystadleuaeth y Gadair, sef cyflwyno gwaith sydd mewn cynghanedd gyflawn. Hyd y gwelaf, gellir dadlau bod yna gynghanedd sain yn y llinell ganlynol (er bod y gyfatebiaeth gytseiniol braidd yn rhy bell ar wahân): 'Ei fywyd, ei fyd, yn eiddo i neb ond ef, ei hun'. Dylai *Rhos Wen* hefyd ganolbwyntio ar wella cywirdeb gramadegol a chystrawennol cyn anfon y gwaith i gystadleuaeth y Goron – sef lle dylai'r gerdd hon fod. Mater syml yw rhoi'r gwaith drwy Cysill er mwyn esgor ar gywirdeb iaith. Efallai fod *Rhos Wen* yn gwneud safiad gan geisio gwneud y pwynt y dylai cerddi digynghanedd gael eu hystyried am Gadair yr Eisteddfod Genedlaethol, gan fod yma gerdd ddiffuant sydd yn 213 o linellau o hyd; does bosib nad yw'r bardd yn gwybod am yr angen am gynghanedd gyflawn ym mhob llinell. Mae gwneud safiad o'r fath yn gyfystyr ag anfon cyfansoddiad cerddorol i gystadlaethau celf Y Lle Celf.

Mae'r tri nesaf yn deall mwy am y grefft o gynganeddu ac yn llwyddo i lunio nifer o linellau cywir, ond gwaetha'r modd mae gwallau fel camacennu, tor mesur a'r duedd i feddwl mai cyfateb cytseiniaid yn unig yw cynganeddu, yn britho'r gwaith. Da o beth fyddai i'r beirdd yn y Dosbarth hwn ymlafnio a sicrhau bod arferion a rheolau'r gynghanedd yn glir yn eu pennau cyn mynd ati i gystadlu am y Gadair. Anfoned y cerddi at eisteddfodau lleol gan ofyn i'r beirniaid am feirniadaeth ac adborth ar eu gwaith.

Dyfrig: Mae awdl *Dyfrig* yn mynd ar draws cynfas eang, o Cain ac Abel i Aneurin [*sic*] – (Aneirin yw sillafiad bardd *Y Gododdin*) ac i gyfeiriadau eraill. Ond hyd nes y bydd *Dyfrig* wedi cael gwir afael ar y cynganeddion, ofer yw mynd i drafod y cynnwys. Mae rhai cwpledi cywir yma, sy'n dangos addewid o allu meistroli'r hanfodion ond wedyn mae enghreifftiau o feiau carnymorddiwes a thin ab yn yr englynion (Gwgled y geiriau neu chwilied mewn llawlyfr cynganeddu). Fel yn achos pawb yn y Dosbarth hwn, boed i *Dyfrig* fynd i wersi cynganeddu gan wedyn ddechrau cystadlu mewn eisteddfodau lleol a rhanbarthol cyn mentro i amphitheatr gladiatoraidd *heavyweights* y Gadair.

Emma: Mae *Emma* yn mydryddu Efengyl Ioan i bob pwrpas. Mae cynllun yr awdl yn lân a gafael *Emma* ar y mesurau yn gadarn ond mae llinellau gwallus eu cynghanedd, gwaetha'r modd, yn britho'r gwaith. Y cyngor gorau yw i *Emma* hefyd fynd i ddosbarth cynganeddu gan ymuno â'r dosbarthiadau uwch; mae dealltwriaeth o hanfodion y gynghanedd i'w gweld yma sy'n gwneud i mi feddwl y byddai ymwneud â thiwtor sy'n gallu miniogi'r grefft o fudd i *Emma*. Mae angen edrych ar a dod i ddeall pam nad ydy llinellau fel y canlynol yn cynganeddu: 'Liw nos ceir mawl nes crymu', 'cawn weld Gŵr a thwf cyn ei led gwerthfawr', 'I gael gorffwys dwys ar gam diswta' 'a rhoi'r hyn o ddŵr a rhewi'r hindda'. Nid dim ond mater o gyfateb cytseiniaid yw cynganeddu, ond cyfateb y cytseiniaid yn ôl y patrwm acennu.

Thyg Hiraethog: Mae cynnwys a mater yr awdl hon at fy nant, sef cerddoriaeth *reggae* ac fe fwynheais i'r hwyl a'r ymdeimlad y gall cerddoriaeth *reggae* eu rhoi i rywun a sut y llwyddodd y bardd i gyfleu hynny mewn geiriau. Mae yma ddyfnder hefyd wrth i *Thyg Hiraethog* dynnu sylw at anghyfiawnderau a phroblemau ein byd. Mae'n anffodus, felly, bod yma nifer o linellau gwallus yn gynganeddol. Mae'r un cyngor ag a gafodd *Emma* a *Dyfrig* yn berthnasol i'r bardd addawol hwn hefyd. Ceisied y bardd ddeall pam nad yw'r llinellau hyn yn gywir: 'dy gledrau wedi gludo', 'sgriwio fy mhen i'r sgrin', 'cywilydd am ein celwyddau', a 'taflu grym sy'n glanio fel taflegryn'.

Mae beirdd yr Ail Ddosbarth oll wedi hen feistroli hanfodion y grefft ac yn llwyddo i fynegi syniadau yn ôl eu dymuniad a'u gweledigaeth yn hytrach nag yn brwydro â'r gynghanedd i ganfod mynegiant.

Haul yn suddo: Fe ddywedwn mai'r peth cyntaf y dylai *Haul yn suddo* edrych arno yw teitlau ei gerddi. Maen nhw'n taro rhywun yn chwithig ac yn darllen fel cyflwyniad i waith ffeithiol. Byddai teitlau sy'n bwydo oddi ar ddelweddau'r cerddi, neu yn cymryd gwedd greadigol a llai esboniadol, yn newid y ffordd y mae'r darllenydd yn dod at y cerddi. Dydy 'Cadwyn o amgylch yr awydd i ddileu newyn' a 'Cwmpasu awydd y byd-eang i roddi gwaed yn hanes y ddynolryw' ddim yn deitlau da ar gerddi, ac mae teitl cerdd yn bwysig. Mae 'Mewn Dau Gae', Waldo, yn dweud rhywbeth am fater y gerdd mewn ffordd gryno, deallus ac awgrymog. Mae 'na reswm pam nad aeth Waldo ati i alw'r gerdd eiconig honno yn 'ymwneud â'r foment pan sylweddolais i fy mod i wrthi yn profi grym mawr yr ysbryd glân'! Ond dyna ddigon am deitlau. Mae yma fflachiadau o ddawn farddol sy'n werth ei datblygu fel yn y cwpled 'neu'n gyrff yn ddarnau'n y gwynt/ yn gyrru'n un a'i gerrynt' a 'heb oed â hiraeth ond byd o euro'. Yn y llinellau hyn, ac mewn rhai tebyg, mae'r bardd yn codi i dir uwch.

Craig y Dorth: Mae *Craig y Dorth* yn grac! Dyma linell gyntaf yr awdl: **'Wedi gwylltio! Rantio'r wyf!'** Prydeindod a Seisnigrwydd sydd o dan lach *Craig y Dorth*. Mae gallu'r bardd i'w fynegi ei hun ar gynghanedd yn gadarn a phan awn heibio'r rantio blin yn agoriad yr awdl, fe gofia *Craig y Dorth* am ei ddawn farddol ac fe ddechreua ddefnyddio'r offer sydd ar gael i fardd wrth farddoni'n llwyddiannus y tu hwnt i'r bocs sebon. Annisgwyl a gwreiddiol oedd mynd i ymdrin â'r argyfwng tai sy'n ein hwynebu yng Nghymru drwy gymharu ein gwlad â bwrdd Monopoli:

> **Prynu'n byd yw'r mewnfudo,**
> **Taflu'r dis dros bris ein bro.**
> **Prynu'r hen gartref hefyd,**
> **Chwarae gêm chwerw i gyd.**

Rhed *Craig y Dorth* yn ei flaen ar garlam gyda'r ddelwedd, gan wneud hynny'n llwyddiannus. Ffridd y Coed o Hen Ffordd Kent:

> **Yma y maent mewn moment;**
> **Ac o Pall Mall y maent mwy**
> **Am eiddo Dyffryn Mawddwy.**

Mae dicter yn gallu bod yn gyflwr sy'n sbarduno bardd i greu campweithiau sy'n cario neges bwysig. Byddai'n dda o beth petai'r bardd yn defnyddio'r dicter i egnïo'r creu yn hytrach na'r cynnwys. Pan yw'n canu'n drosiadol neu'n cynnal delwedd mae'n fardd medrus.

Dolen: Mae bardd medrus yn ei amlygu ei hun hefyd ar brydiau yng nghasgliad *Dolen.* Cadwyn etifeddiaeth a chadwynau bro sydd dan sylw gan mwyaf, gan fynd ati fel *Craig y Dorth* i nodi dicter am stad ein gwlad, ond fe wna *Dolen* hynny mewn ffordd addfwynach. Mae yma 19 o gerddi, y nifer helaeth yn englynion a hir-a-thoddeidiau unigol. Ar y cyfan, mae *Dolen* yn arddangos ei ddawn yn well pan yw'n canu ar gerddi hirach. Caiff y darllenydd deimlad y dylai'r englynion unigol berthyn i gadwyn neu osteg hirach o englynion, gan nad ydyn nhw'n dueddol o gyrraedd uchafbwynt sydd wedi llwyddo i grisialu gweledigaeth y bardd. Edryched *Dolen* ar gasgliad Llion Jones (Eisteddfod Llanelli, 2000), neu gasgliad Myrddin ap Dafydd (Eisteddfod Tyddewi, 2002) er mwyn deall sut mae saernïo casgliad o gerddi yn well. Gall dilyniant lle mae undod stori neu thema yn treiddio drwy'r gwaith fod hefyd yn gasgliad, ond fel yn achos cerddi Myrddin ap Dafydd, gall casgliad llwyddiannus fynd i bob math o gyfeiriadau annisgwyl gan gael eu clymu'n unig â'r thema, a ddim o reidrwydd yn ei gilydd. Yr hyn yr hoffwn fod wedi ei weld gan *Dolen* yw casgliad o gerddi hirach nag englynion neu hir-a-thoddeidiau unigol gan roi mwy o ffocws i'r canu a'r cyfanwaith. Mae'r cerddi hirach, er enghraifft, fel 'Daear Oll Rhwng Pedair Wal', 'Milltir Wâr', 'Gŵr a'i Farch', 'Y Wal Groch' a 'Gwaddol y Botel' yn arbennig o lwyddiannus ac yn cyffroi'r darllenydd.

Dot: Cefais fwynhad o ddarllen awdl *Dot:* mae'n awdl sy'n darllen yn rhwydd gyda chynganeddu llyfn a hyderus. Mae'r gadwyn ymddangosiadol ar ddechrau'r awdl yn annisgwyl, sef cadwyn beic wedi i'r wawr dorri ac wrth i'r bardd ymaflyd â'i hunan ynglŷn â'r hyn y dylai ei wneud â'i ddiwrnod. Mae yna awydd i farddoni ac awydd i aros yn gorweddian yn y gwely. Mae'r rhan gyntaf yn digwydd dros gyfnod o fore rhwng 6:40 y bore a 12 o'r gloch. Neidiwn wedyn i fisoedd diweddarach yn y flwyddyn. Teimlwn i ddechrau bod yna ddiffyg cyswllt, neu ormod o naid rhwng y gwahanol ganiadau hyn, ond fe'm bodlonwyd bod yna gyswllt gan mai treulio'r bore yn poeni am golli ei fam ac yna fynd trwy'r camau anodd o'i gweld yn yr ysbyty, yr angladd a delio â'r galar wedi hynny a wna *Dot.* Mae natur Victor Meldrewaidd prif gymeriad y gerdd, neu o leiaf ymdrech y bardd i gyfleu hynny, yn ddealladwy ond eto'n aflwyddiannus yn fy marn fach i. Edryched ar awdl wych Gruffudd Eifion Owen yng nghystadleuaeth Cadair Eisteddfod Caerdydd, 2018 am ysbrydoliaeth ynghylch sut i gyfleu cymeriad blin, ond sy'n hunanddibrisio'i hun ar yr un pryd. Mae llinellau fel 'yn gwylio blydi gwylan' yn taro rhywun yn lletchwith. Os mynd i ebychu yn y fath fodd, efallai y dylid creu'r amgylchiadau i linell fel yna allu bodoli ynddynt yn llwyddiannus yn gyntaf. Mae yma allu i gyfleu hiwmor ac ysgafnder, sy'n gallu bod yn wych o'i gyfosod â galar, er enghraifft – o'i wneud yn llwyddiannus. Ond mae yma gryn addewid ac mae gan y bardd rywbeth i'w ddweud. O ymlafnio a tharo ar y mynegiant cywir, mi allai *Dot* fod yn gystadleuydd peryglus.

Madryn: Gwn fod fy nghyd-feirniad Huw Meirion Edwards, wedi gosod *Madryn* yn ei Ddosbarth Cyntaf, gan nodi nad yw'r bardd cweit yn cyrraedd teilyngdod. Mae deunydd casgliad *Madryn* yn sicr yn mynd i gyfeiriad gwreiddiol o'i gymharu â chyfeiriad nifer o'r cystadleuwyr eraill. Dyrchefir sawl santes sy'n haeddu mwy o sylw fel Melangell a Brighid ac fe glodforir byd natur hefyd. Mae doniau cynganeddol a barddol *Madryn* yn helaeth ac mae'n amlwg fod gan y bardd rywbeth i'w ddweud. Ond teimlaf fod y canu weithiau yn rhy rwydd, gyda cherddi yn agor mewn ffordd sydyn ac oer yn hytrach na bod y bardd yn mynd ati i greu awyrgylch.

Er mor fendigedig yw'r mynegiant yn yr englyn agoriadol, galwch fi'n hen ffasiwn, ond mae angen berf ynddo:

> Sêr
> Byr ei hud, hir ei bryder – bywyd dyn,
> y byd hwn a'i bleser
> ac er ein braw difrawder
> rhyw nos hardd ac oerni sêr.

Ond mwynheais y gerdd i Brighid ac mae'r cywydd sy'n portreadu cadno'n cael ei hela yn un crefftus ei saernïaeth ac mae'r englyn i'r crychydd yn gwneud pwynt amserol iawn am stad ein hafonydd gyda'r llinell glo 'difwynwyd ei afonydd'. Gwelwn hefyd *Madryn* yn ymestyn ei gam ac yn plethu mwy nag un mesur yn llwyddiannus yn y gerdd 'Noswyl' ac yn y fan hyn teimlwn fwy o fyfyrdod ynglŷn â chyfnod anodd o orbryder personol. Clymir y cerddi sy'n ymwneud â natur ynghyd, felly, fel cadwyn o bethau sydd wedi profi'n llesol i'r bardd. Dyna, o leiaf, fy nehongliad i.

Yn fy Nosbarth Cyntaf gosodaf *car-chariad*, *Stesion ola'*, *Dolennwr* a *Brynmair* a theimlaf bod y tri diwethaf hefyd yn deilwng o'r Gadair.

car-chariad: Yr hyn sy'n codi *car-chariad* i'r Dosbarth Cyntaf i mi yw'r ymdrech i adrodd stori a chreu byd o fewn ei hawdl (gan gymryd mai llais benywaidd sy'n siarad), yn ogystal â gallu cynganeddol sy'n dangos rhuglder mynegiannol wrth drin geiriau. Ceir stori, boed yn wir neu beidio, am berthynas, neu yn wir, dor perthynas ac ymdrechion y prif gymeriad i ddelio â hynny trwy fynd at therapydd. Awgrym y therapydd yw i'r prif gymeriad gadw dyddiadur a ffrwyth y meddyliau ynghyd â'r digwyddiadau sy'n gyrru'r meddyliau hynny a gawn wedyn yng ngweddill yr awdl. Mae'n syniad uchelgeisiol ac mae hynny i'w glodfori. Dof i drafod rhagoriaethau'r awdl yn y man, ond y siom i mi yn y pen draw yw na lwyddwyd i gyfateb yr uchelgais gyda'r mathau o elfennau a fyddai wedi codi'r awdl i dir teilyngdod. Mae yma fardd dawnus ar waith, a gobeithiaf y bydd y profiad o gystadlu, boed am y tro cyntaf neu beidio, yn arwain at gymryd camau mawrion ymlaen i wybod beth sydd ei angen er mwyn ennill Cadair ein prifwyl.

Mae taro'r cydbwysedd rhwng adrodd stori a barddoni profiad yn ffin denau i'w throedio, ond teimlaf fod *car-chariad* (ffugenw da, gyda llaw!) wedi camu yr ochr anghywir i'r ffin honno. Mae angen cofio am ddelweddu, defnyddio trosiadau a chymariaethau i greu delwedd a chyfosod geiriau cyferbyniol fel y gwna'r goreuon yn y gystadleuaeth hon mewn modd trawiadol. Yn rhy aml, dydy'r geiriau yn anffodus ddim yn dod yn fyw ym meddwl y darllenydd am nad yw *car-chariad* wedi gwneud y peth hanfodol wrth farddoni, sef tynnu lluniau gyda geiriau. Mae yma hefyd ddatgan emosiynau a dicter yn hytrach na'u hawgrymu. Dydy ansoddair fel 'drwg' ddim yn ychwanegu at air fel 'ffraeo' – dydy ffraeo wrth ei natur ddim yn beth pleserus na da. Ond dyna ddigon o ddwrdio!

Mae *car-chariad* yn hyderus ar amrywiaeth o fesurau, gan gynnwys y rhupunt a'r hir-a-thoddaid ond byddai'n dda gweld y bardd yn defnyddio mesurau i bwrpas. Byddai gwneud fel y gwnaeth *Stesion ola'*, efallai, a chynnal cysondeb drwy rediad yr awdl, fel mynd i hel atgofion ar fesur penodol a defnyddio mesur penodol cyson arall ar gyfer y dyddiadur a mesur penodol arall wedyn ar gyfer digwyddiadau dydd i ddydd o fewn ei pherthynas â'i gŵr yn gyrru'r awdl yn ei blaen yn fwy llwyddiannus.

Mae'r bardd ar ei (g)orau pan yw'n cofio dyddiau dedwyddach. Mae penillion fel y canlynol yn fendigedig, a'r caniad hwn o gofio dyddiau plentyndod yn llwyddiannus iawn, yn gyfoethog o ran dweud ac effaith ar y darllenydd:

> Oes ag adlais y goedlan,
> awyr las a gwyrddni'r lan
> a thrydar adar y wawr
> ohiriai dipian oriawr.

Drwy ddefnydd awgrymog o eiriau penodol chwaraea'r bardd â thema amser a'r ffaith na allwn droi'r cloc yn ôl, ac wedyn, yn wyneb hynny wrth edrych yn ôl, a ydyn ni'n difaru rhai dewisiadau mewn bywyd, neu ydyn ni'n symud ymlaen â'n bywydau gydag agwedd newydd o beidio â difaru?

Ac yna wedyn yn yr un caniad, ceir hyn, pennill cyfareddol a dweud ysgubol:

> alaw dwylo dihualau bob dydd,
> a mi'n unawdydd yn mynnu nodau.

Diolchaf i *car-chariad* am adrodd stori afaelgar a fyddai wedi cadw i fynnu canu'n y co' pe bai ynddi hi fwy o drosiadau, cymariaethau, delweddau, canu epigramatig a chyferbynnu.

Down yn awr at y tri yr wyf i a'm cyd-feirniaid yn eu dyfarnu'n deilwng o'r Gadair eleni.

Stesion ola': Fe'm swynwyd gan awdl *Stesion ola'* o'r darlleniad cyntaf. Dyma delynegwr y gystadleuaeth. Stori garu a geir yma, a honno wedi ei fframio o fewn taith ar drên o Amwythig i Aberystwyth. O ran teithi stori'r awdl, rhyw ddwy awr neu ychydig mwy o hyd ydyw (os cynhwysir y daith ar droed o orsaf drenau Aber i gartref gwrthrych meddyliau'r bardd). Mae cynllun y gerdd yn gelfydd, gyda chyfres o wahanol fathau o englynion neu fesurau llai sathredig fel y cywydd llosgyrnog yn disgrifio'r daith a'r gorsafoedd. Am yn ail â'r adrannau hyn ceir wedyn feddyliau'r bardd mewn penillion cywydd. Mae'n batrwm a thechneg effeithiol sy'n cyfleu stad rhywun sy'n teithio ar daith gymharol hir lle mae'r gwahanol orsafoedd a'r golygfeydd yn dod i darfu ar lif meddwl rhywun. Nodwedd arall sy'n cyfrannu at gyfleu taith ar drên ydy'r goferu pwrpasol sy'n digwydd o englyn i englyn, o bennill i bennill ar draws holl rediad yr awdl. Mae'n dechneg drawiadol o'i gwneud yn gyson dros awdl gyfan.

Mae'r goferu a grybwyllir uchod hefyd yn cyfrannu at natur delynegol y gerdd. Ceir disgrifiadau celfydd o fyd natur yn gymysg â realaeth cefn strydoedd, y golygfeydd y mae modd eu gweld o drenau y mae'r byd yn ceisio eu cuddio o flaen adeiladau. Mewn gwirionedd, mae'r daith hon hefyd yn cyflawni'r un peth, lle cawn fynd tu hwnt i wedd allanol y bardd a bod yn gydymaith i'w feddyliau ar hyd y daith. Cawn olygfeydd o '... hen geir gwast/ mewn iard sgrap .../ yn eu rhwd' ac yna 'bryniau'n oesol, bro ynysig, byd unig, byd a'i dwyni'n casglu amser ar ddisberod'.

Cawn awgrym yn y dyfyniad blaenorol o ddawn drosiadol *Stesion ola'*. Dyma pryd y mae'r bardd ar ei orau, yn plethu disgrifiadau o'r tir gyda delweddau addas sy'n arwain at drosiad grymus o berthynas y llais yn y gerdd gyda'i (gyn-)gariad, sef gwrthrych y gerdd y mae prif gymeriad awdl *Stesion ola'* yn deisyfu ei chael yn ôl. Dyma holl bwrpas y daith, ymddengys. Sylwch ar sut y mae'n llwyddo i frwsio'r cynfas yn bwrpasol gyda'r union eiriau sydd eu hangen wrth ddatblygu a chynnal delwedd a throsiad. Ceir blas hefyd yma o'r dechneg o oferu pwrpasol:

> ... meini cudd
> mewn cwilt o decstiliau
> yma'n fwyn, mynnaf innau
> gyda hyn, edefyn dau
>
> fu'n bopeth, fel mewn brethyn a bwythwyd
> am byth, a phob mymryn
> o'i edau'n cydio, wedyn
> un haf amdanaf yn dynn.

Tra bod y dechneg o oferu yn ffordd berffaith o gyfleu taith ar drên, mae'n bosib ei bod hefyd wedi cyfrannu at wanhau'r dweud yn yr awdl ar ei hyd. Tra bod y profiad o ddarllen yr awdl yn un hawdd a phleserus, mae rhywun yn teimlo bod yr angen i oferu wedi golygu bod y gynghanedd yn arwain y dweud yn hytrach na bod y bardd yn gosod ei gyfeiriad ei hun. Efallai mai mater o ymlafnio dros bob cymal yw hi fel nad ydyn ni'n cael rhai geiriau llanw nad ydyn nhw'n cyfoethogi'r dweud: geiriau fel 'a heb os', 'yn ddi-os', ac 'ar unwaith'. Cyd-destun yw'r cyfan, wrth gwrs, ac mae'r nifer o berlau o gwpledi a llinellau a geir yma yn arwain rhywun i fod eisiau gweld y bardd yn cynnal y safon drwyddi draw. Mae cwpledi fel 'Un eiliad, dim anwylach,/ ennyd faith mewn munud fach' a llinell fel 'cornel anochel ein cyfrinachau' yn gampus. Hoffais hefyd y ddelwedd o'r ddau gariad fel dau gwch yn cwrdd ac yn hwylio i mewn i'r bae. Mae defnyddio rhai o'r ffeithiau sydd ynghlwm wrth daith ar drên mewn modd trosiadol hefyd yn dangos clyfrwch ar ran y bardd, fel pan fydd trên yn ymwahanu er mwyn mynd i ddau gyrchfan gwahanol. Defnyddia *Stesion ola'* y profiad cyffredin hwn i nifer ohonom a fu ar drên i gyfleu'r fforch yn y lôn yn stori'r gerdd.

Tra bod y syniad o gyfleu cynnwys neges destun ar ffurf pennill yn ychwanegu at gyfoethogi'r naratif, fe ddywedwn i fod angen ailddrafftio rhai darnau yn y neges honno i adlewyrchu ieithwedd lafar negeseuon testun a hefyd i ddisgrifio eu perthynas gorfforol. Mae cofio am 'ein gwasgu hynod' yn drwsgl, braidd. Disgwyliwn i drwbadŵr o safon *Stesion ola'* allu dal y profiad cyfrin rhwng dau berson mewn geiriau llai chwithig. Ac efallai bod yna garfan helaeth o bobl yng Nghymru yn defnyddio 'wele' mewn neges destun, ond i mi mae'n fy nharo fel gair rhy ffurfiol. Mae ambell gyfuniad geiriol pellach sy'n taro'r glust yn lletchwith. Derbyniaf hawl y bardd i ddefnyddio enwau'n ansoddeiriol, ond tybed ai er mwyn y gynghanedd y gwnaed hynny yn y fan hyn yn hytrach nag i greu effaith bwrpasol yn y dweud? Pethau megis 'ein dadlau nos' a 'bro haf'. Mae 'hafan sydd ond Dyfi' hefyd yn drwsgl. Cymeraf mai 'hafan sy'n ddim ond Dyfi' yw'r ystyr y ceisia'r bardd ei gyfleu. Hefyd, o ran rhesymeg diweddglo'r gerdd, gan nad yw'r prif gymeriad yn derbyn ateb i'w neges destun, a ydyn ni i fod i gymryd taw gwahodd ei hun i gartref ei gyn-gariad y mae, er iddo holi a gaiff alw draw yn y neges destun. Mae'r 'hanner gwên' sy'n ei groesawu ar ddiwedd yr awdl yn awgrymu nad cam gwag oedd galw i'r tŷ, ond efallai o ran pwynt ym mhlot y stori bod angen rhoi ystyriaeth bellach i'r agwedd hon. Os yw'n mynd i'r tŷ ar ddiwedd yr awdl, boed ateb neu beidio, pam ffwdanu anfon y neges destun yn y lle cyntaf? Ac felly wedyn, ai dyfais i drio rhoi gwedd gyfoes yn hytrach na dyfais blot yw adran y neges destun?

Dyma gerdd, serch hynny, sy'n cynnwys digon o rinweddau, ôl crefft, saernïo medrus, cynganeddu cadarn a dewis pwrpasol o fesurau, yn ogystal â llwyddo i argyhoeddi wrth adrodd stori, sy'n fy modloni bod yr awdl hon yn deilwng o Gadair yr Eisteddfod Genedlaethol. Mae'n destun balchder inni fel cenedl bod yna feirdd medrus yn cyrraedd y safon disgwyliedig pan fônt yn ymgiprys am y Gadair Genedlaethol. Mae'n destun siom, mae'n siwr, i *Stesion ola'* bod yna ddau fardd arall sydd hefyd yn deilwng eleni a gosodaf y ddau fardd canlynol rywfaint ar y blaen, o'u cymharu â thrên rhamantaidd a rhamantus *Stesion ola'*.

Dolennwr: O'r darlleniad cyntaf fe'm gwefreiddiwyd gan awdl *Dolennwr*. Mae yma gynganeddu sy'n gadael y darllenydd yn syn o weld y fath allu i gynganeddu trawiadau sy'n swnio fel hen drawiadau ond sydd o'u harchwilio yn rhai cwbl newydd. Dyma ddawn cynganeddwr greddfol ar waith, un sy'n anadlu'r gynghanedd. Rhennir yr awdl yn saith caniad, gan gwmpasu Cilmeri, ein traddodiad o ganu caeth, llosgi'r Ysgol Fomio, Tryweryn a hanes brwydr yr iaith a'r frwydr dros ennill mesur o ddatganoli i Gymru yn yr ugeinfed ganrif.

Cloriannu penodau allweddol yn hanes ein gwlad a wna *Dolennwr*, gan osod bydolwg du a gwyn yn stamp cadarn ar y gerdd, a dyna hawl pob unigolyn. O'r caniad agoriadol sy'n ddelweddol hyfryd, lle portreadir gwe corryn ar doriad y wawr pan gwyd 'awel, fel gelyn' i ddinistrio'r we, a lle'r â'r corryn yn ei dro yn ôl ati i gyweirio ac ail-wau ei we. Gellir dehongli'r corryn i fod yn cynrychioli pob unigolyn a arweiniodd ein gwlad, neu a wnaeth safiad dros ein hunaniaeth fel Cymry a'n hiaith. Fel gwladgarwr fy hunan, nid wyf yn anghytuno â bydolwg *Dolennwr*, ond trafodaeth i'w chael yn ddiweddarach fydd sut i ymdrin â'n gormeswyr. Pobol ydyn nhw yn y pen draw gyda'u diwylliannau a'u hieithoedd eu hunain, a thra bod elfennau yn ein diwylliant fel y cynghanedd yn amhrisiadwy o werthfawr ac yn gyfraniad unigryw i'r byd, ni roddir unrhyw bwys ar y cyfoeth diwylliannol posib a allai fod yn rhan o hunaniaeth y 'gelyn', y 'gorchfygwyr â chof egwan' (cynghanedd wych, gyda llaw!) yr 'estroniaid' a'r 'dieithriaid' hyn. Ond efallai mai gwaith awdlwr Seisnig neu Ffrengig yw cynnal naratif yr ochr arall … a dyna gofio wedyn nad oes y ffasiwn beth ag awdlau yn niwylliannau'r bobloedd hynny, ac efallai bod gan *Dolennwr* bwynt bod ein diwylliant a'n hiaith yn codi uwchlaw diwylliannau'r rhai a fu'n ein goresgyn a'n gormesu. Ond mae sôn am oruchafiaeth lle mae pobol a'u hunaniaeth yn y cwestiwn hefyd yn gallu mynd â rhywun i dir sigledig.

Ond mynd ati yn ddiffuant a wna *Dolennwr* i gloriannu ein goroesiad yn wyneb pob math o benodau lle bu ymosodiadau ar ein pobol, ein tiroedd a'n llefydd o bwysigrwydd llenyddol. Wedi'r agoriad cryf sy'n delweddu'r we ar fore gwlithog a'r corryn yn gweithio i'w hail-greu wedi ymosodiad gan awel lem, awn yn syth i Gilmeri ar 'un Rhagfyr llym, barugfain'. Rhwng y caniad agoriadol, y caniad am Gilmeri ac yn ddiweddarach, y caniad am Dryweryn, cawn rai o uchafbwyntiau'r gystadleuaeth. Fel gyda dawn gynganeddol *Dolennwr* i greu llinellau sy'n swnio'n oesol ond eto'n ffres, mae yma droedio tir digon sathredig, yn enwedig wrth ymdrin â Thryweryn yn ein canu caeth, ond eto mae *Dolennwr* yn llwyddo i ailweithio'r hanes mewn ffordd sy'n cyfrannu darnau newydd o farddoniaeth a fydd yn gwneud cyfraniadau gwerthfawr i'n dehongliad o ddwy foment sydd wyth can mlynedd ar wahân. Mae gwaith Gerallt Lloyd Owen ar Gilmeri ac ar Dryweryn ymhlith yr enghreifftiau enwocaf, mwyaf celfydd a chofiadwy sydd gennym yn yr iaith, ac maent yn atseinio yn y fan hyn. Llwydda *Dolennwr* hefyd i ganu caniadau sy'n sefyll ochr yn ochr â gwaith Gerallt. Dyma ganiadau y dylid eu hastudio mewn ysgolion, nid yn unig fel enghreifftiau o ganu caeth o'r safon uchaf, ond hefyd fel darnau a all ddysgu i'r cenedlaethau a ddaw am ein hanes. Ceir cyfeiriadaeth lenyddol at weithiau enwocaf ein hiaith, o Gruffudd ab yr Ynad Coch i Gerallt, gyda llinellau cwbl ryfeddol yn cloi penillion fel 'hysteria'r môr yn un storm o hiraeth'. Dyrchefir hefyd Gwladys, ferch Dafydd Gam, yn ogystal â Gwenllian, ferch Llywelyn ap Gruffudd.

Diolch i waith haneswyr a charedigion yr iaith, mae'r cof am Gwenllian wedi cael ei ailorseddu yn ddiweddar, gan arwain at osod cofeb i'n tywysoges yn Sempringham, lle y'i dygwyd i leiandy, ac i gofio am y difa bwriadol a fu ar ein llinach brenhinol yng Nghymru drwy fagu Gwenllian gyda lleianod ymhell o'i gwlaḍ gan olygu ei bod yn anghofio ei hiaith, gan dawelu yn llythrennol lais etifedd ein Llyw Olaf a'i hawl i'w choron. Mentraf na wyddom lawer fel cenedl, yn ein hysgolion nac ar lawr gwlad, am Gwladys, ferch Dafydd Gam, yr uchelwr a wrthwynebodd wrthryfel Owain Glyndŵr. Gosodir tadau'r ddwy ddynes bwysig yn ein hanes yn eu cyd-destun cyn mynd ati i glymu a dyrchafu'r cof am Gwladys a Gwenllian gan arwain at 'ddwy mor ddiwahân'. 'Nid lliw dydd ond lleuad wan, lleuad wrth haul Gwenllian/ oedd Gwladys ...' Dyna ddawn *Dolennwr* fel delweddwr ar waith unwaith yn rhagor.

Dyrchefir y gynghanedd fel rhan gyfoethog o'r we a ddaliai ein diwylliant a'n hiaith at ei gilydd, ac, fel cynganeddwr obsesiynol fy hunan, nid af i anghytuno â hynny. Gellir dadlau bod lle i grybwyll cyfieithu'r Beibl fel plethiad arall yn ein gwe a gyfrannodd at ein goroesiad fel pobol sy'n medru'r Gymraeg ac sy'n mwynhau ei diwylliant, ond efallai mai diffyg gofod a olygodd nad aeth *Dolennwr* ar ôl hynny. Clymir y caniadau unigol gyda'r agoriad drwy gyfeirio hwnt ac yma at y we a'r corryn ac wedi inni golli ein Llyw Olaf, fe bwythem '... o'n llyffethair we arall ...' gan greu 'cadwyn gryfach', 'cynghanedd oedd/ y wyrth a bennai'n gwerthoedd'. Cyfeirir at feistri'r traddodiad, o Casnodyn, gwêwr cynganeddion cymhleth, i un o feirdd mwyaf Ewrop, Dafydd ap Gwilym. Yn wir, mae 'Dafydd yn edefyn' yn y we. Yn yr adran hon hefyd ceir llinellau cofiadwy sy'n nodi ein bod (yn ddigon eironig o ystyried mai sôn am y gynghanedd a'i holl gaethiwed yr ydym) 'yn rhydd fel adenydd o'r gadwyn dynnaf'. Dyma'r un peth na all neb byth ei oresgyn a'i hawlio'n ysbail, sef y gynghanedd a'i pherthynas symbiotig â'r iaith Gymraeg, yr un peth na ellir ei 'phwytho'n straeon i'w tapestrïau'.

Wedi caniad byr sy'n datgan bod yr holl frwydrau dros ein hunaniaeth yn gwneud dim ond cryfhau ymroddiad unigolion i gynnal ein hiaith, fe ddown at bennod llosgi'r Ysgol Fomio. Nodir y sen a deimla'r bardd, a'r gwarth a osodwyd yn ei le drwy droi safle a oedd yn estyn 'croeso i feirdd' - a'r plasty lle ganed Robert Gwyn, awdur y llyfr Cymraeg cyntaf i gael ei argraffu, *Y Drych Cristnogawl* - yn ganolfan i hyfforddi lluoedd Prydain wrth i'r bygythiad o ryfel godi unwaith eto wedi'r Rhyfel Mawr.

Tra nad yw'r englyn agoriadol ddim cweit mor llwyddiannus â safon uchel y canu yng ngweddill yr awdl - a derbyniaf fod yn rhaid cymryd cam neu ddau cyn ailgodi cyflymder i wibiwr o fri – mae yma gynganeddu geiriau haniaethol nad ydynt yn gafael yn y darllenydd fel y mae canu mwy llwyddiannus yr awdl ('torrwyd gan filitariaeth ... a gwawdio brawdoliaeth ... dolen dan law'r fandaliaeth'). Wedyn cawn linellau cofiadwy sy'n diferu â chyfochredd: llinellau fel 'Creu ffatri ladd lle bu crefftwyr o Lŷn' ac 'awyrenwyr lle bu pererinion'.

Yna ceir cyfeiriad at Dresden a ffawd y ddinas honno yn yr Ail Ryfel Byd o dan gyrchoedd lluoedd Prydain a adawodd y ddinas yn sgerbwd rhacs. Mae'r pwynt mai gwerin gwledydd sy'n dioddef yng ngemau rhyfel gwladwriaethau yn un dilys, ond wedyn nid oes cyfeiriad at berthynas Cymru â llefydd eraill yn y byd drwy gydol yr awdl; mae cadwyn yn ein clymu ag aml i le ar draws y blaned, yn sgil cyfraniadau cadarnhaol a negyddol i'r llefydd hynny gan bobol o Gymru. Teimlaf fod y cyfeiriad at Dresden, felly, yn ein tynnu fymryn oddi wrth fater yr awdl, sef goroesiad ein hiaith yn wyneb pob math o elfennau yn ein hanes. Mae llosgi'r Ysgol Fomio yn weithred heddychlon sy'n bwysig i'w dyrchafu, ond wedyn pan fydd bwystfil fel Hitler neu yn fwy diweddar, Putin, yn bygwth bodolaeth gwladwriaeth, pobloedd, hunaniaeth ac iaith, rhaid yn anffodus frwydro i ddiogelu a goroesi. Dyna benbleth i heddychwr delfrydol fel fi sy'n gweld pragmatiaeth sefyllfa hefyd.

Yna down i'r caniad ysgubol am Dryweryn. Er bod y caniad yn clymu â delwedd agoriadol yr awdl, gallai'r caniad hwn hefyd sefyll fel cerdd gofiadwy yn ei hawl ei hun. Mae'n crisialu cymaint am y bennod honno yn ein hanes gyda chanu cwbl gelfydd a thrawiadau sy'n mynd â gwynt rhywun. 'Aeth gwynt Tryweryn trwy'r we' yw agoriad y caniad, ac yna cawn englynion unigol rhagorol fel y canlynol:

> Caewyd ysgol; cau'i desgiau, a'u cau'n glep
>   cyn y glaw; cau drysau;
>   cau'r lôn a chau'r corlannau:
>   amdo o gwm wedi'i gau.

Ac wedyn yr englyn sy'n gorffen â'r llinell aruthrol, 'llyn dwfn yn llai na defnyn'.

Ceir englyn ar ddiwedd y caniad hwn y teimlaf a fyddai'n cryfhau undod yr awdl ar ei hyd pe bai'n cael ei osod fel englyn clo yr awdl. Ond wedyn mae'r englyn clo a osodwyd gan y bardd i gloi'r gwaith hefyd yn un cryf. Ond fe welir o ddyfynnu'r englyn nad yw o reidrwydd yn cyfrannu at y canu am Dryweryn yn benodol ac y byddai'n clymu gydag agoriad yr awdl:

> Gwe fel gwawn, lawn goleuni, yn ein gwe;
>   er i'r gwynt ei thorri,
>   y gadwyn hon, gwyn yw hi;
>   gwe risial ein goroesi.

A dyma ddod at y caniad olaf o englynion sy'n ein cludo i'r ugeinfed ganrif, ac sy'n gwneud fel y noda'r dyfyniad a osodwyd gan *Dolennwr* ('Mae'r gorffennol wedi ei ddolennu â'r presennol gan gadwyn ddi-dor o ddigwyddiadau, a'r rheiny'n llifo i mewn i'w gilydd ac allan o'i gilydd' – Anton Tsiecoff) gan blethu'r penodau o hanes a fu dan sylw yn yr awdl gydag araith Tynged yr Iaith, a'r frwydr i gael Cynulliad. Wedi caniadau ysgubol ynghynt yn yr awdl, efallai nad yw'r englynion clo yn llwyddo i gynnal yr un chwa o angerdd. Ceir llinellau sy'n amlwg yn gwneud swydd o gloriannu hanes fel 'enillwyd y Cynulliad', ond nad ydyn nhw yn codi i dir uchel gweddill yr awdl. Fel rhywun sy'n byw yng Nghwm Gwendraeth bellach, mae'r cyfeiriad at frwydr Llangyndeyrn i achub y cwm rhag cael ei foddi i'w groesawu! Ond fel a nodais yn gynharach, byddai'r diweddglo yn cloi yn gryfach o symud yr englyn a ddyfynnir uchod i ddiwedd yr awdl. Gellid hyd yn oed wedyn symud yr englyn sydd yn cloi'r awdl i ddechrau'r caniad olaf. Ond wedyn mae'r cyfeiriad at 'lif' a 'chyfrifiad' yn arwain yn addas a chelfydd ymlaen o'r caniad am Dryweryn.

Elfen arall sy'n haeddu sylw yw'r ffaith bod *Dolennwr* yn defnyddio'r gair 'cadwyn' (ac unwaith, 'cadwyni') 26 o weithiau, yn ogystal â geiriau fel 'dolen' fwy nag unwaith. Rhan o dechneg y bardd hwn yw dwysáu'r dweud drwy ailadrodd, felly gellir gweld pam bod cryn ddefnydd o'r gair sy'n deitl ar yr awdl yn codi yng nghwrs y gwaith. Trafodaeth ddifyr a gwerth ei chael yw a ddylid osgoi gorddefnyddio teitl awdl yng nghorff y gwaith, neu a yw'n cryfhau'r testunoldeb drwy wneud. Mae amryw o awdlau, ac yn wir, bryddestau sy'n cadw'n glir rhag defnyddio'r teitl yn y gerdd, gan adael i'r themâu godi o'r darlleniad i awgrymu'r testun. Dywedodd Twm Morys yn ei feirniadaeth ar gystadleuaeth y Gadair yn 2015 am waith bardd a oedd yn dwyn y ffugenw *Dolwar*: 'Os bu farw awdl erioed o ordestunoldeb, dyma hi!' Nid wyf yn awgrymu bod testunoldeb yn beth gwael (rwyf wedi datgan pethau dwl yn fy amser: byddai hynny'n goron ar y cyfan!) ac mae crebwyll *Dolennwr* mor amlwg fel bod rhaid i rywun ymddiried yn ei ddefnydd cyson o eiriau fel 'cadwyn' fel techneg sy'n hoelio ei neges.

Un pwynt trafod cynganeddol hefyd yw'r llinell '... ynghyd, yn nannedd pob storm a gormes'. Ceir yma gynghanedd lusg lle mae'r gyfatebiaeth yn digwydd rhwng sillaf 7 a sillaf 9. Golyga hyn bod yna 6 sillaf sy'n ddigynghanedd yn rhan gyntaf y llinell. Ond cwestiwn i ysgolion barddol ein gwlad yw gosodiad yr orffwysfa wrth greu cynghanedd lusg mewn llinellau decsill. Mi fydd y drafodaeth yn cynnal tafarndai, capeli a chaffis ar lawr gwlad am fisoedd i ddod rwy'n siŵr! Ac yn olaf, mae cadwyno yn hen dechneg a wneir mewn awdlau i afael caniadau yn ei gilydd, fel yn awdl 'Yr Amaethwr' gan Geraint Bowen yn 1946, drwy gyrchu o ganiad i ganiad gyda chynghanedd neu odl. Colli cyfle, yn fy marn i, oedd i fardd o allu cynganeddol *Dolennwr* beidio â chadwyno pob caniad. Os ymgaethiwo drwy ymgadwyno, yna ymrwymed a chadwyned yn dynnach! Diolchaf i'r bardd am ganu chwip o awdl.

Brynmair: Dyma fardd cwbl wahanol ei natur wedyn, o'i gymharu â *Dolennwr*. Cyfres o ddeuddeg cerdd neu ganiad gyda theitlau a geir yn cloriannu dros ugain mlynedd o brofiad personol *Brynmair* yn galaru ar ôl colli ei dad ac yntau'n blentyn ifanc. Dechreuwn gyda'r gerdd 'Haf 2002' lle mae'r bardd yn un o dri phlentyn sy'n gwylio'r foment yr â eu tad o'r fuchedd hon, gyda'u mam yn gofyn 'am help gan *rywun*' a'r 'doctoriaid yn heidio', yn ofer, at wely'r claf. Cawn awgrym o ganu cofiadwy *Brynmair* yn llinell ola'r gerdd agoriadol lle mae'r fam ynghanol trawma colli ei gŵr a'i 'gwaedd hi yn rhewi'r haf'.

Mae absenoldeb y tad yn hollbresennol wedyn drwy gwrs y cerddi ysgubol hyn. Mae'r golled, a'r ymgiprys â cheisio dal gafael ar atgofion, ceisio ffoi rhagddyn nhw weithiau gan eu bod yn dod â phoen galar gyda nhw, yn cael ei dwysáu drwy ganu moel y cerddi hyn a'r absenoldeb a deimlir o gerdd i gerdd hefyd yn cael ei deimlo yn yr arddull. A dyna ddawn *Brynmair* yn ei amlygu ei hun. Mae'n medru canu'n uniongyrchol, yn drawiadol o ddiwastraff ond gan lwytho geiriau ag ystyron mewn llinellau sy'n ymddangosiadol ddiaddurn. Mae hyd yn oed cynganeddion croes o gyswllt *Brynmair* yn canu'n dawel yn y cerddi hyn.

Awn ymlaen i'r man lle gorwedd y tad, sef Mynwent Macpela. 'O 'mlaen, roedd mil o enwau' yw agoriad y gerdd a llwyddir mewn ychydig linellau i edrych ar feidroldeb y bardd ei hun (gyda'r cwpled gwych: 'fel 'tai'r oesoedd yn bloeddio/ "daw yr awr pan ddaw dy dro"'). Disgrifir cerddediad araf tuag at y bedd a chlymu enw ei dad erbyn diwedd y gerdd i'r mil o enwau a grybwyllir ar y dechrau.

A dyna a gawn wrth ddarllen y cerddi hyn: awn yn ein blaenau yn gydymaith i'r bardd wrth iddo gerdded drwy ei alar dros nifer o flynyddoedd. Yn wahanol i'r gyfres o awdlau gwych a gafwyd yn y 1980au yn marwnadu rhieni'r beirdd â hwythau yn oedolion, yr hyn a gawn fan hyn yw'r ffaith mai gŵr ifanc sy'n edrych yn ôl dros 20 mlynedd o alar ac yn dod i delerau ag effaith hynny arno'n blentyn ac wrth iddo dyfu'n ddyn. Ond nid yw'n rhoi gwedd blentynnaidd i'r cerddi, ac nid yw'n ceisio edrych yn ôl gan daenu haen siwgwrllyd o emosiynau. Mae greddf y bardd yn fwy sicr ei gyffyrddiad na hynny.

Mae'n cofio mynd 'Nôl i'r Ysgol' yn y drydedd gerdd, neu'r drydedd olygfa os hoffech, lle mae'n hollol ddigalon ac yn dawedwst, yn analluog i ymuno yn hwyl arferol iard yr ysgol. Mae'r dweud yn nodweddiadol o ganu'r bardd hwn ar ei orau. Cwbl wefreiddiol, yn llawn symlder dyfnder, yw'r cwpled canlynol:

> I'w sŵn nhw mi es yn ôl, mynd atynt
> yn un ohonynt, ond yn wahanol.

Efallai nad yw'r gerdd nesaf, 'Llystad', yn llwyddo i gyrraedd yr un uchelfannau, ond mae'n cyfrannu at y darlun a grëir gan y bardd ac yn talu am ei lle wrth borthi'r testun. Cadwyn y bobl sydd ar ôl yn gorfod delio â phrofedigaeth a geir yn y cerddi hyn, o'r fam i'r tri o blant, yn anuniongyrchol y llystad, ac yna'r fam-gu, y cariad sy'n dod i mewn i'w fywyd ac sydd, mae'n debyg, yn gwybod am ei hanes, a'r cefnder dwyflwydd oed na 'wyddai o unrhyw ran/ o'r hanes aeth heibio' ond sy'n cario'r un llygaid â thad y bardd, ac wedyn yn arwain at y llinell wych, 'gwenodd, a'm mygu innau'. Gwelir hefyd y gadwyn amlwg rhyngddo a'i dad.

Nid yw *Brynmair* gyda'r mwyaf anturus o ran ei ddewis o fesurau, na *Dolennwr* o ran hynny. Mae'r fuddugoliaeth fach honno yn mynd i *Stesion ola'* yn fy marn i. Ond mae'n rhaid nodi fel y'm synnwyd i gan ddawn *Brynmair* i ganu ar fesur y cywydd deuair fyrion. Mae e megis pêl-droediwr o safon byd-eang sy'n llwyddo i wneud i'r gêm edrych fel pe bai'n arafu o'i gwmpas, cymaint yw ei allu. Mae *Brynmair* yn yr un modd yn llwyddo i wneud i linellau pedair sill y cywydd deuair fyrion deimlo fel pe baent yn llawn o le iddo gamu a dangos ei sgiliau, o bosib am ei fod yn eu trin fel isgymalau i fynegiant brawddegol sy'n ymestyn dros sawl llinell. Cymerer y gerdd ysgubol, 'Mam-gu', sy'n crisialu profiad mam yn ei phrofedigaeth barhaus ar ôl colli ei mab a hithau yn hydref ei bywyd:

Fan hyn, haf nôl,
haf gaeafol,
bu hi'n rhoi i'r bedd
ŵr i orwedd.
Dros fedd heddiw,
yn drwm o driw,
datod blodau
ei mab y mae.
Fin haf, fan hyn,
haf fel gefyn,
ailbetalu
yw gwaith Mam-gu.

Nid yw *Brynmair* heb ei feiau, a'r rheiny gan mwyaf yn rhai y gellir dadlau amdanyn nhw yn hytrach na'u bod yn anghywir mewn du a gwyn. Cymerer y llinell o gynghanedd sain ddyrchafedig hon: 'Moeli oedd y meini maith'. A chymharer hi â'r gynghanedd sain gadwynog, 'Fan hyn oedd ei ffefryn o'. Mae'r sain gadwynog hon yn gwneud yr hyn a ddylai, sef rhannu yn dair rhan (fel y sain drosgl i bob pwrpas): 'Fan hyn/oedd ei ffefryn/o'. Mae'r 'oedd' yn dal ei dir ac yn cynnal y gyfatebiaeth angenrheidiol i gwblhau'r gynghanedd sain gadwynog (n-oedd/n-o). Ond i mi mae'r 'oedd' yn y llinell 'Moeli oedd y meini maith' yn sgrechian 'ylwch fi!' ac yn amharu felly ar yr odl. Mae llinell arall wedyn yn y cywydd 'Gwagio'r tŷ' sydd fel arall yn un trawiadol, sef 'wyddwn i cyn gwyddwn waeth'. Tybed ai 'adwaenwn i' ddylai gael ei defnyddio fel berf yn hytrach na 'wyddwn', wrth sôn am hiraethu am oglau *aftershave* ei dad?

Ac yna diolchaf i Huw Meirion Edwards am dynnu fy sylw at y gordreiglad; collais fy mhen gyda hyfrydwch y gynghanedd groes o gyswllt 'pefriai gip o 'fory gwych'. Does dim angen treiglo 'cip'. 'Pefriai yno gip', efallai, ond wedyn chwalu'r gynghanedd wna hynny, ac er bod 'pefriai gwep o fory gwych' yn bodloni'r gynghanedd, nid yw'n hanner cystal llinell!

Ond manion yw'r rhain mewn casgliad o gerddi, awdl (galwed y gwaith fel a fynnir), sydd wedi cryfhau yn ei apêl wrth ei ddarllen drosodd a thro. Mae *Brynmair* yn llwyddo i gyfleu trymder galar, anobaith llwyr galar, dagrau galar, a'r orfodaeth i gario galar ym mhobman gyda ni ac yna hefyd geisio cysuro ein cydalarwyr, a hynny drwy fod yn ddethol ac yn foel ei fynegiant. Yn aml, pan welwn rywun sydd newydd fod trwy brofedigaeth, neu wrth gyfarch teulu wedi angladd, y peth anoddaf yw canfod y geiriau iawn. Dyna a wna

Brynmair. Mae'n llwyddo i ganfod y geiriau iawn sy'n rhoi mynegiant i ugain mlynedd o gario galar plentyn, arddegyn ac oedolyn gydag e. Atgofion o '[g] ywair y seiren/ yn mynd a mynd yn fy mhen'. Fel yn y gerdd 'Mam', mae'n llwyddo 'drwy'r ychydig edrychiadau ...' i '[g]ael sgwrs hir, ddi-eiriau'. Ac yna cawn gwpledi cwbl ysgubol, o olygfa i olygfa fel hon, sy'n llwyddo i roi galar wedi colli tad o'i gymharu ag ymddygiad rhai tadau eraill nad ydyn nhw'n dadau da i'w plant yn ei gyd-destun, gan esgor ar elfen o ddiolchgarwch: 'Mewn dioddefaint, braint, bron/ yw galar lond dy galon'.

Un o lwyddiannau eraill *Brynmair* hefyd yw'r ffaith ei fod erbyn diwedd yr awdl yn llwyddo i gyfleu gobaith wrth i fywyd fynd rhagddo a'r sylweddoliad ei daro bod yn rhaid i'r rhai sydd ar ôl barhau i fyw. Wedi'r ymgodymu, y prosesu, y teimlo poenus a'r cydgysuro wrth weld eraill yn eu galar am yr un person, daw'r dathliad o fywyd. A dyna lle cyrhaeddwn ni draeth, hoff draeth ei dad, lle mae'r bardd, a'i deulu, yn fam, brodyr a chwiorydd, ar ddydd Calan yn wynebu'r dŵr didosturi. Nid yr emosiynau na'r angladd (sylwer nad yw'r bardd yn cynnwys golygfa'r angladd yn y cerddi – am mai ymdrin â bywyd wedi'r golled a'r angladd y mae'r cerddi hyn) sy'n ddiddosturi, ond y dŵr, y chwarae swnllyd ar yr iard ymysg hogiau, y pethau bob dydd sy'n rhan o brofiad pawb sy'n mynd trwy alar.

Dechreua'r englynion milwr yn y gerdd olaf gyda dau air annisgwyl: 'twyll haul'. Gwelir yn y ddau air hyn yr wyneb dewr y teimlwn sy'n rhaid i ni ei ddangos i'r byd a'r betws er gwaethaf ein gwewyr. Nid yw haul Ionawr yn cynhesu fel haul mawr ganol haf; dyna dwyll pellach gan yr haul. Nid yw mynd i olau dydd wedi'r fagddu o reidrwydd yn rhoi inni fodlonrwydd a thawelwch meddwl yn syth; rhaid wrth brosesu'r cyfan. Dyma ddawn *Brynmair* ar waith eto, sef cael rhywun i feddwl am raff o bethau yn sgil cyfosod dau air bychan ynghyd. Yn y gerdd glo, mae'r cymeriadau ynddi yn mynd i nofio – gweithred anfoddog, wallgo meddai rhai – ar ddydd Calan; ein gorfodi'n hunain i wneud y pethau hyn yw'r ffordd i ailddechrau byw. Ac yna diweddir y cyfan gyda berf. Mae hynny'n ddewis rhagorol o air. Berf, yn llawn bywyd, yn llawn gweithgarwch, yn llawn bwriadau, a berf sy'n cario holl bwysau ystyr y cerddi a arweiniodd at yr un gair gwefreiddiol hwn i gloi, wrth wynebu galar, ei dderbyn, ei ddathlu hyd yn oed, ei wisgo'n falch am ei fod wedi creu cyfnod ffurfiannol sy'n esgor ar y person a welir yn barddoni yma heddiw; a'r gair gwefreiddiol hwnnw yw 'ymdrochwn'.

Diolch i *Brynmair* am agor ei galon ac am fod mor barod inni gael dod gydag ef ar y daith.

Mi fûm yn pendroni'n hir; yn wir, yn pendilio rhwng gwaith *Brynmair* a *Dolennwr* i'r pwynt y bu yna golli cwsg dros y peth. Pryder mwyaf beirniad yng nghystadleuaeth y Gadair yw agor pecyn o gerddi a dod i'r sylweddoliad nad oes teilyngdod. Cafwyd tair awdl eleni sy'n deilwng, sy'n destun balchder ac sy'n cyffroi beirniad wrth weld ceffylau medrus yn ymgiprys am un o freintiau mwyaf y byd barddol yng Nghymru. Byddwn yn berffaith hapus i gadeirio *Stesion ola'*, ond fel a nodwyd, mae *Brynmair* a *Dolennwr* gam neu ddau ar y blaen.

A dyna gyrraedd y ddwylan bob ochr i sigl y pendil. Mae Huw Meirion Edwards yn ffafrio cadeirio *Dolennwr* a Dylan Foster Evans yn ffafrio *Brynmair*. Bûm mewn cyfyng gyngor am gryn sbel ynglŷn â phwy i'w gadeirio. Mae gwaith *Brynmair* a *Dolennwr* mor wahanol i'w gilydd, o ran arddull a chynnwys, fel bod gwahanol rinweddau yn apelio ac yn galw am gael eu cadeirio. Y grefft a'r ddawn aruthrol i gynganeddu syniadaeth mewn ffordd wefreiddiol gan *Dolennwr* – a'r moelni bwriadol sy'n rhoi lle i'r geiriau lleiaf gario pwysau mawr yng ngwaith *Brynmair*. O angerdd gwladgarol *Dolennwr*, i ymdriniaeth *Brynmair* ag ugain mlynedd o ddelio â galar. Ceir wedyn y gordestunoldeb yng ngwaith *Dolennwr* sy'n defnyddio'r gair 'cadwyn' 26 o weithiau, i ddewis bwriadol *Brynmair* i beidio â defnyddio'r gair o gwbl yn ei waith. Ceir yma, felly, ddau ddull cwbl ddilys o lunio awdl sy'n deilwng o'r Gadair.

Ar ôl pwyso a mesur, a phendilio'n boenus rhwng yr awydd i gadeirio'r ddau, ar ôl cael fy ngwefreiddio gan gynganeddion a chaniadau crefftus *Dolennwr*, a byw y profiad o alaru yng nghwmni *Brynmair*, rhaid oedd gofyn pa gerdd oedd yn 'mynnu canu'n y co',' chwedl Dic Jones. A'r gerdd a gadwynodd ei hunan yn dynn am fy nghalon wedi darlleniadau lu oedd gwaith *Brynmair*.

Diolchaf, felly, i *Stesion ola'* am awdl swynol, i *Dolennwr* am ganu awdl arbennig sy'n sicr angen gweld golau dydd yn fuan, ac estynnaf longyfarchiadau gwresog i *Brynmair* am ganu awdl a fydd yn aros yn hir yn y cof. Mae'n chwerw-felys i feddwl y byddai tad *Brynmair* wrth ei fodd yn cael gwybod bod ei fab am eistedd yn y Gadair ym Mhontypridd.

BEIRNIADAETH HUW MEIRION EDWARDS

Cafwyd 13 o awdlau a chasgliadau ar y testun addawol 'Cadwyn', sydd yn nifer iach, ac mae'r safon ar y brig yn uchel iawn.

Diddosbarth

Rhos Wen: Mae gan y bardd rywbeth gwerth ei ddweud, ond nid cystadleuaeth y Gadair yw lle'r gerdd odledig ddigynghanedd hon.

Dosbarth 4

Dyfrig: Tipyn o her yw dilyn trywydd meddwl y bardd hwn. Dyma'r englyn agoriadol:

> Ces hyd toc i hen focs tun, ac ynddi
> Ei eiddo ffril, a phrin
> A chydiaf yn ei chadwyn
> Dalier yn dyner, yn dynn.

Mae'n cychwyn fel cerdd bersonol, gyda chyfeiriad at fam-gu'r bardd, ond yna mae *Dyfrig* yn dilyn sawl sgwarnog i lefydd rhyfedd ac annisgwyl iawn, gan rychwantu Cain ac Abal [*sic*], *Y Gododdin*, Llywelyn a Glyndŵr, 'Wir trychneb [*sic*]/ Tristwch Gaza' a 'Potsdam Putin', gan ladd ar hyd y ffordd ar gyfalafiaeth, rhyfelgarwch a chynhesu byd-eang. Nid yw'n ddi-glem ynghylch y gynghanedd, ond byddai'n werth iddo ymdrechu i'w meistroli hithau a'i mesurau a chymryd llai o goflaid er mwyn dweud ei ddweud yn fwy eglur, a mwy gramadegol hefyd.

Emma: Ceir mwy o oleuni yn yr ymgais hon, ond unwaith eto mae diffyg meistrolaeth y bardd ar hanfodion y canu caeth yn ei llesteirio rhag cyflawni ei nod. Byddai mynd ati i fydryddu penodau 1-20 o Efengyl Ioan yn her i unrhyw fardd; yn anffodus, bu'r her yn drech nag *Emma*. Gall lunio ambell gwpled glân a thaclus, e.e. y cwpled clo, 'A rhodd Ceidwad y gadwyn/ Yw bywyd mad y Bod mwyn'; ac ambell englyn cywir, fel hwn:

> Mae Ef yn rhoi tangnefedd – i gofio
> Gofal y Gwirionedd;
> Ei law a ddaw'n ddiddiwedd
> I fyw yng ngorchest Ei fedd.

Mae ganddi neges ddidwyll; o ymroi i geisio ymglywed ag aceniad y cynganeddion a'r mesurau bydd modd iddi fynd ati i gyfleu ei meddwl yn fwy eglur.

Dosbarth 3

Thyg Hiraethog: Dilyniant o gerddi cyfoes eu naws a'u hieithwedd. Yn yr olygfa agoriadol cawn y llefarydd yn dawnsio mewn pabell yn yr oriau mân i rythmau mwyn cerddoriaeth '*reggae Rub-a-Dub* ar y dibyn', gan ddianc i baradwys lawn cariad dan effaith y 'sganc'. Mae 'geiriau'r Rasta' yn ei atgoffa am dynged yr Affricaniaid a gadwynwyd yn gaethweision dros y canrifoedd gan y dyn gwyn. Deffro wedyn i ddiflastod beunyddiol y byd go iawn, a phryderon sgrin y ffôn 'yn gadwyn sydd byth yn gadael'. Gwêl gyfalafiaeth farus ar bob llaw, a'r blaned yn talu'r pris. Gofynna, gan gydnabod ei ragrith ei hun, 'Be nei di, y hipi hapus,/ am wir ffawd dy frawd difrodus?' cyn dianc yn ôl, yn y gerdd olaf, i rythm y ddawns, gan ddatgan, yn hynod obeithiol: 'Henffych fyd gwych! Mae'r heddwch ar gychwyn'. Mae newydd-deb y dilyniant yn chwa o awyr iach ym myd y canu caeth – mae 'dwfn yw sŵn y bas', er enghraifft, yn adleisio un o ganeuon diweddar Geraint Jarman. Yn anffodus, carbwl a diofal yw'r mynegiant yn aml – e.e. 'pedwar canrif'; 'o'r ddaear crwn'; 'dau law trwm' – ac nid yw *Thyg Hiraethog* eto wedi llwyr feistroli aceniad y gynghanedd na'r mesurau. Serch hynny, mae ganddo linellau addawol – e.e. 'Beddi'r trais yn boddi'r traeth'; 'Heb gyflog, heb geiniog, heb ogoniant'; 'curiadau trwm, caredig' – a byddai'n werth iddo ddal ati i hogi ei grefft.

Haul yn suddo: Casgliad o gerddi ac englynion ar destunau anaddawol o draethodol fel 'Cadwyn a ffinia ryfel wedi dod i ben', 'Cwmpasu awydd byd-eang i roddi gwaed yn hanes y ddynolryw', 'Cwmpasu hela'r llwynog yn fythol' a 'Cadwyn am broffwydo siarad cyhoeddus disglair'. Mae gan y bardd hwn well gafael ar hanfodion y gynghanedd a'r mesurau traddodiadol, fel y dengys ambell englyn o'i eiddo, fel yr englyn i'r llwynog, er gwaethaf ei dinc hen ffasiwn:

> O'i guddfan draw teg addfwyn dro – rydd ef
> A rhwydd hoen sydd iddo,
> Ond cynnen dynion heno
> Fydd i hwn yn bwn tra bo.

Mae mesur cryno'r englyn yn ei orfodi i ganolbwyntio'r meddwl a naddu'r dweud. Ar ei orau, gall ganu'n afaelgar: 'Â'r Rhagfyr yn ei drigfa – yn glefyd/ A ddôi o adfyd i gyrraedd oedfa?' Ar ei waethaf, mae'n tueddu i gynganeddu geiriau yn hytrach nag ystyr ac i fodloni ar eiriau llanw er mwyn y gynghanedd, gan arwain at fynegiant niwlog – '... Un â'i hyf fyd cyhwfan, – sy'n anwar/ Fyw unir ag afar y ddae'r gyfan' – a cheir rhai cyffyrddiadau barddonllyd fel 'di-hedd gad' a 'ddi-nef hunllef'. Mae'n gasgliad anwastad ei safon, ac mae'n anodd dirnad y dolenni sy'n clymu'r cerddi unigol yn gadwyn orffenedig. Ai cerddi wedi eu hailgylchu a'u haddasu ryw gymaint yw rhai o'r rhain?

Craig y Dorth: Dyma ei gwpled agoriadol: '**Wedi gwylltio! Rantio'r wyf/ Llwydwyll o gandrwyll** [*sic*] ydwyf' – a dyna gywair y gerdd ar ei hyd, yn yr un teip trwm! Mae'n rant ddiymatal o awdl, yn erbyn codi baneri Jac yr Undeb ar siopau a thai wrth i'r mewnfudwyr fynd ati'n dalog i brynu'n cartrefi a'n cymunedau Cymraeg. Wedi dweud ei ddweud, mae'n galw ar ei gyd-Gymry i godi'n herfeiddiol dan faner Glyndŵr (lleoliad un o fuddugoliaethau Glyndŵr yw Craig y Dorth), ond gwrthgodiad heddychlon fydd hwn. Cawn ddisgrifiad llawn asbri o orymdeithiau Yes Cymru, ac anogaeth i gefnogi busnesau lleol a hawlio'n tir yn ôl. Mae yma lond trol o fwrlwm ac angerdd, a dyfeisgarwch hefyd wrth ddefnyddio trosiadau estynedig gêm gardiau a Monopoli i ddelweddu'r goresgyniad, ond fe dalai i'r bardd bwyllo ac arfer mwy o hunanfeirniadaeth wrth fynegi ei feddwl. Mae'n rhy barod i dderbyn y trawiad cyfleus a'r gair anghydnaws (fel y gwelir yn y cwpled agoriadol), ac i ennill cynghanedd ar draul cystrawen; mae'n ddiofal (dylai wirio'r sillafu) ac yn or-rwydd yn aml, e.e. '**Talu lot am botel win**'; '**Tra siopaf, mae'n le afiach**'. Wedi dweud hynny, mae yma rai darnau mwy grymus na'i gilydd, sy'n dangos fod *Craig y Dorth*, ar ei orau, yn ei medru hi. Mae'n debyg mai'r syniad o gaethiwed sy'n cysylltu'r awdl â'r testun 'Cadwyn', ond tybed nad cerdd a luniwyd ar gyfer cystadleuaeth arall oedd hon yn wreiddiol?

Dosbarth 2
Dolen: Casgliad o gerddi ar fesurau amrywiol. 'Dad-wneud ein cyndeidiau ni'n – ddiangen/ fai'n sen ar ein dolen o fodoli,' meddir yn y gerdd gyntaf, ar fesur hir-a-thoddaid. A dyna'r ddelwedd a'r thema ganolog sy'n cydio nifer o'r cerddi ynghyd: gwerth Cymreictod a brogarwch, gyda bro a phobl Sir Feirionnydd yn ddeunydd i sawl cerdd. Un o'r cerddi mwyaf llwyddiannus yw 'Milltir Wâr', cywydd sy'n cyferbynnu profiad un o wylwyr awyrennau rhyfel y 'Mach Lŵp' â threftadaeth wâr Meirionnydd ('Ni wêl sioe ddoe'n y ddaear,/ ni wêl nwyf fy nolen wâr'). Mwynheais hefyd y gerdd 'Gŵr â'i Farch', teyrnged afieithus i'r cerddor gwerin, Dan Morris. Mae 'Ni ddwg Awst gwlyb newyn' yn gerdd wreiddiol, ddifyr, ond mae'n gwestiwn i ba raddau y mae'n perthyn i'r casgliad hwn, er gwaetha'r llinell ''ngefynnau'n genynnau ni'; ceir yr un ddyfais yn rhai o'r cerddi eraill.

Cefais flas ar amrywiaeth y pynciau a'r mesurau, ac ar hiwmor cellweirus y bardd, ond gwaetha'r modd, mae ôl brys ar nifer o'r cerddi. Anghyson yw ansawdd y casgliad drwyddi draw, gyda gormod o gerddi sydd heb lwyr argyhoeddi'r darllenydd hwn fel y maen nhw ar hyn o bryd. Gollyngodd *Dolen* rai pethau carbwl o'i llaw, e.e. 'Heb gysgod drwy'r cawodydd – i Gymro sy'n gamre ysblennydd'; 'ry i'n wefr a thân pêr o'u nôl'. Yn y cerddi clo gobeithiol, mae'r bardd yn cyfarch y baban sydd yn ei chroth: 'Fy merch, wnei di ei pherchen – a dal llwyth/ dy dylwyth, byw a chynnal ein dolen?' (mae'r llinell glo yn nodweddiadol o ryw afrwyddineb achlysurol yn aceniad y gynghanedd). Mae'n anelu'n uchel, ond heb gyrraedd y nod bob tro. Dyma gasgliad mwyaf amrywiol y gystadleuaeth, a dyna'i gryfder a'i wendid. Ar y naill law, mae *Dolen* yn gwmnïwr diddan sy'n mynd â ni i bob math o gyfeiriadau annisgwyl; ar y llaw arall, mae yma ddiffyg unoliaeth, er gwaetha'r ymdrech i lusgo'r testun gosod gerfydd ei glustiau i ambell gerdd.

Dot: Awdl sy'n gyfuniad o rai o 24 mesur traddodiadol cerdd dafod a'r wers rydd gynganeddol (nad yw'n fesur mor draddodiadol). Un o drigolion y brifddinas yw llefarydd y gerdd, un sy'n pydru byw o ddydd i ddydd heb fawr o ystyr na phwrpas i'w fywyd. Mae'n teimlo iechyd ei fam oedrannus yn pwyso arno ('Fy mam sy'n hen; hyn sy'n loes i'm henaid'), ac ymhen ychydig fisoedd mae'n ei cholli; yna cawn hanes yr angladd a chlirio'r tŷ, a'r llefarydd o'r diwedd yn dechrau ymysgwyd i ddygymod â'i fywyd ac wynebu'r dyfodol: 'Hwyliaf heb ddim hualau.' Mae'r idiom yn gyfoes a naturiolaidd, a cheir yma sawl trawiad newydd o'r herwydd – 'Rolio mae'r *derailleur*' (wrth iddo seiclo o'i gartref i ganol y ddinas); 'Hanner byw a hanner *bored*'; modryb iddo yn yr angladd 'Fel hologram o fy mam i'; ac ambell linell Saesneg, fel hon: '"Hey mate! Use your indicators!"' Mae'r gerdd â'i llais storïol, chwareus, a mater-o-ffaith, bron, yn darllen yn rhwydd. A dyna'i gwendid: mae'n rhy rwydd, a'r bardd yn bodloni'n rhy aml ar drawiadau parod, treuliedig ('Yn fellten am ddwy filltir'; 'Llithraf i lawr y llethrau'; 'Lle chwerw, nid lle chwarae'), gyda thuedd i droi'n rhyddieithol ar brydiau: 'Ym mis Mai es i mewn/ I'r aelwyd am y tro olaf,/ I glirio tra'n galaru.' Bron nad yw cerddi o'r math yma am wacter ystyr dinesig yn gonfensiwn ynddo'i hun bellach ymhlith beirdd y canu caeth, ond mae eraill wedi ei wneud yn fwy argyhoeddiadol ac yn fwy gafaelgar na hyn. Er bod y gerdd wedi'i saernïo'n ofalus a bod yma ambell ran fwy grymus na'i gilydd – da yw'r disgrifiad o Fae Caerdydd, er enghraifft, fel lle 'heb draeth, heb lanw, heb drai', a'r llinell 'Hen edliw'r mab afradlon' am euogrwydd y mab – gallai'r argraff emosiynol, ar y darllenydd hwn o leiaf, fod yn gryfach.

car-chariad: Awdl yw hon sy'n rhoi mynegiant i iselder gwraig sy'n gaeth (fel yr awgryma'r ffugenw) mewn priodas ddigariad. Mae iddi strwythur pendant, ar ffurf cofnodion y wraig yn ei dyddiadur o ddydd Llun i ddydd

Gwener, dan gyfarwyddyd ei therapydd. Dilynwn ei hymson dorcalonnus wrth iddi dywallt ei meddyliau ar bapur: mae'n canfod tystiolaeth o anffyddlondeb ei gŵr, yn cofio'i thad yn curo'i mam, ond wedi eu plethu i mewn i'r cofnodion hynny mae yma ambell atgof hefyd o gyfnod goleuach, mwy gobeithiol, a chanu mwy telynegol sy'n ysgafnhau rhywfaint ar gywair yr awdl, fel yr englyn llawen hwn:

> Bod dramor, môr a miri, byw ein nwyd,
>   pob un nos yn barti;
>   tan yr haul, taenu'r eli,
>   rhedeg law yn llaw i'r lli.

Erbyn y diweddglo, a'r llefarydd unwaith eto mewn sesiwn therapi, cawn lygedyn o obaith wrth iddi fynnu dal gafael ar ei hunaniaeth a'i hunan-barch wrth wynebu'r dyfodol. Er mor boenus fu'r 'myfyrio dryslyd', bu'n werthfawr hefyd; 'myfi,' meddai, 'sy'n mesur/ beth yw byw': 'fi piau'r map ar bapur ... a chan bwyll,/ ac yn ddidwyll, dyma gau 'nyddiadur'. Mae yma linellau a chwpledi sy'n gafael, e.e. 'dyn a oera dynerwch'; 'nid nythu, ond lledaenu adenydd'; 'a mi'n unawdydd yn mynnu nodau'; 'a thrydar adar y wawr/ ohiriai dipian oriawr'; 'fe'n llwfr, a'i gartref yn llys,/ a'i wraig dan lach ei wregys' (am y tad); 'dyn yr adduned ddi-dor,/ y diamau hirdymor'. Ceir yma fflachiadau o ddweud gwreiddiol, annisgwyl hefyd: 'Porais drwof,' meddir amdani'n pori drwy hen luniau gwyliau o gyfnod pell yn ôl; 'a phob un mis, ein mis mêl'. Fel y dengys y dyfyniadau uchod, mae'r bardd yn gynganeddwr abl. Mae'r mynegiant yn eglur gyda thinc llafar yn aml, ond gall lithro i ganu'n rhy rwydd weithiau; ceir rhai darnau mwy llac a chlogyrnaidd, e.e. 'er Dad i mi, dwrdiai Mam'; 'Efallai/ nid hi'; 'Ond er poenus ydyw'r penyd'. Er bod yma dipyn o ddatgan anghynnil – 'Fy wylo ddaw â'r felan', 'isel ydwyf' ac ati – mae'r gerdd hon, i mi, yn argyhoeddi yn seicolegol, ac mae ynddi lawer i'w ganmol. Os gall *car-chariad* feithrin mwy o hunanfeirniadaeth, bydd yn gystadleuydd peryglus am y Gadair maes o law.

Dosbarth 1

Madryn: Casgliad o 14 o gerddi, ar fesur cywydd ac englyn yn bennaf. Dyma fardd natur y gystadleuaeth. Mae'n sylwgar, yn synhwyrus, yn agos at y pridd, a thrwy'r cerddi i gyd mae yma ryw ymwybod cyfriniol â chyntefigrwydd pwerus y byd o'n cwmpas, a chyntefigrwydd cynhenid dyn (y 'rhyw hanner ohonof/ nad yw'n ddoeth, nad ydyw'n ddof'). Mae llinell gyntaf un y casgliad yn gosod y cywair a'r safon: 'Byr ei hyd, hir ei bryder – bywyd dyn'. Awgrymir mewn sawl cerdd ein bod wedi colli cysylltiad â'n hamgylchedd, a'i esgeuluso: 'gwelir mwy ôl andwyo/ byd at dranc gan wanc a'i gno'. Mae yma gerddi i Fodron, y famdduwies; i Epona, duwies y ceffylau (neu'r Fari – 'trwy air deddf amgueddfa/ celir hi rhag haul yr ha"); a cherddi i'r santesau Melangell a Brighid ('fi, y santes, yw'r futraf o'r seintiau'), y mae eu gwreiddiau yn hen grefydd y Celtiaid. Datblygir y syniad fod byd greddfol natur ei hun yn gysegredig. Mae'r gigfran yn 'fendigeidfran', yn frân fendigaid, yn chwaer i Frân y Mabinogi; mae gweld adenydd boncath yn 'rhad [bendith, rhodd] a'm gollynga'n rhydd'; gweld llygaid duon ysgyfarnog a'i 'ddefodau paru' yn ei 'fendithio', ac 'yn her ifanc rhag llwyr aeafu' – er i Gristnogaeth a 'gwareiddiad' geisio dofi'r hen ddefodau a'n dofi ninnau, sy'n gaeth i'n 'rhesymeg egwan'.

Mae ôl profiad a sylwgarwch miniog ar y cerddi i'r cadno a'r ysgyfarnog, mewn modd sy'n go anghyffredin erbyn hyn. Gŵyr *Madryn* hefyd sut i gonsurio awyrgylch mewn geiriau:

> Cân estron, cân aflonydd
> y gwynt sy'n siffrwd trwy'r gwŷdd
> a'u dail yn newid alaw,
> yn troi'n addfwynach eu traw.

A dyma ddisgrifiad o doriad gwawr o'r un gerdd gofiadwy, 'Noswyl':

> O erwau euraid y grorau
> düwch sy'n dadmer a'r cytserau
> yn suddo o'u gorseddau – yn eu tro
> ar ryw wib yno tua'r bannau.

Caiff ysbryd a chenadwri'r cerddi trawiadol hyn eu crisialu yn yr englyn hwn, dan y teitl 'Breuddwyd', sy'n cau pen y mwdwl ar y casgliad:

> Am unwaith hyd y mynydd, – am un waith
> caem noethi'n llawenydd
> a hedeg, rhedeg yn rhydd
> heb gêl a heb gywilydd.

Mae yma gynganeddwr rhwydd, er nad mor gywrain, efallai, â'r tri bardd sy'n weddill; er enghraifft, mae 9 o 40 llinell y cywydd 'Cadno' yn gynganeddion llusg. Dyma grefftwr profiadol sy'n trin y mesurau caeth yn fedrus; syndod, felly, oedd gweld rhyw anystwythder cystrawen weithiau, ac ambell lithriad technegol: 'marciau'i safn fel dagrau du,' meddir am y cadno (camacennu'r gynghanedd sain, y math o linell sy'n gweithio'n well ar bapur nag i'r glust); 'Ni chofiwn fwyfwy a fu' (sain ddiffygiol eto); ac am y dduwies Modron, 'Cyn dod i fod heb fydwraig' (cyfatebiaeth gytseiniol anghyflawn). Er nad oes sôn uniongyrchol am gadwyni, mae caethiwed a rhyddid yn llinyn arian drwy'r cerddi i gyd (yn yr anogaeth, er enghraifft, i ryddhau Melangell o'i chell Gristnogol). Cefais gryn foddhad a thipyn i gnoi cil arno wrth ddarllen casgliad cyfoethog *Madryn*. Mae'r Gadair, yn sicr, o fewn ei gyrraedd.

Ond dyma'r tri, yn fy marn i, sy'n deilwng o'r Gadair eleni:

Stesion ola': Awdl yw hon sy'n symud yn rhwydd o orsaf i orsaf ar y daith drên hir rhwng Amwythig ac Aberystwyth, a phob gorsaf yn ddolen benodol ar y daith. Dolennu hefyd y mae meddyliau cythryblus llefarydd y gerdd, wrth iddo ddychwelyd i'r dref glan môr gan obeithio ailgynnau'r fflam gyda'r ferch y bu'n cyd-fyw â hi yno cyn i'r berthynas chwerwi ac iddo yntau hel ei bac am y ddinas (Caerdydd, efallai), lle bu'n dawnsio'n ddall â merch arall.

Caiff trywydd meddwl y teithiwr a'i atgofion chwerwfelys eu gwreiddio'n gelfydd ym mhresennol diriaethol y siwrnai, gan roi momentwm pendant ac apelgar i'r awdl. Wrth iddo dreiddio'n ddyfnach i gefn gwlad Cymru caiff ei feddwl ei dawelu dros dro a daw atgofion melysach am ddyddiau cynnar y garwriaeth yn Aber; ond yn sŵn clecian y trên yn gwahanu'n ddau yng ngorsaf Machynlleth daw hollt y berthynas i'r amlwg drachefn, ac felly hefyd y dewis sydd o'i flaen: naill ai newid cyfeiriad tua'r gogledd neu barhau hyd ddiwedd y lein i Aber. Caiff ymlonyddu eto yng Nghyffordd Dyfi, yr 'addfwynaf o'r gorsafoedd', ac yn hedd y Borth, ond ni all dawelu'r bwganod sy'n poenydio'i feddwl. Wrth ddynesu at ben ei daith mae'n tecstio'r ferch mewn gobaith, gan ymddiheuro am a fu. O beidio â chael ateb, ar ôl peint gofidus mae'n penderfynu dychwelyd at ddrws yr hen gartref – '... troi mae'r ddolen/ ar y gair, daw hanner gwên ...' – ac yn benagored, led obeithiol fel yna y daw'r daith, a'r awdl hithau, i ben.

O fewn delwedd fawr estynedig y daith drên fe lwyddwyd i gynnal sawl trosiad cyfoethog, fel delwedd 'y brethyn a bwythwyd/ am byth' yng nghaniad 'Y Drenewydd' (gan gofio bod yna draddodiad hir o wehyddu yn y dref honno). Dyma awdl sy'n canu, wrth lifo ymlaen fesul brawddeg hir, ddolennog o bennill i bennill, fel y trên hyd gledrau'r daith. Mae yma ganu telynegol hyfryd wrth gofio'r dyddiau gwyn – er enghraifft, 'rhyw eiliad fel dŵr heli'n/ taro'i rym ar lan y traeth/ a'i orwel yn garwriaeth' – a thipyn o ddweud cofiadwy, fel y cwpled: 'y tŷ rhent o gartre oedd/ ond wedyn, ein byd ydoedd'. Cofiadwy hefyd yw rhai o linellau'r hir-a-thoddeidiau yn y caniad olaf: 'y nos sy'n addo ei sgwrs anoddaf'; 'a daw dy enw mewn gwth o donnau'.

Mae'r gynghanedd yn llifo'n ddidramgwydd mewn amrywiaeth braf o fesurau (da oedd gweld yr englyn cyrch a'r cywydd llosgyrnog), ond teg gofyn a ddaeth ambell linell ac ambell bennill yn rhy rwydd, heb oedi i holi a oedd pob gair ac ymadrodd yn talu am ei le: 'o greu hollt, fy nghefn sy'n grwm,' meddir yng ngorsaf Machynlleth, a gellir holi a yw'r cwpled 'wele'n awr, wy'n teimlo'n wael/ o hyd am i fi adael' yn addas mewn neges destun. Bu'r bardd yn esgeulus weithiau; er enghraifft, 'pan oedd bryniau'n/ liain cudd'; 'a hafan sydd ond Dyfi'; 'a'r pâr hwn oedd buau'r prom'; 'hyd yr Awst a'i oriau hwyl'. Serch hynny, rhaid edmygu'r modd y llwyddodd *Stesion ola'* i blethu'r presennol a'r gorffennol ynghyd mewn cyfanwaith crwn o awdl ac iddi lanw a thrai emosiynol sy'n cydio yn y darllenydd.

Brynmair: Mae'r dilyniant hwn o 12 o gerddi yn codi i dir uwch. Ymateb y mae'r bardd i'r profiad dirdynnol o golli ei dad yn dilyn gwaeledd yn ystod haf 2002, ac yntau ar y pryd yn blentyn ifanc. Mae dau ddegawd o alar ac o geisio dygymod â'r golled wedi eu distyllu i'r cerddi cynnil teimladwy hyn. Mae'r canu'n dwyllodrus o syml, bron yn foel mewn mannau, a'r dilyniant yn magu grym wrth fynd rhagddo. Llais tawel, ymatalgar yw llais *Brynmair*. Mae yma ddryswch, ing, euogrwydd, dirnad a dygymod graddol, cariad a gobaith – teyrnged, hefyd, i dad a mam a llystad – ond mae'r cyfan wedi ei fynegi'n ddiriaethol dynn. Prin fod yma gymhariaeth na throsiad, ond mae i bob gair ei bwysau.

Mae *Brynmair* hefyd yn grefftwr medrus ar fesurau cerdd dafod. Does yma ddim gorchest gynganeddol sy'n tynnu sylw ati ei hun; mae'r cynganeddu yn rhyfeddol o rugl, ond byth yn slic, a'r ieithwedd yn gyfoes. Mae pennill clo'r gerdd 'Hi' yn nodweddiadol o'r dweud cryno, llwythog o ystyr: 'Lle bynnag âi, sylwais i, arhosai/ unrhyw was amdani –/ a rhywfodd, fe welodd fi.' Felly hefyd linellau clo sgytiol y gerdd 'Euog', cerdd sy'n enghraifft nodedig o onestrwydd y bardd: 'Enaid ynof/ o hyd ydyw./ O fath, mae'n fyw.' Mae'r gerdd 'Mam-gu', sy'n cyfosod marwolaeth ddiweddar ei gŵr hithau â marwolaeth annhymig ei mab, eto ar fesur anodd y cywydd deuair fyrion, yn batrwm o gynildeb: y dweud llai sy'n dweud mwy. Mae *Brynmair* yn feistr ar lunio diweddglo trawiadol sy'n eich taro yn eich talcen: 'Wrth wau drwy'r enwau yno,/ dyna weld ei enw o' ('Mynwent Macpela'); 'Wedi dod i'w 'nabod o,/ eleni, mae'n dal yno' ('Llystad'); 'â Dad lond ei lygaid iau,/ gwenodd, a'm mygu innau' ('Cefnder'). Mae'r cerddi'n llawn cwpledi cofiadwy o'r fath: 'Rhoi clic â'r goriad i'r clo,/ mynd i mewn a dim yno'; 'Am bob un tad mae bradwr,/ am bob tad aeth, mae gwaeth gŵr'; a diweddglo awgrymog y gerdd olaf, 'Dydd Calan, 2024': 'Ennyd syn cyn dod at sŵn/ y dŵr uchel. Ymdrochwn.'

Prin fod yma dolc o gwbl. Ceir mymryn o lithriad gramadegol yn y gynghanedd groes o gyswllt 'Pefriai gip o 'fory gwych ...' (byddai 'cip' yn gywirach – goddrych, nid gwrthrych); mae'r ymadrodd 'wyddwn i cyn gwyddwn waeth' yn chwithig i mi; a byddai rhai yn dadlau bod yna broestio yn y llinell 'â ni ein tri yn ein tro'. Fe allai'r cysylltiad â'r testun 'Cadwyn' fod yn dynnach, nid bod hynny'n menu dim ar ansawdd y farddoniaeth. Dolenni cynhaliol y teulu a'r bobl sydd o'i amgylch sydd yma, mae'n debyg. Yn y gerdd agoriadol mae'r teulu syfrdan ynghyd ar yr aelwyd, ac yng ngherdd olaf y dilyniant maen nhw'n ôl efo'i gilydd yn 'glwm o bryder' ar y 'traeth lle daeth-o/ â ni ein tri yn ein tro', cyn i'r pryder droi'n chwerthin ac iddynt fentro ymlaen i ganol y tonnau. Dyma fynegiant aeddfed, cymhleth o alar a fydd yn aros yn hir yn y cof.

Dolennwr: Awdl glasurol ei naws a'i mynegiant, ar fesurau cyfarwydd y cywydd, yr englyn unodl union, yr englyn penfyr a'r hir-a-thoddaid (6 a 4 llinell). Fe'i cyflwynir â dyfyniad gan Tsiecoff am y modd y mae'r gorffennol a'r presennol yn dolennu â'i gilydd yn gadwyn ddi-dor, a chaiff dolenni'r gadwyn honno (ac yn bennaf ddelwedd gynhaliol dolenni gwe hunaniaeth y genedl) eu plethu'n dynn drwy bob llinell o'r awdl. Cyflwynir trosiad y we yn gelfydd yn y caniad cyntaf: mae ei harddwch yn fregus ac eto'n wydn; er i wyntoedd croes geisio'i chwalu ar hyd canrifoedd ein hanes, caiff ei thrwsio dro ar ôl tro.

Caiff hanes Cymru ei olrhain o goncwest Edward y Cyntaf yn 1282–83 hyd sefydlu'r Cynulliad Cenedlaethol yn 1999: lladd Llywelyn yng Nghilmeri a chaethiwo ei ferch Gwenllian, a'i chyfnither anghofiedig Gwladys ferch Dafydd, mewn lleiandai yn Lloegr; esblygiad y gynghanedd a chyfundrefn nawdd yr uchelwyr yng nghyfnod y bardd cywrain o Forgannwg, Casnodyn, a Dafydd ap Gwilym yn y bedwaredd ganrif ar ddeg; llosgi 'ffatri ladd' yr Ysgol Fomio yn 1936; boddi Cwm Celyn; darlith radio Saunders Lewis, 'Tynged yr Iaith', a sefydlu Cymdeithas yr Iaith yn y 1960au, a'r deffroad gwleidyddol, ieithyddol a diwylliannol a arweiniodd yn y pen draw at ennill rhyw fesur o hunanlywodraeth erbyn diwedd y ganrif ddiwethaf.

Mae'n gryn naid o gyfnod beirdd yr Oesoedd Canol hyd at weithred y tri ym Mhenyberth, ond llwyddir yn ddeheuig i ddolennu'r canrifoedd drwy ddangos, fel y dadleuodd Saunders Lewis, sut yr oedd militariaeth yr ugeinfed ganrif yn halogi un o gartrefi nawdd y beirdd hynny yn Llŷn. Yn yr un modd, 'A môr fel môr Cilmeri – a fwriwyd/ ar Feirion,' meddir am foddi pentre Celyn, gan adleisio geiriau adnabyddus Gruffudd ab yr Ynad Coch am y môr yn merwino'r tir, a hefyd farddoniaeth Gerallt Lloyd Owen saith canrif yn ddiweddarach, fel y gwnaed eisoes yn ail ganiad ysgubol yr awdl hon. Rhydd y naratif hanesyddol hwn – naratif dethol, mae'n wir – ddatblygiad boddhaol i'r gerdd, gan gadw'r awdl rhag gogr-droi yn ei hunfan.

Gellid dadlau i *Dolennwr* orweithio'r testun gosod, ond i mi mae'r dolennu delweddol cyson yn greiddiol i holl genadwri'r gerdd. Mae gwedd gadarnhaol a negyddol i ddelwedd y gadwyn; trodd cadwyn gywrain ein parhad yn gadwyn caethiwed y gelyn:

> Dolenni ein chwedloniaeth a dorrwyd,
> aerwy ein hunaniaeth
> a chadwyn ein gwarchodaeth
> ddyfal mwy'n un gadwyn gaeth.

Gall y ddelwedd weithio i'r gwrthwyneb hefyd: 'A phwythem o'n llyffethair we arall,' meddir ynghylch perffeithio celfyddyd y gynghanedd wedi'r goncwest, a'r iaith yn mynnu ei rhyddid. Caiff gwrthebau grymus o'r math yma, wedi eu hasio gan athrylith y gynghanedd, eu plethu drwy'r awdl i gyd; er enghraifft,

> O'n bedd, cynghanedd a'i hud a grëwyd,
> gwawr ieuanc o'n machlud:
> ein galar yn creu golud,
> gwae'n esgor ar drysor drud.

Ac mewn englyn meistrolgar arall:

> Troes darlith ein dadrithiad yn obaith;
> troes rhybudd yn safiad;
> aeth anfadwaith yn fudiad;
> aeth gorthrwm ar gwm yn gad.

Mae'r awdl yn ffrwyth myfyrdod dwfn a chaboli dyfal, nes bod sglein ar bob pennill. Mae hir-a-thoddaid fel hwn yn asiad gloyw o ddyfnder ystyr delweddol (ag adlais, o bosib, o Dapestri Bayeux) a'r gynghanedd ar ei gorau:

> Ni châi estroniaid ei chystrawennau
> nac awen ei beirdd uwch gwin y byrddau,
> ac ni châi dieithriaid wau'n breuddwydion
> na phwytho'n straeon i'w tapestrïau.

Mae'r gerdd ar ei hyd wedi ei chyfrodeddu'n gyfanwaith clòs, ond ceir yma linellau unigol o gynghanedd sy'n mynd â gwynt rhywun: 'a'n daear uniaith yn troi'n estrones'; 'yno'n cilwgu gan lyncu'i lygaid' (am y brain uwch Tŵr Llundain); 'hysteria'r môr yn un storm o hiraeth'; 'i greu bidog o'r bader'; 'Esgor ar ryfel lle bu sagrafen'; 'Aeth gwynt Tryweryn trwy'r we'; 'amdo o gwm wedi'i gau'; 'a'i Efyrnwy o farwnad'; 'gwe risial ein goroesi'; 'A throi'n nerth ryw hen orthrwm'. Mae dwy linell, fodd bynnag – 'Â'r nen uwchben, wedi i'r gwynt ei chribinio'; 'gwelwn rai o hyd yn y glaw'n aredig' – yn cynnwys sillaf yn ormod, er eu bod yn ymddangos yn iawn i'r glust.

Wedi'r goncwest, meddir,

> A chadwyn gryfach ydoedd y gadwyn
> â dysgeidiaeth oesoedd
> ynddi hi: cynghanedd oedd
> y wyrth a bennai'n gwerthoedd.

Mae'r awdl hon yn ddathliad llachar o oroesiad y gadwyn honno, cadwyn y gynghanedd sydd yn annatod glwm wrth yr iaith ei hun. Dyma'r bardd sy'n meddu ar yr adnoddau ieithyddol a chynganeddol cyfoethocaf, a chanddo ef hefyd, yn fy marn i, y cafwyd y dehongliad mwyaf soffistigedig o'r testun.

Er mor anodd yw cymharu awdl glasurol, eang ei chynfas fel hon a cherddi byrion, personol *Brynmair*, i *Dolennwr* a'i awdl orchestol y byddwn i'n dyfarnu'r wobr eleni. Serch hynny, rwy'n cytuno â'm cyd-feirniaid fod *Brynmair* yn llwyr deilyngu Cadair Eisteddfod Genedlaethol Rhondda Cynon Taf 2024. Llongyfarchiadau calonnog iddo.

Dros ddwy ganrif yn ôl, daeth cwmni Brown Lenox o Millwall i Bontypridd i sefydlu gwaith cadwyni ar safle sydd dafliad carreg o Barc Ynysangharad, lleoliad maes yr Eisteddfod. Yn fuan daeth y Newbridge Chainworks, fel y'i gelwid yn ei gyfnod cynnar, yn rhan annatod o fywyd y dref. Felly, mae testun y Gadair eleni – 'cadwyn' – wedi ei wreiddio'n ddwfn yn hanes y fro. Gall cadwyni gysylltu – bu creu cadwyni ar gyfer pontydd crog yn un o arbenigeddau gwaith Brown Lenox. Gallant angori, fel y gwnâi eraill o gadwyni Pontypridd. Ond gall cadwyni hefyd gaethiwo a llyffetheirio. Yn wir, gall cadwyn wneud mwy nag un o'r pethau hyn ar yr un pryd. Felly, roedd digon o afael yn y testun eleni i'r beirdd gael ymwneud mewn ffordd greadigol ag ystod o brofiadau.

Cafwyd 13 ymgeisydd, a hynny'n fwy na dwbl cyfanswm y llynedd. Mae llunio awdl neu gasgliad o gerddi o hyd at 250 llinell yn gofyn am gryn ymroddiad a dyfalbarhad. Felly, diolch i'r beirdd am hynny. Dim ond llond llaw a oedd yn haeddu sylw manwl wrth ystyried teilyngdod ac – o gael teilyngdod – enillydd. Wrth drafod yr ymgeiswyr isod, nodwyd tri Dosbarth gan gofio, wrth gwrs, fod cryn ystod o safon oddi mewn i'r Dosbarthiadau unigol hynny. Cychwynnwn ag un ymgeisydd nad oedd modd ei ddosbarthu gyda'r lleill.

Rhos Wen: Cerdd yw hon am yrrwr meddw sy'n achosi damwain i fam feichiog ac effaith hir dymor hynny ar y fam a'i phlentyn. Mae yma sôn am sawl math o gadwyn ac yn arbennig 'gadwyn anabledd'. Mae'r gerdd yn galw am well dealltwriaeth o anableddau gan fod '[...] siawns ysgogi gwahaniaeth effeithiol yma, yng Ngwlad y Gân', fel y dywedir yn y llinell olaf. Er mor ddiffuant y dweud, nid yw hon yn gerdd sy'n amcanu at fod yn gynganeddol, felly ni ellir ei hystyried ar gyfer y gystadleuaeth hon.

Y Trydydd Dosbarth

Ymgeiswyr sydd, at ei gilydd, yn dal i ddod i arfer â'r grefft o gynganeddu sydd yn y Dosbarth hwn. Maent yn aml yn uchelgeisiol o ran syniadaeth a themâu, ond canlyniad hynny yw awdlau a chasgliadau sy'n anodd i'w dilyn am fod yr angen i gynganeddu'n arwain at ymadroddi aneglur a chystrawennu chwithig. Wrth ymgyfarwyddo â cherdd dafod gall fod yn well cadw'r cynnwys yn syml, gan gofio nad yr un peth yw bod yn syml â bod yn arwynebol. Ar ddechrau'r daith y mae'r ymgeiswyr hyn ac mae teilyngdod yn yr Eisteddfod Genedlaethol ar hyn o bryd y tu hwnt i'r gorwel iddynt. Ond cofiwn mai cam cyntaf y daith yw'r pwysicaf. Dyma nhw yn nhrefn yr wyddor.

Dyfrig: Cadwyn lythrennol yw man cychwyn awdl *Dyfrig*. Mae wedi ei llunio o 'Aur oer o dir Eryri' ac fe'i trosglwyddir o genhedlaeth i genhedlaeth: 'Dolen felen di-fai.' Eir ati i ddatblygu'r ddelwedd o'r gadwyn a'i holrhain yn ôl at gyfnod y Cynfeirdd:

> Y rhin aur i Aneurin [*sic*]
> Yr iaith pur â'i rith prin
> I gâd ddoe y Gododdin
> A tho gwŷr y Catraeth gwyn.

Fel y gwelir yn y darnau hyn, mae'r ymdrech i blethu'r gynghanedd a'r gystrawen weithiau'n mynd yn ormod. Mae'r awdl yn uchelgeisiol, gan fynd â ni wedyn i Gaza a hefyd i ganol yr argyfwng hinsawdd (mae yma ymdrech lew i gynganeddu 'Attenborough' a 'Thunberg'). Ond mae ymdrin â'r themâu heriol hyn y tu hwnt i adnoddau ieithyddol a chynganeddol yr ymgeisydd ar hyn o bryd.

Emma: Awdl yw hon sy'n ceisio llunio ymateb cynganeddol i Efengyl Ioan. Ond o'r cychwyn mae'r baich o grynhoi cynnwys yr Efengyl ac ymateb iddi ar gynghanedd yn gofyn gormod. Mae'r ddwy linell agoriadol yn nodweddiadol: 'Sêl Logos i law leygwyr/ I greu llwyth yn grai a llwyr.' Mae'r gynghanedd ei hun, fel y mae yma, yn aml yn gywir, os yn afrwydd. Ond mae nifer o lithriadau cystrawennol a thywyllwch yn yr ymadroddi. Drwyddi draw ceir yr argraff mai anghenion y gynghanedd sy'n pennu'r dewis o air, fel yn y cwpled hwn: 'Ar fryn prin codi dinas/ Awn fel bloedd i nefol blas.' Mae deall rheolau yn un cam, ond rhaid ystyried y farddoniaeth hefyd.

Haul yn suddo: Mae hwn yn gasgliad sylweddol, os braidd yn bytiog, o 25 cerdd. Maent yn ymwneud ag ystod eang o bynciau: rhyfel, newyn, y wawr, hunllef, cyfaddawdu, heroin, yr Ysgol Sul, ac felly ymlaen. Mae'r teitlau eu hunain weithiau'n amleiriog, megis 'Cwmpasu hela'r llwynog yn fythol' a 'Cwmpasu awydd byd-eang i roddi gwaed yn hanes y ddynolryw'. Er bod rhai cerddi'n datgan eu testunoldeb yn y teitl (e.e. 'Cadwyn am broffwydo siarad cyhoeddus disglair' a 'Cadwyn a ffinia ryfel wedi dod i ben'), anodd mewn gwirionedd yw gweld sut y mae'r casgliad ar ei hyd yn ymwneud â'r testun.

Gall *Haul yn suddo* gynganeddu, fel y gwelwn o'r englyn 'Am wybod am Dewi Sant':

Ei ieithwedd a fendithiwn – a'i awydd
Drwy'i fywyd a folwn,
Am ei ynni gweddïwn,
Gŵr yn byw i Dduw oedd hwn.

Ar yr un pryd rhaid nodi bod diffyg cyffro yma a diffyg delweddu. O ran y gynghanedd, mae *Haul yn suddo* gan amlaf ar y blaen o gymharu â gweddill y Dosbarth hwn. Ond mae angen mwy na hynny, ac mae angen cyflwyno casgliad o gerddi sydd fel cyfanwaith yn ymateb – mewn rhyw ffordd neu'i gilydd – i destun y gystadleuaeth.

Thyg Hiraethog: Dyma gasgliad o gerddi cynganeddol sydd ar adegau'n llawn gorfoledd a llawenydd – mae hynny'n braf i'w gael mewn cystadleuaeth sydd â llawer mwy o'r lleddf na'r llon. Cerddoriaeth *'reggae Rub-a-Dub'* yw'r man cychwyn ac mae'r siaradwr, gyda chymorth rhywfaint o gyffuriau meddal, yn mwynhau rhythmau'r caneuon. Mae'r uniaethu â diwylliant y Rasta yn arwain at fyfyrio ar hanes ymerodraeth a'r fasnach mewn caethweision: 'Diawledig weledigaeth./ Beddi'r trais yn boddi'r traeth.' Mae yma hefyd ymboeni am agweddau eraill ar y byd modern, megis bod yn gaeth i'r ffôn symudol ('yn gadwyn sydd byth yn gadael') a difrod amgylcheddol a rhywogaethau byd natur ('eu cynefin sy'n brin a brau,/ cywilydd am ein celwyddau'). Fel yn ail linell y cwpled hwn, mae'r gynghanedd weithiau'n methu, a thro arall mae'n mynnu cystrawennu gwallus, fel yn y llinell: 'Daw'r crio o'r daear crwn.' Mae gan y *Thyg Hiraethog* ddigon i'w ddweud, ond mae angen cryfhau'r mynegiant i gynnal y weledigaeth.

Yr Ail Ddosbarth
Dyma ymgeiswyr sy'n deall beth yw gofynion y gynghanedd, er gwaethaf ambell wall, ac sydd wedi llunio awdlau neu gasgliadau sydd â rhinweddau amlwg. Er hynny, mae safon eu canu'n amrywio ac nid ydynt wedi llwyddo i gyrraedd yr haen uchaf y tro hwn. Dyma nhw yn nhrefn yr wyddor, unwaith eto.

Craig y Dorth: Mae blas perfformio ar awdl *Craig y Dorth* o'r cychwyn cyntaf: **'Wedi gwylltio! Rantio'r wyf/ Llwydwyll o gandrwyll** [*sic*] **ydwyf.'** Mynd i siop y mae'r llefarydd ar ddechrau'r gerdd hon, a chynddeiriogi wrth weld fflagiau'r Undeb ar bob tu: **'Ein gwlad dan goch, gwyn a glas.'** Mae'n debyg mai coroni (aneisteddfodol) yw'r sbardun uniongyrchol (**'Arlwy y brenin Charli'**) ac ni all y llefarydd ond cwyno'n ddi-fudd am **'Y pwerau Imperial'.** Wrth adael y fflagiau mae'n troi at bryder arall, sef y mewnlifiad, gan gynganeddu enwau'r tai a'r tyddynnod na chlywir yr iaith bellach ar eu haelwydydd. Mae hyn yn dir cyfarwydd, wrth gwrs, ond mae'r bardd yn mynd i hwyliau go dda wrth gynnal cymhariaeth estynedig â gêm o Monopoli:

> **Dod o bell y maent bellach**
> **O Stryd Bond i'r Ystrad Bach;**
> **Alltud! Pwy ots am bellter**
> **Drws y Gwynt o Leicester Square.**

Gall y bardd hwn gynganeddu a diddanu cynulleidfa.

Wedi i'r rantio ymdawelu rywfaint, mae'r awdl yn dwysáu. Daw arwyddocâd y ffugenw *Craig y Dorth* i'r amlwg wrth i'r bardd drafod math mwy tywyll o chwarae: **'Glanio dis Owain Glyndŵr – yw y gêm.'** Ond yn y pen draw, dywedir mai **'Ofer yw edrych ar drais hen frwydro'** ac mae'r bardd yn troi at **'Cofiwch Dryweryn'** a **'Yes Cymru'** i'w ysbrydoli at y dyfodol. Daw'r awdl i ben wrth fynnu hawliau at yfory: **'Hawlio llynoedd [sic] hil llonydd,/ Hawlio darn o haul y dydd.'**

Mae *Craig y Dorth* yn fardd ffraeth sy'n arddel arwriaeth y gorffennol gan gydnabod na thâl hynny ddim, ynddi'i hun, wrth geisio llunio dyfodol y genedl. Mae tôn y gerdd yn newid o'r ysgafn i'r dwys, ond nid yw hynny'n wendid – weithiau mae pendilio rhwng y ddau yn ffordd naturiol i wynebu heriau a all ymddangos yn ddiadlam. Ond deunydd cyfarwydd sydd yma gan amlaf, a deunydd nad yw ei destunoldeb yn amlwg. Y tro hwn, er ei gryfderau, nid yw *Craig y Dorth* yn codi i dir digon uchel.

car-chariad: Llais menyw sy'n cadw dyddiadur ar siars ei therapydd a gawn gan *car-chariad*: '"Heb ragfarn, gwna un darn bob dydd, yn iawn?"' Dros gyfnod o bum diwrnod, o ddydd Llun i ddydd Gwener, mae'n myfyrio ar ei pherthynas â'i chymar ac yn edrych yn ôl ar adegau hapusach: 'dyma'r tlodi wedi dod/ o'r oes o dderbyn rhosod'. Mae'r plant wedi tyfu ac ymadael a'r gŵr yn anffyddlon: gwacter – mewn sawl ffordd – sy'n nodweddu ei bywyd. Mae'n archwilio cyflwr ei phriodas ac ar ddiwedd yr awdl yn penderfynu meddiannu ei dyfodol: 'fi piau'r map ar bapur ... a chan bwyll,/ ac yn ddidwyll, dyma gau 'nyddiadur'.

Mae *car-chariad* yn gynganeddwr medrus, megis pan fo'n holi am ei dyfodol wedi cyfnod cyhyd yn un o ddau: 'oes rhyw werth, os ar wahân?' a phan yw'n edrych yn ôl ar luniau ohoni a'i gŵr: 'lluniau'n neithior yn oriel,/ a phob un mis, ein mis mêl'. Mae'r awdl yn ddarllenadwy ac yn llifo'n rhwydd o ddydd i ddydd, wrth i'r llefarydd ystyried y gorffennol, y presennol a'r dyfodol. Hunanddadansoddol yw tôn y gwaith hwn, felly. Gall mai hynny sydd wedi arwain at ambell linell neu gerdd sy'n ddatganiadol iawn ei natur: 'Mae iselder yn fy herio heddiw', er enghraifft, a 'priodas yn ddiflastod, mae edrych/ ar fy modrwy'n ormod,/ nid undeb yw'r mudandod'.

Teimlaf y byddai dweud mwy cynnil ac awgrymog yn cryfhau'r gwaith ar adegau. Yn sicr, nid hawdd yw dod â *genre* y dyddiadur a'r awdl ynghyd, ac efallai fod y gerdd weithiau'n dioddef o'r cyfyngder y mae'r fframwaith a ddewiswyd yn ei fynnu. Ond mae yma fardd o safon a llais apelgar sy'n haeddu'r disgrifiad a geir yn yr awdl ei hun – 'didwyll'.

Dolen: 19 cerdd a gafwyd gan *Dolen* ar amrywiaeth o fesurau. Llais benywaidd sydd yma, mae'n ymddangos, a chawn gwmni'r bardd wrth iddi ymweld â henebion a safleoedd o bwys hanesyddol, megis Bryn yr Hen Bobl, Cilmeri, a Chastell y Bere. Mae'r rhain yn ein cysylltu â'r gorffennol: 'etifeddiaeth ddidor i'w thrysori'. Un o themâu gwaelodol y casgliad yw perthynas pobl a bro ac mae hynny wedi ei fynegi'n arbennig ar sail tirwedd Meirionnydd. Hynny sy'n rhoi inni'r cadwyni a'r dolenni sy'n cynnal y rhan fwyaf – ond nid y cyfan – o'r casgliad. Gall dolenni gaethiwo hefyd, megis yn yr englyn 'Cwrdd':

> Anfynych yr af yno – i weddus
> angladdau, ac eto
> wyf rhwym, deil seiliau y fro'n
> hualau Suliau Seilo.

Yn 'Milltir Wâr' edrychwn ar yr awyrennau sy'n hyfforddi dros gantref Meirionnydd drwy lygaid y '[...] gîcs gwylio adar gwae/ sy'n mwynhau gweld drylliau'r drin/ yn hin haf ein cynefin'. Mae'r rheiny sy'n ymgynnull yn y 'Mach Lŵp' yn analluog i weld Cymreictod y dirwedd: '[...] iasau Mynydd Ceiswyn', 'athrist Bulpud y Cythrel', 'na rhinwedd Tri Greianyn' (sef y tair carreg fawr y dywed chwedloniaeth i Idris Gawr eu gwasgaru wedi iddo eu cael yn ei esgid). Mewn englyn penfyr i'r awen, dywed y bardd, 'cyrcher hon mewn carchar hardd'. Yn sicr, gall *Dolen* lunio llinellau a chwpledi cofiadwy ond mae peth straen ar y cerddi hwy. Gwelwn amlhau ansoddeiriau a chystrawennu a bennir gan y gynghanedd, megis gosod yr ansoddair o flaen yr enw a defnyddio geiriau hynafol megis 'trig' a 'trwch' (fel ansoddair) mewn cerddi lle nad yw hynny wir yn talu. Casgliad llawn addewid yw hwn, ond un anwastad hefyd.

Dot: Awdl yw hon sy'n teithio trwy amser, gan ddechrau'n gynnar ar ddiwrnod gwaith ar ryw adeg amhenodol o'r flwyddyn, cyn neidio wedyn i fis Chwefror, wedyn Ebrill, a dod i ben 'heno'. Caerdydd, mae'n debyg, yw'r lleoliad:

> Yr wylan sy'n rhyw wylo
> Ar y gwynt, fel gŵr o'i go'
> Dros y bont, ar draws y Bae;
> Lle chwerw, nid lle chwarae.

Nid dyma'r tro cyntaf i ddiflastod diwrnodau undonog mewn swyddfa yn y brifddinas gael sylw mewn cerddi caeth. Ond yn sydyn, am 10.35 y bore, awn i gyfeiriad gwahanol: 'Fy Mam sy'n hen; hyn sy'n loes i'm henaid/ Gwenwyn ei chyflwr sy'n gwanhau'i choflaid.' Erbyn Chwefror mae'r fam ar ei gwely angau, yn dibynnu ar gymorth artiffisial i anadlu:

> Y peiriant sydd yn poeri
> Hen wynt haf i'w 'sgyfaint hi,
> Yn rhoi o hyd, osgoi'r haint.
> Y gofid yw'r ysgyfaint.

Mae'r cwpled cyntaf hwn yn ysgytwol. Ond nid yw'r un nesaf yn cyrraedd yr un safon. A dyma un o nodweddion yr awdl hon – mewn mannau mae'n cipio'r anadl, ond dro arall nid yw'r llinellau'n talu. Mae'r llais eironig, cyfoes ond eto Dafydd-ap-Gwilymaidd, yn aml yn gyffrous, ond gall hefyd lithro i ymadroddi cyffredin neu gyfarwydd, megis 'Gŵr eiddil yn gorweddian/ A gwylio blydi gwylan', 'A'm dinas yn dynn amdanaf', ac 'I guddio mewn rhyw gaddug'.

Ym mis Ebrill daw cynhebrwng y fam, ac wrth weld ei fodryb dywed y bardd ei bod 'Fel hologram o fy mam i,/ Yn hymian tôn hen emyn'. Mae yma gadwyn a fu ym meddiant ei fam, ac mae'r gerdd yn gorffen ar nodyn gobeithiol. Mae bardd talentog yma, ac o gynnal drwyddi draw y safon y mae'n gallu ei chyrraedd, byddai'n sicr yn dod yn nes at y brig.

Y Dosbarth Cyntaf

Mae'r cerddi a'r casgliadau hyn i gyd yn ennyn fy edmygedd ac roedd eu darllen yn gyfuniad o'r pleserus, yr heriol, ac – weithiau – yr anghyffforddus. Y tro hwn, fe'u nodaf nid yn nhrefn yr wyddor, ond ar sail eu safon – yn fy marn i – gyda'r cryfaf yn olaf.

Madryn: Casgliad o gerddi ac iddynt thema amgylcheddol amlwg a gafwyd gan *Madryn*, a'r rheiny'n tynnu ar chwedloniaeth ac adleisiau diwylliannol eraill i archwilio'r berthynas rhyngom a byd natur. Ymhlith eraill, cawn yma'r gigfran ('hon, rhaid, yw'r fendigeidfran/ a hi fry sy'n chwaer i Frân'), y cadno (gan adleisio R. Williams Parry: 'tuthia draw heb fraw, heb frys') a'r ysgyfarnog a amddiffynnir gan Melangell ('[...] dychwelyd/ o raid rhag bytheiaid byd/ i'w hachles gyda'r machlud'). Dyma fardd dysgedig sy'n myfyrio ar dreigl amser a phresenoldeb y gorffennol yn y presennol. Ond mae bygythiadau yma, wrth i'r amgylchedd ddadfeilio yn sgil difaterwch yr hil ddynol a thanseilio rhywogaethau'r ddaear.

Mae'r goeden yn y gerdd 'Castanwydden Bêr', er enghraifft, yn drosiad o'r gofal a gollwyd:

> Ati aem yn ddegfed to
> a dal yn blant ei dwylo'n
> un cwtsh o gwmpas y cyff,
> yn uncylch am ei boncyff.

Bellach, nid ydym yn rhyfeddu 'at henoed cadarn coeden,/ na bri ein cawres o bren'.

Mae'r gerdd i 'Modron' hefyd yn cyfleu'r syniad hwn o gymundod dros gyfnod estynedig o amser, a hefyd yr holltau sy'n bygwth gwarineb:

> Cyn dod i fod heb fydwraig
> o'r groth yn nyfnder y graig,
> isod a glywai eisoes
> rwyg yn naeareg yr oes?

Mae'r cerddi hyn, cywyddau ac englynion gan amlaf, yn ffurfio casgliad cydlynus ac mae'r syniad sylfaenol o gadwyni dros amser (a gynhelir neu a dorrir) yn gweddu i'r gystadleuaeth. Mae'r bardd hwn yn argyhoeddi wrth ysgrifennu am fyd natur, megis pan fo'n disgrifio'r profiad annisgwyl o ysbrydol o weld ysgyfarnog wrth iddo chwilio am olion hen ryfeloedd yn y tir:

> Nid pererindod ond cofnodi
> fu'r arfaeth, dirnadaeth wrth nodi
> mwnt caer a maint aceri – ond dros fron
> y daethai hon a'm bendithio i.

Mae *Madryn* gan amlaf yn cynganeddu'n rhwydd, er bod ambell lithriad (megis peidio ag ateb yr 'r' yn 'fydwraig' yn y llinell o'r gerdd 'Modron' a nodir uchod). Gall gyfleu naws lleoliadau a chreaduriaid drwy ei sylwgarwch craff, ac mae'n amlwg wedi myfyrio'n ddwys ar ei destun. Mae'r casgliad yn un sy'n ildio mwy o'i ailddarllen, a chefais flas mawr arno.

Stesion ola': Taith fin nos ar drên o Amwythig i Aberystwyth yw sylfaen yr awdl hon. Wrth i'r wlad wibio heibio am yn ail ag oedi mewn gorsafoedd, daw atgofion i'r bardd am garwriaeth goll. O'r cychwyn cyntaf, mae gallu *Stesion ola'* i ymdrin â delweddau'n amlwg. Mae'r dweud yn goferu'n gain dros gyfres o englynion milwr ac wedyn ddarnau o gywydd gan bennu cyfeiriad yr awdl a hefyd ei thestunoldeb:

> hon yn wir yw'n cadwyn ni,
> ydyw lein ein dolenni
> tua'r Aber arferol;
> gwed yn awr – a gâi [*sic*] di'n ôl?

Mae'r defnydd o'r daith yn argyhoeddi, yn arbennig felly pan fo'r trên yn ymwahanu'n ddwy ran ym Machynlleth a thrwy hynny'n cyfochri â chwalu'r berthynas. Mae defodau bychain ar y trên, megis prynu diod, hefyd yn plethu â'r atgofion:

> am mai gwin sy'n amgenach
> talaf fi am botel fach,
> o'i hyfed, cymaint cryfach
>
> yw swyn nos ein hanesion,
> ac yfaf holl atgofion
> ein bro haf ni'n dau o'r bron.

Ar ddiwedd y gerdd mae'r siaradwr yn cyrraedd Aberystwyth a'i fryd ar gwrdd â'i gariad er gwaethaf ei deimladau cymysg: 'ond arhosaf cyn troi am derasau/ cornel anochel ein cyfrinachau'. Cyn cyrraedd mae'n anfon neges ar ei ffôn, ac mae ymdrech lew i gyfleu natur neges o'r fath ar fesur cywydd:

> Helô, ers nosau lawer,
> sori, wedyn – hyn yn her –
> wele'n awr, wy'n teimlo'n wael
> o hyd am i fi adael [...]

Wrth gnocio ar y drws cawn ddiweddglo amwys, 'ar y gair, daw hanner gwên ...'

Mae hon yn awdl grefftus gan gynganeddwr o safon. Mae'n gyffyrddus ag ystod o fesurau, gan gynnwys rhai llai cyffredin megis yr englyn cyrch a'r cywydd llosgyrnog. Mae'r goferu cyson yn gweddu i'r dim i symudoledd y daith a llif ymwybod y siaradwr. Efallai fod y dasg o gynganeddu neges destun go faith yn un sy'n rhy heriol, ond gall hefyd mai mater o chwaeth bersonol yw'r farn honno. Gwir fod yma ambell lithriad o ran orgraff (mater bach fyddai eu cywiro) ac ambell linell na fydd eu cystrawen wrth fodd pawb, megis 'af yno wrth fy hunan' ac 'a hafan sydd ond Dyfi'. Ond manion yw'r rheiny nad ydynt yn tynnu oddi ar gryfderau amlwg yr awdl hon. Mae *Stesion ola'* wedi creu awdl o safon uchel iawn a bu'r daith yn ei gwmni yn un deimladwy a chofiadwy.

Dolennwr: O gychwyn cyntaf yr awdl hon, fe ŵyr y darllenydd ei fod yn cael ei dywys ar daith gan feistr. Mae gwe'r cynghanedd a gwe'r corryn a ddisgrifir yn y llinellau cyntaf yn cyd-asio'n berffaith. Gyda'r wawr yng ngwlith ieuenctid y dydd, mae'r siaradwr yn gweld gwe sy'n cael ei chwalu'n sydyn gan awel sy'n codi 'fel gelyn'. Ar unwaith, daw'r corryn o'i wâl i'w drwsio, ond cawn wybod nad er ei fwyn ei hun yn unig y mae'r corryn wrthi mor ddyfal, ond hefyd ei fod yn 'gweu â'i bwyth ein gobeithion'. Ni ddaw hyn yn syndod i'r darllenydd, gan fod dyfyniad gan Anton Tsiecoff wedi ei osod ar ddechrau'r awdl sy'n datgan yn groyw bod y 'gorffennol wedi ei ddolennu â'r presennol gan gadwyn ddi-dor o ddigwyddiadau, a'r rheiny'n llifo i mewn i'w gilydd ac allan o'i gilydd'. Mae'r ddelweddaeth yn ein hatgoffa hefyd o'r stori honno a boblogeiddiwyd gan Walter Scott, a ddisgrifiodd Robert the Bruce ar ddisberod yn 1306. Ar ffo rhag ei elynion ac yn cuddio mewn ogof, gwelodd Robert gorryn yn ail-greu ei we wedi iddo gael ei ddifetha, a chymryd o hynny ysbrydoliaeth y byddai modd iddo yntau ailafael yn ei deyrnas er iddo ei cholli i'w elynion. Ac er mwyn hoelio'r pwynt, dywed y bardd mai:

> Delwedd o genedl oedd y we gynnar;
> cadwyn ein llinach a'r gleiniau llachar
> arni yn gloywi'n yr awel glaear,
> ond o'i rhwygo gan ryw wynt distrywgar,
> di-nod oedd y gadwyn wâr; â gelyn
> yn ein goresgyn, âi'n gwe ar wasgar.

A dyna ddelwedd sylfaenol yr awdl wedi ei chyflwyno a'i hesbonio inni, dyna destunoldeb 'cadwyn ein llinach' wedi ei hegluro, a'r cyfan mewn cynghanedd feistrolgar.

Mae gweddill yr awdl, sy'n manteisio'n llawn ar uchafswm hyd llinellau'r gystadleuaeth, yn adeiladu ar y syniad sylfaenol a gyhoeddir ar y cychwyn. Cychwynnwn ar 'Un Rhagfyr llym', a dyna ni yng Nghilmeri ac wedyn yn Llundain

> A'r brain â'u stŵr uwch tŵr y traeturiaid,
> yn gwawdio pennaeth yr holl benaethiaid,
> cylchent, ehedent yn haid, brain sarrug
> yno'n cilwgu gan lyncu'i lygaid.

Cawn gyd-deithio i alltudiaeth yng nghwmni Gwenllian a Gwladys, merched y ddau frawd, Llywelyn a Dafydd ap Gruffudd:

> Nes i'n hanes ei henwi,
> Gwladys anhysbys yw hi;
> o'i henwi, fel Gwenllian,
> y mae'r ddwy mor ddiwahân.

Ond ni thorrwyd y gadwyn, a daw beirdd yr Oesoedd Canol i'w chynnal drwy gyfrwng y gynghanedd, sef 'y wyrth a bennai'n gwerthoedd'. Mae'r gynghanedd yn unigryw ac wedi ei gweu i fodolaeth y genedl: 'Ni châi estroniaid ei chystrawennau/ nac awen ei beirdd uwch gwin y byrddau.'
Wedyn fe neidiwn dros y canrifoedd i'r ugeinfed. 'Torrwyd gan filitariaeth y gadwyn' – dyna thema'r adran hon. 'Creu ffatri ladd lle bu crefftwyr o Lŷn,' meddai'r bardd. Nid yw teithwyr llawn ffydd bellach yn galw ym Mhenyberth ar eu ffordd i Enlli – yn hytrach, ceir 'Awyrenwyr lle be pererinion'. Mae eu taith hwythau yn eu cyfeirio tuag erchylltra Dresden, tra bo gweithred y tri yn llosgi'r Ysgol Fomio yn cynnau coelcerth drwy'r wlad: 'bu'n hwb i ni eu haberth'. Nid syndod, efallai, yw mai Capel Celyn yw'r man nesaf ar y daith:

> Aeth gwynt Tryweryn trwy'r we, a rhwygo'r
> Gymraeg wrth droi pentre
> Celyn yn ddim ond ceule,
> a'r llyn yn boddi'r holl le.

Ac eto, ni lwyddodd y llyn i guddio'r cof am y gorffennol:

> Weithiau, â'n hafau ynghyn, daw'r gwaelod
> i'r golwg, bob murddun,
> ac ar ei drai, llai yw'r llyn,
> llyn dwfn yn llai na defnyn.

Nesaf daw Saunders Lewis a 'Thynged yr Iaith' ar drothwy cyhoeddi canlyniadau Cyfrifiad 1961. 'Ei ddrudwen oedd y radio,' meddai'r bardd, a'i ddarlith fel llythyr wrth fôn adain yr aderyn hwnnw yn cario neges 'i'n gwlad, fel Branwen ar glo'. Rydym yn tynnu at ddiwedd y daith, a'r wawr bellach yn hen atgof: 'Chwyldro oedd machlud yr iaith; ein dileu'n/ creu dolenni perffaith.' Beth ddaw yn achubiaeth?

> A dolen o adeilad a godwyd,
>   a'r gadwyn yn ddathliad
>   o'n parhau yn wyneb brad:
>   enillwyd y Cynulliad.

Mae'r englyn olaf yn cloi gyda'r ddelwedd honno sy'n sylfaen i'r holl awdl:

> Yr iaith ddewr, er ei thorri, a eiliwyd
>   yn ôl; ei dolenni,
>   rhag parhau ei hangau hi,
>   a drwsiwyd i oroesi.

Ni ellir ond edmygu'r awdl hon o ran ei thechneg, ei hieithwedd a'i meistrolaeth ar y gynghanedd a'r mesurau. Mae'n awdl eisteddfodol o'r iawn ryw ac mae'r adrannau ar Gilmeri a Thryweryn yn arbennig o drawiadol ac yn sefyll gyfuwch ag unrhyw ddarnau o farddoniaeth am y pynciau hyn. Dyma hefyd gynganeddwr gorau'r gystadleuaeth. Fe osododd dasg heriol iddo'i hun, sef cyflwyno naratif cadwynog o hanes Cymru, ac roedd angen y 250 o linellau arno i amcanu at hynny. Llwyddodd yn rhyfeddol.

Amhosibl, wrth gwrs, yw rhoi cyfrif am bob rhan o hanes y genedl, ac ni fyddai'n rhesymol disgwyl hynny. Ond eto, mae bwlch mawr yn y gadwyn hon, wrth inni neidio o'r Oesoedd Canol i'r ugeinfed ganrif. Mae'r naid fawr honno fel petai'n tynnu'n groes i'r syniad o'r gadwyn ddi-dor sy'n rhan mor sylfaenol o strwythur yr awdl. Ar y llaw arall, mae'r awdl yn gallu mynd â ni i Dresden. Nid yw hynny ynddo'i hun yn wendid ond yn anorfod mae'n peri i'r darllenydd feddwl yn ehangach am berthynas Cymru a gweddill y byd, rhywbeth nad ydyw fel arall yn rhan o wead yr awdl. Mae'r un cyfeiriad hwn yn awgrymu trywydd nad oes modd ei ddilyn.

Un naratif cenedlaetholgar a gawn yma, wrth reswm. Mae mwy nag un naratif cenedlaetholgar yn bosib, wrth gwrs, a sawl ffordd o'u hadrodd – mewn geiriau eraill, mae gwahaniaeth rhwng hanes a'r gorffennol. Fodd bynnag, nid yw archwilio neu o leiaf gydnabod arwyddocâd y dewis o naratif a wnaed yma yn rhan o'r awdl hon. Teimlaf ein bod yn dod yn agos at hynny yn achos y cyfeiriad at Gwladys a nodwyd uchod. Ond fel arall mae'r naratif yn un cyfarwydd nas cwestiynir ac i mi mae hynny'n wendid bychan. Tybed hefyd a yw'r llinell 'enillwyd y Cynulliad' ynddi'i hun yn ddigon cryf ar gyfer ei lleoliad mewn man allweddol yn agos at ddiwedd yr awdl? Ar ôl pob darlleniad o waith *Dolennwr* erys yr edmygedd ac ar adegau ryfeddod at y dweud. Ond hefyd mae teimlad – a theimlad bychan ydyw – y gellid bod wedi ymdrin â'r deunydd drwy gyfrwng strwythur mwy cyffrous.

Brynmair: Llais tawel ond cyfareddol yw eiddo *Brynmair*. Galar yw thema'r gadwyn hon o gerddi ac mae'r bardd yn olrhain ei ymateb i farwolaeth ei dad, gan fynd â'r darllenydd o haf 2002 hyd at Ddydd Calan 2024. Plentyn ydoedd yn 2002, ond nid llais plentyn sydd yma ond yn hytrach lais unigolyn sy'n edrych yn ôl ar brofiadau'r gorffennol ac yn myfyrio ar y broses o alaru. Cawn brofi sioc a dryswch y digwyddiad tyngedfennol yn ei fywyd, a phrofiadau bychain ond arwyddocaol, megis lletchwithdod ei gyfoeswyr yn yr ysgol: 'a nifer wedyn, yn anfwriadol,/ ag ofn hogia' o gael sgwrs gefnogol'. Ond mae un yn cael gair tawel: 'A thrwy dwrw chwerw yr iard chwarae,/ aeth ati i holi sut oedd fy hwyliau.' Ac mae hynny'n gwneud byd o wahaniaeth.

Gyda chyffyrddiadau tyner felly y mae'r bardd hwn yn fy hudo. Mae ei ieithwedd yn agos-atoch, yn gyfoes-gymysg o ran dylanwadau daearyddol ac yn argyhoeddiadol. Nid yw'n amlhau ansoddeiriau na delweddau ac mae'r llinellau symlaf yn llwyddo i ysgwyd y darllenydd, megis 'dyna weld ei enw o' ar ddiwedd y gerdd 'Mynwent Macpela'. Mae'r amrywio ar y mesurau yn llwyddo i gyfleu gwahanol brofiadau, a'r cywydd deuair fyrion, er enghraifft, yn gweddu i'r dim i'r teimladau ymataliol o euogrwydd a rhyddhad wrth i graith y galar leihau:

> Hawdd yw addo,
> a dweud 'fod o
> yno beunydd –
> nid yw bob dydd.
> A'r gwir garw?
> Llai, ar fy llw,
> yw'r graith weithiau
> â 'nghof ynghau.

Daw'r gerdd olaf â'r teulu ynghyd ar hoff draeth y tad, a'r ci gyda nhw. Nid yw hwnnw'n deall dim, wrth gwrs. Ond eto mae'n deall y cyfan: 'Y ci'n swnian. Rhoi anwes,/ yntau'n twrian yr hanes.'

Mae'r diweddglo'n cyfleu gobaith, ond hefyd natur hollgwmpasog galar:

> Chwerthin iach, a rhythwn ni
> ar liw Ionawr eleni
> yn y dŵr didosturi.
> Ac am adeg, mi oedwn.
> Ennyd syn cyn dod at sŵn
> y dŵr uchel. Ymdrochwn.

Mae natur ymataliol y dweud yma yn llwyddo i'r dim i ddod â phrofiadau'r casgliad hwn o gerddi ynghyd. Mewn mannau, mae'r mynegiant yn fwy uniongyrchol a llai awgrymog, megis yn y gerdd 'Llystad' a llinell olaf y gerdd 'Nôl i'r ysgol': 'yn awr mi welwn fod i'r storm olau'. Eto, unigolyn yn ceisio deall ei brofiadau ei hun sydd yma, ac felly mae'r dweud uniongyrchol hefyd yn haeddu ei le. Mae'r cynganeddu'n rhwydd ac yn llifo, heb dynnu sylw ato'i hun, a hynny'n gwbl addas i'r pwnc. Gellid dadlau bod yma enghraifft o broest i'r odl ('â ni ein tri yn ein tro') a bod manteisio ar dreiglad ansafonol yn y llinell 'Pefriai gip o 'fory gwych ynddi hi'. Nid yw'r bardd chwaith yn echblyg wrth ymdrin â'r testun, ond mae'r portread cynnil o'r cyswllt rhwng aelodau'r teulu yn eu galar yn sicr yn gwbl addas i'r gystadleuaeth hon. Rydym yng nghwmni bardd arbennig yma, a bydd y cerddi hyn yn aros yn fy nghof am amser maith.

O blith y Dosbarth Cyntaf, roedd tri ymgeisydd yn deilwng yn fy marn i sef *Brynmair*, *Dolennwr*, a *Stesion ola'*. O'r rhain, roedd *Brynmair* a *Dolennwr* ar y blaen. Ond hynod anodd fu dewis rhyngddynt. Wrth ddod i benderfyniad, bu trafodaethau â'm cyd-feirniaid yn dra gwerthfawr a hoffwn ddiolch iddynt am hynny. Yn y pen draw, i mi roedd cynildeb a gwefr *Brynmair* yn ei osod fymryn ar y blaen i fawredd a chadernid *Dolennwr*. Felly, cadeirier *Brynmair*, a llongyfarchiadau gwresog iddo.

ATGOF
I Tad-cu ac i'r Cwm

olwyn

Ga' i weld y Cwm drwy'r llygaid hyn o hyd? –
    rhai dyflwydd glas mewn bygi, llais Tad-cu'n
fy ngwthio 'mlaen, ei fwydro'n mowldio 'myd
    un stori ar y tro. Consuriai lun
â'i alaw broletaraidd-browd, chwyldroi
    diflastod pentre'n lle llawn chwedlau coeth,
rhoi hanes, hanfod yn y pridd a throi
    olwynion plastig fy nychymyg poeth.
Ac er i'w feddwl gilio'n dawel bach
    dros ael y bryn, mor ddi-droi'n-ôl â'r haf,
ac er i'r llwybrau hudol dyfu'n strach
    o chwyn a gwrychoedd gwyllt, ar ddiwrnod braf
fe awn drwy'r bröydd hyn fel ag o'r blaen:
Tad-cu'n ei gadair, minnau'n gwthio 'mlaen.

12.8%

Mae'n boenus, bron, ddychmygu'r iaith yn drwch
drwy'r strydoedd hyn: murluniau 'Cofiwch Donypandy'

yn amlhau drwy'r Cwm, a *Newyddion* yn anfon eu gohebwyr
i Bont-y-gwaith i ffilmio *vox pops* Cymraeg, heb fod eisiau

trafeilio i Bontrhydfendigaid. Achos byddai'r miliwn
yn trigo yma: yn Rhondda Fach a Rhondda Fawr;

yn Llwynypia fe drefnid pwyllgorau i drafod tranc
truenus yr heniaith yn Abersoch (a chawn deimlo'n smyg

o saff na ddeuai tai haf i wledda byth dros y patshyn
pathetig hwn o Gymru). Ac mae'n greulon, ydy, ddychmygu

bymper sticers 'DYMA GAMWEDD' yn meddiannu'r
meysydd parcio, cymdogion dros eu cloddiau yn rwdlan

yn rhythmau Rhydwen, a'r bechgyn yn y bys-stop yn cellwair
yn acen Christine ... achos onid felly y dylai fod? Bu yma gartref,

unwaith, i'r Gymraeg; bu iddi gadarnle
mor gynhenid â'r lympiau duon a fu'n swatio

yn Nhrealaw a Threherbert, Bodringallt a Groes-faen,
Naval Colliery, Lady Windsor, Tylorstown No. 9.

Blaenllechau, Tachwedd 1867

Hynny'n blygeiniol oedd y ddefod greulonaf:
sychu ei ddagrau, yna'i hel yn araf
drwy ddrws y gegin i'w osod ar y daith
dair milltir i'r gwaith. Ei mab ieuengaf.

Trwy ffenestr y llofft fe'i gwyliai'n diflannu,
ei gwdyn dros ei ysgwydd, ac am eiliad ei ddychmygu
wrth ddesg yn y dosbarth neu'n rhedeg drwy'r coed,
yn ddeuddeg mlwydd oed. Mae'r gwynt yn cynhyrfu ...

A heno ger y pentan mae'n cnoi ei hewinedd,
yn dal i ddisgwyl ei gnoc yn y cyntedd
a gwres ei wên yn llamu drwy'r gât,
fel fflam yn y grât. Fel coelcerth mis Tachwedd.

Griffith Morgan
(*neu Guto Nyth Brân*)

Dwi ddim yn honni nad oedd
e'n gyflym: mae'n siŵr y câi bedwerydd
anlwcus yn yr Olympics heddiw, a phawb
'nôl adre'n gwallgofi o flaen sgrin.
Fe drefnid bws awyr agored iddo
o amgylch Aberpennar, ac ambell i fardd
yn llunio pwt o englyn i leddfu'r siom.

Ac yna'r bywyd braf: Gwisg Las
am ei gyfraniad i'w gamp, gig cyflwyno
ar soffa *Heno*, a phan syrthiai i'r palmant
â'i law'n crafangu am ei frest –
a rhywun yn nhyrrau *Golwg*
wrthi'n trefnu'r *obit* –
ar amrantiad fe ddeuai Siân o'i siop
â dîffib yn ei dwylo i'w synnu allan o fedd annhymig.
Ac fe gâi ei fywyd braf
a normal
yn ôl.

Ond beth pe bai'r gaea'n llwyd a'r wlad yn llwm
a dim rhyw lawer i'w wneud liw nos
ond sibrwd straeon am ŵr ag enw *catchy*?
Beth pe bai iaith yn ddigon i roi grymoedd
gwirion i grwtyn ffarm – beth pe chwyddent
dros ddyffrynnoedd, dros ddegawdau,
hyd nes y codid delw yn ei enw?
Beth pe ysgrifennid llyfr amdano?

Pe bai'r awyr yn anferthol a'r sêr yn arwain i unman
ond bod 'na lanc o Lwyncelyn
yn foddion cyflym i'r cwbl,
oni fyddech chi, hefyd,
yn credu?

Maerdy, Mawrth 1984 – Mawrth 1985

Roedd ei frecwast eisoes ar y bwrdd ar y bore
cynhyrfus cyntaf hwnnw: bacwn ac wyau, a'i hymrwymiad
wedi'i daenu'n dew dros ddwy dafell
o dost. Tu allan: y gwanwyn yn ymegnïo.
Aeth hi ati i hongian ei oferôls ar y lein
a gwylio'r gwynt yn eu chwipio i fyny, yn faner

feiddgar dros y terasau. Yn y pellter: y Pwll
ynghau. Erbyn yr haf, roedd ganddi ei baner
ei hun – un a gariai'n stryffaglus i'r llinellau piced,

drwy'r pentrefi – ac a hyrddiodd drachefn
at y dynion glas â'u batonau gloyw. Oedd,
roedd cymuned yn fan hyn – hi a Betty a Nora

a Jane ac Eirwen – fraich ym mraich dan ffwrnais
ffyrnig Mehefin, yn poeri eu llid ar y llinell
flaen, yn pacio parseli yn y gegin gefn; ynddynt
roedd gobaith, buddugoliaeth, sleisen o chwaeroliaeth
i'w cynnal trwy fisoedd hirfaith yr hydref. Ond
daeth y gaeaf mor ddirybudd â'r beili

at ei drws – heb gnoc, heb groeso – a'i adael
yntau'n dalp disymud yn y gwely; rhedodd
hithau fâth ar ei gyfer, ac â dwylo gwydn,
cloddiodd y tyndra o'i gorff. Tu allan: y rhew ar y bryniau'n
dadmer yn dawel. 'Bydd hi'n wanwyn eto cyn hir ...'
Syllodd am yn hir arno'i hun yn y drych un bore

o Fawrth, ei oferôls yn lân, rhy ffiaidd o lân
amdano. A chyn ffeirio'i styfnigrwydd am fandrel
a rhaw, cyn i'r caets ei wysio'n ôl i'r düwch
di-ben-draw, roedd hi yno'n ei ddisgwyl
yn haul y gegin, ei breichiau'n agor
fel blodyn newydd. A'i frecwast ar y bwrdd.

orrait luv?

Dyma'r lle ola'n y byd y cewch chi
ddweud *love* heb gael eich canslo (neu dyna
shwt mae'n teimlo), a phwy all ein beio –
â'r mynyddoedd mawr 'ma
rhyngom ni a gwareidd-dra (wel, Caerdydd) –
am fod yn philistiaid mor fisoginistaidd?

Does dim apocalyptaidd yn y darfod
dyddiau hyn: dim methan yn barod
i danio, na thipiau'n rhuthro
tua'r pentrefi ... mae'n dawel

fel capeli (diolch byth). Yn drist –
ond ddim yn drasig – fel llyfrgell
arall yn cau.

A thra bo'r byd yn newid siapau
mewn mil o danchwaoedd mân,
yma y byddwn ni yn ddigyfnewid.
Y glaw sydd yn y cymylau
a'r glo sydd dan eich traed.

Yma y byddwn ni, am fod rhaid
cael rhywbeth i'w wneud: felly
pam ddim bwrw gwreiddiau yn y tir
fel gwnaeth ein tadau; codi tŷ, magu teulu?

Pam ddim, drwy'r llanastr
a'r darfod a'r distryw i gyd –
pam ddim jyst caru?

fy mhobl

... nid ei fod mor rhwydd â hynny,
bob tro. Caru, hynny yw.

Ddim yn yr ysgol, lle'r oedd dwylo'n
cydio'n dawelach na chyfrinach
dan y bwrdd, a chywilydd
y gusan gynta'n chwarae cuddio tu ôl i'r coed.
Ddim yn festri oer yr Ysgol Sul
nac ar y pitsh pêl-droed, lle'r oedd
tadau'n slyrio'u sylwebaeth
yn groch o ochrau'r cae, a phob
pàs sâl, pob tacl tila'n
gay as hell.

O wel. Roedd jengyd i'r brifysgol
fel teimlo'r awel ar fy nhafod
wedi oes o gropian gofalus
trwy fryntni'r siafft: ces yno'r

iaith i dyfu'n ddyn, y wefr
o weld fy hun mewn llyfrau
nas astudiwyd gennym yn yr ysgol.
Ac am eiliad lachar, lân,
ces gredu 'mod i 'di cyrraedd pen draw rhyw daith ...

Ond dwi'n dal i ddeffro yn y nos ambell waith
â hen artaith yn hwteru'n watwarus yn fy nghalon.
Dwi'n dal i gofio'r inc ar ddesgiau'r dosbarth
fu'n adrodd fy ffieidd-dra, yn dal i roi cip dros fy ysgwydd
wrth ruthro heibio'r terasau cul, achos

oes, weithiau, mae arna' i ofn
fy mhobl fy hun.

new-moconiosis
Tŷ Eirin, Ebrill 2020

Mewn cartre gofal tawel
uwch llyn ym mhen draw'r Cwm,
dan gysgod pwll a chwarel
mae llygaid duon, llwm,
yn mwytho'r llun sydd ar y seld
o'r teulu fu un tro'n ymweld.

Trwy'r waliau tamp o'i gwmpas
fe ddaw yn araf bach,
fel glo yn ildio i'r bicas,
fel llwch drwy'r awyr iach,
ryw gof am ogof fyglyd gynt
sydd heddiw fel se'n cael ail wynt.

Fe ddaethom yn ein galar
mewn masgiau gleision, glân
ar ôl i'r caets dan ddaear
gau'i ddrws a symud mla'n ...
cans bu, mewn cartre 'mhen draw'r Cwm,
ysgyfaint tyn,
      anadlu trwm.

y dyn yn y *gym*

Mae e'n holi be dwi'n wneud
a dwi'n cochi. Fel gyrfa? Eistedd
mewn swyddfa. Dwi'n tynnu'n siwt yn swil

a'i hongian mewn locer, addasu fy acen,
ac esgus bod baldorddan di-bants yn beth normal
i finne, hefyd. Roedd e'n arfer gweithio yn y ffatri

heibio'r nant, yr un a drodd yn ganolfan chwarae
i blant ac yna'n
ddim – falle 'mod i'n ei chofio? Dwi ddim,

ond dwi'n nodio 'mhen yn bendant. Nawr,
o embaras, rhaid ei osgoi am weddill y sesiwn.
Amhosib: mae ym mhobman dwi'n mynd,
yn swagro'n stereoteip absẃrd o stafell i stafell,
lle mae'r peiriannau'n aros yn ufudd amdano,
yr haearn yn gynhaliaeth gyfarwydd yn ei ddwylo.
Dwi'n dianc, ond dyma fe eto –

gyda'r degau o fechgyn cyhyrog, cyfeillgar,
sy'n chwysu, crio, rhuo o flaen y drychau,
yn cario pwysau dychrynllyd ar eu sgwyddau, ar goll

yn rhywle tu ôl i'w clustffonau. Yma,
lle dyw'r gwaith byth yn stopio, maen nhw'n gosod
mat ar y llawr a phenlinio ...

cyn troi, un
ar y tro, yn ôl
am y cawodydd cymunedol.

datgloddio

O dan y petalau sy'n petruso yng ngolau gwan y gwanwyn,
o dan y perthi a'r danadl poethion, y coed a'r chwilod a'r chwyn,
fe'u clywaf, y coliers, yn eu miloedd,

eu rhythmau'n esgyn drwy'r blynyddoedd
i lesni di-ben-draw'r mynyddoedd hyn.

Ac fe'u dychmygaf, wedi'r shifft, yn codi eto o'r siafftiau.
Cyn dyfod peilonau dur: cymuned yn cyd-gerdded dros gae.
Ac fe'u synhwyraf wrth droed y mynydd
yn dychwelyd i glydwch aelwydydd,
neu'n cloncan yn y clwb tan amser cau.

Ond doeddet ti ddim yno pan drodd y gyfeddach yn gyflafan,
pan ffrwydrodd y nwy ar y ffas, a'r seirenau'n crochlefain dros bob man.
Welaist ti mo wragedd Senghennydd,
y pesychu coch ar obennydd,
a chleddaist ti mo'r eirch yn Aberfan.

Felly cerdd yn dy flaen dros y caeau gwag, gwastadol,
a gad hi ymhle y mae, y gymuned ogoneddus, ffôl;
o ramant dy bresennol,
â'th gerddi a'th radd brifysgol,
does gen ti ddim o'r hawl i'w heisiau'n ôl.

ar lan y môr ym Mhorthcawl
ar ôl angladd Tad-cu

Mae hi'n anodd edrych ar y môr a gweld
dim ond môr; mae metaffor
yn wylofain y tonnau,

pathos yn nygnwch tawel eu parhad.
Des yma un tro'n chwilio am farwnad,
eistedd ar graig ac aros am gerdd
i gael ei sgubo'n ddidrafferth i'r traeth ...

Ond y cwbl ddaeth oedd llond broc o emosiwn, dirnadaeth
mor anferthol, mor ddiaddurn â'r traeth
ei hun: nad wyt ti yma mwy, ddim
yma mwy, ddim
yma.

Ac mae hi'n anodd esbonio pan na allaf edrych ar y fro

lle'm ganed a gweld dim ond bro,
bro sydd ar drai o hyd, ond bro
lle ces fy nghamau cyntaf, fy nghusan gyntaf, fy nghyflog cyntaf.
Bro anhynod yn llygaid hanes,
fe wn, ond bro sy'n llawn ohonot –
ym Mlaenrhondda, Blaencwm, Cwmbach –
y llefydd y buest tithe'n ifanc ynddynt unwaith,
yn plymio'n feunyddiol i berfeddion Annwn
â dim ond helmed, lamp a'r freuddwyd
y câi plant dy blant, un dydd, redeg
dros irder y tir rhag dy dynged ...
Â'r awel hallt ar fy wyneb, rhois y pensil yn fy mhoced

a gwylio 'ngherdd yn boddi yn yr eigion: mae 'na bethau
na all barddoniaeth mo'u cyfleu, ond mae
hynny'n iawn. Mae hyn yn ddigon.

Samsa

Anfonodd 33 eu gwaith i mewn i gystadleuaeth y Goron eleni. Yn anffodus, dim ond 32 y gallwn eu hystyried gan fod un bardd, ym marn y beirniaid, wedi torri rheol sylfaenol y gystadleuaeth, sef: 'Ni chaniateir ond defnydd achlysurol iawn o'r gynghanedd yn y gystadleuaeth.' Roedd cymaint â chwarter llinellau *O'r Gad* mewn cynghanedd gyflawn, ac felly ni allwn ei gynnwys yn y gystadleuaeth. I mi, mae hyn yn resyn gan nad oes lle, felly, o fewn cystadlaethau'r Gadair na'r Goron i gerddi sy'n lled-gynganeddol. Er enghraifft, lle byddai cartref naturiol cerdd fel 'Mewn Dau Gae' gan Waldo ym mhrif gystadlaethau barddoniaeth yr Eisteddfod?

O'r rhai sydd ar ôl, fe'u rhennir i dri phrif Ddosbarth.

Dosbarth 3

Cystennin: Mae'r bardd hwn i'w ganmol am geisio llunio cerdd hir ar fydr ac odl. Serch hynny, mae angen iddo/iddi edrych eto ar ddau beth yn y gwaith, sef y mydr a'r odl. Mae'r mydr yn anghyson ar adegau, ac mae cerdd o'r fath sy'n cynnwys ambell odl acennog a diacen yn amhersain i'r glust.

Tredelerch: Mae'n anodd dilyn trywydd meddwl y bardd hwn. Tybiaf mai atgofion am ddyddiau mebyd sydd yma, ond mae angen tynhau'r mynegiant drwyddi draw. Mae ambell fflach sy'n dangos y gallai *Tredelerch* ganu'n rymusach:

> Ti wedi fy lladd heddiw,
> ro'n i fod i gasglu atgofion,
> blodau o bob lliw,
> ond dim ond llwyd,
> a choch tywyll, tywyll
> sydd ar ôl.

Gem: Cyfres o dribannau yw'r gerdd hon. Mae'n sôn am fynd allan i ganu a dawnsio, a chwrdd â chorrach. Mae'r corrach yn denu'r bardd i fyd arall a chawn glywed ei hynt a'i helynt. I dorri stori hir yn fyr, mae'n mynd i'r carchar am ddweud celwydd ac yn dyheu yn y diwedd am gael Coron yr Eisteddfod ar ei ben. Mae'r bardd hwn yn llawn dychymyg!

Ymfudiad: Eifion Wyn oedd awdur 'Telynegion y Misoedd'; mae *Ymfudiad* wedi mynd i'r un cyfeiriad ond nid gyda'r un eglurder. Mae llawer o'r ymadroddi'n dywyll, a hynny hyd yn oed ym misoedd yr haf: 'Yn sgil yr swyn haf/ geiriau wedi'u haroleuo/ ar dudalen, dan llwyfen.' Ac yna hwn: 'Lladrad o olau dileëdig/ cyfnewid o ffloch.' Yr uchafbwynt yw pennill cyntaf mis Gorffennaf: 'Rownd yr haul yw hi; ei beint/ yn tasgu dros las,/ yn gorlifo ar donnau.'

Y Ffon Dafl: Mae wedi cadw at eiriad y gystadleuaeth. Mae yma gasgliad o gerddi, yn sicr, ond hyd yn oed mewn casgliad mae rhywun yn chwilio am ryw linyn cyswllt neu gysondeb rhyngddyn nhw. Mae'r cerddi hyn mor amrywiol, mae'n anodd gwybod i ba gyfeiriad mae'r bardd am fynd â ni nesaf. Mae ar ei orau wrth sôn am angladd:

> Paid wylo
> Pan ddaw'r awr i ddweud ffarwél.
> Paid gwisgo popeth du.
> Rho flodyn lliwgar yn dy got
> Er cof am liwiau
> Y fflachiadau o bob tu
> A ninnau'n gloywi yn eu gwres.

Rhuddem ap Gwyn: Mae gwahanol leisiau o fewn y gerdd hon, a gwahanol arddulliau. Ceir yma awgrym o gyfeiriad at Morfydd Llwyn Owen, ond er cryfed y neges am greulondeb tuag at ferched, mae angen i'r bardd geisio crynhoi'r dweud yn fwy cynnil.

Dosbarth 2 ii
Tryal: Cyfres o gerddi am golli tad, ei wylio'n nychu gan *dementia*, a marw. Does dim dwywaith nad yw'n mynegi profiad llawer un, ond mae llawer un hefyd wedi mynegi'r profiad hwnnw mewn ffordd fwy cynnil a gafaelgar. Hoffais ei ddisgrifiad o'r teulu: 'Ni feithrinwyr y gragen, ceidwaid ei go'.' Mae tueddiad weithiau yn y gwaith i'r bardd fynd i dir rhyddiaith, pan fyddai llai o eiriau yn gwneud y gwaith yn finiocach.

Cynghorydd 54: Cryfder y bardd hwn ydy'r gallu i greu darluniau trwy ymadroddion bachog, cofiadwy. Daeth chwerthin wrth ddarllen pethau fel: 'Sy heddiw'n hirach na'r hiraeth mwya rioed/ Yn unrhyw un o straeon Y Nogi/ Nogi nogion' a chlywed am yr 'hithau' sydd â chlustiau 'rhy oddifri o fyddar'. Dw i'n meddwl fod y bardd hwn wedi mynd â ni ar daith, ond ei fod lawer gormod ar y blaen i'r beirniaid i ni ei ddeall yn llawn. Dyma i ni Aled Jones Williams ar sbîd!

Sioni: Bardd sy'n ymdeimlo ag anghyfiawnder ac annhegwch a gawn yma. Serch hynny, nid yw'n glir bob amser y rheswm am y teimladau hyn. Mae cyffyrddiadau trawiadol ganddo, ac mae ganddo farn gref yn erbyn rhywbeth neu rywrai, ond hoffwn fod wedi cael gwybod ganddo pwy neu beth oedd yn ei gorddi. Efallai nad oedden ni i fod i wybod oherwydd mae'n ein goglais ar y diwedd trwy ddweud 'efallai na chawsoch deithio'n dalog/ o un pen fy nweud i'r llall'.

Y Fedw Hir: Cerddi am Gerallt Lloyd Owen gan rywun naill ai a oedd yn gyfarwydd iawn â'r bardd ei hun neu'n gyfarwydd â'i hunangofiant. Mae yma anwyldeb a sicrwydd traw yn y mynegiant, ond mae ychydig yn brin o'r newydd-deb hwnnw a fyddai wedi ei godi'n uwch yn y gystadleuaeth. Mae'n adleisio cerddi Gerallt mewn mannau, er enghraifft: 'Bu'r iaith ar y bryniau cymdogol hyn.' Mae'n sicr fod gan *Y Fedw Hir* allu i drin geiriau, a'i fod yn hen law arni. Mae cynhesrwydd y dweud yn dyst i hyn.

Chwiler: Ceir adleisiau o bryddest Dafydd Rowlands yma, 'Dere gyda mi gyfaill/ a dal fy llaw eto'n dynn' ('Dere fy mab/ yn llaw dy dad'). Hoffais y ffordd y mae'n darlunio sefyllfaoedd cyfarwydd yn ieuenctid llawer ohonom, a hwyl diniwed dyddiau mebyd. Cawn ganu tyner wrth glywed am garwriaeth yn dechrau, 'deryn Craig Pantshiri oeddet ti,/ wedi hedfan/ i'r un gangen â mi'. Mae'r ffaith i ni gael y tynerwch hwn yn dwysáu'r tristwch am drasiedi'r golled yn hwyrach yn y dilyniant.

Bryn-glas: Rhiant wedi colli plentyn trwy ganser sydd yma. Aiff â ni trwy lawenydd mebyd a gwewyr yr afiechyd. Ni ellir amau didwylledd y dweud, ond weithiau dyhewn am ambell droad ymadrodd annisgwyl neu lun newydd i gyffroi'r dychymyg. Mae defnyddio delweddau'r tywyllwch a'r goleuni yn cydio yn y gerdd. Mae emosiwn y dweud yn gafael yn ogystal.

Drudwy: Cawn gerdd agoriadol gynnes yn cofio am 'Anti Ann Elin, Dolwyddelan'. Mae ambell wall iaith hwnt ac yma yn cymylu'r dweud, ond does dim amau fod yma lais sy'n ymbil am warchod Cymru a'r Gymraeg. Gocheler rhag barnu a chyffredinoli yn ôl enw yn unig – mae'n siŵr fod yna ambell Shaz yn dipyn cadarnach ei Chymreictod nag ambell Ddafydd hyd yn oed!

Llygad Eglur: Go brin fod unrhyw ddilyniant yn fwy testunol na'r dilyniant hwn. Edrych yn ôl ar fywyd a wna, a'r bywyd hwnnw'n dilyn trofâu llon a lleddf. Hoffwn pe bai wedi canolbwyntio ar ambell atgof mwy diriaethol yn hytrach na chynnwys y darnau sy'n athronyddu ynghylch bywyd. Llwyddodd y gerdd, 'Cymydog milain', i godi cwestiwn diddorol – ai bod o gig a gwaed ydyw, neu drosiad am 'y gronyn prin yn llechu/ yno'i 'n rhywle', sef yr afiechyd y clywn amdano yn gynharach yn y dilyniant.

Coron am Gadair?!: Mae agoriad y dilyniant hwn yn adleisio nifer o themâu'r cerddi eleni: 'Daw cyfnod o ysu/ am oes sydd nawr yn atgof.' Gall y thema hon fod yn dreuliedig, ac mae angen gogwydd newydd ar yr hen neges i beri i'r gwaith ddisgleirio. Hoffais y chwarae ar eiriau, 'Bu Man-gu ar y wê yn gynnar' wrth sôn am we pry copyn, ond at ei gilydd mae angen mwy o'r cyffroadau bach hyn i godi'r gwaith i dir uwch. Roedd fframio'r cerddi o fewn y pum synnwyr yn gweithio.

Henfryn: Cyfres o ddarluniau o'r saithdegau hwyr a'r wythdegau cynnar a gawn, a'r rhai hynny trwy lygaid plentyn oedran cynradd i gychwyn. Yr ysgol ydy cefndir y rhan fwyaf o'r cerddi, ac yn fuan down i sylweddoli fod yma ddioddef bwlio oherwydd y Gymraeg. Fel un o'r un genhedlaeth, mae llawer o'r darluniau yn canu cloch, o'r desgiau pren i'r Llyfrau Darllen Newydd. Roedd cyfosod dwy gerdd, un i'r 'Cwîn' a'r nesaf i 'Gwynfor' wedi codi gwên! Dyma ddilyniant cynnes a darllenadwy, ac yn gorffen yn obeithiol gan adleisio dyfyniad cychwynnol Gerallt Lloyd Owen am y 'grym anniddig'.

Dedalus a fi: O'r dechrau gallwn weld mai ymateb i fuddugoliaeth Prosser Rhys yn y gystadleuaeth hon union ganrif yn ôl a wna'r bardd hwn. Ond nid dilyniant yn y gorffennol mohono. Mae'n cyfeirio at elfennau megis yr hysbysebion yn codi ymwybyddiaeth o AIDS, ac yn nes fyth at ein hamser ni, mae'r gerdd 'Dal hanes yn y tir' yn cyfeirio at ddysgu drwy gyfrwng cod QR am fywyd y chwarelwyr. Ond ceir beirniadaeth nad oes cyfeiriad at hanes hoyw'r cyfnod: 'Hwy yw tudalennau gwag y llyfrau hanes,/ lleisiau'r cenedlaethau a fygwyd,/ a waharddwyd am wrando ar guriadau eu calonnau.' Mae gan y bardd hwn y gallu i greu darluniau cofiadwy, felly gellid bod ychydig yn fwy hunanfeirniadol, er pwysiced y neges, wrth lunio llinellau megis 'Moment eiconig, carreg filltir mewn cymdeithas anghyfartal,/ oedd penodi'r ferch gyntaf yn esgob yng Nghymru'.

Dosbarth 2i
Rebal Anorffenedig: Mae'n drawiadol cymaint o feirdd sy'n cyfeirio at chwarelwyr neu lowyr yn eu cerddi, ac mae'r bardd hwn wedi mynd i'r un cyfeiriad. Cryfder y dilyniant yw'r ffordd y mae'n anadlu bywyd i'r cymeriadau hyn sydd wedi diflannu o'r tir 'ar lwyfan yr hen ddireidi', a gallwn glywed yr hwyl a'r tynnu coes a fu yn y gwaith. Mae'n gresynu bod 'tro ar fyd' wedi dod, a phobl yn dod i'r ardal heb ymdeimlo â'r hanes a'r

caledi. Rhannau mwyaf llwyddiannus y dilyniant yw'r rhai sy'n sylwi ar fanylion bychain o'r gorffennol, ond amheuaf a oedd cynnwys cerdd am yr Wybrnant wedi ychwanegu at y cyfanwaith.

Allanolyn: Mam sydd yma wedi gorfod rhoi ei phlentyn i'w fabwysiadu, ac yn hiraethu ar ei ôl. Mae yma ganu tyner, hiraethus, ac ni ellir amau didwylledd y dweud. Hoffais y ffordd y mae un ddelwedd yn arwain at ddelwedd debyg yn hwyrach yn y gerdd, er enghraifft 'Nodwydd o olau/ yn llafnu trwy'r bwlch' yn arwain at y gerdd 'Siôl' sy'n darlunio'r fam yn pwytho: 'Mae bob pwyth/ yn guriad calon,/ yn gariad.' Byddai mwy o amrywiaeth yn y dweud, a mwy o ddarluniau diriaethol, wedi codi'r safon ymhellach.

Mewn cae ger Curitiba: Fel un sydd wedi gwirioni ar fapiau a mynwenta, denwyd fy sylw'n syth at y dilyniant hwn. Mae gwefan What3Words yn allweddol i'r gwaith, gyda thri gair yn nodi lleoliad penodol iawn unrhyw le yn y byd. Ond hoffwn fod wedi cael mwy o ymdeimlad o union arwyddocâd y llefydd hyn. Mae enghreifftiau lu o ysgrifennu grymus, fel 'Yma yng nghusan y ddwy afon ... mae hiraeth a gobaith yn cwrdd' ond hefyd ceir rhai llinellau llai llwyddiannus: 'Mewn bwrlwm o ewyn diffwdan/ Cyfeddiannaeth dawel a chu.' Y cymoedd a Chaerdydd yw cefnlen y cerddi, a chawn ein harwain gan y bardd hwn i'r llefydd hyn, heb ddeall pam weithiau, ond fel y dywedodd rhywun rywdro, 'ond hynny nid yw ofid im', achos mwynheais y daith.

Hen Ddigon: Cryfder y cerddi hyn yw fod yma gyfeiriad at bethau sydd o fewn profiad sawl un, yn enwedig rhai o oedran arbennig, er enghraifft rhoi enwau ar gefn llun. Mae rhai rhannau ychydig yn dywyll, megis yn y gerdd 'Dim ond', ond mae'r bardd hwn wedi llwyddo i gyplysu'r personol gyda'r byd-eang, megis y gofid am newid hinsawdd. Mae'n un sy'n cynnig sylwebaeth gymdeithasol, ond heb fynd yn drwm na phregethwrol, ac mae ambell linell am aros yn hir yn y cof, megis 'mi wn/ bod modd galaru/ mewn damhegion'.

Aberpennar: Gan hwn y cawsom un o ddelweddau mwyaf trawiadol y gystadleuaeth. Yn y gerdd 'wedi'r gig' mae'n sôn fod 'y band plannu'i gitars/ fel rhofiau i'r cord ola'' ac mae'r darlun o noson gerddorol arall yn dod i ben yn fyw a gafaelgar. Mae ymdeimlad o hen rocar yma, ac wrth edrych nôl, 'bydd ein gwalltiau'n llaes a thrwchus eto,/ gan nofio'n hyderus am ein pennau'. Ceir yma'r syniad fod pethau'n dadfeilio, a'r bardd yn ceisio dal ei afael mewn atgofion, ac aiff â ni nôl i'r gig ar y dechrau gyda'r ddelwedd, 'tydi'r geiriau ddim yn dawnsio mwy,/ brawddegau dwy-droed-chwith ydynt,/ yn dal i gylchu mewn neuadd wag'.

Cerrig Gleision: Mae gan y bardd hwn ymadroddion sy'n dangos dawn dweud mewn ychydig eiriau, rhai fel 'Bod ydy job mynydd, dioddef y gwyntoedd,/ y glaw, y cenllysg/ a'r canrifoedd' a 'dim clychau ond tincian gwydrau a sain cyllyll a ffyrc ar blatiau crand'. Lleoliad llawer o'r dilyniannau yn y gystadleuaeth ydy'r cymoedd, ond lleoliad y cerddi hyn ydy Llŷn. Mae'r dafodiaith yn dyfnhau'r ymdeimlad o adnabyddiaeth ac o berthyn. Nod y cerddi ydy arwain tuag at Enlli, yn adleisio 'tua'r gorllewin mae bro eithinog', T. Llew Jones. Un o'r cerddi gorau ydy 'Nhw' sy'n ein hatgoffa'n gynnil fod yma bobl wedi bod o'n blaenau ni ar hyd y canrifoedd.

CJ: Bardd nad yw'n ofni ei dweud-hi am lefydd ac am sefydliadau ydy hwn, fel y clywn yn gynnar yn y dilyniant, er ei fod wedi llithro trwy ddweud 'Bangor-ia' yn lle 'Bangor-ai'! Fel rhai eraill yn y gystadleuaeth, mae *CJ* yn neidio'n ddiymdrech o'r clasurol, o'r duwiau Groegaidd, i'r modern a chyfeiriadau at apiau a'r cyfryngau cymdeithasol. Diolch iddo am ymestyn cylch fy niwylliant – mae'n debyg na fyddwn, er enghraifft, wedi gwrando ar gân 'Padam Padam' gan Kylie Minogue oni bai am y gwaith ymchwil ar gyfer beirniadu'r gystadleuaeth hon! Mae'r gallu gan y bardd hwn i drymlwytho ystyron i ychydig eiriau, 'llygad y dydd o hogan'. Nid yw'n gwbl glir a oes dwy berthynas ar waith yma, neu a oes mwy nag un o fewn y berthynas hon. Serch hynny, gall ysgrifennu'n gyfoes rymus, ac mae'n llais gwerth gwrando arno.

mnemonig: Cawn yma atgofion tad wrth iddo ymweld â'i ardal enedigol. Y mab sy'n ei yrru, ac yn syth cawn ymdeimlad o wahaniaeth a phellter rhyngddynt. Mae dylanwad glofaol ar y gwaith, ac mae'r atgofion a'r dychymyg yn cael eu deffro gan wrthrychau o'i orffennol, megis ffosil 'yn llais o goedwig oedd mor bell/ yn ôl fel na allwn ei chlywed'. Mae cynllun y gwaith yn gafael, ac mae'r cyfuniad o'r *vers libre* a'r mydr ac odl yn gweithio. Er bod un neu ddau fan yn y gerdd 'tocyn lamp' ychydig yn rhyddieithol, drwyddi draw mae digon yn y cerddi hyn i'w gosod yn uchel yn y gystadleuaeth.

Dosbarth 1
Rydym yn awr yn cyrraedd y rhai y gellid ystyried o ddifri eu gwobrwyo, er bod y ffin rhwng y ddau Ddosbarth yn fwy annelwig na chadarn.

ôl byw: Fel rhai eraill yn y gystadleuaeth, cyfosod y gorffennol a'r presennol a wna'r fam hon yn y dilyniant. Yn ogystal â chyfosod o ran amser, gwelwn hefyd gyfosod rhwng dau le, a rhwng cyflyrau megis tristwch a llawenydd, gwewyr a mwynhad. Mam mewn camperfan ar faes gwersylla Eisteddfod

Genedlaethol 2023 sydd yma, a chawn yr ymdeimlad fod ei chalon hi mewn dau le: yn rhialtwch yr Ŵyl ond hefyd gyda'i mab sydd yn dioddef o salwch meddwl. Yng nghorff y cerddi down i wybod am y geni arteithiol, a'r syniad efallai nad oedd y berthynas rhwng y ddau o'r dechrau yn un ddelfrydol. Sylla'r fam 'trwy blastig tryloyw'r to/ a gweld sgwaryn bach o awyr las,/ a'r byd tu fas tu hwnt i'm cyrraedd' a dyma felly ddod at dristwch y sefyllfa hon, sef bod trwch pared camperfan rhwng y fam a llawenydd Boduan, ond bod mur mwy anweledig a dyfnach rhyngddi hi a'i mab. Cyfres o olygfeydd sydd yma, mewn gwirionedd, a'r cyfan yn uno i greu'r syniad fod cuddio'r tristwch mor hawdd yng ngofod y camperfan. Mae'r ysgrifennu'n rymus, ac mae'r dilyniant yn gyfanwaith sy'n llawen a dirdynnol yr un pryd.

Martha: Perthynas ag ardal, sef Pen Llŷn, ac unigolyn o fewn yr ardal honno, sef ei nain, ydy cefndir cerddi *Martha*. Ond maen nhw gymaint mwy na hyn hefyd. Pwysleisir y pellter rhwng y cenedlaethau yn y gerdd gyntaf, 'dwi'sio ffraeo hefo chi/ ganwaith drosodd,/ dadlau'n frwd ac yn flin'. Cawn olwg ar orffennol y nain a gorffennol y bardd yn ogystal, a'r ddau orffennol hwn yn dod yn un yn fuan iawn. Nid wyf yn sicr ai efelychiad neu barodi ydy 'Honeysuckle Lane' o'r gerdd 'Far Rockaway' gan Iwan Llwyd. Efallai yr hoffwn fod wedi cael mwy o'r ysgrifennu telynegol awgrymog tua diwedd 'Y ddefod' a 'Pluo' (pennill 5). O fewn y dilyniant, cawn ofid am gynhesu byd-eang:

> Ai dim ond atgof
> y byddwn ni'n y pendraw,
> crychdon ar wyneb bywyd
> yn diflannu i'r llif … ?

Atgoffir rhywun o'r Fartha Drafferthus gyda'r nain hon: yn methu ymlacio, wastad â rhyw waith i'w wneud, o gymysgu meddyginiaethau i ddefnyddio'r bwrdd smwddio, ac felly mae'r arafu anochel gymaint mwy dirdynnol. Gwelir mai bardd crefftus sydd ar waith yma wrth i ni sylweddoli mai canolbwyntio ar y pethau bychain a wna er mwyn awgrymu llawer mwy, er enghraifft pan fo'r nain yn sâl, a'r cyfathrebu'n lleihau, gwych ydy'r llinell 'Mae eich geiriau ar goll wrth draed y gwely'. Mwynheais yng nghwmni *Martha*.

Gerddi'r Haul: Egyr y dilyniant mewn Tŷ Ocsiwn, ac mae gweddill y gwaith yn dilyn hanes, ac yn edrych nôl ar hanes, rhai o'r eitemau a werthir: 'Hen gelfi rywsut-rywsut, a chreiriau/ heb straeon disglair amdanynt, heb lathr atgof i'w harddu.' Ond drwy gyfrwng y cerddi hyn, cynigia'r bardd y straeon disglair hynny i ni. Un o themâu'r dilyniant ydy tristwch bod straeon yn diflannu, yn y cyswllt hwn, fesul crair ac fesul gwerthiant. Ond mae'r bardd yn cofnodi'r straeon hyn, ac mae'n gweld pwysigrwydd, nid yng ngwerth materol y gwrthrychau, ond yn yr hanes a'r cysylltiadau sydd y tu ôl iddyn nhw. Cefais fy swyno gan y cerddi hyn o'r cychwyn. Weithiau mae'r gwrthrychau yn y 3ydd person, dro arall y person 1af, ac yn y gerdd 'Lares, Penates' cawn hanes dau gerflun a fu'n 'cynnal llys/ ar silff ben tân yr Hafod/ ers cyn cof neb'. Erbyn diwedd y gerdd caiff y cerfluniau eu rhestru yng nghatalog yr arwerthiant ac 'yn trawsnewid o'r newydd:/ yn 1 *pair Staffordshire figures, C19 royal couple, condition: fair'*. Hoffais y gerdd 'Dresel' sy'n pwysleisio mai'r morynion ac nid y meistr sydd yn bwysig yn y pen draw. Hoffwn fod wedi bod yn yr ocsiwn hon. Efallai y byddwn wedi ceisio prynu rhai o'r pethau!

Ennui AI: Mae'r rhain yn gerddi sy'n cyfuno'r cyfoes a'r oesol, ddoe a heddiw, y Mabinogi a'r modern. Datblygir y syniad yn y cerddi fod y bod modern wedi creu byd digidol iddo'i hun, gan adlewyrchu'r modd y crëodd Gwydion ferch o flodau ym mhedwaredd gainc y Mabinogi. Yn wahanol i'r syniad cyffredinol fod technoleg fodern yn peryglu ein byd, dywed y bardd hwn fod Gwydion ein hoes ni yn canolbwyntio 'ar wyrth y stafell bell a all ddatrys helbulon ein byd'. Cyfuniad o gerddi 'peiriant' a cherddi meidrolyn yw'r dilyniant, ac wrth i ni dderbyn y ffenomen hon, mae'n ein dychryn y modd y gall 'peiriant' ymarweddu fel person. Mae pwrpas deublyg i'r dechnoleg newydd:

> byddaf ryw ddydd
> yn dal sêr rhwng fy mysedd
> yn dusw i'w harogli.
> Ond yn gyntaf achubaf ddyn
> rhag ei natur ei hun.

Gwarchod yw'r gwaith cyntaf, creu fydd yn dilyn. Y cwestiwn mawr y mae *Ennui AI* yn ymgodymu ag ef ydy: a ydy pethau'n gwella neu'n gwaethygu? Cawn ein hanesmwytho yn y gerdd 'Duw' gyda'r syniad mai ymarferiad oedd creu'r ddaear: 'Ni fyddaf yma am yn hir,/ mae gerddi amgenach i'w tendio,/ borderi i'w trefnu ymysg y sêr.' Cawn adlais o'r ffaith fod y cytserau wedi cael eu henwi yn Gymraeg yn ôl cymeriadau o'r Mabinogi, 'a minnau ar daith/ tua fy nghaer ...' Yn sicr, dyma gerddi newydd ac aeddfed, a rhai y mae gwerth treulio amser pleserus iawn yn eu cwmni.

Catal: Rydym yng nghwmni bardd profiadol a hyderus gyda'r cerddi hyn. Arfordir Bro Morgannwg yw ei ganfas, ac arni mae'n paentio darlun o bâr sy'n ceisio dygymod â byw gydag un ohonyn nhw'n dioddef â *dementia*. Mae'r gerdd 'Gwales' yn nodi hyn yn uniongyrchol: 'Weithiau mae'r ysbeiliwr/ yn gwneud yn iawn am ddwyn/ dy gof.' Wedi digwyddiad lled frawychus yn eu gardd mae'r bardd fel petai'n diolch fod ei bartner wedi anghofio am y digwyddiad, 'rwyt nôl ym mendith angof'. Felly, gwelwn fod yr aflwydd yn gallu bod yn fendith ac yn felltith yr un pryd. Un o gryfderau'r bardd hwn yw'r ffordd y mae'n cloi ei gerddi gyda sylw sy'n aml yn ein hannog i feddwl yn ddyfnach. Mae'r gerdd 'Dychweledigon' yn rhoi darlun o ymweliad y ddau ag Eglwys Llantriddyd, a gwerthfawrogi saernïaeth y lle, yn arbennig ddistiau a thrawstiau'r to. Yna ar y diwedd, 'Wrth y car,/ gofynni pam y daethom; atebaf, heb grybwyll gwacter cyplau'r to'. Ni chefais fy argyhoeddi bod y gerdd i Rafah yn talu am ei lle gyda'r gweddill, ac mae'r ymadrodd 'tri bru ei hargosi' yn ddiarth i mi. Serch hynny, hawdd y gellid bod wedi dyfynnu'n helaeth o'r cerddi i ddangos mai bardd hynod gywrain sydd ar waith yma. Hoffais yr awgrym cynnil yn y gerdd olaf, wrth i'r ddau fynd i ymweld â Gardd Ffisig y Bont-faen, hwyrach eu bod yn mynd yno i chwilio am wellhad.

Polaroid: Cawn agoriad trawiadol i'r dilyniant hwn. Paragraff o gerdd sydd yma, ond fel y gwelwn, mae'r cyfan yn adleisio'r hyn sydd i ddod yng ngweddill y cerddi. Mae gan y bardd hwn linellau ac ymadroddion sy'n mynd â'ch gwynt. Yn y gerdd 'Corff dan garthen' cyfosodir marw tad a geni mab, ac yn y geni gwêl y bardd 'yr harddwch a'r hiraeth sydd eto i ddod'. Yn y dilyniant hwn cawn gipolwg ar olygfeydd bychain sy'n rhan o fywyd yn dod i ben, e.e. disgrifir pacio bag gan weithwraig yn yr ysbyty wedi'r farwolaeth, 'ni all hi fentro gweld y gofal/ yn y pethau a stwffiwyd yno blith draphlith ar frys .../ a'r gobaith yn nadreddu drwyddynt fel lasen rydd'. Cyfeirir at y rhai sy'n ymwneud â marwolaeth, o'r ymgymerwr i'r fenyw siop flodau, o'r torrwr beddi i'r 'bardd yn ceisio rhoi ongl fach wreiddiol ar hen dristwch'. Ceir darlun hyfryd o ddiymadferthedd yn wyneb angau, 'A dyma fy nwylo,/ yn gwau twll â gweill gwag'. Wedi'r golled cawn yr argraff fod y bardd yn dioddef yn feddyliol, a chawn gerdd wirioneddol afaelgar sy'n cyfeirio at y rhai a ddaw i ffug gydymdeimlo dros baned o de: 'Yfant eu galar personol eu hunain,/ yn boeth, yn ddu, yn wyn, yn wan.' Yna daw'r llinell drawiadol hon: 'A meddyliaf am yr holl alar sy'n cael ei yfed.' Yn nes ymlaen, mae'n sôn am lun: 'Mae Polaroid gwelw gen i yn rhywle ... fy nheulu yn ddall gan haf mewn niwlen felen o fyd.' Mae'r bardd fel petai'n dal yn yr atgofion ac erbyn y diwedd, efallai mai derbyn pethau fel maen nhw yw'r ateb, 'os yw dyn yn derbyn ei dywyllwch/ gall fodoli yno'n fodlon'. Mae'r tad yn gynharach wedi siarsio'r bardd i siarad 'nes bod y matsis yn ddu a'r canhwyllau'n ddim'. Mae llinell olaf y dilyniant yn adleisio hyn, a'r bardd wedi derbyn ei dynged: 'Gwn ... y gallwn fyw rhwng canhwyllau.' O drwch blewyn, dyma'r un fyddwn i'n ffafrio ei goroni pe na bai un bardd arall yn y gystadleuaeth.

Samsa: Mae hwn yn ddilyniant sy'n digwydd gweddu'n berffaith i fro'r Eisteddfod eleni, am mai yn ei thir a'i daear hi y mae ei wreiddiau. Ond nid dyma pam y mae'n codi i'r brig gen i. Cawn wybod fod y bardd yn ei gyflwyno 'i Tad-cu ac i'r Cwm' a dyma'r person a'r lle sy'n gwbl ganolog i'w waith cyfan. Mae'n agor gyda soned sy'n dyheu am gael bod yn fythol ifanc er mwyn iddo gael '[g]weld y cwm drwy'r llygaid hyn o hyd'. Cawn ddarlun o'i dad-cu'n ei wthio mewn bygi, ond erbyn y diwedd, ef ei hun sy'n gwthio'i dad-cu. O fewn cwmpas un soned, felly, mae'r cenedlaethau wedi newid lle. Llwydda *Samsa* i ennyn ystod o emosiynau ynom, o dristwch gwragedd Senghennydd, i gomedi'r sylw a roddir i Guto Nyth Brân. Mae ganddo berthynas bell ac agos gyda'i ardal a chyda'i thrigolion. Mae'n teimlo'n un â'r gymdeithas, ac eto fymryn ar wahân, ac mae'r gerdd 'fy mhobl' yn ein hatgoffa o Caradoc Evans ac ardal godre Ceredigion ar droad y ganrif ddiwethaf. Temtasiwn mawr yw dyfynnu'n helaeth o'r cerddi i ddangos dawn a chrefft *Samsa*, ond ofer fyddai hynny am ddau reswm. Yn gyntaf, mae'r cyfanwaith a'r gwead mor dynn, byddai ynysu dyfyniadau yn llesteirio eu hystyr, ac yn ail, mae cyfle yn y gyfrol hon i'r darllenydd ddarllen y cyfan yn eu cyd-destun godidog. Mae hanes y cymoedd yn gymhleth gyfoethog, ac adleisir y cyfoeth a'r cymhlethdod yn ymateb y bardd i'r ardal a'i phobl. Nid moliant unllygeidiog sydd yma – yn hytrach, ei dweud hi fel y mae, yn ddi-flewyn-ar-dafod o onest. Braf oedd gweld bod sylw'n cael ei roi i fenywod yr ardal, a dathlu eu lle a'u cyfraniad nhw mewn cymdeithas ddiwydiannol lle mae sylw beirdd a llenorion, ar y cyfan, wedi bod ar gyfraniad dynion yn unig yn y gorffennol. Ymdrinnir mewn mwy nag un man, ac mewn gwahanol ffyrdd, ag agweddau homoffobig cymdeithas, a synhwyrwn bod hyn yn dyfnhau'r pellter sydd rhyngddo a'i ardal. Cerdd drawiadol yw 'datgloddio' lle mae'r bardd yn siarad â'i hun, ac yn dweud nad oes ganddo'r hawl i arddel y gymdeithas hon. Y gwir yw, fod y gymdeithas hon heddiw'n gyfoethocach o'i gael yntau yn rhan ohoni. Ar y diwedd down yn ôl i'r dechrau ac at dad-cu'r bardd, y tro hwn yn ei angladd. Sonia'r bardd mai breuddwyd ei dad-cu oedd y câi 'plant dy blant, un dydd, redeg/ dros irder y tir ...' Yma, ar un o lecynnau gwyrddion y fro, mae un o'r plant hynny am godi i dderbyn Coron yr Eisteddfod. A byddai'r tad-cu siŵr o fod wrth ei fodd.

I mi, mae *Samsa* ar y blaen mewn cystadleuaeth o safon uchel. *Samsa* yw bardd gorau'r gystadleuaeth eleni, a chanddo ef y cawson ni'r wefr honno sy'n golygu bod y dilyniant hwn yn gwbl deilwng o Goron Eisteddfod Genedlaethol Rhondda Cynon Taf.

Enillydd Coron Eisteddfod Genedlaethol ddiwethaf Pontypridd, yn 1893, oedd Ben Davies – brodor o Gwmllynfell a aeth i'r pwll glo (a dysgu cynganeddu) yn 13 oed. Aeth wedyn i'r weinidogaeth; datblygodd yn Fardd Newydd, yn bregethwr, yn ddarlithydd ac yn awdur poblogaidd. Dyna yrfa i'n syfrdanu â'r newid diwydiannol, diwylliannol a demograffig a ddaeth i ran ein gwlad – ond wedyn, onid ydym yn dal yn byw yng Nghymru Ben Davies?

Enillydd Coron Eisteddfod Genedlaethol Pontypŵl 1924, union ganrif yn ôl, oedd Prosser Rhys am y bryddest 'Atgof'. Myfyrdodau trofaus, haniaethol, gormodieithol ynghylch Rhyw (ie, â phriflythyren) yw mwyafrif mawr y gerdd; roedd hynny'n feiddgar yn ei ddydd, heb sôn am y disgrifiadau diamwys-gnawdol o gyfathrach rywiol (teimlo 'ffurf hudolus' merch o'r enw Mair 'lawer gwaith' a 'gyrru ei gwaed ar gerdded cyflym iawn', yn ogystal â'r 'cwlwm tyn' enwocach â'r 'llanc gwalltfelyn, rhadlon'). Arweiniodd y disgrifiadau olaf hynny at ymosodiadau homoffobig milain a chywilyddus. Eleni dymunwn ddarllen gwaith beirdd â chrefft fydryddol finiog a dawn i strwythuro stori'n fwriadus; beirdd â gweledigaeth gyfoes graff, gymhleth, heriol, a'r gallu i'w mynegi'n glir; a beirdd a allai fy nghyffroi'n gorfforol â dicter, llawenydd a phopeth yn y canol. Gorau oll pe gallent gynnig corfforiad crai o hunaniaethau a heriau heddiw yng ngoleuni anwadal etifeddiaeth y gorffennol.

Trafodir y 32 cais cymwys yn nhrefn eu teilyngdod.

Diarddeliadau

O'r Gad: Cytunaf â'm cyd-feirniaid fod defnydd helaeth y bardd hwn o'r gynghanedd yn ei eithrio o'r gystadleuaeth. Gwaeth trosedd yw bod cynganeddu fel pe bai'n cymryd lle ymfynegi'n farddonol ar brydiau. Yn ogystal â'r traethiant traethodaidd, tueddir i ailadrodd yr un pwyntiau sawl gwaith ar wahanol drawiadau, ac nid yw rhai o'r gwirioneddau a fynegir mor syfrdanol â hynny, e.e. 'rhyfel yw'r dymchwelwr mawr;/ mae rhyfel yn dymchwel pob dim'. Ond mae llawer i'w ganmol yn y myfyrdod hwn ar ymweliad â'r Amgueddfa Ryfel Ymerodrol. Ceir myfyrdodau dilys ar erchyllterau a beirdd yr ugeinfed ganrif, ac mae'r dilyniant ar ei fwyaf ysgytwol a gwreiddiol wrth i'r ymosodiad ar Wcráin wneud i arswyd rhyfel 'ddychwelyd fel drychiolaeth/ o fedd y ganrif ffieiddiaf a fu erioed'. Gresyn am y pennill diofal a daflwyd i mewn tua'r diwedd, sy'n ymylu ar wrth-Semitiaeth yn unol â diffiniad Cynghrair Ryngwladol Cofio'r Holocost. Pe bai'n gymwys, byddai'r ymgais hwn yn hanner uchaf Dosbarth 2i.

Dosbarth 3

Tredelerch: Credaf mai atgofion plentyndod sydd yma. Ceir ambell fflach ddealladwy (enwau ceir yn bennaf) ond methais â deall trywydd y bryddest ddryslyd, gymysglyd hon.

Cystennin: Argraffiadau carbwl, cocosaidd weithiau, o Lŷn. Dyma fyfyrdod cynrychioladol ynghylch Enlli: 'Yr ynys Sanctaidd – ag cyrff ugain mil,/ Tybed os ganddynt unrhyw epil?'

Y Ffon Dafl: I ddechrau: disgrifiad go gyffredin a threuliedig o ofalu am fam â *dementia*. I ddilyn: penillion odledig, anghaboledig ar bynciau mor amrywiol â Bryn Terfel ('llais i dawelu llew'), alarch, ffarmwr yn diolch i fellten am daro derwen (ar gownt y coed tân), trenau, a thabledi cysgu. Nid dyma'r gystadleuaeth ar gyfer dawn y bardd hoffus, didwyll hwn.

Ymfudiad: A ofynnodd rhywun i sgwrsfot AI gynhyrchu disgrifiadau o fisoedd y flwyddyn ar ffurf barddoniaeth sy'n smalio bod yn arwyddocaol, neu barodi o farddoniaeth ffuantus, aml ei delweddau, cloff ei hiaith a phrin ei hystyr? Dyma un o saith pennill cyffelyb am fis Awst: 'Eisteddfod: bwncathod mewn/ pâr, gan ymuno/ â'i gilydd mewn deuseiniaid gwyllt.'

Gem: Byddai'n berffaith bosib i resaid o benillion – yn olrhain cymeriad drwy noson ar yr êl a'r gerddoriaeth werin ym Mhontypridd, ar draws caeau gan faglu i'r mwd a chwrdd â thylwythyn teg, hyd at ddawnsio a rhyw a phriodi gyda geneth dlos, yn ôl i'r cartref anghrediniol, ac yna i Glwb y Bont i slotian eto – ennill Coron yr Eisteddfod Genedlaethol. Byddai angen gwell graen, ac amlycach diben, ar y penillion arobryn hynny.

Rhuddem ap Gwyn: Dan ddyfyniad o 'Faust', Goethe (drama sy'n trafod y fenyw fythol, gyfansawdd) dyw dilysrwydd y catalog hwn o gamweddau â menywod ddim yn gwneud barddoniaeth o'r brawddegu plaen, erthyglaidd, gramadegol-garbwl. Ar ôl ambell ymadrodd creadigol neu afaelgar (e.e. yr addewid i 'ddefnyddio sgerbydau breninesau', a llinellau fel 'byth yn gwybod ai brwydr neu ddawns yw hon') buan y dychwelir at bolemig neu ddryswch.

Cynghorydd 54: Llanast trawiadol o gyfosodiadau anghymharus, mewn iaith sathredig. Nid yw hon yn dechneg newydd – enillodd Aled Jones Williams y Goron am y gerdd lif-yr-ymwybod 'Awelon' yn 2002; roedd yn arloesol yn nofelau Saesneg y 1920au. Rhaid wrth feistrolaeth amlwg ar y dechneg er mwyn argyhoeddi. Crëodd *Cynghorydd 54* sawl cyfuniad geiriol disglair ac awgrymog – 'marmor o leuad doji', 'y brên yn brathu'r bidlan', 'pladur gwenith cân Meic'. Ond nid yw'n feistr ar ei gyfrwng – go brin mai bwriadol yw'r blerwch orgraffyddol, ac ni welais argoel o adeiladwaith nac agenda, er mor awgrymog yw'r dyfyniad gan Ieuan Gethin, a'r cyfeiriadau at y 'crawiau' a'r 'hetiau bwced'.

Dosbarth 2iii

Mewn cae ger Curitiba: O dan deitl pob cerdd ceir tri gair yn arddull What3Words – cyfuniadau geiriol hapiol sy'n dynodi lleoliadau. Argraffiadau o'r cymoedd sydd yma, ond – er argoelion bod cenadwri sylweddol yn cuddio yn y cerddi – yn rhy aml dydyn nhw ddim lawer yn fwy ystyrlon na'r cyfosodiadau trigair hynny.

Henfryn: Atgofion twt a didwyll o addysg Gymraeg mewn ardal lai Cymraeg yn ystod diwedd y saithdegau a dechrau'r wythdegau – y bwlio a brofai'r 'Welshies' am chwifio'r ddraig goch yn ystod Jiwbilî, Gwynforaddoliaeth, a 'llifeiriant gloyw' geiriau'r ysgol Sul. Digon dweud y dyfynnir 'Etifeddiaeth', Gerallt Lloyd Owen heb eironi creadigol.

Coron am Gadair?!: Wrth i hen gadair dderw 'Mangu' mewn cegin greu 'sinema o synhwyrau', dyma atgofion digon diddorol – am 'shiffonêr' a 'Singer', meddyginiaeth a menyw'n 'cnoi Cleopatra o ffrwyth' ag un dant – heb ergyd arbennig.

Sioni: Bardd sy'n 'cloddio'n ddyfnach fan hyn' – yn y cymoedd – 'am ein Mabinogi ni'. Rhydd fwy o sylw i'r cloddio – cwestiynu, gan ragdybio agweddau 'Cymry sicrach eich sefydliad' a nodi pwysigrwydd 'peidio becso ffyc/ am bwys disgwyliadau', 'sut y gall dynnu fy hanes/ o groth amhenodol fy Merthyr' heb roi i'r darllenydd 'golyn rhyw "ond"/ ymesgusodol neu waredigaethol' – nag i'r hyn y mae'n cloddio amdano.

Drudwy: Mae'r ddwy ran gyntaf yn cofio hynafiaid – hen fodryb o Ddolwyddelan, chwarelwyr Stiniog, a bugeiliaid defaid mynydd 'ar lwybrau llethrog y tir llwyd'. Addawol ond annatblygedig yw'r golygfeydd o Lundain, a sgil-effeithiau Chernobyl. Salach yw'r drydedd ran, sy'n condemnio'n snobyddlyd 'wadu dy blant eu trysor' drwy eu bedyddio ag enwau fel 'Jessie ac Archy, Georgie a Lexi'.

Tryal: Dyw'r portread o dad (cyn-weinidog) yn dihoeni ddim yn ddigon delwig, yn enwedig mewn cymhariaeth â'r adnodau uwchlaw'r cerddi sy'n sôn am ddyn fel gwaith dwylo Duw, am Dduw'n tywys dyn o'r anialwch, ac am fuddugoliaeth dyn dros angau drwy gymorth Duw. Ceir addewid mewn llinellau realaidd-Feiblaidd fel 'dim ond colli gair fel camddodi allwedd sbâr yng nghefn drôr' a 'mân graciau'n we anweladwy ar wyneb llestr pridd'.

Bryn-glas: Atgofion didwyll, rhugl, teimladwy tad am fagu mab, a'r profiad erchyll o'i weld yn dioddef o ganser. Traethiant cabol ond rhyddieithol – prin, byrhoedlog a chymysglyd yw'r metafforau a ddefnyddir, a phrin yw'r technegau barddonol sydd ar waith.

Y Fedw Hir: Molawd digon cyffredin i Gerallt Lloyd Owen yw'r gerdd gyntaf, sy'n dyrchafu 'purdeb gramadeg' a 'chawr y gynghanedd', ac mae ambell gerdd dywyll, god-delynegol yn dilyn, yn ogystal â chondemnio sâl ar 'genhedlaeth fondigrybwyll y Wenglish'. Ond daw haul drwy'r cymylau mewn disgrifiadau o blentyndod delfrydol o 'freuddwydion eisteddfodol' a dychmygion chwedlonol yn yr awyr agored, ac ymddiddori yn 'Oriel yr Anfarwolion' o feirdd, a machlud poenus wrth ddarlunio diwedd oes Gerallt a hel atgofion amdano'n smocio yn ei 'siwmper Shotolau' wrth i'w iechyd ddirywio.

Dosbarth 2ii

Chwiler: Mae trasiedi'n gwaedu'n raddol drwy'r dilyniant nostaljig hwn. Confensiynol (ond difyr a thafodieithol) yw'r disgrifiadau o chwarae'r iard slawer dydd – 'gôl dwy goeden', 'whit-wiw cudd', 'canfod llau', 'Everton Mints' a 'bomio Jyrmans'. Datblyga'r dilyniant wrth ddisgrifio cyfeillgarwch cynnar agos, a chwarae eto yn yr afon – trochi, 'adeiladu argae', 'rasys prennau' – cyn i'r drasiedi daro gyda'r newyddion 'dy fod ti wedi boddi': 'lladdwyd diniweidrwydd mewn un dydd'.

Llygad Eglur: Gorymdrechir i oreuro myfyrdodau cyffredin ar droeon yr yrfa, o fagwraeth i garwriaeth i archwiliad prostad (*'selfie* pwrpasol') yn farddoniaeth eiriog-aruchel. Gwelir yr adnoddau i gynhyrchu rhywbeth mwy cyrhaeddgar wrth i'r bardd ymlacio'r ymadroddi (e.e. 'ymlaciaf yn niogi dwyfol/ Debussy *en bateau*,/ yn hwylio ar donfedd radio').

Cerrig Gleision: Bardd a'i gamre ar lwybrau'r pererinion wrth y môr, a mân fynyddoedd Llŷn, o'r Eifl hyd Enlli. Mae yma gynhwysion da, wrth i'r dirwedd atgoffa'r bardd o chwedlau, treftadaeth Gristnogol a chysylltiadau Celtaidd yr ardal, ac wrth gyfosod hynafiaeth y tir â haerllugrwydd newydd-ddyfodiaid. Ond dyw'r llinellau byrion ddim yn helpu i gael ymadroddi llachar sy'n llifo, a gellid gwneud mwy i bensaernïo adeiladwaith y dilyniant.

Allanolyn: Dilyniant tlws a theimladwy (sentimental weithiau) sy'n olrhain perthynas a beichiogrwydd. Syrffedus yw'r esboniadau taer, plaen o deimladau'r llefarydd; rhy brin yw'r ymdrechion (fel yn 'Llywarch Hen' a 'Siôl') i ddefnyddio cyfeiriadaeth neu ddelweddau i fynegi'r teimladau'n afaelgar. Ni chafwyd digon o ymadroddion trawiadol, fel 'tywyllwch tywodlyd y llofft' yn y llinell gyntaf.

Aberpennar: Mae golygfeydd gafaelgar y cerddi cyntaf yn addawol – fferi o Ffrainc ar 'noson Brecsit' yn 'gadael', 'minlliw taerineb;/ llaw yn oedi ar fraich' yn 'wedi'r gig', a chyfosod y Forwyn Fair â chyn-filwr sy'n disgwyl trên yn 'cof cenedl'. Siom oedd i'r cerddi dilynol fynd yn llai uniongyrchol, gan ailbobi cwynion cyfarwydd gwleidyddiaeth flaengar, a gwneud ebychiadau aneglur.

Rebal Anorffenedig: Disgrifiad rhugl, byw o gymdeithas chwarelyddol lafurgar a hyddysg y caban, a'r llefarydd a'i ffrindiau'n 'cowtowio i'r cymêrs'; teyrnged gofiadwy i dad y llefarydd – 'eilun o Farcsydd y bonc,/ hen rebal o rybelwr'. Salach yw'r condemnio ar dwristiaid am beidio ag 'ymbaratoi/ y bara llwyd o gynhaliaeth/ dan gannwyll geiniog' wrth gyferbynnu rhwng 'erstalwm, a'r lle yn gnawd o gwmwd' â'r presennol o ddiweithdra, diboblogi a throi'r chwareli'n atyniadau i 'anturwyr ffug yng nghragen yr agor'. Camgymeriad oedd hollti'r dilyniant gan sôn wedyn am Dŷ Mawr Wybrnant ('heb barch ac heb orchwyl', lle cynt bu'r nant yn 'treiglo fel gwêr/ dros sacramentau'r werin').

Dedalus a fi: Dyma'r unig ymateb uniongyrchol i bryddest Prosser Rhys ('Dedalus' oedd ffugenw Prosser ym Mhontypŵl). Mae'r mynegiant yn hyderus a herfeiddiol (gan droi'n rantio a cholli rheolaeth weithiau) wrth iddo archwilio profiadau hoyw Cymreig a Chymraeg. O'r Beibl a Geiriadur y Brifysgol, i hysbyseb am AIDS ar y teledu, o'r Eisteddfod i'r teulu, dyma ddilyniant sy'n ein cywilyddio am allanoli – ar sail rhywioldeb – rai sy'n rhannu'n treftadaeth ieithyddol a diwylliannol.

Dosbarth 2i

Hen Ddigon: Mae'r gerdd gyntaf yn methu â gwneud undod cyflawn o rianta modern, Waldo, biwrocratiaeth a rhyfeloedd, hiraeth am ddyddiau da ymneilltuaeth, ac angst dirfodol. Mae eraill o'r cerddi'n drawiadol o unol, eglur a disgybledig – dyna 'Ar hold', sy'n myfyrio ar y *Caniedydd*, a'r 'pregethau'n gyhyrau i gyd'; dyna'r disgrifiadau o nodiadau hen berthynas ar gefnau ffotos teulu yn 'grafiadau/ sy'n blasu fel polos yn Cwrdd a cinio dy'

Enillwyr Prif Wobrau
Eisteddfod Genedlaethol Cymru
Rhondda Cynon Taf 2024

Dyma gyfle i ddod i adnabod
enillwyr gwobrau mawr
yr Eisteddfod

Cyflwynir y Gadair eleni am awdl neu gasgliad o gerddi mewn cynghanedd gyflawn ar fwy nag un o'r mesurau traddodiadol, hyd at 250 o linellau, ar y testun 'Cadwyn'. Y beirniaid yw Aneirin Karadog, Huw Meirion Edwards a Dylan Foster Evans.

Y crefftwr Berian Daniel sy'n gyfrifol am gynllunio a chreu'r Gadair. Noddir y Gadair a chyflwynir y wobr ariannol o £750 gan ddisgyblion a chymuned Ysgol Llanhari ar achlysur dathlu cyfraniad yr ysgol a Theulu Llanhari i 50 mlynedd o addysg Gymraeg yn Rhondda Cynon Taf.

Derw o goedwig hynafol, gwaith haearn yn adlewyrchu diwydiant y cymoedd, a glo – 'Aur y Rhondda' – yw'r nodweddion yn y Gadair eleni. Mae'r goeden wedi ei thorri yn ei hanner ac yn y canol mae 'afon' o ddarnau glo wedi'u boddi mewn resin gyda'r cwbl yn cael ei ddal yn ei le gan fariau haearn. Esboniodd yr artist a'r dylunydd, Berian Daniel, bod y tair rhan yn cynrychioli afonydd Rhondda, Cynon a Thaf sy'n rhoi ei henw i'r sir sy'n gartref i'r Brifwyl eleni.

Daeth y pren o goeden a oedd yn tyfu'n agos at gartref Iolo Morganwg yn y Bontfaen. Roedd rhaid i'r afon o lo fod yn gwbl gywir, gan fod pob darn bach wedi'i guddio gan resin, a bu'n rhaid i Berian arbrofi tipyn cyn perffeithio'r afon. Haearn sy'n creu'r Nod Cyfrin, ac mae elfennau o natur, diwylliant a diwydiant cymoedd Rhondda, Cynon a Thaf yn y Gadair orffenedig. Daeth yr ysbrydoliaeth am y rhain gan ddisgyblion yr ysgol:

'Disgyblion Ysgol Llanhari ym Mhont-y-clun ddaeth â'r syniad o greu afon o lo a'r term "Aur y Rhondda". Glo ddaeth o ddaear y cymoedd gan greu gwaith a chyfoeth. Ac er bod y diwydiant wedi dod i ben, mae'i ddylanwad yn parhau'n gryf ac roedd yr ysgol am ei weld yn cael ei adlewyrchu yn y gadair hon,' meddai Berian. Â hithau'n dathlu ei phen-blwydd yn 50 mlwydd oed yn 2024, yr ysgol sy'n noddi'r Gadair eleni a bu holl ddisgyblion yr ysgol, yn ogystal â staff a ffrindiau, yn gweithio'n ddiwyd i godi'r arian angenrheidiol. Dros y misoedd diwethaf mae Berian wedi cydweithio gyda grwpiau yn yr ysgol i greu a chwblhau'r dyluniad.

Detholiad o gywydd y Prifardd Alan Llwyd, enillydd Cadair Eisteddfod Genedlaethol Llŷn ac Eifionydd 2023, i'r Gadair

Cadair Rhondda Cynon Taf

Unwaith roedd coed Glyn Cynon
yn las ir yn ôl y sôn,
nes troi'r Glyn yn llecyn llwyd:
cyn cri'r hwteri, torrwyd
y glasgoed i'w golosgi,
bylchu rhwng natur a ni.

Cyweiniwyd coed Glyn Cynon
i'w rhoi yn y gadair hon;
haearn o gast Hirwaun gynt,
mwynau nad mwynau monynt
bellach, a glo o byllau,
sydd drwyddi wedi'u cyd-wau.

Yn hon, mae hanes ein hil,
ein hanes maith, anghynnil
yn gryno, yn gywreinwaith,
ac ynddi hi mae ein hiaith
yn barhad: nid gwobr yw hi,
nid y clod, ond caledi.

Yn frwd, lle bu difrawder,
daeth hon â'i bendith a'i her:
Ysgol heriol Llanhari,
mae pum croes ei heinioes hi
yn rhan o'r gadair hynod
a'r Ŵyl yn disgwyl ein dod.

Ac un dathliad yw'r gadair,
dathlu trwy Gymru mai'r gair
a erys, a cherddoriaeth –
Gŵyl lle bu gweithlu yn gaeth,
a chadair hardd balchder hil
y gân yw'r gadair gynnil.

CARWYN ECKLEY
ENILLYDD Y GADAIR

Hogyn 28 oed o Ben-y-groes, Dyffryn Nantlle ydy Carwyn Eckley. Mae'n byw yng Nghaerdydd efo'i bartner Siân a'u ci, Bleddyn. Mae'n gweithio fel newyddiadurwr gydag Adran Gymraeg ITV Cymru, sy'n cynhyrchu rhaglenni Y *Byd ar Bedwar* a'r *Byd yn ei Le*.

Mi daniwyd ei ddiddordeb mewn llenyddiaeth pan roddodd ei fam gopi o *Harry Potter* yn ei law fel bachgen ifanc iawn, cyn dechrau ymddiddori mewn barddoniaeth Gymraeg dan arweiniad Ms Eleri Owen yn Ysgol Dyffryn Nantlle, a oedd yn chwip o athrawes Gymraeg. Astudiodd Gymraeg Proffesiynol ym Mhrifysgol Aberystwyth a dysgu i gynganeddu mewn gwersi gydag Eurig Salisbury. Enillodd y Gadair Ryng-golegol yn ystod ei drydedd flwyddyn yno, cyn ennill Cadair yr Urdd yn 2020-21.

Mae'n aelod o dîm Talwrn y Beirdd Dros yr Aber o Gaernarfon efo Rhys Iorwerth, Iwan Rhys a Marged Tudur, sydd wedi ennill y gyfres bedair gwaith. Mae'n ddiolchgar iawn i'r tri aelod arall am eu cefnogaeth, ac yn enwedig i Rhys Iorwerth sydd wedi bod yn athro barddol iddo. Tu hwnt i ysgrifennu, pêl-droed yw un o'i brif ddiddordebau – mae'n aelod o Glwb Cymric ac yn dilyn y tîm cenedlaethol yng Nghaerdydd ac oddi cartref gyda hogia Dyffryn Nantlle. Mae hefyd yn mwynhau mynd â Bleddyn am dro gyda Siân a'r teulu.

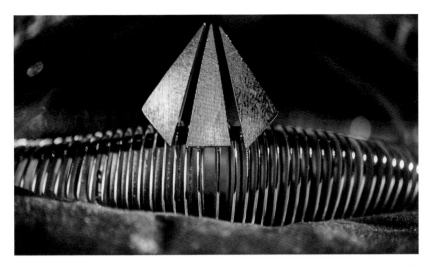

Noddir y Goron a chyflwynir y wobr ariannol o £750 gan Ysgol Garth Olwg, sydd yn parhau i feithrin Cymry Cymraeg balch yn ardal Pontypridd. Cynlluniwyd a chynhyrchwyd y Goron gan Elan Rhys Rowlands.

Fe'i cyflwynir am bryddest neu gasgliad o gerddi heb fod mewn cynghanedd, hyd at 250 o linellau, ar y testun 'Atgof'. Y beirniaid eleni yw Tudur Dylan Jones, Guto Dafydd ac Elinor Gwynn.

Cyfunodd Elan nodweddion trawiadol Hen Bont Pontypridd gyda phatrwm nodau ein hanthem genedlaethol a gyfansoddwyd yn y dref. Fel rhan o'i chais gwreiddiol, crëodd Elan fwrdd syniadau yn cynnwys enwogion a nodweddion arwyddocaol ardal Rhondda Cynon Taf. Ymysg yr enwogion roedd y tad a'r mab, James James ac Evan James, a gyfansoddodd 'Hen Wlad Fy Nhadau'.

Awgrymodd bod y Goron yn cael ei chreu gyda darnau bychain o arian pur wedi'u gosod fel tonnau gyda'r bwriad o blethu hanes cerddorol yr ardal i mewn i'r Goron. Gosodwyd teitl yr Eisteddfod ar y bont i angori'r cynllun ac mae'r Nod Cyfrin, symbol Gorsedd Cymru ers cyfnod Iolo Morganwg, yn addurno blaen y Goron gan ymgorffori'r cysylltiad hanesyddol cryf gyda thraddodiad yr Eisteddfod.

Penderfynodd Elan ddysgu mwy am ardal yr Eisteddfod cyn creu'r Goron ac aeth i Ysgol Garth Olwg, sy'n noddi'r Goron, i gasglu syniadau pobl ifanc yr ardal. Gweithiodd gyda 15 o ddisgyblion ar y prosiect a chymerodd eu syniadau nhw i ystyriaeth yn y dyluniad gorffenedig.

Coron 2024

Mi wn i fod y bont yn hen,
ond oedwn arni efo gwên
i glywed traw a thonnau siŵr
ein hanthem ni yn dod o'r dŵr.

Mi groeswn wedyn; mynd am dro
yn ôl i ddyddiau'r pyllau glo.
Mi wyliwn Iolo dros ei faen
yn llygad haul, cyn dringo 'mlaen

i weld y cwm o dop y bryn.
Mewn crysau rygbi du a gwyn,
mi basiwn ddiemyntau iaith
ac inni'n gwmni ar y daith

bydd symffonïau gorau'r haf
a phobl Rhondda Cynon Taf.
O'r bont, bob dydd, mae'r siwrnai gron
i'w chael yn sglein y Goron hon.

GWYNFOR DAFYDD
ENILLYDD Y GORON

Ganwyd a magwyd Gwynfor yn nhref Tonyrefail yn Rhondda Cynon Taf, ac fe aeth i ddwy o'r ysgolion lleol, Ysgol Gynradd Tonyrefail ac Ysgol Llanhari. Yn yr ysgol uwchradd y dechreuodd Gwynfor farddoni, yn y mesur caeth i ddechrau, yn sgil ymweliad gan Mererid Hopwood â'r ysgol, lle cyflwynwyd y gynghanedd iddo am y tro cyntaf. Aeth ati i ennill Cadair yr Urdd pan oedd yn dal i fod yn ddisgybl yn Llanhari yn 2016, ac yna am yr eildro ar ei domen ei hun ym Mhen-y-bont ar Ogwr Taf ac Elái yn 2017. Gwynfor hefyd oedd awdur y Cywydd Croeso y flwyddyn honno.

Yn ddiweddarach, fe aeth i Brifysgol Caergrawnt i astudio llenyddiaeth Almaeneg a Sbaeneg, ac fe dreuliodd flwyddyn yn gweithio i'r Siambr Fasnach Brydeinig yn Chile. Ar ôl graddio o'r brifysgol yn ystod Cyfnod y Clo, fe symudodd yn ôl i Donyrefail i fyw am dair blynedd, cyn symud i Lundain, lle mae e bellach yn gweithio fel newyddiadurwr i'r BBC ar y *News at Six* a'r *10 O'Clock News*.

Mae Gwynfor yn aelod o dîm Morgannwg yn yr Ymryson, a thîm Tir Iarll ar gyfres radio *Y Talwrn*. Mae wedi ennill Tlws Coffa Cledwyn Roberts ddwywaith am gerdd rydd orau'r gyfres.

Hoffai Gwynfor ddiolch i'w athrawes Gymraeg yn Llanhari, Catrin Rowlands, am ei chefnogaeth a'i chyngor dros y blynyddoedd. Pleser o'r mwyaf yw gwybod ei bod wedi'i derbyn i'r Orsedd eleni, ar ôl gwneud cymaint i sicrhau bod plant yr ardal yn cael cyfleoedd i ddefnyddio'r Gymraeg tu hwnt i furiau'r ysgol. Hoffai hefyd gydnabod ei ddyled i'w deulu am eu cefnogaeth hwythau, ac am sicrhau bod yna Bafiliwn wedi dod i Rondda Cynon Taf o gwbl. Mae ei rieni wedi gweithio'n ddiflino dros y ddwy flynedd ddiwethaf er mwyn codi Eisteddfod ym Mharc Ynysangharad – yn enwedig ei fam, Helen Prosser, sef Cadeirydd y Pwyllgor Gwaith eleni. Mae hi'n fraint aruthrol i Gwynfor gael ennill y Goron ym mro ei febyd, a hynny am ysgrifennu casgliad o gerddi sy'n trin a thrafod hanes, hiwmor a diwylliant yr ardal.

EURGAIN HAF
ENILLYDD Y FEDAL RYDDIAITH

Mae gwreiddiau Eurgain ym Mhenisarwaun yn Eryri ond erbyn hyn mae hi wedi ymgartrefu ym Mhontypridd efo'i gŵr Ioan a'u dau o blant, Cian Harri a Lois Rhodd a chi bach annwyl o'r enw Cai Clustia'.

Fe'i haddysgwyd yn Ysgol Gynradd Tan-y-Coed, Penisarwaun ac yna Ysgol Uwchradd Brynrefail, Llanrug ble y daeth dan ddylanwad ei hathrawon Cymraeg, Esyllt Maelor a'r diweddar Alwyn Pleming a'i hanogodd i ysgrifennu. Aeth ymlaen i Brifysgol Aberystwyth ble y graddiodd yn y Gymraeg a'r Ddrama ac yna mynd ati i gwblhau gradd MPhil yn y ddrama ac mae'n ddiolchgar i'r Athro Elan Closs Stephens a'r diweddar Athro John Rowlands am eu holl anogaeth yn ystod y cyfnod hwnnw.

Mae'n ddyledus i drefnwyr Eisteddfod Bentref Penisarwaun am roi'r hwb a'r hyder iddi pan oedd yn blentyn i barhau i ysgrifennu a byddai'n annog unrhyw gyw awdur i gystadlu a chefnogi eu heisteddfodau bychain lleol. Dyma feithrinfa eu dawn. Aeth ymlaen wedyn i ennill sawl gwobr lenyddol gan gynnwys Coron Eisteddfod Genedlaethol yr Urdd, coron Eisteddfod Môn a'r Fedal Ryddiaith yn Eisteddfod Dyffryn Ogwen. Hyd yma mae wedi cyhoeddi deuddeg o lyfrau ar gyfer plant yn cynnwys *Y Boced Wag* a *Cyfrinach Noswyl Nadolig* ac wedi cyfrannu straeon byrion ar gyfer cyfrolau i oedolion fel *O, Mam Bach! Cariad Pur* a *Nerth Bôn Braich*. Mae hefyd yn gyn-enillydd y Fedal Ddrama yn yr Eisteddfod Ryng-golegol ac fe berfformiwyd drama fer o'i heiddo, *Cadw Oed*, fel rhan o gynhyrchiad teithiol Sgript Cymru, 'Drws Arall i'r Coed' yn 2005. Hoffai ddiolch i'r holl olygyddion clên y cafodd y pleser o gydweithio gyda nhw hyd yma ac yn arbennig i Catrin Hughes, cyn-olygydd gyda Gwasg y Dref Wen, am roi'r cyfle a'r wefr iddi o weld ei gwaith mewn print am y tro cyntaf un gyda'i nofel i blant, *Fferm Ffion*.

Mae ei gyrfa ym maes cyfathrebu a PR a threuliodd ddeng mlynedd hapus iawn yn gweithio yn Adran y Wasg S4C cyn cael ei phenodi yn Uwch Reolwr y Wasg a'r Cyfryngau i elusen Achub y Plant Cymru. Ymysg ei diddordebau eraill mae cerdded gyda ffrindiau, mynd am wyliau i lecynnau godidocaf Cymru efo'r teulu a chanu gyda Chôr Godre'r Garth.

Sul'. Mae yma gysgod – y dylid ei gryfhau – o naratif gafaelgar am ffarwelio ag un genhedlaeth wrth fagu'r nesaf, yng nghysgod diwedd anghydffurfiaeth a newid hinsawdd.

mnemonig: Wrth i fab fynd â'i dad ar daith i'w gartref yn y cymoedd, defnyddir arteffactau ac atgofion i ryfeddu ac arswydo at waith dan ddaear. Rhyddieithol-blaen yw'r mynegiant, a dylid cyfrodeddu'r presennol a'r gorffennol yn fwy soffistigedig: yn 'lamp', disgrifir lamp plentyn heddiw, ac yna lamp glöwr, heb ymdrech i'w cysylltu heblaw dweud 'Go wahanol yw'r lamp-defi'. Ceir ambell ddisgrifiad mydryddol cyfoethog (e.e. ffosil sy'n 'wasgnod rhedyn/ yn y garreg ddu, bwa lluniaidd/ ar ddull rhes o blu'), ac ehedir i le uchel yn y disgrifiad o'r ddwy genhedlaeth ar linell sip uwchlaw'r 'tir mawnog' a 'thwneli'r tywyllwch tanddaearol'.

Gerddi'r Haul: Arteffactau gwagio tŷ mewn ocsiwn yw cyfrwng yr atgofion hyn, e.e. mae 'Lares, Perantes' yn olrhain hanes ffigurau tsieni Staffordshire 'o gloddfeydd y clai coch oer' hyd 'wylio [...] Jên, Gwen, a Marged/ yn tynnu llwch'. Mae'r cerddi gorau'n dweud rhywbeth am drigolion y cartref – 'Llyfr y Doctor Dail' a'i 'eli at bopeth, neu drwyth, neu dintur, neu ffisig', a 'Casgliad Recordiau' lle disgrifir diwylliant eang ('Max Boyce a Maria Callas,/ Edward Elgar ac Osian Ellis yn cymdoga ac ymgomio'). Gellid bod wedi gwneud mwy na disgrifio 'tranglwns' – dweud stori'r teulu drwy'r chwiorydd neu'r morwynion a enwyd, neu drwy'r Capten 'ar long foel ei wely gwyn [...] mor bell o'r lan'. Cyngerdd sydd yma nid opera – eitemau nid naratif.

CJ: Yn 'te wedi troi', lle mae paned sâl yn darlunio perthynas ag un 'a glywai'r chwd a lanwodd fy ngheg', dywedir fel hyn: 'Waeth befo am yr egru.' Dyna arwyddair *CJ* wrth ddisgrifio datblygiad perthynas ifanc yng Nghaerdydd gyfryngol, figan, hyderus; cymherir defnyddio apiau dêtio a'r cyfryngau cymdeithasol â defodau cymdeithasol a charwriaethol mwy epig duwiau Groeg (efallai bod y dilyniant yn orddibynnol ar gyfeiriadaeth at Instagram a chwedloniaeth Groeg). Cyfeiliant cyffro peryglus dechrau'r berthynas yw curiad calon 'Padam/ Padam' – sŵn y gân gan Kylie Minogue a ddaeth yn anthem hoyw yn ystod haf y llynedd. Mae gan *CJ* ddawn reoledig i wneud i fanylion frifo, ond ar ôl yr hwc-yp cyntaf nid yw datblygiad y stori garu'n ddigon eglur. Gellid bod wedi ymhelaethu ar natur a thrywydd y berthynas, gan ei hegluro'n well a datblygu'r cliwiau yn 'Cris-croesi' am ansicrwydd y partner o ran 'ei bartner-â-dealltwriaeth-agored' a'i rywioldeb. Hoffwn fod wedi cael mwy o sylwebaeth am Gymru heddiw hefyd, gan adeiladu ar ddychan y gerdd gyntaf.

ôl byw: Dwy golofn, dau Awst, a dau gyfnod gwahanol ym mywyd mam: ar y chwith, 'yn oerni stêl y gamperfan' yn Eisteddfod Boduan, mae ar y ffôn â'i mab, sydd mewn argyfwng iechyd meddwl; ar y dde, 29 mlynedd ynghynt, mae'n rhoi genedigaeth iddo. Dicter diymadferth yw agwedd y fam at bopeth. Cynrychiola'r Eisteddfod normalrwydd a phleser difeddwl: gwarafunir bodolaeth y 'rhieni blêr mewn pyjamas a Crocs'; ymdrech yw meddwl am 'liwiau'r pebyll/ a gwledd o Gymraeg'. Gorffennol yr enedigaeth oedd y 'tro olaf/ imi gadw fy mabi'n saff', ac roedd y beichiogrwydd a'r enedigaeth yn fwrn – yr 'aros yn artaith', ac eisiau i rywun 'lusgo'r/ babi o'm corff'; dywedir mai 'hawdd oedd casáu'r fydwraig' a oedd fel 'peiriant-monitro-di-deimlad'. Dyw'r cymeriadau ddim yn gwneud unrhyw beth heblaw dioddef, felly ni cheir datblygiadau storïol: wrth i'r mab ddweud 'sori am strywo popeth', mae hithau'n 'rhoi ei ing ar *speaker* am sbel'. Collais bob cydymdeimlad ac amynedd â'r cymeriadau yn sgil eu dioddefaint disymud. Nid methiant ar ran y bardd yw hynny, os mai'r bwriad oedd cyfleu y gall problemau iechyd meddwl amddifadu dioddefwyr a'u ceraint o bob llawenydd, gobaith ac ysgogiad.

Dosbarth 1

Polaroid: Gwneir hen brofiad – marwolaeth tad – yn newydd yma. Ymhelaetha'r cerddi dilynol ar bytiau a restrir yn y gerdd gyntaf, 'Stafell wen', sy'n dal manylion annisgwyl a'u trwytho â galar: 'corff dan garthen [...] gorffen, ffenest wedi dal gwenynen, cyngor ar daflen'. Fel y 'Sertraline sy'n llyfu fy meddwl' mae'r *sadmin* bron â mygu teimlad: 'dyma gelwydd fel y moroedd' a ddywedir am y 'geiriau neis' ar daflen, tra bod 'sgrech yn drysu o eisiau dianc'. Wedi i'r llefarydd ymddihatru o'i hunaniaeth, gan ddatgan ei fod yn 'ddienw, diacen, diangen, diamser,/ yn methu galaru', mae'r dilyniant yn troi. Mewn cerdd yn llais y tad, dywedir bod 'sawl ffordd o alaru' a cheir siars: 'paid bod ofn dweud jôcs amdanaf'. Mesurir galar fesul paned a yfir ac a bisir ('yn boeth, yn ddu, yn wyn, yn wan,/ [...] allan drwy'r wrethra a'i fflysio i'r môr'). Anwesir 'y tragwyddol mewn blerwch o eiliad' ar ffurf llun Polaroid a 'dynnwyd pan oedd yr amodau'n amherffaith'. Cedwir cwmni i'r naddwr cerrig beddi 'sydd ag enwau pawb yn llwch ei gŷn'. Mae'n biti na cheir yr un drefn a disgyblaeth yng nghorff y cerddi eu hunain ag yn strwythur y dilyniant cyfan.

Martha: Llŷn yw byd *Martha*, sy'n cyfarch ei nain – cyfaill iddi, a dolen i blentyndod o dorheulo, pysgota, stêm smwddio a llaeth enwyn, ac i orffennol o 'gasglu llysiau'r esgyrn' a 'thylwyth teg Boduan a'i geffyl gwaith/ rhyfeddol'. Ceir yr un nostalja a rhamantu am feddyginiaeth hynafol planhigion cynhenid naturiol ag am bethau mwy modern – gwreiddiwyd y berthynas oesol, elfennig ym myd diriaethol dechrau'r unfed ganrif ar hugain: 'mae eich bwrdd smwddio yn hynach na fi'. Gallai *Martha* fod wedi gwneud mwy drwy'r dilyniant o awydd y gerdd gyntaf i 'ddadlau'n frwd ac yn flin' â'i nain – gan ddefnyddio'r 'hawl/ i fod yn gandryll' a rhoi llais i'r cenedlaethau o fenywod a fu'n 'chwyrlïo'n/ wenog ymysg y dynion'. Mae dau fygythiad allanol yn gysgodion. Wrth adleisio 'Far Rockaway', Iwan Llwyd yn 'Honeysuckle Lane', 'lle mae'r lonydd yn culhau ond y prisiau'n lledu', mae enwau gwneud y bobl ddŵad yn sboelio prydferthwch cyfarwydd gwirioneddol cynefin; ond collir cyfle wrth amhersonoli'r Saeson yn ddifeddwl, a'u troi'n ddim byd ond 'acen swanc', 'Aston Martins a Lamborghinis'. Cryfach yw'r ymwybyddiaeth o beryglon newid hinsawdd ac apocalyps technegol drwy'r dilyniant – proses nad yw'n gwahaniaethu rhwng Cymro a Sais. Chwythir dant y llew gan feddwl amdano fel ffynhonnell maeth mewn argyfwng niwclear. Mae'r pryder yn ehangach na Llŷn: 'Dw i'n poeni,' dywed, 'mai crashio y bydd dyn.'

Catal: Dilyniant diwylliedig, gosgeiddig, rheoledig, sy'n cyfosod amgylchedd hanesyddol Bro Morgannwg â bywyd y presennol, e.e. wrth ddisgrifio'r 'pysgotwyr nos' fel 'mynaich yng nghycyllau/ eu *hoodies*, addolwyr wrth allorau'r/ blychau ia'. Ceir disgrifiadau unigol ysgytwol: dyna realiti byw'r pysgod a'u 'tegyll cain fel cwrel', a delwedd drawiadol ac awgrymog y peunod gwynion, gyda'r 'goron gain, amhosibl'. Awgrymog a chyfoethog yw'r disgrifiad mewn eglwys o'r

> llygaid chwim eu hach
> o rwyll yr hen dulathau'n dyst
> i gylchdro bedydd, uniad arch –
> siôl berl, ffrog wen a'r siwt ddu
> olaf un

a'r sôn am 'amonit/ yn troelli'n stond'.

Ond beth a awgrymir gan yr awgrymogrwydd – beth yw'r naratif?

Er deall – gyda chymorth Wikipedia – fod 'Y Person o …' yn sôn am rywun yn tarfu ar Coleridge wrth iddo gyfansoddi 'Kubla Khan', methais â gweld perthnasedd hynny – nid casgliad am allanolwyr yn tarfu ar yr awen sydd yma. Amherthnasol hefyd yw'r gerdd 'Porth Rafah', gyda'r mwyseirio eithriadol ddi-chwaeth, 'grenadau'r eiddew'.

Ai stori priodas ganol oed yn dirywio yn sgil diffyg cyfathrebu ydyw? Mae dynameg y pŵer rhwng y cwpl yn awgrymu eu bod yn weddol ifanc a chyfartal, a cheir sawl awgrym o anniddigrwydd goddefol-ymosodol am nad yw cyd-ddiwylliedigrwydd uchel-ael, gwybodus y pâr yn ddigon i wneud iawn am dawedogrwydd syrthni eu serch. 'Wrth y car,/ gofynni pam y daethom,' dywedir ar ymweliad ag eglwys yn 'Dychweledigion'; 'atebaf/ heb grybwyll gwacter cyplau'r to'. Yn 'Athena Noctua', ymleddir i droi 'swfenîr [...] angof' yn 'dalisman' aruchel yn wyneb cyffredinedd diflas 'union bwynt-troi'n-ôl/ ein tro nosweithiol'. Ai stori afiechyd meddwl? Yn 'Mytholeg', ceir disgrifiad o'r gŵr yn 'dy ganfod ar gyfeiliorn' mewn cyflwr dreng: 'fe'th fugeiliais nôl i'r tŷ/ â swp o wymon yn dy law'.

Gyda chymorth Wikipedia eto, daeth yn eglur mai *dementia* yw achos y dirywiad: drwy fân gliwiau mae 'www.' yn ein cyfeirio at achos Auguste D, y person cyntaf i gael diagnosis o *dementia*, a dyna esbonio rhai llinellau yn 'Cytserau' ('wrth i lif dy sgwrs/ brinhau, gollyngaist angor/ drwy'r blynyddoedd/ hyd at storfa iaith dy daid'; 'sefaist yno'n enwi bonedd/ hen batrymau/ na fedrwn i mo'u gweld') a 'Goleudy' (lle cymherir y disgwyliad o 'belydrau â chysondeb cloc' â 'chod bloesg a diramadeg').

Mae dawn eiriol *Catal* yn amlwg, er enghraifft wrth iddo grynhoi'r rhwystredigaeth yn y gerdd olaf, 'Llys': 'Mae'r lleiniau clòs a'r llwybrau'n/ mynnu trefn, ond rhemp/ gardd gwiddon sydd i'r eden hon.' Dylai fod wedi defnyddio'i adnoddau deallusol sylweddol i saernïo stori fwy eglur, sy'n defnyddio'n fwy pwrpasol ei gyfeiriadaeth a'i ddisgrifiadau gloyw.

Ennui AI: Rhaid i lenyddiaeth Gymraeg ymgodymu â'r datblygiadau technolegol a all newid ein byd yn sylweddol. Fel Saunders Lewis gyda thechnoleg niwclear ganol yr ugeinfed ganrif, at chwedl Blodeuwedd y try'r bardd hwn wrth ymateb i'r deallusrwydd artiffisial. Mae 'Caer Arianrhod ein hoes' yn llawn 'gwifrau a goleuadau/ sy'n ymddiddan mewn ieithoedd a chwedlau côd'. Sillefir teitlau'r cerddi mewn digidau deuaidd, ac mae'r cerddi am yn ail – cerddi pobl ar y chwith, cerddi'r peiriant ar y dde.

Cyflwynir cyfodiad y peiriant fel ymateb uniongyrchol i wendidau dyn, nid i'w gryfderau. Dywedir wrth Gwydion, 'Dysga/ sut y mae dyn yn difa/ a dysga di/ sut i greu'; dywed y peiriant ei fod yn gwybod 'yr atebion i gwestiynau na ŵyr/ fy nhad maeth sut i'w gofyn eto'. Mae dyn yn barod i ymddiried yn y peiriant ('chwiliais am Blodeuwedd/ ar Tinder') ac am ymdebygu iddo ('Gwydion,/ tro fy ngwythiennau'n/ wifrau') cyn dyheu yn y diwedd am ddychwelyd i'r gwreiddiau'n ddi-ffôn. Byddai'r dilyniant ar ei ennill o gryfhau naratif a chymeriadau'r golofn ddiriaethol, gan ddatblygu'r stori garu a awgrymir yno.

Ceir gwell datblygiad yng ngholofn y peiriant, a gwyleidd-dra annisgwyl wrth iddo geisio ymddynoli ac ymdduwioli: rhoddir i'r peiriant ddealltwriaeth o rolau a chyfyngiadau, ac erchiad i 'reoli dy reddfau'. Drwy'r bryddest mae mydryddiaeth y peiriant yn gwella'n gynyddol, ac erbyn y gerdd 'Duw' gall ddisgrifio'n gain ei werthfawrogiad o harddwch y byd ('o gennin Pedr yn coroni cloddiau/ i ddaear yn fflam wrth imi oedi') a phosibilrwydd cyffrous cyfuno'r meidrol a'r mashîn ('dagrau dur yn creu fflachiadau/ prydferth yng nghwerylon bychain/ y byd').

Nonsens plentynnaidd ac annheilwng o'r bardd yw'r nodyn sy'n dweud 'yn onest a thaer mai fy ngwaith i (bod dynol) a geir yma'. Ffei!

Samsa: Dyma gasgliad ffraeth a ffyrnig, mydryddol a meistrolgar, sy'n archwilio'n gariadus-gritigol berthynas y bardd â'r cymoedd a gyflwynodd ei dad-cu iddo'n blentyn, gan bwysleisio'r cyffredinedd egr yn ogystal â'r rhamant a'r anrhydedd: 'â'i alaw broletaraidd-browd, chwyldroi/ diflastod pentre'n lle llawn chwedlau coeth'. Archwilir o leiaf bedair agwedd ar y berthynas honno.

Archwilir y Gymraeg a'i diwylliant drwy gerddi deifiol-ddyfeisgar. Cyflwynir ffantasi o Rondda Gymraeg yn '12.8%', gydag eironi tywyll-ddireidus ('yn Llwynypia fe drefnid pwyllgorau i drafod tranc/ truenus yr heniaith yn Abersoch'). Arddelir hefyd sail wironeddol y ffantasi wrthffeithiol ('bu iddi gadarnle/ mor gynhenid â'r lympiau duon a fu'n swatio/ yn Nhrealaw a Threherbert') ac arwyddion gwirioneddol o'i pharhad ('acen Christine'). Yn 'Griffith Morgan', herwgipir Guto Nyth Brân i'r presennol ('câi bedwerydd/ anlwcus yn yr Olympics heddiw', 'Gwisg Las', a 'gig cyflwyno/ ar soffa *Heno*') gan bwysleisio nad camp gorfforol a grëodd ffenomen Guto Nyth Brân, ond y chwedleua Cymraeg amdano: roedd 'iaith yn ddigon i roi grymoedd/ gwirion i grwtyn ffarm'.

Dilysir dioddefaint diwydiannol drwy brofiadau benywaidd. Yn 'Blaenllechau, Tachwedd 1867', ymgymera'r fam â'r 'ddefod greulonaf' o sychu dagrau ei mab ieuengaf a'i yrru i'r gwaith. Yn 'Maerdy, Mawrth 1984 – Mawrth 1985', olrheinir y streic o'r 'bore/ cynhyrfus cyntaf hwnnw' drwy 'sleisen o chwaeroliaeth' cario 'ei baner ei hun' yn 'stryffaglus i'r llinellau piced' nes i'r gŵr diymadferth 'ffeirio'i styfnigrwydd am fandrel'. Efallai y dylai 'new-moconiosis' roi blaenoriaeth i'r persbectif benywaidd eto.

Dangosir gorthrwm gwrywdod ar y bardd yn sgil ei rywioldeb. Gwrthbwynt i'w gilydd yw '*orrait luv?*' a 'fy mhobl'. Mae'r gyntaf yn anwylo'r ffyrdd ychydig yn anwleidyddol gywir y mae'r bobl yn siarad – honnir y gellir 'dweud *love* heb gael eich canslo' a mynnir bod 'jyst caru' a 'bwrw gwreiddiau yn y tir' yn ymateb rhesymol i fygythiad marwolaeth – ffrwydradau 'apocalyptaidd' erstalwm, a marwolaeth 'dawel', 'fel llyfrgell/ arall yn cau', heddiw. Yn 'fy mhobl', does dim cuddio effaith ddinistriol gwrywdod gormesol ar ffurf gwatwar homoffobig: 'pob/ pàs sâl, pob tacl tila'n/ *gay as hell.*' Er dianc i'r brifysgol, mae'r homoffobia'n dal yn 'hwteru'n watwarus' – atgoffwr defnyddiol ganrif ar ôl coroni Prosser Rhys. Yn 'y dyn yn y *gym*' ceir awgrym o waredigaeth, gyda math gwahanol, tynerach o wrywdod dosbarth gweithiol gan y 'bechgyn cyhyrog, cyfeillgar' sy'n 'cario pwysau dychrynllyd ar eu sgwyddau', gyda'r 'haearn yn gynhaliaeth gyfarwydd' cyn defnyddio'r 'cawodydd cymunedol'.

A daw'r bardd i delerau â'i dreftadaeth. Cwestiynu y mae 'datgloddio' hawl y bardd i ymuniaethu ag arwyr glew erwau'r glo. Ceir disgrifiad ohonynt 'wedi'r shifft, yn codi eto o'r siafftiau' – 'esgyn drwy'r blynyddoedd/ i lesni di-ben-draw'r mynyddoedd hyn'. Dywed y bardd wrtho'i hun na 'welaist ti mo wragedd Senghennydd,/ y pesychu coch ar obennydd', ac felly 'does gen ti ddim o'r hawl i'w heisiau'n ôl'. Mae'r gerdd ola'n disgrifio 'chwilio am farwnad' wrth y môr, gan ddweud mai'r cwbl a gafodd yw 'llond broc o emosiwn, dirnadaeth/ mor anferthol, mor ddiaddurn â'r traeth'. Dywed na all edrych ar ei '[f]ro anhynod yn llygaid hanes', sy'n llawn o'i dad-cu a hefyd o'i atgofion ei hun, yn '[g]usan gyntaf' a '[ch]yflog cyntaf'. Dywedir bod ''na bethau/ na all barddoniaeth mo'u cyfleu'.

Anghytunaf. Rwy'n falch na adawodd *Samsa* lonydd i'r 'gymuned ogoneddus, ffôl,/ o ramant dy bresennol'. Cyfleodd anferthedd cymhlethdod ei berthynas ei hun â'i gynefin, gan ad-dalu'r ddyled oedd arno i'w dad-cu. Gwnaeth gyfraniad glew, gonest, amlweddog at lenyddiaeth y cymoedd a llenyddiaeth hoyw, ac at ymdrech barhaus y diwylliant Cymraeg i ddygymod â dad-ddiwydiannu a rhoi llais i hunaniaethau a dan-gynrychiolir. Mae'n olynydd gwiw i Ben Davies a Prosser Rhys. Hoffwn i *Samsa* fod wedi trafod anghydffurfiaeth. Ond fel y dywed brawddeg ola'r casgliad: 'Mae hyn yn ddigon.'

Mae'r bardd yn gwbl deilwng o'i gynhysgaeth heb sôn am y Goron. Coroner *Samsa*.

BEIRNIADAETH ELINOR GWYNN

Wrth gychwyn ar y dasg o feirniadu'r gystadleuaeth hon roeddwn yn gobeithio darganfod gweithiau a fyddai'n gafael ac yn cyffwrdd ynof fi, yn gwneud i mi oedi'n hirach uwchben y geiriau ac yn mynnu fy mod yn myfyrio ymhellach ar syniadau, delweddau a deongliadau'r beirdd.

Roeddwn am brofi'r teimlad o gael fy nghludo i fydoedd gwahanol wrth ddarllen barddoniaeth. Cael gweld pethau cyfarwydd mewn ffyrdd newydd, gwreiddiol ac annisgwyl – neu gael fy nghyflwyno i leoedd a sefyllfaoedd mwy anghyfarwydd (boed yn real neu'n ddychmygol) drwy ddewiniaeth geiriau a fyddai'n fy rhwydo'n llwyr nes gwneud i mi deimlo fy mod oddi mewn i'r gerdd, yn gweld ac yn dirnad pethau fel y bardd ei hun, ond hefyd yn dechrau meddwl yn wahanol am y byd o'n cwmpas a'n lle ni o fewn hwnnw.

Pleser oedd cael darllen y gwaith a diolch i bawb a roddodd gynnig arni eleni. Braf iawn hefyd oedd y profiad o gydfeirniadu gyda Tudur Dylan Jones a Guto Dafydd. Diolch i'r ddau ohonyn nhw am y trafodaethau hwyliog.

Cafwyd fflachiadau bendigedig a chofiadwy mewn llawer o'r gweithiau. Mae'n siŵr, gyda thestun fel 'Atgof', ei bod hi'n anorfod y byddai nifer go helaeth o'r cynigion yn ymdrin â phynciau fel marwolaeth, *dementia*, newid cymdeithasol yn ein bröydd a dirywiad iaith. Ac oherwydd mai'r un testun a osodwyd ar gyfer cystadleuaeth y Goron yn Eisteddfod Genedlaethol Pontypŵl 1924 nid oedd yn syndod bod y cysylltiad hwnnw wedi sbarduno ambell fardd i adlewyrchu themâu fel perthynas a rhywioldeb yn eu gwaith. Teimlais fod y beirdd a fentrodd i'r holl feysydd hyn wedi ceisio gwneud hynny mewn ffyrdd gonest a didwyll iawn.

Ar ôl pori drwy'r cynigion, a phendroni'n hir yn eu cylch, teimlais fod rhai pwyntiau cyffredinol y gallwn eu rhannu gan fod y rhain wedi dylanwadu ar fy mhenderfyniadau o ran didoli'r gweithiau (ochr yn ochr â'r dyheadau a amlinellwyd uchod). Pwysigrwydd ymateb i'r testun yw un o'r pwyntiau hyn. Roedd ambell gasgliad yn ymddangos braidd fel pe bai'r bardd wedi turio drwy ffolderi o 'dasgau dosbarth' er mwyn canfod swp o gerddi da – nid bod unrhyw beth o'i le ar hynny o gwbl, ond mae angen sicrhau bod y cyfan yn pwytho at ei gilydd a doedd yr edefyn hwn ddim bob amser yn eglur.

Roedd sawl un o'r gweithiau yn rhai bywgraffiadol, ôl-syllol. Roedden nhw'n ddiddorol iawn fel cofnod o fywyd personol, neu o gyfnod yn hanes rhyw ardal benodol, ond teimlwn weithiau y byddai rhai yn gweithio'n well fel darnau o ryddiaith – ysgrifau neu erthyglau byrion, efallai. Dyw hyn ddim yn diystyru pwysigrwydd amlwg rhai o'r cerddi hyn i'r beirdd, yn enwedig y rhai hynny a ddewisodd sôn am brofiadau go boenus, ond yn achos ambell un ro'n i'n teimlo nad oedd unrhyw beth annisgwyl yn y delweddu a'r dweud, a dim digon i'ch arafu chi fel darllenydd a gwneud i chi ymdreiddio i'r gerdd.

Dewisodd nifer o feirdd gynnwys cerddi ar fesurau gwahanol (megis soned, filanél, rhigwm, hen benillion) o fewn eu cyfanwaith. Mae angen bod yn ofalus wrth wneud hyn, fel y gwn o brofiad wrth gystadlu am y Goron yn y gorffennol. Gall y dechneg amharu ar y profiad o ddarllen yn hytrach na chyfrannu ato, os bydd gofynion penodol y mesurau hynny wedi gorfodi bardd i fabwysiadu rhyw eirfa neu ffyrdd o ddweud sy'n swnio'n chwithig yng nghyd-destun gweddill y gwaith. Mae'n werth adfyfyrio ac ystyried a yw'r dechneg hon wedi gweithio wrth geisio creu cyfanwaith – ydy'r cerddi hyn wir yn hawlio'u lle? Prin oedd yr enghreifftiau lle teimlwn fod cymysgu mesurau wedi gweithio'n hollol lwyddiannus.

Mae'n werth talu sylw gofalus hefyd i ffurf a gosodiad cerddi ar dudalen, ac i ystyried yn ddwys ble a sut i hollti llinellau. Mae angen meddwl hefyd am y modd y gall atalnodau a bylchau fod yn help i greu naws ac ystyr – neu i herio'r darllenydd i ddeall a dehongli'r gwaith mewn ffyrdd penodol.
Mae'r holl elfennau hyn yn bwysig mewn barddoniaeth, yn fy nhyb i, a gallai sawl ymgais fod wedi elwa pe bai'r bardd wedi ailedrych ar yr agweddau hyn cyn anfon y gwaith i'r gystadleuaeth.

Roedd y gweithiau i gyd yn agos at 250 o linellau ond rwy'n meddwl y byddai rhai wedi bod yn gryfach petaen nhw wedi cael eu cwtogi rhywfaint. Rhaid i ddarnau feddu ar eu hegni eu hunain a dod i ben pan yw'n naturiol i hynny ddigwydd a phan fydd bardd yn teimlo bod y cyfan sydd angen ei ddweud wedi ei ddweud.

Yn olaf, o ran gramadeg a sillafu, rwy'n teimlo'n ddigon cyfforddus os gwelaf ambell wall yn dod i'r golwg hwnt ac yma mewn gweithiau – gan dderbyn bod cystadleuwyr weithiau ar frys i gyflwyno ar y funud olaf, neu fod ganddyn nhw arferion sydd wedi sefydlu ers llawer dydd. Ond gall fod yn anodd gwerthfawrogi gweithiau pan fydd y gwallau mor niferus nes peri i chi sylwi'n fwy arnyn nhw nag ar y syniadau, y delweddau a'r straeon y mae'r bardd yn ceisio eu cyfleu.

Dyna'r ystyriaethau a fu'n gymorth i mi wrth ymgymryd â'r dasg anodd o feirniadu eleni. Rwyf wedi rhannu'r gweithiau yn bedwar o sypiau. Wrth grynhoi a rhestru ffugenwau'r cystadleuwyr ym mhob swp rwy'n gwneud hynny yn nhrefn yr wyddor.

Swp A

Yn Swp A rwy'n gosod *Aberpennar, Coron am Gadair!?, Cystennin, Chwiler, Drudwy, Gem, Rhuddem ap Gwyn, Tredelerch, Y Ffon Dafl, Ymfudiad.*

Hwyrach nad yw'r cystadleuwyr hyn wedi cael cymaint o hwyl arni eleni, neu efallai bod ambell un yn dechrau ar ei siwrne fel bardd. Gormod o wallau iaith yw gwendid rhai o'r gweithiau hyn. Mewn ambell enghraifft mae rhythm neu fydr chwithig yn sbwylio'r darllen. Teimlais fod y gwead rhwng cerddi unigol braidd yn wan mewn un neu ddau o'r gweithiau, er bod yr iaith yn ddigon cyhyrog a rhai o'r delweddau yn eithaf trawiadol. Mae'r swp hwn yn cynnwys rhai o'r cerddi ôl-syllol, bywgraffiadol a fyddai'n well o gael eu hailweithio'n ddarnau rhyddiaith cryno, yn fy nhyb i. Gor-syml yw ambell un o'r gweithiau hyn hefyd. Ar y cyfan, mi fyddwn i'n awgrymu bod beirdd Swp A yn torchi llewys a mynd ati i gasglu storfa ehangach o ddelweddau a pharhau i ddatblygu ffyrdd gafaelgar o ddweud, ac i ambell un hefyd ddal ati i fireinio'r iaith neu i ystyried pa gyfrwng, strwythur neu fesur(au) sy'n mynd i'w helpu nhw orau i fynegi a rhannu'r hyn y maen nhw am ei ddweud.

Swp B

Yn Swp B rwy'n gosod: *Allanolyn, Bryn-glas, Cerrig Gleision, Cynghorydd 54, Dedalus a fi, Gerddi'r Haul, Henfryn, Llygad Eglur, Mewn cae ger Curitiba, Rebal Anorffenedig, Sioni, Tryal.*

Ceir yma eto enghreifftiau o waith sy'n adrodd hanes plentyndod, cyfnodau bywyd a digwyddiadau personol mewn ffyrdd eithaf syml, gonest ac uniongyrchol – fel yn achos *Henfryn, Bryn-glas a Llygad Eglur* – ond mae'r dweud ychydig yn fwy celfydd nag a welwyd yn Swp A. Dewisodd sawl bardd ymdrin ag anhwylder meddwl, mewn rhyw ffordd neu'i gilydd.

Gweithiodd *Tryal* gasgliad o gylch *dementia* ei dad/thad: roedd cyswllt amlwg rhwng y cerddi i gyd ac roedd strwythur neu ffurf y cerddi (o ran gosodiad y llinellau a'r atalnodi) yn creu profiad darllen da ac ystyrlon, er bod perthnasedd yr adnodau uwch pob cerdd yn aneglur weithiau. Hyn wnaeth amharu ar fy ngwerthfawrogiad o'r gwaith yn y pen draw.

Awgrym o fethu dal gafael ar bethau – ar berthynas, ar faban, ar feddyliau – sydd yng ngwaith *Allanolyn*: roedd pob dim fel gronynnau tywod yn llithro rhwng ei bysedd ac roedd hyd yn oed y llinellau byrion yn awgrymu teilchion meddwl. Roedd yr iaith yn raenus a'r dweud yn effeithiol mewn mannau ond byddai mwy o amrywiaeth rhythm yn dod â rhagor o ddiddordeb ac ystyr i'r cerddi.

Mentrodd *Cynghorydd 54* dywys y darllenydd drwy feddyliau person sy'n dioddef o anhwylder difrifol, a hynny mewn ffordd lafar ac egnïol sy'n creu darlun o'r gybolfa yn ei ben ac sy'n gorffen mewn ffordd drasig a brawychus iawn. Mae angen mireinio, gan dderbyn bod y bardd wedi mynd ati'n fwriadol i ddefnyddio iaith lafar ac i gymysgu Cymraeg a Saesneg. Ond roedd rhywbeth gwreiddiol iawn am y gerdd hon.

Roedd gwreiddioldeb i'w weld hefyd mewn rhai o'r gweithiau eraill yn Swp B, fel yn achos *Gerddi'r Haul* lle gwahoddwyd y darllenydd i wrando ar leisiau a straeon amryw o drugareddau mewn tŷ ocsiwn – o *antiques* gwerthfawr i decstiliau cartref a chasgliad o recordiau gan bobl fel Maria Callas, Max Boyce a Thriawd y Coleg. Mi fyddwn i'n awgrymu edrych eto ar strwythur a llinellau'r cerddi er mwyn eu cryfhau.

Hoffais syniad *Mewn cae ger Curitiba* o ddefnyddio cysyniad What3Words i roi fframwaith i gerddi a oedd yn ymdrin ag elfennau cyfarwydd, fel mudo o'r cymoedd, Caerdydd-eiddio, iaith a chof – ond nid oedd yn hawdd gweld bob amser sut roedd y tri gair a ddewiswyd ar gyfer pob cerdd yn berthnasol i'r cynnwys. Serch hynny, ac ar waethaf ambell orffeniad gwan, roedd sawl fflach a sgôp i fireinio.

Braidd yn anodd ar brydiau hefyd oedd gweld y cysylltiad gyda'r testun yng ngwaith *Cerrig Gleision*, a oedd i weld yn ceisio cydblethu themâu 'ni a nhw', y pellter rhwng yma a thraw, ond hefyd rhwng y gorffennol a'r presennol. Anwastad, efallai, oedd y gwaith hwn, gyda gormod o linellau byrion ond hoffais sylwgarwch y bardd at y byd o'n cwmpas a theimlais fod ganddo/ganddi ragor i'w ddweud.

Holltodd gwaith y *Rebal Anorffenedig* yn ddwy ran: y darn cyntaf yn cofio nôl am ddyddiau'r chwarel, yn coffáu ei dad ac yn arthio am yr ymwelwyr sydd bellach yn chwarae yn y chwareli heb unrhyw ymwybyddiaeth o'r hanes, ac yna'r ail ran yn sôn am Wybrnant a'r diwylliant ieithyddol a chrefyddol sy'n cael ei drosglwyddo i'w ddisgynyddion. Roedd rhywun yn gweld mai gwaddol, treftadaeth a pharhad oedd yn cysylltu'r cyfan ond byddai canolbwyntio ar y rhan gyntaf, gyda'i ddisgrifiadau trawiadol, wedi bod yn well efallai.

Gwaddol a pharhad iaith yn y cymoedd oedd dan sylw *Sioni*: hoffais yr arddull o ddefnyddio cerddi bychain byr ond hwyrach bod angen ystwytho'r dweud a meddwl mwy am osodiad y llinellau.

Mae cyswllt amlwg rhwng gwaith *Dedalus a fi* a phryddest Prosser Rhys nôl yn 1924, nid yn unig o ran y ffugenw, ond o ran y pwnc y dewisodd y bardd ganu amdano a hefyd yn y mân gyfeiriadau a geir weithiau – fel y 'mawn, y pridd, y gwair a'r gwymon' yn y gerdd gyntaf. Cyfres o ddarnau sy'n ymwneud â rhywioldeb y bardd a gawn gan *Dedalus a fi*: mae'n cyfleu ei siwrne bersonol, ynghyd â'i farn a'i feddyliau, mewn 14 o gerddi ac mae elfen gref o ddicter yn pefrio drwy'r gwaith. Mae 'na ddeunydd a dweud da yma ond fel cyfanwaith mae braidd yn anwastad: teimlais bod lle i gryfhau'r gwaith drwy ddod â rhagor o gynildeb i'r dweud, a thrwy gwtogi hefyd.

I grynhoi fy meddyliau am y gweithiau yn Swp B: cafwyd enghreifftiau o syniadau a delweddu diddorol, sgwennu teimladwy, a strwythuro da. Roedd lle i gystadleuwyr gryfhau – drwy saernïo a strwythuro cerddi yn ofalus ac ystyrlon, drwy wneud yn siŵr bod pob darn o'u cyfansoddiadau (boed yn gerddi cyfan, yn rhannau o gerddi neu'n benawdau) yn gweithio fel rhan o'r cyfanwaith, ac i fod yn barod i gwtogi heb boeni'n ormodol am y targed 250 llinell. Roedd sawl un o'r gweithiau yn gwanhau tua'r diwedd, felly dylid trio osgoi hynny. Ac yn olaf, fel yn achos pob un ohonom sy'n mwynhau barddoni, mae'n werth dal ati i weithio ar sŵn a theimlad cerddi, ac ar gynildeb a phŵer geiriau a delweddau.

Swp C
Yn Swp C rwy'n gosod: *CJ, Hen Ddigon, ôl byw, Polaroid, Y Fedw Hir.*

Er y fflachiadau o fynegiant a gafwyd mewn nifer fawr o'r gweithiau yn Swp B, roedd 'na rai cystadleuwyr yn sefyll allan gan fod talpiau helaeth o'u cerddi mor drawiadol ac wedi fy nghyffwrdd yn fawr. Rwyf wedi hel y rhain ynghyd i greu Swp C.

Cyflwynodd *Y Fedw Hir* gasgliad o gerddi sy'n coffáu rhywun agos ac annwyl i'r bardd, o ddyddiau plentyndod hyd at ddiwedd oes. Defnyddir gwahanol fesurau ond mae'n gweithio fel cyfanwaith: eto i gyd mae rhai cerddi'n fwy pwerus na'i gilydd – yn enwedig y rhai sy'n mynd at galon y berthynas bersonol rhwng dau frawd. Mae'n deyrnged bersonol hyfryd ac yn gweithio'n well fyth o adnabod pwy yw gwrthrych y cerddi.

Roedd yna newydd-deb a gonestrwydd emosiynol yng ngwaith *CJ* wrth i'r bardd rannu profiadau person sy'n dod i delerau gyda'i rywioldeb, a rhoi cip i ni ar y meddyliau a'r teimladau dwys-gymhleth sy'n rhan o'r gwewyr wrth groesi trothwyon mewn bywyd. Mae'n ddarn o waith a'm denodd i yn ôl i'w ddarllen dro ar ôl tro.

Gan *Polaroid* cawsom gyfres o fyfyrdodau a ysgogwyd gan farwolaeth rhiant. Dyma un o'r gweithiau y gwnes i fwynhau fwyaf yn yr holl gystadleuaeth. Mae yma lawer o ddweud gonest a chignoeth ac mae rhai o'r disgrifiadau yn wych, fel y sgrech sy'n

> drysu o eisiau dianc ... un sgrech yn sownd yn yr un stafell hon
> yn stond, yn llond y lle
> a grŵn yn bwrw grŵn
> yn ôl a blaen.

Hoffais hefyd y ddelwedd o

> wau yr holl a fu yn ein tŷ
> a'r holl a fu rhwng dau, gwau'n dwll,
> nyddu'r gwenau drwy'r straeon
> a'r straeon drwy'r gwenau.

Mae'r gerdd olaf, 'Heulwen', am y llun Polaroid gwelw a dynnwyd mewn 'amodau amherffaith' ond sy'n dal teulu'r bardd 'yn ddall gan haf/ mewn niwlen felen o fyd' yn ddiweddglo bendigedig. Pe bai'r bardd ond wedi hepgor y gerdd 'Gorffen' mi fyddai *Polaroid* yn hwylio gydag eraill ar frig y gystadleuaeth ond dyw'r gerdd fach hon ddim yn hawlio'i lle ac mae'n teimlo fel rhyw ffawtlin yng nghanol y gwaith.

Cynhyrchodd *Hen Ddigon* rai o gerddi gorau'r gystadleuaeth yn fy nhyb i – fel 'Bancsi', 'Tôn Gron' ac 'Anrheg Sul y Mamau'. Ond eto ro'n i'n teimlo mai anwastad oedd y cyfanwaith: ro'n i'n dyheu am gael fy nghyfareddu gan bob darn ond er i mi fynd yn ôl at y cerddi sawl gwaith nid felly fuodd hi. Pe bai'r holl gerddi wedi fy nghyffwrdd fel y gwnaeth y rhai a enwir fan hyn, mi fyddai *Hen Ddigon*, fel yn achos *Polaroid*, wedi bod ar frig y gystadleuaeth gydag ambell gystadleuydd arall.

Roedd yn anodd peidio â theimlo'r dagrau yn cronni wrth ddarllen gwaith *ôl byw*. Yma mae'r bardd yn disgrifio sefyllfa, yn ystod wythnos Steddfod, lle mae mam (sy'n aros mewn camperfan ym Maes C) yn cymryd galwad gan ei mab sy'n dioddef o salwch meddwl enbyd. Mae'r gerdd yn pendilio nôl a mlaen mewn amser, a rhwng dwy ochr y dudalen, rhwng ing yr alwad ffôn ac atgofion y fam o eni ei mab bron 30 mlynedd ynghynt. Cawn ddisgrifiadau teimladwy gan y bardd, fel 'Clywed ei lais, a'i lafar ar chwâl,/ a'i salwch yn sibrwd yn fy nghwsg ... a gwlith y bore glas yn groen gŵydd/ ar y ffenestr flaen', ac wrth ddisgrifio prysurdeb y bore ar faes carafannau'r Steddfod mae'r bardd wedi ei dal hi'n berffaith wrth sôn am y

> rhieni blêr mewn pyjamas a Crocs
> yn anelu'n robotaidd at y cawodydd
> a'r bore'n hongian yn dywelion llipa
> dros eu hysgwyddau.

Teimlais y gallai diweddglo'r gwaith fod ychydig yn gryfach. Yn yr achos hwn, yn wahanol i rai o'r gweithiau eraill, roedd y cyfan wedi chwythu plwc fymryn yn rhy sydyn i mi. Ond unwaith eto, roedd *ôl byw* yn bendant ymhlith goreuon y gystadleuaeth.

Swp CH

Mae Swp CH, felly, yn cynnwys: *Catal, Ennui AI, Martha, mnemonig, Samsa.*

Doedd dim prinder o gerddi bendigedig yn y gystadleuaeth hon eleni. Mi fues i'n meddwl am yn hir sut i ddidoli'r cyfan, gan dderbyn bod chwaeth, personoliaeth a phrofiadau beirniaid unigol yn chwarae rhan fawr yn y dasg o gloriannu a dethol yng nghystadleuaeth y Goron. Penderfynais neilltuo Swp CH ar gyfer y gweithiau hynny y byddwn i'n hapus i'w coroni – gweithiau a oedd, yn fy nhyb i, yn gyflawn a gorffenedig ac yn creu'r math o brofiad darllen a ddisgrifiais ar ddechrau'r feirniadaeth. Roeddwn i'n ysu am dynnu ambell gyfansoddiad arall i mewn i'r bwndel hwn, fel y byddwch wedi casglu o ddarllen y sylwadau ar Swp C, ond penderfynais mai gweithiau ardderchog nad oedd angen mwy nag ambell fân gywiriad o ran sillafu (os o gwbl) fyddai'n cael hawlio lle yn Swp CH.

Ar y darlleniad cyntaf penderfynais y byddai gwaith *Catal, Martha* a *Samsa* yn cael eu cynnwys yn y bwndel hwn.

I mi, mae *Catal* yn llwyddo'n wych i gonsurio naws lleoedd mewn geiriau – a hynny mewn byd sydd 'tu waered, ben i chwith' wrth iddo ef/hi lywio'i ffordd drwy gyfnod a pherthynas gyda rhywun agos sy'n dioddef o *dementia*. Mae *Catal* yn creu golygfeydd neu *vignettes* bychain – bron fel darnau bach o lên micro – sydd mor deimladwy, mor swreal o ryfedd, ond sydd hefyd yn real iawn ac yn gredadwy i lawer o bobl sydd wedi cael y profiad o dreulio cyfnodau gyda chyfeillion neu aelodau teulu sy'n dioddef o'r cyflwr hwn.

Mae *Martha* hefyd yn artist mewn geiriau ac yn llwyddo i bortreadu perthynas sydd nid yn unig yn pontio cenedlaethau o fenywod yn ei theulu mewn ffordd gynnes ac annwyl, ond hefyd yn amlygu elfennau gwleidyddol-cymdeithasol-amgylcheddol cyfoes sy'n mynd â bryd y bardd ac sy'n cael eu hadlewyrchu yma mewn ffyrdd cynnil iawn. Mae hen ffotograff o'i thaid a'i nain yn pysgota yn ysgogi myfyrdod am dwristiaeth, sylw bychan gan ei nain yn esgor ar gerdd fach sy'n awgrymu effeithiau newid hinsawdd ar arfordir a chymunedau Pen Llŷn, a gwybodaeth ei nain am rinweddau planhigion yn cyd-fynd â chonsyrn cyfoes am ein perthynas (neu ddiffyg perthynas) â byd natur o'n cwmpas.

Gan *Samsa* cawn gerddi sy'n plethu hiwmor a dwyster, y presennol a'r gorffennol, a sylwebaeth grafog gyda myfyrdodau teimladwy am ei hunaniaeth ei hun. Mewn ffordd wreiddiol a gafaelgar mae'n cynnig cipolwg ar y profiadau, y straeon a'r mythau sy'n creu ein lleoedd ac yn siapio ein perthynas â nhw. Drwy gyflwyno'r darllenydd i wahanol weddau ar un ardal benodol yng Nghymru, a'i berthynas ef â'r lle, mae'r bardd wedi creu rhyw fap-dwfn o gerdd sy'n adlewyrchu ei deimladau o fod y tu mewn ac ar y tu fas i'r fro lle cafodd ei fagu – ond bro lle mae ei berthynas greiddiol gyda'i dad-cu yn creu angor di-syfl.

Fe dyfodd Swp CH wrth i mi ailddarllen y cerddi. Daeth *Ennui AI* a *mnemonig* i ymuno â'r tri uchod oherwydd eu dawn dweud a hefyd, yn achos *Ennui AI*, wreiddioldeb y cysyniad. Roedd hi'n anorfod y byddai gwaith sy'n ymdrin â Deallusrwydd Artiffisial yn ymddangos cyn hir ac fe greodd *Ennui AI* eleni gerdd ddyrys, heriol ond gafaelgar sy'n chwarae â'r berthynas gynyddol gymhleth sy'n bodoli yn ein byd rhwng rhith a realaeth, ond sydd hefyd yn tynnu ar chwedloniaeth Gwydion a Blodeuwedd i greu delweddaeth sy'n gyfoes o hen ac yn mynnu sylw'r darllenydd. Roedd 'na rywbeth oeraidd, pell-oddi-wrthoch-chi ynghylch gwaith *Ennui AI*, ond roedd hyn rhywsut yn gweddu gyda'r pwnc y dewisodd y bardd ganu amdano.

Gan *mnemonig* cawsom waith hyfryd sy'n mynd â ni i un o gymoedd y de-ddwyrain unwaith eto. Cawn bortreadau personol a theimladwy – yn llawn cyffyrddiadau bychain – sy'n cynnig allwedd i fagwraeth y bardd yn y dirwedd a'r gymdeithas ddiwydiannol hon, ac fe gawn synhwyro'r ffordd y mae dylanwad y fagwraeth honno wedi gwau drwy'r cenedlaethau o fewn y teulu. Mae'r gwaith wedi ei saernïo'n ofalus a chrefftus i adlewyrchu hyn, ac i gyfleu hefyd y modd y mae newid yn rhan o'r broses o drosglwyddo gwaddol a threftadaeth o un genhedlaeth i'r llall. Hoffais y ffordd y mae'r gerdd yn cychwyn gyda thaith car rhwng rhiant a phlentyn i aildroedio llwybrau'r cof, ac yn gorffen gyda'r bardd a'i mab yn hedfan ar hyd zip-weiren dros y dirwedd nes glanio nôl yn y dirwedd a gloddiwyd gan ei thad.

Anodd iawn oedd dewis rhwng y gweithiau arbennig hyn, ac rwyf wedi eu mwynhau nhw yn fawr. Teimlaf eu bod nhw i gyd yn deilwng o'r Goron eleni. Ond roedd rhaid dewis un. Oherwydd gwreiddioldeb y dweud, a gallu'r bardd i greu darlun amlweddog o berthynas gyda bro a phobl mewn ffordd ddiddorol a phersonol iawn, *Samsa* ddaeth i'r brig yn y pen draw.

Englyn unodl union: Gwres

GWRES

Wedi rhynnu drwy rew unig – ei byd
darbodus, caeedig,
o'i chwmpas yn hurt-drasig
yr haf a ddaw, fel torf ddig.

Keeling

BEIRNIADAETH EMYR LEWIS

Derbyniwyd 56 o englynion. Roedd y testun yn cynnig nifer o drywyddau i'r beirdd a diolch iddynt am eu dilyn. Hoffwn dalu gwrogaeth benodol i *Ci Poeth* a *Tanwen* a fanteisiodd ar y rhyddid hwnnw i fynd i bob math o lefydd drygionus ar y naill law, ac annealladwy ar y llall, mewn pum englyn yr un.

Mae angen i *Llygodenfach, Y Llwynog Lliwgar, Sbardun, Jetlif* a *Fornax* fynd ati i ddysgu rheolau'r gynghanedd yn drylwyr.

Mae englynion da, ar y cyfan, gan y canlynol, ond yn anffodus mae gwallau ynddynt sy'n golygu na ellir eu hystyried, sy'n drueni gan y byddai ambell un, o'i drwsio, yn medru bod yn agos at y brig: *Ap Iago* ('r' heb ei hateb o'r gair cyrch); *Ta-ta* (llinellau wythsill yn yr esgyll); *Hel Atgofion* ('n' heb ei hateb yn y llinell olaf); *Tân glo* (trydedd linell wythsill); *Rhwd ar waith* (gan mai benywaidd yw 'uffern', 'ddiffaith' sy'n gywir yn y llinell gyntaf); *Ci Poeth* 4 (bai trwm ac ysgafn: 'dur' a 'byr'); *Tad-cu* (dwy 'n' wreiddgoll yn y llinell olaf).

Mae'r englynion canlynol yn gywir, ond un ai does fawr o fflach ynddyn nhw neu mae hynny o fflach sydd yno wedi diffodd yn sgil mynegiant treuliedig, trwsgl, aneglur neu weithiau annealladwy: *Colled, Gwylliad, Sul y Mamau, Dolef y Blaned, Llyfr Coch 733, Wel Wel, Idwal, Tanwen 1 – 5, Gŵr Gwadd, Mynyddog, Gofidiwr, Hei Lwli, Llwch, Penyd, Greta, Octopws, Icarws.*

Englynion drygionus, fel y soniais, yw eiddo *Ci Poeth*. Er bod *Ci Poeth 1, 3* a *5* yn englynion cywir, a pheth fflach yn ambell un ohonynt, fflach *laddish* braidd yw honno, a dydyn nhw ddim yn cyrraedd y brig.

Mae syniad ysgubol, os arswydus, gan *Bendith*, sef bod gwres yn gadael y corff wrth bod rhywun yn marw, ac yn dychwelyd i roi 'cwtsh' iddo yn yr amlosgfa. Yn anffodus, nid yw wedi llwyddo i gyfleu'r syniad yn gwbl rugl.

Mae paladr trawiadol yn ymgais *Hephaistos* sy'n cyfeirio at gau gwaith dur Port Talbot ('Rhofia rhai holl ludw'r fro/ O'u gratiau segur eto'), ond mae'r paladr yn wan iawn. Fel arall, byddai'r englyn hwn wedi bod yn llawer uwch yn y gystadleuaeth.

Englynion mwy gorffenedig ar y cyfan yw eiddo *Awst 2024, Begw, Gwres heb ormes na baich, Agni, Barus, Drws nesa'* a *Sundnúkur.*

Mae deg o englynion yn y Dosbarth Cyntaf. Dyma air am bob un ohonynt heb fod mewn unrhyw drefn benodol.

Fflamgoch:
> Y tŷ'n glyd, fflamau'r tân glo; sgwrs a gwres
>   y grât yn ein twymo;
>   sŵn y cloc ... ofer procio
>   tanau sy'n cynnau'n y co'.

Dyma gyfleu gwres aelwyd draddodiadol, dim ond i danseilio hynny drwy grybwyll mai atgof yn unig sydd yma, ac na fydd atgof fyth yn gallu ail-greu'r cynhesrwydd ac agosatrwydd a brofwyd yn y gorffennol.

Dyddiau'r Hen Byllau ar Ben:
> Gwresogai ryw oes agos aelwydydd
>   y wlad, yn glyd ddiddos,
>   ond lle bu cynhesu'r nos
>   y mae rhwd a marwydos.

Ar yr olwg gyntaf, ymddengys mai testun go iawn yr englyn hwn yw 'glo'. Hwnnw fu'n gwresogi, gyda'r llinell olaf yn cyfeirio at aelwyd lle nad oes tân bellach. Ond mae honno hefyd yn dwyn i gof yr adfeilion ar safleoedd ôl-ddiwydiannol, a thrwy hynny yn awgrymu rhywbeth arall fu'n cynhesu aelwydydd – sef y ffyniant economaidd a'r ysbryd cymunedol a ddeilliai o'r diwydiant. (Er cryfed y llinell gyntaf o ran ei chynghanedd, mae rhywfaint o deimlad geiriau llanw i'r ymadrodd 'ryw oes agos'.)

Amser i Wylo:

> Oes, Rhydwen, mae llawenydd na ellit
> droi'r un pwll yn ddeunydd
> nofel, na dychwel i'n dydd
> â hanes rhyw Senghennydd.

Mae gwaith meistr llên Cymraeg y Rhondda, Rhydwen Williams, yn rhywbeth yr ydym yn dal i'w werthfawrogi a'i ddathlu. Testun llawenydd yw hi, serch hynny, nad yw'r deunydd crai na'r cyd-destun bellach yn bodoli ar gyfer y math hwnnw o waith. Dyma giledrychiad sardonig ar y cwestiwn oesol hwnnw: a ellir cael llenyddiaeth fawr heb ddioddefaint? (Mae 'na ellit' yn ffurf ddadleuol, a byddai 'na allet' yn well.)

Gofidus:

> Gwerddon oedd: ein llygredd ni a'i noethodd;
> gwnaethom, drwy'i gorboethi,
> hen le anial ohoni,
> daear hesb o'i llawnder hi.

Dyma englyn sy'n datgan, yn blwmp ac yn blaen, y gwir syml am effaith ddinistriol y ddynoliaeth ar y byd, a'r llinell olaf yn dweud y cyfan. Mae'r byd fel gwerddon yng nghanol diffeithwch gweddill y cosmos, ond fe'i troesom yn anialwch.

Hen Goliar:

> Oddi fewn i amgueddfâu, er y gêr
> i gyd, a'r peiriannau,
> ni ellir ail-greu'r pyllau
> nac ail-fyw ing y glofâu.

Unwaith eto, dyma englyn sy'n dweud ei ddweud yn uniongyrchol mewn cynghanedd gymen. Dyma fynegi deuoliaeth y difodiant diwydiannol a ddigwyddodd yn yr ardaloedd glofaol. Ar y naill law, mae tinc hiraethus am yr hyn a fu, ond ar y llall cofiwn mai profiad ingol, tu hwnt i'n hamgyffred, oedd llafurio dan ddaear.

Keeling:

> Wedi rhynnu drwy rew unig – ei byd
> darbodus, caeedig,
> o'i chwmpas yn hurt-drasig
> yr haf a ddaw, fel torf ddig.

Dyma englyn pwerus, awgrymog. Dychmygwn rywun yn byw bywyd gofalus, cysgodol, oer yn sydyn yn profi hyrddiad o wres anesmwyth wrth orfod ymdopi â phobl eraill. O ystyried y ffugenw, fodd bynnag, mae'n debygol fod ystyr arall yma. Un o brif achosion cynhesu byd-eang yw carbon deuocsid yn yr awyr. Graff yw Cromlin Keeling sy'n dangos sut mae'r nwy hwn wedi cronni yn awyrgylch y ddaear dros amser. Sail llawer o ddata'r graff yw swigod aer sydd wedi eu dal mewn samplau craidd o rew sy'n mynd yn ôl flynyddoedd maith. Felly, gellir gweld profiad yr unigolyn fel trosiad am y broses o gynhesu sydd wedi cynyddu wrth i'r graff fynd yn fwy serth, ac wrth i ddynoliaeth symud o ffordd fwy gofalus a disgybledig o fyw at un o ormodedd gwastraffus. O gyfuno'r ddau drywydd, gallem weld efallai arth wen neu ryw greadur arall sy'n byw yn y meysydd iâ ac y mae gwresogi'r byd yn ddifaol i'w cynefin a'u ffordd o fyw. (Byddai rhai'n amau'r odl yng nghynghanedd lusg y drydedd linell, ond rwy'n ei derbyn.)

Munud Ola':
> Yr heyrn fu yn nhanau'r haf – ym Medi
>   sy'n oeri yn araf,
>   a'u nosau'n cau nes y'u caf
>   yn gawell am y gaeaf.

Dyma englyn sy'n trin mewn ffordd wreiddiol y syniad cyfarwydd o dymhorau'r flwyddyn fel trosiad o oes dyn. O gymryd mai'r corff dynol a olygir gan yr heyrn, yng ngwres yr haf mae'n fywiog, egnïol a gwresog, yn llai felly wrth heneiddio drwy'r hydref, hyd nes ei fod yn y gaeaf yn caethiwo dyn fel cawell. Englyn twt yw hwn sy'n cynnal y trosiad yn gelfydd ac yn effeithiol.

Pob Cusan:
> Mae o hyd holl frigau mân ein hanes,
>   pob anwes, pob cusan.
>   Ein cof sy'n casglu'r cyfan
>   i'n cynnau ni'n dau yn dân.

Dyma englyn serch hyfryd, y gellir ei weld fel gwrthbwynt i englyn *Munud Ola'*. Mae'r holl bethau bychain a fu rhwng y cariadon yn parhau i gynhesu a chynnal eu serch. Mae symledd didaro'r cynganeddu yn atgyfnerthu'r dweud. Efallai y gellid bod wedi osgoi'r atalnod llawn ar ddiwedd y paladr, sy'n torri rywfaint ar rediad yr englyn. Serch hynny, dyma englyn llawen, cadarnhaol ei naws a hoffais yn fawr iawn.

Kendal:

> Ni faliem, yn nhes hirfelyn ein haf,
>> am droi'n hen yn sydyn.
>> Ond roedd i ddydd gelwydd gwyn
>> ac i haul wyneb gelyn.

Dyma englyn sgwrsiol sy'n cyfleu neges bwysig – sef bod yr haul yr ydym yn ei addoli yn yr haf yn gallu bod yn berygl i ni, er nad ydym yn sylweddoli hynny ar y pryd. Ond mae'r ergyd yn helaethach na hynny: dyma ddangoseb o sut y gall agwedd ysgafala ieuenctid tuag at y dyfodol fod yn fwgwd rhag deall y gwirionedd sy'n ein disgwyl. Yma eto mae yna fwy nag awgrym o effaith ein ffordd ddi-hid o fyw ar yr amgylchedd.

Thunberg:

> Try byd ein plant trwy'n chwantau yn ffwrnais
>> ffyrnig a difaddau,
>> a'u nos hwy sy'n ymnesáu
>> yn llanast ein cynlluniau.

'Nid etifeddu'r ddaear gan ein hynafiaid a wnawn ni, ond ei benthyg gan ein plant,' meddai'r hen air, a dyma englyn syml a thrawiadol sy'n mynegi hunan-gywilydd y genhedlaeth hŷn am sefyllfa'r blaned y byddwn yn ei gadael i'r genhedlaeth iau. Mae'r llinell olaf yn un bwerus, nid yn unig o ran ei chynghanedd, ond hefyd o ran yr wrtheb sydd ynddi. Yn ysbryd 'yr hen a ŵyr a'r ifanc a dybia' ymfalchïwn yn ein 'cynlluniau' gofalus bondigrybwyll, ond llanast ydyn nhw go iawn. Ein chwantau hunanol sydd yn eu gyrru. Englyn iasol o apocalyptaidd.

Diolch yn fawr i bob un a anfonodd englyn i'r Eisteddfod am sicrhau cystal cystadleuaeth. Roedd hi'n bleser cael beirniadu. Llai o bleser oedd gorfod dewis un englyn buddugol o'r deg yn y Dosbarth Cyntaf, ond rhaid oedd gwneud. Wedi darllen ac ailddarllen pob un sawl gwaith, *Keeling* a *Pob Cusan* oedd yn cystadlu am y wobr. Ar y naill law roedd symledd cadarnhaol englyn serch gwresog *Pob Cusan*, ac ar y llall ddyfnder cynnil awgrymog ymgais *Keeling* â'i linell glo ysgytiol. O orfod dewis, mae trwch atalnod llawn rhwng y ddau, a *Keeling* sy'n fuddugol.

Englyn digri: Syrcas

SYRCAS

Cei weled yr anghyffredin yno;
a chlowniaid anhydrin,
a bwlio hallt chwipiwr blin
yn ffair rad Tŷ'r Cyffredin.

Llugwy

BEIRNIADAETH GRUFFUDD EIFION OWEN

Reit, cardiau ar y bwrdd: mae englynion gwirioneddol ddigri yn greadigaethau eithriadol o brin. I lunio englyn digri llwyddiannus mae gofyn am feistrolaeth o'r gynghanedd, crebwyll wrth ddewis a thrafod testun, undod delweddol, gwreiddioldeb (sef yr holl bethau sydd eu hangen i greu englyn da) ac wedyn, ar ben hynny, mae disgwyl i chi fod yn ddoniol hefyd.

Yn anffodus, mae rhyw duedd gan bobol i feddwl bod ysgrifennu englyn digri rywsut yn orchwyl llenyddol haws na llunio englyn o ddifri. Tydy o ddim. Mae o fel trio reidio beic un olwyn tra'n chwarae unawd gradd wyth ar y baswn.

Er bod rhagoriaeth yn brin yn y gystadleuaeth hon, mae hi'n braf cael dweud bod yma le i ganmol. Roedd pob un o'r 18 englyn a ddaeth i law wedi eu llunio gan gynganeddwyr tebol a phob un wedi rhoi ymgais deg ar greu hiwmor ar ffurf englyn. Llongyfarchiadau i bob un.

Dosbarth 3

Yn y Trydydd Dosbarth rwy'n gosod *Cob Bach, Dant y Llew, Penpwysigyn, Disgybldisgybledig, Dico Wyn* a *Syr Chasm*. Ar y cyfan, mae englynwyr y Dosbarth hwn wedi gweld y testun 'Syrcas' fel cyfle i ddychanu unrhyw destun o'u dewis hwy. Ceir englynion sy'n dychanu VAR, yr Eisteddfod, Cynan, golff, ac atalnodi. Maen nhw'n englynion ysgafn digon derbyniol, ond tu hwnt i'r teitl does 'na'm delwedd o fyd y syrcas ar eu cyfyl nhw, ac felly mae'n anodd cyfiawnhau eu testunoldeb.

Yn hynny o beth mae cerdd *Syr Chasm* yn codi i dir ychydig yn uwch:

> Dwy iâr, gast, defaid plastig – a chlownio
> Chwil iawn, anarbennig,
> Llew boldew, hynod o big,
> A'r costau yn syrcastig!

Mae'n ddisgrifiad digon smala o syrcas siomedig ond fel holl ymgeision y Dosbarth hwn mae'r gerdd yn fwy o ymarferiad cynganeddol nag englyn crwn, gorffenedig. Serch hynny, roedd addewid yng ngwaith pawb ac rwy'n annog pob un ohonoch i ddal ati.

Dosbarth 2

Mae 'na dal ambell englyn nad ydynt yn gwbl destunol yn y Dosbarth hwn ond maent yn hawlio eu lle yn yr Ail Ddosbarth am eu bod nhw'n fwy crwn fel englynion.

Prôns:

> Prôn salad, Cêt, Prins Wili – ym mhalas
> Camila a Charli,
> Hen Brins yn cael jamborî,
> A gwên, hwyrach, gan Hari!

Mae hwn yn englyn doniol digon twt ac mae *Prôns* wedi gwneud yn fawr o bosibiliadau'r gynghanedd i greu hiwmor. Dw i wrth fy modd gyda'r trawiad 'Prôn salad/ ... Prins Wili'. Efallai bod y teulu brenhinol yn darged braidd yn dreuliedig a tydy'r gerdd ddim wir yn destunol, ond mae'n englyn doniol a lwyddodd i godi gwên.

J. Edgar Hoover:

> Smart 'di Rish – politishan; boi gô tŵ
> ein Big Top, San Steffan;
> ei dalent, â'r dent ar dân –
> piso 'mhell, piso am allan.

Dyma un o nifer o englynion sy'n anelu eu dychan tuag at San Steffan. Dw i'n hoff o'r delweddau o fyd y syrcas yn englyn *J. Edgar Hoover* ac mae'r dweud yn ddigon ffraeth. Efallai nad ydy'r esgyll yn cydio'n dwt yn y paladr – ond ymgais lew.

Congrinero:
>Yma 'ngwallgofi'r mwncïod, a clebr
>>y clowns mae 'na anghlod,
>>hon yw'r ring lle ceir eriôd
>>ŵyn llywaeth yn lle llewod.

Mae *Congrinero* hefyd wedi cael hwyl arni wrth weithio delweddau addas o fyd y syrcas i'r englyn. Mae'r llinell glo yn un gofiadwy ond tydy gweddill yr englyn ddim yn cyrraedd yr un safon. Mae hefyd angen treiglo 'clebr' yn y llinell gyntaf.

Risiart Sinach:
>Yn ddeifiol eu ffyrdd afiach – yn ffraeo
>>tra'n cyffroi a grwgnach,
>>lle siarad lol, bobol bach,
>>yw senedd Rishi Sinach.

Englyn deifiol arall sy'n anelu ei ddychan tua San Steffan. Mae bedyddio'r Prif Weinidog yn 'Rishi Sinach' yn fathiad doniol a dychmygus, ond fel arall braidd yn gyffredinol ydy'r dychan drwy weddill y gerdd. Byddwn i, unwaith eto, wedi hoffi gweld mwy o ddelweddau o fyd y syrcas yn yr englyn.

Pytiwr gwael:
>Yn y Tŷ rhowch chwarae teg, — rhyw udo
>>yr ydych drwy'r adeg;
>>nawr ust, ust, mynnaf osteg,
>>caewch, O! caewch eich ceg.

Dw i'n credu mai Llefarydd Tŷ'r Cyffredin sy'n adrodd yr englyn hwn, ac mae'n englyn rhwydd iawn ei fynegiant gyda llinell glo drawiadol. Byddwn i wedi hoffi gweld rhyw ddelwedd a fyddai'n ei glymu gyda'r testun, ond englyn doniol, da serch hynny.

Daeth pum ymgais ar wahân gan *Wylit Win*: pob un yn disgrifio rhyw dro trwstan mewn syrcas.

>Syth o ganon saetha Gwenno – a chlywn
>>sgrech lem sy'n ardystio,
>>trwy'r twll mewn chwarter o'r to,
>>mai ar glown y mae'r glanio.

Er i Doug licio'r jygler – a gododd
　　lygoden â hawster,
　　ofnai draul i'w chefn drwy'r her:
　　â morfil bu'n ymarfer.

Bwytodd dân, ac er y manod, berwa
　　ei boer mwy na'i ddiod.
　　I roi dŵr, dechrau yw dod
　　â pheint i'r eliffantod.

Yn uchel, a heb ei fachu, pwysodd
　　ar drapîs a chysgu.
　　Ar raff codymodd o fry,
　　a haeddodd gael ei sbaddu.

Heb ei atal bydd e'n bwyta, a'i wledd
　　a laddodd hen Simba.
　　Parod yw am swper da:
　　llaw Elin i'n llew ola'.

Mae *Wylit Win* yn gynganeddwr greddfol ac mae ganddo linellau unigol ffraeth, llawn dychymyg, sef yr union ddawn sydd ei hangen os am lunio englyn doniol. Yn anffodus, mae'r mynegiant braidd yn afrwydd ar brydiau, fel petai'r bardd wedi brysio i gwblhau'r englyn cyn symud ymlaen at y nesaf. Pe byddai *Wylit Win* wedi ffrwyno rhywfaint ar ei lifeiriant cynganeddol a chanolbwyntio ar lunio un englyn doniol, cryf, byddai'n gystadleuwr peryglus iawn.

Dosbarth 1
Dim ond dau englyn sy'n cyrraedd y Dosbarth Cyntaf, sef *y cap coch* a *Llugwy*.

y cap coch:
　　　Er rhoi ffrwyn a'r holl gadwyni – a'u cloi
　　　　am y clown a'i foddi,
　　　　heddiw'r llais ddaw'n rhydd o'r lli
　　　　yw Donald ail-Houdini.

Mae tipyn mwy o uchelgais yn perthyn i englyn deifiol *y cap coch*. Mae'r bardd yn disgrifio Donald Trump fel 'ail-Houdini', yn llwyddo i'w ddatod ei hun o ddyfroedd pob helbul. Mae'n drosiad effeithiol a threiddgar ac un sy'n gwbl destunol. Fy unig feirniadaeth ydy bod y gystrawen fymryn yn chwithig yn yr esgyll ac efallai nad 'llais' ydy'r gair mwyaf addas yn y drydedd linell? Fel arall, englyn da.

Mae *Llugwy*, fel nifer fawr o'i gyd-englynwyr, wedi dewis canu am 'syrcas' Tŷ'r Cyffredin:

> Cei weled yr anghyffredin yno;
>   a chlowniaid anhydrin,
>   a bwlio hallt chwipiwr blin
>   yn ffair rad Tŷ'r Cyffredin.

Fel y gwelwn ni, mae *Llugwy* wedi cadw'n driw at destun y syrcas gan adeiladu'r ddelwedd fesul llinell. Mae pob gair yn talu am ei le ac mae'r englyn yn llifo'n rhwydd ac yn naturiol gan adael y gic fwyaf tan y llinell glo. Yn anad dim, mae'r englyn yn gweithio fel cyfanwaith.

Er bod sawl un yn y gystadleuaeth wedi anelu eu dychan i'r un cyfeiriad, does dim dadlau nad *Llugwy* anelodd lanaf. Gwyddwn o'r darlleniad cyntaf bod hwn yn debygol iawn o fynd â hi. Mae'n englyn dychanol, ffraeth ac effeithiol sy'n llawn haeddu'r wobr gyntaf. Llongyfarchiadau.

LLAIS

(Kathleen Ferrier)

Canodd; fe'm meddiannodd i; fy hawlio
    yn gyfalaw iddi:
    deuawd nad yw'n distewi
    yw hwn, er ei marw hi.

Mae hi yn canu'n fy mhen; mae'i haria
    fel môr o fewn cragen
    fy nghorff, a llais anorffen
    yw'r llais o'r tu hwnt i'r llen.

O'i henaid ac o'i mynwes y daw'r gân,
    ac mae'r gân mor gynnes
    â hafau llawn tonnau tes:
    gwnaed hiraeth yn gantores.

Mae'i llais yn cymell iasau; storm o lais
    draw ymhlith y beddau
    yn gyngerdd, uwch gwae angau;
    llais cyfrin, prin yn parhau.

Ymledai drwy'i melodedd y tyfiant
    afiach; ar gyfaredd
    aria roedd baweidd-dra'r bedd:
    llais nefol yn llysnafedd.

Euthum dros afon Lethe ar ei hôl
    ar hynt, f'Euridice,
    i'w chael yn ôl o'i cheule,
    hawlio'r llais yn ôl o'r lle.

Bythol barhaol yw rhin y llais hwn,
    y llais sydd yn chwerthin
    yn wyneb Angau Frenin:
    dò, mi glywais lais Kathleen.

                    Orffëws

Mae'n hen gwestiwn, mi wn: beth sy'n cymell rhywun i fynd i'r fath drafferth, y fath lafur, â dewis gweithio cerdd gaeth ar ryw destun, pan fo'r mesurau rhydd neu hyd yn oed y wers rydd wrth law yn rhwydd i fynegi'r cyfan yn fwy uniongyrchol a didrafferth? Mae cyfrolau eisoes wedi'u llunio ar y mater a gellid llenwi llawer llyfr arall ar yr un pwnc mae'n siŵr. Digon yw nodi yma bod y gystadleuaeth hon wedi enghreifftio, ar adegau, pam y dylai ambell fardd ystyried diosg y gynghanedd o bryd i'w gilydd i weld a yw ei ddelweddau, ei fynegiant, ei syniadau, yn ddigon diddorol neu wreiddiol neu rymus heb sgaffald ei chleciadau; dro arall, dangosodd y gystadleuaeth yn union pa mor werthfawr, weithiau, yw mynd i'r drafferth o ymrafael â hi, a chwysu drosti, a'i naddu a'i gweithio, achos ar brydiau gall ei phlethiadau esgor ar ryw hud.

Ar ei hyd roedd hon yn gystadleuaeth dda, yn fwy na pharchus o ran nifer y cystadleuwyr – 15 cerdd – ac o ran safon. Daeth yn amlwg yn fuan na fyddai rhaid imi ymboeni dros ddiffyg teilyngdod: y cur pen mwyaf o ddigon oedd ceisio didol a gwahanu, yn enwedig tua'r brig. Diolch i bob ymgeisydd, ac os ca i fod mor hy â gofyn am un ffafr arall ganddynt: a gawn ni weld sawl un o blith y cerddi hyn ar dudalennau *Barddas* a chyfnodolion eraill yn fuan, os gwelwch yn dda?

Gair nesaf am bob un, yn fras yn nhrefn eu teilyngdod (er bod y drefn honno wedi tueddu i amrywio rywfaint gennyf gyda phob darlleniad).

Cafwyd cerdd swynol ac annwyl am Bontypridd gan *Dwynwen o Frycheiniog*, a braf hefyd oedd cael recordiad o'r gerdd wedi ei darllen gan y bardd. Yn anffodus, nid yw hon yn gerdd gaeth – hynny yw, nid yw wedi ei chyfansoddi ar gynghanedd ar ei hyd. Pe buasai modd ei hystyried, byddai llawer i'w ganmol yma o ran delweddau a mynegiant, ac mae yma un gynghanedd yn llechu hefyd: 'o gariad a chyfeillgarwch'. Tybed yn wir a oes angen i restrau testunau'r dyfodol gynnwys rhagor o fanylion neu eglurhad o'r hyn a ddisgwylir pan ofynnir am gerdd 'gaeth', er annog rhagor o gystadleuwyr fel *Dwynwen o Frycheiniog*?

Mae *Liber* yn ei ddisgrifio'i hun yn ail linell ei gywydd fel 'derwydd siawns yn nawns y niwl', ond mae arnaf ofn fy mod innau hefyd yn y niwl wrth geisio deall byrdwn y gerdd. Mae hyn yn bennaf oherwydd y canu hynod haniaethol a'r ymadroddi digyswllt braidd. Hynafiaethol braidd yw'r dweud hefyd, wrth sôn am 'yr oddaith rydd' a'r 'hinon lon', a gresyn mai chwe sillaf yn unig sydd i'r llinell glo. Serch hynny, mae yma rai cwpledi addawol ac awgrymog, fel 'o'r anwel tua'r wyneb/ tasgaf gân o eingian Neb'; o wreiddio canu fel yna mewn cerdd ac iddi fwy o strwythur a diriaeth, gallai'r cystadleuydd a'i ganu fod ar eu hennill.

Credaf mai Mary Ellis yw testun *Mary, Deisebwraig 1923*. Roedd hi'n aelod o'r ddirprwyaeth o fenywod gweithgar a phenderfynol a gasglodd ac a gyflwynodd ddeiseb dros heddwch i fenywod yr Unol Daleithiau yn 1923. Cyhoeddwyd cyfrol gan Mererid Hopwood a Jenny Mathers yn nodi'r hanes yn ddiweddar, a theyrnged yw'r gerdd hon i Mary hithau ac i'w chyfoedion. Agorir yn llais Mary ei hun wrth iddi egluro y 'croeson ni'r don 'slawer dydd' ar ôl 'hel/ llofnodion, alawon lu'. Ar dro mae yma gynganeddu rhugl a goferu medrus, ond dro arall mae'r mynegiant yn gwegian braidd dan ofynion y mesur ac yn mynd yn ddieneiniad, bron yn gomig felly: 'Roedd sôn am y Smithsonian'. Er hynny, mae'r adrodd person cyntaf yn creu awyrgylch ac yn gwneud inni deimlo ein bod yno yng nghwmni Mary – gresyn felly i'r bardd, yn ddisymwth, benderfynu neidio allan o'r llais hwnnw ar gyfer pedair llinell olaf y gerdd, gan greu diweddglo anghydnaws braidd.

Cynganeddwr chwareus a smala yw *Dinesydd*, a chawn ganddo gyfres o englynion yn gwarafun y diffyg lleoedd sydd i barcio'i gar yn gyfreithlon: 'ond chwithig, trasig bob tro/ yw cael *impasse* y clampio'. Mae'r cynganeddu'n slic ac yn ddyfeisgar, ac yn gweddu i'r testun ac i'r dôn gellweirus, er nad yw pob englyn yn llifo'n gystrawennol mor rhwydd ag y byddai rhywun yn ei ddymuno. Teimlais fod rhyw dro neu newid yn digwydd tua'r tri englyn olaf, wrth i'r bardd ymddifrifoli a cheisio dweud rhywbeth mwy diffuant a dwys am wareiddiad a chlymau bro a charennydd. Gwaetha'r modd, ni ddeallais fyrdwn y clo hwn cystal, ac fe'i cefais hytrach yn lletchwith ac anaddas ar ôl yr agoriad mwy ffwrdd-â-hi, gan fethu gweld y cysylltiad rhyngddynt.

Tywyll hefyd braidd i mi yw cywydd *Yn y dwfn ddistawrwydd*. Agorir drwy glodfori bywyd y meudwy, y pysgotwr tawel nad yw'n 'dweud lot', ac yntau'n 'unig ŵr yn rhwyfo'i gwch'. Ond yna weithiau, llefara, ac yn y geiriau prin hynny mae rhyw ddoethineb sy'n ein 'cryfhau a ninnau'n neb' gan ein cyfeirio ar hyd y ffordd gywir a rhoi inni nerth 'i weled y nefolaidd'. Ai rhyw ffigwr tebyg i Grist sydd yma sgwn i? Wn i ddim: mae'r diweddglo'n awgrymu fel arall gan haeru mai ein llais 'ein hunain' yw'r un sy'n siarad. Er bod ambell gynghanedd gref yma, fel 'pwyntio'r ffordd o'r pant a'r ffos', cefais y dweud braidd yn gyffredin ar y cyfan, a dirgel, mae arnaf ofn, yw ystyr y gerdd ar ei hyd.

Yn yr un modd, mae *Wedi* hefyd yn cael ei arwain a'i lywodraethu gan y gynghanedd, ac mae'r mynegiant, heblaw'r gynghanedd ei hun, yn dra chyffredin a rhyddieithol:

Nac oes – 'mond help technegol
trwy lensiau rhai ffonau ffôl;
ni hoffent fentro cyffwrdd
â'r boi; nawr mae'n torri bwrdd!

Rwy'n cael yr argraff bod *Wedi*, yn debyg i *Yn y dwfn ddistawrwydd*, yn bodloni ar y trawiad cyntaf a ddaw i law cyn belled ag y gall fwrw ymlaen â'i stori – ond mae angen mwy na hynny. Mae angen rhoi ystyriaeth i ddelweddau, i'r gystrawen ac i lif y dweud, neu mae'r cyfan yn mynd yn herciog a rhyw fymryn yn aneglur – ac yn anfwriadol ddigrif, weithiau – fel y mae yma.

Mi gredaf mai'r un bardd ag *Yn y dwfn ddistawrwydd* yw *7 awr a 15 dydd*, ond mae wedi cael tipyn gwell hwyl arni y tro hwn. Cerdd deyrnged i Sinéad O'Connor – a dyna egluro'r ffugenw wrth gwrs – a geir ganddo'r tro hwn, ac mae yma ddweud tipyn mwy gafaelgar, efallai am fod ganddo wrthrych go iawn y tro hwn i ganolbwyntio arno, a rhywbeth i'w ddweud am y gantores a fu farw'n annhymig yn ddiweddar. Mae hefyd yn amrywio'i fesurau â chryn lwyddiant, gan symud o englynion unodl union i englynion milwr, er enghraifft, a manteisio ar ofynion penagored y gystadleuaeth. Mae yma ambell gam gwag eto – anfwriadol ddigrif drachefn yw llinellau fel 'Pwy ots am yr Ail John Paul?' – ond mae yma hefyd gydlyniad, a dweud mwy cofiadwy ar dro: 'Swyn a nerth oedd cân Sinead'. Piti am y llinell wallus 'yn nagrau yr uniongred', ond mae yma nifer o gryfderau, a chlo trawiadol.

Rwy'n credu imi gyfarfod *Aran* o'r blaen mewn eisteddfod leol, ac mae arnaf ofn bod hynny am gyfri'n ei erbyn ryw fymryn, ond yn ei gwmni rydym yn dringo i dir tipyn uwch yn y gystadleuaeth. Dyma gerdd ddyfeisgar, technegol ddifyr a gafaelgar, ac iasol wir ar brydiau. Yr hyn sy'n ei gwneud yn ddyfeisgar, ac sydd drachefn yn gwneud y mwyaf o ofynion penodol y gystadleuaeth, yw'r cyfuniad cymen o'r gynghanedd, ar y naill law, a mesur mwy rhydd ar y llall – y soned yn yr achos hwn. Soned ar gynghanedd a gawn, felly, a honno'n trafod afon Wnion: yr holl bethau a ddysgodd y bardd am yr afon, ei llwybr, y diwydiannau a dyfodd ar ei glannau a hen hanesion a chwedlau sy'n gysylltiedig â hi. Ond – ac mae 'ond', wrth gwrs, yn *volta*'r soned gynganeddol hon – 'er deall dwi'n deall dim' ar yr afon mewn gwirionedd, gan mai 'sibrwd cyfrin yw ei chwerthin chwim'. Mae rhyw ddirgelwch o hyd sydd y tu hwnt i ddirnad, ni waeth faint o ffeithiau a ddysgwn am yr afon: ni wyddom beth sy'n troi ei stŵr 'yn alaw', ac ni wyddom chwaith 'o ble y daw y dŵr'. Cerdd dda iawn, ond piti imi ei gweld o'r blaen – dylai fod gan *Aran* fwy o ffydd a hyder y gall greu cerddi eraill, newydd o'r un safon eto!

Mae ffugenw *Sain Ffagan* a'i gyfeiriad yn llinell gyntaf ei gerdd at Lyn Cerrig Bach yn awgrymu mai'r trysorau yn arddull La Tène, a ganfuwyd yn y safle hwnnw ac sydd bellach i'w gweld yn Amgueddfa Werin Cymru, sydd dan sylw yma. Drwy gyfrwng cyfres o englynion a dau bennill o gywydd archwilir y stori a'r cyfoeth hanesyddol sydd ynghlwm wrth yr eitemau hyn, ac yn benodol y cadwyni haearn a ddefnyddid unwaith i gaethiwo caethweision: mae'r arteffactau wedi goroesi o gyfnod 'synau briw caethiwed' hyd y dwthwn hwn, sydd yn ôl yr adroddwr, yn eironig ddigon, yn 'oes greulonach'. Mae rhyw elfen o gymharu creulondeb y ddau gyfnod yn rhan ganolog o'r englynion agoriadol hyn: 'os anwar yw f'oes innau,/ pŵer hon sydd yn parhau'. Yr hyn sydd yn drawiadol yn y penillion cywydd sy'n dilyn, ac sy'n argyhoeddi'n fwy efallai, yw'r syniad bod y dolenni hyn, a ddefnyddiwyd unwaith i ddal caethion, hefyd bellach yn ein clymu ninnau at ein hanes: 'dal yn llym â dolen llid/ a wna hirlais ei herlid'. Ai ein ceryddu a'n rhybuddio y mae? Ynteu ai ein cymell i fod yn ddiolchgar bod y fath arferion bellach wedi eu rhoi heibio? Ar y pwynt hwn nid yw'r gerdd yn gwbl eglur. Mae yma yn sicr feistr ar fesurau'r gynghanedd a dawn i greu delweddau cofiadwy, ond hoffwn pe bai'r hyn y dymuna'r adroddwr ei gyfleu inni yn cael ei gyfathrebu yn fwy eglur a llai rhethregol ar brydiau – mae perygl inni feddwi ar y ddelwedd ond heb ddweud fawr ddim yn y diwedd. Serch hynny, mae'r grefft yn lân a chymen i'w rhyfeddu.

Cawsom gan *Joaquin* esboniad manwl o'r cefndir i'w gywydd: 'Llofruddiwyd Joaquin Oliver ac 17 arall mewn cyflafan yn ysgol Parkland, Florida ar Chwefror 14eg, 2018. Chwe mlynedd yn ddiweddarach, ar ddydd Sant Ffolant 2024, lansiodd ei rieni ymgyrch i newid y ddeddf ar berchnogaeth drylliau trwy drefnu neges ffôn o lais eu mab wedi ei greu gan A. I. a'i ddanfon at wleidyddion a rhai sy'n trin â chyfreithiau ac yn gwrthwynebu'r newid.' A dyna'r paradocs neu'r tyndra sy'n hydreiddio'r gerdd hon, felly: mae'r plentyn wedi marw ond mae ei lais yn fyw, yn ifanc o hyd ac eto'n hŷn: 'O'r fynwent daw sgwrs plentyn,/ O'r maen oer mae hwn yn hŷn.' Mae'r pennill cyntaf hwn yn iasol feistrolgar yn ei archwiliad o'r deuoliaethau trasig a ddaeth yn sgil yr hanes: mae'r dechnoleg wedi 'darnio llais a'i droi yn llên'. Ni chefais yr ail bennill mor argyhoeddiadol, fodd bynnag: mae'n ailadrodd yr hyn a ddywedwyd eisoes (adlais gwael o'r llinell agoriadol yw llinell gynta'r ail bennill, 'O'r bedd daw'i alwad heddiw') ac mae'r gynghanedd a'r mynegiant yn cloffi ac yn mynd yn fwy annelwig hefyd: 'Anniddig rhai gwleidyddion,/ onid ffawd yw gwaed y ffôn.' Cael ei hudo gan y gynghanedd a wnaeth y bardd hefyd yn achos llinell fel 'ffaelu'r dewr wna Florida': nid yw'n talu am ei lle fel arall. Yn ffodus, mae'r trydydd pennill yn gwella'n sylweddol drachefn a cheir clo teilwng wrth hawlio: 'o'r briddell daw llais breuddwyd'. O gynilo fymryn a sicrhau bod y traethiant yn fwy cyson, byddai hon yn gerdd ysgubol.

Nesaf mi dybiaf ein bod yn ôl eto yng nghwmni'r un llais ag *Yn y dwfn ddistawrwydd* a *7 awr a 15 dydd*. Os yr un bardd yw *Gwanwyn Penrhyn Llŷn*, credaf mai dyma'r gerdd orau o ddigon o'r tair a gawsom ganddo. Cerdd deyrnged i'r ddiweddar annwyl amryddawn Leah Owen sydd yma, ac mae'r bardd wedi gweithio'r gerdd yn ddyfal er mwyn gwneud teilyngdod â'i destun: 'Mor loyw â'r môr, Leah,/ Mor hardd â thymor yr ha',/ Leah hoff yw'r alaw hon,/ Leah yr holl alawon.' Mae'r ffugenw, a'r amryw gyfeiriadau at fannau yn Llŷn fel Aberdaron a Thrwyn Cilan, yn dwyn i gof y gân a anfarwolwyd gan Leah ei hun: hi yw'r 'llais sy'n crisialu Llŷn', ac awgrymir bellach fod 'Llŷn oll a'r llanw allan,/ a'r gân mwy yn gregyn mân'. Mae hwnnw ynddo'i hun yn gwpled ysgytwol, a cheir yma hir-a-thoddaid meistrolgar hefyd sy'n codi i dir ansawdd cerddi gorau'r gystadleuaeth eleni. Pe bai'r cyfan o'r un safon, mae'n debyg y byddai *Gwanwyn Penrhyn Llŷn* yn ymgiprys am y wobr.

Un englyn unodl union, a sawl englyn penfyr, a gawn gan *Ar Encil*. Mae hynny'n berffaith iawn yn ôl rheolau'r gystadleuaeth wrth gwrs, ond a yw fymryn yn od torri ar yr undod mesurol drwy gynnwys yr englyn hwy hwnnw yn y canol tybed? A allasai'r bardd dorri un llinell i gael gwell cydbwysedd? Dim ond gofyn, gan ei bod yn amlwg fod gan y bardd hwn yr adnoddau a'r gallu i'w fynegi'i hun yn gynnil ac yn feistrolgar. Yr hyn a wna'r adroddwr yn y gerdd yw 'cymryd un funud fach yn y Dail', ac mae hynny'n ddigon i awgrymu mai darllen *Dail Pren* er mwyn cael treulio amser yng nghwmni Waldo y mae. Gwaetha'r modd, nid yw presenoldeb Waldo i'w deimlo allan yn y byd go iawn, nac 'mewn dau gae', gan mai 'olion hen warchae' sydd yno, ac nid oes ond adar rhyfel i'w canfod yn hedfan uwchben: 'adar cyrff, nid adar cân'. Yr unig obaith 'rhag y rhaib' sydd i'w gael, felly, yw'r gobaith ym marddoniaeth Waldo ei hun: 'O'r gwlith sy'n iro llawr gwlad, daw golau,/ Daw golud ei gennad.' Mae rhyw gynildeb a symlrwydd mynegiant yma sydd ar goll o nifer mawr o gerddi eraill y gystadleuaeth; felly, mae darllen y gerdd yn teimlo fel chwa o awyr iach. Ond a yw'n rhy syml wedyn, ac yn awgrymu'n rhy rwydd y gellir canfod cysur yng ngeiriau Waldo pan fo rhyfeloedd yn dal i ddigwydd? Da fyddai ystyried rhyw fath o dyndra neu ddatblygiad pellach, o bosibl, ond eto i gyd heb golli'r cynildeb tawel, hunanfeddiannol sy'n hydreiddio'r gerdd fel y mae.

Awdl fer bersonol 'i fy nhad' a gawn gan *Mab Jimi*, sy'n dod ar draws llun ohono, yn 'un wyneb/ yng nghanol wynebau'. Drwy gyfrwng y llun mae'n ceisio dal gafael ar adnabyddiaeth o'i dad, ond yn cael hynny'n anodd 'gan nad oes ond gwyn a du' – chwip o linell. O'r herwydd, y mae ei dad yn 'un mewn llun sy'n pellhau'. Cyfarch ei dad yn uniongyrchol a wna'r adroddwr, a gofyn iddo a oes rhyw ffordd bellach o 'rannu awch dy gyfrinachau,/ a thithau'n dod drwy'r gawod o'th gaeau?' Mae'r hir-a-thoddaid hwn yng nghanol y gerdd yn uchafbwynt teimladwy, yn sicr, a'r pentyrru cwestiynau yn ddyfais rethregol effeithiol sy'n cyfleu taerineb y dymuno adnabod. Ys gwn i a fu'r tad farw pan oedd y mab yn ifanc, ac mai dyna pam y teimla nad oes modd iddo'i adnabod yn well? Dyna'r awgrym a geir yn y trydydd englyn, a daw'r teimlad hwnnw'n ôl yn y cywydd clo hefyd: 'oferedd' yw ceisio aros am yr adnabyddiaeth glòs honno, ond er hyn oll mae rhyw synnwyr, rhyw deimlad gwaelodol i'r ddau ohonynt unwaith rannu 'oriau dwys troadau'r daith'. Ar ôl cynnal y tyndra dramatig hwnnw cyhyd, efallai fod y clo'n cynnig ateb rhy hawdd, a byddwn wedi hoffi gweld y syniad neu'r teimlad hwnnw'n cael ei ddatblygu a'i helaethu o bosibl. Ond dyma gerdd grefftus sydd wedi'i saernïo'n ofalus ac yn gytbwys, a nifer o'i delweddau yn aros yn hir yn y cof.

Un sydd ar ôl bellach, sef *Orffëws*, sy'n nodi mai cerdd am Kathleen Ferrier yw'r gyfres o englynion a gawn ganddo. Yng nghwmni *Orffëws*, mae nodweddion sy'n ymddangos yn wendidau ar yr olwg gyntaf yn troi'n gryfderau wrth ddarllen eto. Braidd yn gymysglyd, er enghraifft, y cefais i'r pendilio cyson rhwng y presennol a'r gorffennol yn naratif y gerdd. Ond o ailystyried, tybiaf mai dyfais fwriadol gan y bardd yw hon er mwyn cyfleu'r syniad, er mai unwaith yn unig y clywodd ef hi'n perfformio, ei bod 'hi yn canu'n fy mhen' yn barhaol. Mae'r ddeuoliaeth honno yn yr englyn agoriadol: 'Canodd; fe'm meddiannodd i', meddai, gan awgrymu rhywbeth a ddigwyddodd ac a ddarfu, ond sydd ar yr un gwynt yn parhau: 'deuawd nad yw'n distewi/ yw hwn, er ei marw hi', maentumia, ac mae'r llais yn 'llais anorffen'. Mae'r tri phennill cyntaf yn feistrolgar ddigon, o ran strwythur a mynegiant – yn enwedig y llinell anfarwol sy'n disgrifio'r teimladau a ysgogir gan ei chanu: 'gwnaed hiraeth yn gantores'. Ond i mi yr hyn sy'n codi'r gerdd i dir uwch a mwy annisgwyl yw'r englynion dilynol, sy'n manylu ar y salwch creulon, canser y fron, a arweiniodd at ei marwolaeth yn 1953.

Yn y penillion hyn, plethir yn gywrain a deheuig sawl elfen gyferbyniol ac ymddangosiadol anghymharus o fywyd proffesiynol a phersonol y gantores, gan esgor ar gyfuniad iasol sy'n sobreiddio'r darllenydd. Mae ei llais hi 'yn gyngerdd, uwch gwae angau': mae'r llinell hon yn ein hatgoffa rywsut o haeriad Beckett y'n genir ni 'astride a grave' – mor ddibwynt yw ein mân gyngherddau a'n difyrrwch yn ystod ein bywydau bach meidrol. Neu, gellid darllen y llinell mewn ffordd lawer mwy herfeiddiol (a chadarnhaol): er gwaethaf ei hafiechyd, dal i ganu a mynnu dal i weithio a pherfformio a wnaeth Kathleen yn wyneb ei hangau ei hun. A daw'r angau hwnnw i ganol y llwyfan yn y pennill nesaf, gan hydreiddio'r canu: mae'n ymledu 'drwy'i melodedd' ac yn troi 'llais nefol yn llysnafedd'. Delweddau aflan ac annifyr yw'r rhain, ac annymunol i'w darllen, ond maent hefyd yn hawlio'u lle yn llwyr ac yn mynnu sylw'r darllenydd, yn ieuo dau begwn y cyflwr a'r corff dynol: ei ffaeleddau a'i afiechydon ar y naill law, a hefyd ei allu anhygoel i greu harddwch soniarus ar y llall. Yna, yn y pennill olaf ond un, deuwn i ddeall arwyddocâd ffugenw'r bardd wrth iddo'i ddisgrifio'i hun yn croesi afon Lethe 'i'w chael yn ôl o'i cheule', i geisio achub 'f'Euridice'. Cyfeiriad sydd yma, wrth gwrs, at chwedl Orffews ac Eurydice, wrth i'r gŵr geisio'n ofer deithio i Hades i achub ei wraig a dod â hi'n ôl i dir y byw. Ac mae i'r chwedl arwyddocâd ychwanegol yma, gan fod Ferrier yn adnabyddus am berfformio rhannau o opera *Orfeo* ac yn wir am mai dyna'i pherfformiad olaf cyn ei marwolaeth hefyd. Rhydd yr englyn hwn haen ychwanegol o arwyddocâd ac ystyr i'r gerdd fel cyfanwaith, felly; ond y mae hefyd yn codi ambell gwestiwn. Sut roedd y bardd yn gobeithio hawlio'r llais yn ei ôl – ai drwy wrando eto ar recordiad? Ai drwy gyfansoddi'r union gerdd hon? A sut y mae'n ystyried ei berthynas ei hun â hi – pam y'i geilw hi '*fy* Euridice', ac yn wir, y geilw'i hun yn *Orffews*? A oes rhyw awgrym yma o berthynas ddyfnach na'r un rhwng gwrandawr a pherfformwraig? Neu ai ceisio cyfleu dwyster y teimladau a gynheuwyd ynddo gan ei llais y mae? Dydw i ddim yn siŵr, fy hun – ond y mae'r pennill hwn yn gadael rhai cwestiynau heb eu hateb efallai. Nid felly, fodd bynnag, y pennill clo, sydd yn gorffen yn sicr a diamwys mai 'bythol barhaol yw rhin y llais hwn', ac yn hawlio'n bendant: 'do, mi glywais lais Kathleen'.

Roedd hon yn gystadleuaeth dda, yn enwedig ar y brig, ac mae sawl bardd profiadol a sicr ei grefft wedi mentro. Yn neilltuol mae *Aran, Gwanwyn Penrhyn Llŷn, Joaquin, Sain Ffagan, Ar Encil* a *Mab Jimi* oll wedi dangos bod llawer iawn yma i'w ganmol ac wedi sicrhau bod hanner uchaf y gystadleuaeth yn safonol dros ben. Anodd iawn gennyf i yn wir oedd gosod y rhain mewn unrhyw fath o drefn wrth i wahanol rinweddau a gwendidau ddod i'r amlwg gyda phob darlleniad. Yn anffodus iddynt hwy, ond yn ffodus i mi, mae *Orffëws* gymaint â hynny'n uwch na nhw eto yn y gystadleuaeth: mae'n feistr ar ei grefft ac yn gystadleuydd a bardd hynod brofiadol, dybiwn i. Oes, mae gen i ambell gwestiwn iddo yntau hefyd: ynghylch y pennill olaf-ond-un hwnnw, a hefyd ynghylch yr aceniad rhwng gair cyrch ac ail linell un pennill. Mân frychau yw'r rhain, fodd bynnag, mewn cyfansoddiad tyn, gafaelgar a phob llinell a delwedd yn talu am eu lle, yn enwedig yn yr ail hanner lle plethir sawl edefyn anghymharus ynghyd yn feistraidd i greu undod arswydus o deimladwy. *Orffëws* biau hi eleni, felly, a diolch iddo am roi ei lais i'r gystadleuaeth hon.

Tri Thriban Morgannwg: Agored
Addas i'w perfformio yn y Tŷ Gwerin

....

Y TRI THRIBAN

Fe grwydras lanna'r afon,
fe glywas 'r atar duon,
fe gefas dŷ ag yno ferch
a dwcws serch fy ngalon.

Beth gest sha glanna'r afon,
beth ganws 'r atar duon,
beth ddæth o'r tŷ ag yno ferch
a dwcws serch dy galon?

'Run siwt o'dd lli' yr afon
â chæn yr atar duon;
ond æth y ferch o'r tŷ yn bell
a g'nuthur cell o'm calon ...

Castell Corryn

BEIRNIADAETH CYRIL JONES

Yn ei ragair i'w gyfrol *Tribannau Morgannwg*, dywed Tegwyn Jones am y triban: 'er ei symled, ac er ei ddinodedd y mae iddo hanes hir.' Aiff rhaggdo i nodi: 'amhosib bellach yw nodi'r camau yn natblygiad y triban o'r hen englyn cyrch.' Ac wrth draethu ar driban Morgannwg yn benodol mae'n dyfynnu Myrddin Lloyd: 'Ym Morgannwg a'r ardaloedd o'i chwmpas y bu, ac y pery poblogrwydd pennaf y triban, a blas ei thafodiaith, a swyn ei henwau lleoedd, ei bywyd a'i harferion, yn hyfrydwch trwyddynt.' Wrth ddarllen y feirniadaeth ganlynol, cewch syniad go lew pa mor berthnasol yw'r sylwadau hyn i'r sefyllfa gyfoes.

2Bî neu not 2Bî: 'Pensil' yw thema'r tri thriban. Ymgais uchelgeisiol yn sôn am werth pensil at bwrpas creu. Ceir ambell linell herciog yn y ddau driban cyntaf. Yr olaf yw'r gorau.

A470: 'I'r Parc' yw'r thema, sef Parc Ynysangharad. Tri thriban cymen yn crynhoi'r daith i barc y Brifwyl eleni. Does dim amheuaeth p'un yw ei hoff le ar y Maes hwnnw: 'Di-lwyfan yw'r Tŷ Gwerin crwn,/ Yn hwn mae'r canu gorau.'

A487: Tribannau crafog – a gwasgarog – sy'n cyfeirio at Eirwyn Pontshân, Pateli y gwleidydd, Carlo a Chamilla y tynnwyd eu llun wrth ymweld â'r pyramidiau. 'Ac efo'r Sphincs gael tynnu'u llun/ S'dim dadl p'run yw'r dela'!

A55: Tribannau ar y thema 'Sdim yn Newid' sy'n nodi sut mae arweinwyr y byd yn beio'i gilydd am bob rhyfel: 'Irgun, Hamas – yr un yw'r gri –/ Y chi ddechreuodd gynta.' Ceir defnydd gwreiddiol o enwau'r arweinwyr hyn wrth greu odlau.

Bachgen Ieuanc Ffôl: Ffugenw addas gan ei fod yn llwyddo i enwi hanner dwsin o'i hen gariadon. Yn anffodus, yn ei frys i'w cyrraedd, mae'n baglu dros fydr y drydedd linell bob tro. Pwyll tro nesa!

Co' De la Wa: Fel y mae'r ffugenw'n ei awgrymu, 'Acenion/Tafodiaith y Cymry' yw thema'r rhain. Mae hwn yn dribannwr rhwydd a'i grefft yn ddi-fefl:

> Tafodiaith Gwŷr y Gloran –
> Y dishgled de a'r wejan
> Ddaw gan yr Hwntws, ware teg –
> Gwenhwyseg y South Walian.

Cwm Rhondda: Tribannau addas i'w perfformio yn y Tŷ Gwerin yn ôl y bardd. Mae hwn eto yn rhestru: hen byllau glo y cymoedd y tro hwn. Bu enwi 'Ferndale' yn fagl i'w fydr ond llwyddodd i gyfeirio at undod y cymunedau adeg cau'r pyllau.

Cwrcyn: Yn ôl traddodiad llawer o dribannau gwreiddiol Morgannwg, mae *Cwrcyn* yn enwi llefydd y tu mewn i ffiniau dalgylch Prifwyl eleni. Llwyddodd i gadw mydr y triban yn hwylus tan y llinell olaf, 'Na'r daith o Heol Tyntyla'!

Duckworth-Lewis: Tribannau sy'n gyflwynedig i Hywel Owen y Tyllgoed yw'r rhain ac fel y gellir dyfalu, 'Tribannau Gerddi Soffia' yw'r thema. Mae hwn yn fatiad digon cymeradwy er bod yr odl gyrch yn yr ail driban braidd yn wan ei thrawiad.

Gwylnos: Awyrgylch yr hen ffair a'r hen gynhaea a geir yn y rhain – 'a phoer ar law mewn ffeiriau lu,/ a dyblu'r bîr a'r dablen'. Llwyddodd i gynganeddu nifer o linellau. Nodir bod y rhain hefyd yn addas i'w perfformio yn y Tŷ Gwerin.

Jac: Hoffaf wreiddioldeb a chyfoesedd cynnil y tribannau hyn. Mae anifeiliaid y fferm yn perfformio a chanu pob math o offerynnau. Daw'r ergyd wleidyddol yn y cwpled olaf: 'Nhw ddônt â phres i'r ffermwr bach/ Gwerth mwy na sach o dato.'

Pentre Pump: Mae hwn yn blwmp yn nhraddodiad Gwenhwyseg yr hen dribannau. Mae'r triban agoriadol ymysg goreuon y gystadleuaeth:

> Pwy dorrws Co'd Cwm Cynon?
> Pwy fratws ddŵr yr afon?
> Pwy halws dinon lawr y pwll
> I dwll y cnapa duon?

Dyw safon yr ail driban ddim cyfuwch â'r cyntaf a'r olaf yn fy marn i. Tribannwr glew, serch hynny.

Castell Corryn: Dyma storïwr gorau'r gystadleuaeth. Mae'r Wenhwyseg a'r ailadrodd yn cyfleu awyrgylch yr hen dribannau'n wych. Ar ôl cyflwyno'r bardd yn cerdded glannau'r afon yn y triban cyntaf, a gofyn beth fu canlyniad y mynd am dro yn yr ail, ceir yr ateb yn y trydydd:

> 'Run siwt o'dd lli' yr afon
> â chæn yr atar duon;
> ond æth y ferch o'r tŷ yn bell
> a g'nuthur cell o'm calon ...

RMR: Y cymoedd cyfoes yw'r thema yn y rhain – 'cwm Delwyn Siôn a'r Nobl Roy'. Tribannau gwastad eu safon a'r cwpled olaf yn awgrymu'r 'ymelwa' a fu yno.

Shwni: Ry'n ni'n dal awyrgylch y cymoedd a'r Wenhwyseg yng nghwmni *Shwni* hefyd. Gresyn i fydr y llinell olaf oll ei faglu yn ymyl y lan.

Sioni Gwirionedd: Yr ymgeisydd hwn – yn unol â'i ffugenw – a ddaliodd ysbryd a hiwmor cyfoes y cymoedd orau yn fy marn i. Storïwr gwych arall. Gwrandewch arno yn ei driban cynta:

> Tri pheth rwy heddi'n gymryd,
> fel ddoe a fory hefyd:
> tobacco, jin ac el es di
> a'r tri yn codi f'ysbryd.

A chwarddais yn uchel ar ôl darllen yr olaf:

> Er bod 'nghymydog newy
> yn Sais wyth deg eleni
> a'i wraig yn Saesnes dau ddeg tri
> mynd draw wnes i i helpu.

TATA: Cyfres arall o dribannau wedi'u lleoli yng nghyffiniau Porthcawl, Aberafan a Phort Talbot. Ceir idiom lafar gyfoes yn y ddau driban cyntaf ond yn anffodus dyw'r cwpled olaf ddim yn glo teilwng i'r hanesyn.

Tafarn Tomato Jiws: Lluniwyd y rhain ar batrwm yr hen drioedd:

> Tri pheth a wnes yn Steddfod
> Mynychu sawl cyfarfod
> Sgwrsio'n braf â hon a hwn
> Pafiliwn i'r brif ddefod.

Gresyn nad yw wedi atalnodi'i waith.

Tai Sendy: Mae'r rhain eto wedi'u gwreiddio ym Morgannwg yn dafodieithol a daearyddol. Tri thriban unigol yn hytrach na chyfres. Y triban olaf yw'r gwannaf, gan na allaf ddeall sut y gall y tribannwr weld ei lun mewn 'dyfroedd o liw burum'. Ond pwy a ŵyr, efallai bod hynny'n fwriadol a 'mod i'n colli'r ergyd.

William Edwards: Tribannau gwleidyddol (gyda 'g' fach) yn edliw penderfyniad i fynd â'r Brifwyl i Bontypridd yn hytrach nag i Aberdâr yw'r rhain. Yn anffodus dyw'r hen *William Edwards* ddim wedi meistroli'r mesur a chyll ei ergydion eu grym.

Merch: Tri thriban gwastad eu safon yn clodfori cyfraniad merched i'r Eisteddfod: 'Clodfori merched yw ein cân/ Am ddod â grân i'n Steddfod.'

At ei gilydd, digon gwastad yw safon y gystadleuaeth hon ond roedd hi'n bleser darllen nifer o dribannau sy'n adleisio'r Wenhwyseg. Y tribannau agosaf at y brig yw *A470*, *Co'De la Wa*, *Gwylnos*, *Jac* a *Pentre Pump*. Y ddwy ymgais orau, serch hynny, yw *Siôn Gwirionedd* ar gyfrif ei gyfoesedd a'i hiwmor a *Castell Corryn* am iddo ddal naws yr hen dribannau wrth ymdrin â phoen serch. O drwch blewyn, dyfarnaf y wobr i *Castell Corryn*.

ADENNILL

Dy godi'n ddigon difeddwl
wedi iti ddal fy llygaid,
un o'r crymion sglein
sy'n sychu yn y gwynt gwymon.

Daliaf dy feddalwch solet
rhwng bawd a bys,
gan ddymuno'r nerth
i hollti dy ddwyster,

ond alla i ddim gwasgu'r stori ohonot,

ac felly fe'th rof i orwedd
yn llyfn llonydd
ymhlith taclau taith fy mhoced,
yn aros
i'r twtsh difater nesaf
dy gymell am dro,
i rannu'n hael
a sadio 'ngham ryw gymaint.

Caregan

Felly, beth sy'n gwneud telyneg dda? Does dim rheolau pendant, am wn i, ond mae pawb yn ei hadnabod pan fo'n ei gweld, neu'n ei chlywed. Cerdd fer sy'n cyfleu profiad neu deimlad, ac sy'n canu – yn y glust ac yn y galon. Mae'r llinell glo, neu'r llinellau clo, yn aml yn allweddol. Yn anffodus, cafodd rhai o'r ymgeiswyr eu caethiwo braidd gan y testun 'Adennill' a throi'n anfarddonol neu'n ddiddychymyg wrth gloi eu cerddi.

Er hynny, cafwyd nifer o delynegion da ymhlith yr 16 a gyflwynwyd eleni, a hoffwn ddiolch i bob un o'r ymgeiswyr am ysgogi fy nychymyg a chyfoethogi ein hiaith. Os na fuoch yn fuddugol, da chi ystyriwch anfon eich cerddi i gylchgrawn cenedlaethol neu i bapur bro – maen nhw'n haeddu cael eu darllen gan fwy nag un person.

Derbyniais y cerddi'n electronig, ond ar bapur y'u darllenais. Yn y drefn a ganlyn y cawsant eu cyflwyno gan yr Eisteddfod.

Ffydd, Gobaith, Cariad: Teyrnged mewn mydr ac odl i Wynford Ellis Owen, ei frwydr yn erbyn y ddiod a'r ffordd yr helpodd eraill i 'adennill bywyd'. Mae'r gwrthgyferbyniad rhwng y gorffennol ('a dolur oedd ei dalent fawr') a'r cyfnod wedi ei adferiad ('o'i uffern daeth cadernid') wedi ei fynegi'n effeithiol gyda chyffyrddiadau cynganeddol.

Atlath: Telyneg sy'n ildio ei harwyddocâd yn raddol gyda phob darlleniad. Cerdd o fawl i un o'n cymoedd diwydiannol, rwy'n tybio, ond yn arbennig i'r dycnwch sy'n mynnu ennill y dydd. Mae 'na 'nerth/ sy'n cronni mewn cwm' a phobl 'a ddewisodd fyw/ pan fo bywyd yn drwm'. A'r allwedd oedd 'gras ein cyd-fyw'. Mae'n gerdd gadarnhaol ei naws – diolch amdani.

Brodawel: Cerdd syml am hunllef yr isbostfeistri a ddaliwyd yn rhwyd sgandal Horizon. Mae *Brodawel* yn cyfleu'r arswyd a'r anghyfiawnder yn dda, ond mae'r diweddglo'n rhyddieithol braidd. Mae angen y gerdd hon, a byddai'n werth i *Brodawel* ailysgrifennu'r pennill clo ac anfon y gerdd i gylchgrawn neu bapur bro, heb ei gaethiwo ei hun i'r testun 'Adennill'.

Caregan: Mae'r bardd wedi codi carreg lefn – caregan – wrth fynd am dro ar hyd y traeth, ac yn ceisio dychmygu ei hanes. Mae'n gerdd gryno, ddiwastraff, a gellid dychmygu bod stori'r blaned gyfan yn y garreg hon, ond cyndyn yw i ildio'i hynt a'i helynt. Am y tro, mae'r bardd yn ei rhoi 'i orwedd/ yn llyfn llonydd/ ymhlith taclau taith fy mhoced', ac yn aros, gan obeithio y bydd y 'twtsh difater nesaf' yn cael y garreg i ddatgelu ei hanes, yn 'dy gymell am dro,/ i rannu'n hael/ a sadio 'ngham ryw gymaint'. Dyma feddyliwr y gystadleuaeth, a hon yw'r gerdd a arhosodd gyda fi ar ôl y darlleniad cyntaf. Ac o'r darlleniad cyntaf gwyddwn y byddai'n anodd ei disodli o frig y gystadleuaeth. Mae hanes y milenia yn y garreg, yn y gerdd hon. Ac mae'n fodd i atgoffa'r bardd am ei le yn y bydysawd, a ninnau yn ei sgil.

Goleuer: Ar Noson Tân Gwyllt, mae'r gwreichion yn atgoffa'r bardd am nosweithiau 'Samain' y Celtiaid gynt a'r 'erfyn ar y duwiau/ am swyn i gynnal y golau,/ ... sy'n gyrru egni gwyrdd y byd'. Cysylltir y credoau a'r anghenion cyntefig ag ofnau ein dyddiau ni. Mae hi'n gerdd ddiddorol ond mae angen gwell pennill i gloi, yn hytrach na'r llinellau rhyddieithol a gafwyd: 'ond daliwn i obeithio,/ ... y daw'r haul eto'n ôl/ ac y daw'r byd eto i drefn.'

Jairus: Mi gofiwch, chi blant yr Ysgol Sul, mai Jairus oedd y gŵr yn y Testament Newydd yr iachawyd/atgyfodwyd ei ferch gan Iesu. A delwedd o atgyfodiad adferol a gawn yn y gerdd hon, wedi damwain angheuol ac ysgytwol. Mae hi'n gerdd gadarnhaol sydd â chyffyrddiadau trawiadol a rhythmau dyrchafol, er gwaethaf ambell ymadrodd anfarddonol fel 'yn ei rhagbaratoi yn hytrach na'i brawychu'.

Llawn Gobaith: Cerdd arall sy'n defnyddio delwedd Feiblaidd, sef 'y berth yn llosgi heb ei difa'. Newid hinsawdd yw'r testun, a'r angen i sylwi ar yr arwyddion – 'rhywle, bobman,/ mae perthi'n llosgi'. Mae'n gerdd gynnil ac fe'i hoffais yn fawr. Ond mae angen diweddglo gwell – yr awgrym yw bod ateb i'r broblem, 'dim ond i ni wrando'. Ydy'r angen i fod yn berthnasol i'r testun 'Adennill' wedi 'stumio a gwanhau'r gerdd?

Miliwn: Cerdd annwyl sy'n defnyddio 'border bach' telyneg Crwys yn ddelwedd am eiriau'r Gymraeg. Mae undod a chysondeb yma sy'n rhoi boddhad wrth i'r bardd gyfeirio at ymadroddion o'r gerdd boblogaidd. Anodd peidio ag anwesu agwedd obeithiol y bardd sy'n dychmygu'r 'gwerinaidd lu/ yn ymbil am dafodau/ i'w hanwylo'. Nes cyrraedd y miliwn?

Myfi: Cerdd syml ac effeithiol yn adrodd hanes y Gymraeg yng nghymoedd ardal yr Eisteddfod eleni, o'r cyfnod diwydiannol cynnar pan losgwyd coed Glyn Cynon hyd ein dyddiau ni gyda'r ysgolion Cymraeg yn adfer yr iaith a 'wiwer goch y Gymraeg/ yn llamu eto/ o gwm i gwm'. Hoffais y ffordd y defnyddiwyd delweddau o fyd diwydiant a byd natur gan adlewyrchu effaith y naill fyd ar y llall i lawr y canrifoedd.

PABO: Iechyd meddwl yw testun *PABO*, brwydr o bryd i'w gilydd yn erbyn tywyllwch ac anobaith. 'Ar dro, yn fy myw,/ bydd yr haf yn erthylu ei haul' yw'r ddwy linell gyntaf drawiadol. Mae undod boddhaus i batrwm y gerdd, sy'n suddo ac yn codi ac ymchwyddo tua'r diwedd. Ceir cysondeb hefyd yn y delweddau o fyd haul ac awel, sisial a suo, hyd at y diwedd pan fydd 'yr haf ar wefusau'r awelon'.

Pererin: Cân gan un a ymserchodd unwaith ym myd natur (sydd o bosibl yn symbol o grefydd?), ond yr aeth ei byd/fyd yn ddiflas a di-liw yng nghanol gofalon bywyd. Bellach, daeth y llawenydd yn ôl. Gyda'i deg pennill mewn mydr ac odl, mae hi bron yn faled. Mae ambell bennill yn cloffi o ran rhythm, yn enwedig y pennill olaf, ond cefais fwynhad o ddarllen y gerdd.

Pryderus: Pedwar pennill chwe linell mewn mydr ac odl ac yn cynnwys llawer o gynghanedd, am ddirywiad yr iaith nes bod 'bratiaith yn treisio, cleisio'r clyw'. A fydd modd ei hadfer? Mae rhesymeg ambell ymadrodd yn codi cwestiwn, e.e. 'adennill iaith rhag cilio'n llwyr'. Ond hawdd deall gofid y bardd.

Rhosyr: Llys Llywelyn yn Aberffraw yw testun *Rhosyr*, a'r ailgread ohono yn yr Amgueddfa Werin. Cerdd gymen sy'n creu awyrgylch hudolus o'r dechrau'n deg: 'Fe wyddai 'Nhaid yn iawn/ Fod meini'n cysgu yng Nghae'r Llys ...' Ac mae nifer o ymadroddion yn cynnal y swyn wrth inni sylwi ar y bardd a'r teulu'n 'gwrando'r gwynder/ yn codi gweddillion lleisiau o'r cerrig'. Efallai y byddai wedi talu i *Rhosyr* ddod â'r 'pair' i mewn i'r hanes cyn y diwedd, ond y mae'n un o'r beirdd yn y gystadleuaeth nad yw wedi caniatáu i'r testun 'Adennill' gaethiwo'i ddychymyg. Cerdd sy'n cynrychioli Cymru o Fôn i Forgannwg, ac yn tynnu cenedlaethau a chanrifoedd ynghyd. Hoffais hefyd yr anogaeth gynnil arnom i barhau i adrodd ein hanes wrth y cenedlaethau a'r canrifoedd sydd i ddod.

S'en remettre: Gwên y Mona Lisa yn y Louvre yw'r sbardun i'r gerdd hon am gymod rhwng dau gariad. Neu dyna fy nehongliad i. Ond mae'r syniad bod un wên, neu un digwyddiad, yn gallu trawsnewid bywyd hefyd yn ddiddorol. Yn anffodus, mae'r diwedd braidd yn gloff: 'Bydd gobeithion yn y Gwanwyn/ a'r Haf fydd werth ei drefnu – / Yn dilyn cetyn gwên o gornel ceg.'

Un a ŵyr: Tri phennill byr mewn mydr ac odl am driniaeth egr a ddaeth â 'll'gedyn o oleuni' a gobaith y gellid goroesi salwch ac 'ennill ambell flwyddyn'. Efallai nad oes llawer o wreiddioldeb ond roedd yn werth cyflwyno'r gerdd hon ar destun dwys ac anodd.

ymddiried: Cymod rhwng dau ar ôl siom a brad yw'r testun. Mae hon yn delyneg grefftus ac yn llawn delweddau trawiadol sy'n cyfrannu at yr awyrgylch, e.e. 'a llaw'r gwynt/ yn gwthio lletchwithdod/ dros y trothwy', neu'n bywiogi'r darlun – 'staen siom/ yn batrwm/ ar blatiau craciog'. Doeddwn i ddim mor hoff o'r pennill am y *tiramisu* – roedd meddwl am y llestri mewn dŵr budr yn y sinc yn difetha'r rhamant i mi, ond wedyn, efallai fod hynny'n cynrychioli'r brad! Cerdd lwyddiannus am noson sy'n adfer perthynas rhwng dau.

Cefais fy mhlesio gan lawer o'r cerddi. Mae *ymddiried* a PABO yn agos at y brig, ond *Rhosyr* a *Caregan* yw'r ddau fardd sy'n ymgiprys am y lle blaenaf, a rhaid penderfynu rhyngddynt gan nad yw'r canllawiau'n caniatáu rhannu'r wobr. Wedi'r darlleniad cyntaf, *Caregan* oedd yn mynd â hi, ond wedi ailddarllen, dyma swyn *Rhosyr* yn gafael ynof! Darllen a darllen eto, a phenderfynu mai *Caregan* sy'n haeddu'r wobr oherwydd bod yn ei gerdd syml fydysawd o ystyr. Mi wn y caiff dosbarthiadau llên ledled Cymru fodd i fyw wrth ei thrafod a'i dehongli pan ddaw'r hydref.

CUR

Chwaraeai'r plant yn ddiddig dan y bwrdd,
gan greu eu pentre perffaith ar y llawr;
roedd mynd a dod y tŷ ymhell i ffwrdd
i'r ddau orweddai yno'n fflat ar lawr.
Âi'r llestri swper gadw fesul un
a'r dydd yn ddiog, araf, troi ei gefn;
ni welent hwy ond brics, pob lliw a llun,
wrth roi eu creadigaeth fawr mewn trefn.
Ond, gyda'r hwyr, daeth fflach ac ergyd gre'
i ysgwyd waliau'r pentre fesul darn,
i chwalu'r tai, a darnio sail y lle,
a syrthio wnaeth y briciau i gyd yn sarn.
Mae'r pentre bach, a'i strydoedd perffaith, glân,
yn deilchion dan y bwrdd yng ngolau'r tân.

Ar Dân

BEIRNIADAETH MARI GEORGE

Cafwyd 13 ymgais eleni. Yn gyffredinol, roedd y beirdd i gyd wedi mynd ar ôl themâu eithaf tywyll: o ddiflastod bywyd o ddydd i ddydd i'r rhyfeloedd erchyll sydd yn ein byd ar hyn o bryd. Nid yw hyn yn syndod o ystyried y testun.

Ar Dân: Dyma ddarn syml iawn lle cawn ddarlun o blant yn adeiladu tai o lego o dan y bwrdd fel y gwna'r rhan fwyaf o blant: 'ni welent hwy ond brics, pob lliw a llun,/ wrth roi eu creadigaeth fawr mewn trefn.'

Darlun hollol gyffredin ydyw ond yn y chwechawd olaf mae'r adeilad yn chwalu a gwelwn fod yma ddeuoliaeth gan fod y cartref a phentref go iawn y plant yn cael eu chwalu adeg rhyfel. Roedd y syniad effeithiol yn gweithio'n dda ar gyfer y testun hwn.

Ar Goll: Soned hyfryd lle mae'r bardd yn breuddwydio am ei gymar coll ond gŵyr, er hyfryted y freuddwyd, y bydd yn deffro ar ei ben ei hun: 'Ond gwn, cyn hir, y byddaf ar ddihun/ yn ateb heriau'r dydd ar ben fy hun.'

Bai ar gam: Darlun o eiliad o gydymdeimlad trwy gyffyrddiad person sydd fan hyn. Mae'r gwrthrych yn y gerdd wedi ei gyhuddo o rywbeth a does neb yn credu ei fod yn ddieuog ar wahân i'r person sy'n rhoi llaw ar ei ysgwydd. Llwyddodd y bardd i gyfleu hyn heb wastraff geiriau: 'Mewn unig fan, ynghanol dyrnau dur/ daeth cysur o gyffyrddiad, a fu'n llai/ nag eiliad: gwn dy fod yn rhannu'm cur.'

Bryn-coed: Diflastod bywyd o ddydd i ddydd yw'r cur sy'n peri gofid i'r bardd hwn. Mae difaterwch a diffyg gobaith ac uchelgais yn britho'r gerdd ac mae'r dweud mewn mannau yn hyfryd: 'pob ymdrech lew i 'mestyn tua'r haul/ yn cael ei rhwystro gan y storom law.' Anoga'r bardd bob un ohonom i chwilio am ein ffydd wrth i ni ddod o hyd i reswm i barhau o ddydd i ddydd. Dyma fardd grymus.

Cariad pur fel y dur: Roedd hon yn ysgytwol. Llwyddodd y bardd i ddangos poen mamau o weld eu meibion yn cael eu lladd mewn rhyfeloedd. Mae'r ddwy linell olaf yn crynhoi cynnwys y soned yn wych: 'Gŵyr mamau y lladdwyd eu meibion gur deupen bodolaeth:/ gwewyr eu geni a gwewyr gwaeth eu marwolaeth.'

Gwydion: Dyma gerdd fach syml am rieni'n mynd yn hŷn ac yn dyfalu beth sydd ar y gweill yn y dyfodol ar gyfer eu plant. Mae'r ddwy linell olaf yn crynhoi'r teimlad oesol hwn i'r dim: 'Am ddydd a aeth y mae pob hiraeth pur;/ fy hiraeth am yfory yw fy nghur.'

Llain Gasa: Diflewyn-ar-dafod yw'r bardd wrth iddo fyfyrio'n chwerw ar sefyllfa erchyll y rhyfel yn Gaza. Mae anghrediniaeth y bardd am sefyllfa fel hon lle mae cymaint o gefnogaeth i'r dinistr yn treiddio trwy'r llinellau ac mae'r cwpled clo yn eich taro gyda'i uniongyrchedd: 'A'r byd sy'n dweud "Ti'n cwyno, cau dy geg,"/ Gan glochdar "Da iawn Israel, chwarae teg".'

Llygodenfach: Hiraeth am berson sydd wedi ein gadael sydd gan y bardd hwn. Mae ganddo gyffyrddiadau da fel: 'Fy meddwl llwm fel hadau a heuwyd.' Ond nid yw'r soned yn llifo'n ddigon rhwydd a dealladwy i gyrraedd y brig.

Pwy les: Diymadferthedd pobl sydd yma a'r ffaith bod plant yn cael eu lladd yn y rhyfel yn Gaza fel pe bai'n dod yn rhywbeth yr ydym wedi arfer ag ef. Roedd yma linellau pwerus dros ben, fel y rhain:
'Bu farw'r ferch, rhyw weithred ganol pnawn,/ Ei saethu hithau pan fo'r gwaed yn oer.'

Swigen: Roeddwn wrth fy modd â hon. Disgrifiad o riant yn dal babi yn ei gôl ac yn gweld mai yno hefyd y mae popeth sydd yn ei fywyd:

> Ar ffenestr bictiwr gallaf bwyso 'nghefn
> i'th fagu 'mabi bychan yn fy nghôl;
> tithe sy'n rhoi i'r byd i gyd ei drefn,
> fy alffa ac omega'n saff mewn siôl.

Mae'r soned yn cyfleu'n berffaith yr hapusrwydd a'r ofn ofnadwy o fagu plentyn.

Trist: Aeth y soned hon â'm gwynt. Does dim byd newydd yma yn y portread o wraig sydd â'r clefyd Alzheimers ond mae'r trosiad o chwyn neu eira'n ei gorchuddio hi a'i bywyd yn rymus iawn a'r bardd wedi cael gafael dda ar ei grefft mewn llinellau fel hyn: 'Dadfeiliodd. Roedd ei chof fel gardd â'i chwyn/ yn tagu blodau'i haf, neu fel lluwchfeydd/ yn cuddio pobman ag undonedd gwyn.'

Trueni: Soned sy'n mynd i'r afael yn uniongyrchol â llofruddiaeth bachgen bach o'r enw Finley Boden a lofruddiwyd gan ei rieni ar ddydd Nadolig. Mae dicter a thor calon y bardd yn amlwg iawn yn y llinellau grymus hyn. Effeithiol oedd y disgrifiad o'r cartref fel 'ffair o gyffuriau'.

Un: Galar ar ôl colli person sydd yma a'r soned yn sensitif wrth ymdrin â'r boen: 'Fe ŵyr na ellir pwytho'r creithiau cudd/ â doe yn dal i dyner-wlitho boch.' Roedd y dweud yn afaelgar a'r disgrifiadau'n rymus.

Y rhai a ddaeth i'r brig oedd *Ar Dân*, *Swigen* a *Trist*. O bendroni eto teimlais fod rhyw ias yn perthyn i symlrwydd *Ar Dân* ac mae'r clyfrwch ynddi wrth gyfleu dau ddarlun mewn un yn gamp yn fy marn i. I *Ar Dân* y mae'r wobr yn mynd eleni.

PWYLLGORA

Mae Pwyllgor Twll-bach-boncan-uchaf
Wedi cwyno'n y modd cynddeiriocaf
    Pan gawson nhw wybod
    Y bydd Maes yr Eisteddfod
Ar gaeau Twll-bach-boncan-isaf.

Twll bach

BEIRNIADAETH GWENNAN EVANS

Mae ysgrifennu limrig gwirioneddol ddoniol yn dipyn o gamp. Dydy pump llinell ddim yn rhyw lawer i osod jôc yn effeithiol a chyrraedd uchafbwynt doniol. Ac yn ogystal â'r hiwmor, mae'n rhaid bod y rhythm yn slic, yr odlau'n gywir a gorau oll os oes 'na odl gyrch yn y llinell olaf.

Roedd llawer i ymgais lew ymysg y 18 a gystadlodd gyda deongliadau amrywiol ar y testun a oedd yn cynwys sawl gwireb ynghylch rhwystredigaethau pwyllgora, cambihafio yn ystod pwyllgor ac effaith y cyfyngiad cyflymder ar amser dechrau pwyllgorau.

Yn y Trydydd Dosbarth mae *Sbwng, Gweledydd, Mymbyr* a *man a man*. Mae angen i *Sbwng* ddarllen ei waith yn uchel a thrwsio rhythm ei limrig gan gofio mai gwrando am guriadau sy'n bwysig nid cyfrif sillafau. Mae 'na wall gramadegol yn llinell gyntaf *man a man* ac er bod gwaith *Mymbyr* yn hollol gywir, nid oes yma ddigon o ddoniolwch. Mae *Gweledydd* wedi ysgrifennu limrig di-fai sy'n gwneud pwynt gwleidyddol diddorol ond byddwn i'n dadlau bod limrig yn fesur rhy wamal ar gyfer ei neges.

Yn yr Ail Ddosbarth mae *ap Rhys, Spencer Tracy, Trethdalwr, Belinda, Cyd-aelod, Dafydd, Ffawydd* a *Dim Corwm*. Roedd y rhain wedi deall hanfodion y mesur yn well, ac roedd yma gyffyrddiadau digon doniol gan rai. Mae *ap Rhys* a *Spencer Tracy* wedi ysgrifennu limrigau digon doniol ond mae'r ffaith nad ydw i'n nabod y cymeriadau yn y cerddi yn amharu rhywfaint ar fy mwynhad ohonynt yn enwedig gan fod yr enw yno er mwyn yr odl mewn un achos.

Mae syniad da gan *Trethdalwr* ond mae ymrafael tuag at yr odl fewnol yn y llinell olaf wedi ei faglu. Gallai limrig *Belinda* fod yn dda iawn o lyfnhau'r mynegiant ac mae *Cyd-aelod* wedi ysgrifennu limrig sy'n rhedeg yn dda ond mae'r ergyd yn y llinell glo braidd yn dreuliedig. Mae *Dafydd* hefyd wedi deall y mesur i'r dim ond efallai nid yr ysbryd o hiwmor sy'n angenrheidiol mewn limrig. Ymrodd *Ffawydd* gant y cant i'r her o wneud i ni chwerthin gyda'i hiwmor tŷ bach ond nid yw'r llinell olaf gystal â'r lleill.

Mae *Dim Corwm* yn cael marciau llawn am ymroddiad yn cyflwyno tri limrig. Maen nhw i gyd yn dda iawn ond dw i'n meddwl mai'r orau yw'r un am y materion sy'n codi ym mhwyllgor y clwb noethlymunwyr lleol. Gwell peidio datgelu mwy na hynny!

Mae'r pedair ymgais sy'n cyrraedd y Dosbarth Cyntaf, sef *Gwenda*, *A483*, *hyd dragwyddoldeb* a *Twll bach* yn cyrraedd tir uwch gyda phob un yn rhedeg yn rhwydd ac yn adrodd hanesyn a wnaeth i mi chwerthin. Dyma air am bob un:

Gwenda:

> Mae Leusa bob nos yn pwyllgora –
> Clwb Golff, W.I., Dawns neu Ioga.
>   Ond 'r ôl gweld ei chefn
>   Cyfodi wnaiff Len
> A mynd i dŷ Jen nerth ei begla.

Rwy'n meddwl fod y syniad yn y limrig hwn yn addawol ac mae'r odl fewnol yn ychwanegu ato ond nid yw 'cefn' a 'Len' yn odli fel y dylent.

A483:

> Aeth Wiliam a'i wraig i'r cyfarfod
> Ar Zoom gyda phwyllgor Llandrindod,
>   Ond gafaelodd y chwant
>   I droi'r fideo bant
> A nawr ganddynt bâr o enethod!

Mae'r limrig hwn o bosib yn mynd â ni nôl i Gyfnod y Clo pan oedd ein pwyllgorau i gyd yn digwydd dros y We. Rwy'n hoff iawn o'r odlau 'chwant' a 'bant', sy'n gynhenid ddoniol ond dw i'n amau bod modd cryfhau'r ergyd yn y llinell glo i fynd â ni i gyfeiriad llai rhagweladwy.

hyd dragwyddoldeb:
> Gwyntyllu, bytheirio i'r eithaf
> A siarad yn bwysig ac araf,
>> O'n i'n gwybod wrth ddod
>> Nad oedd diwedd i fod ...
> Rhaid trafod y mater tro nesaf.

Mae *hyd dragwyddoldeb* yn swnio fel bardd sydd wedi gwneud mwy na'i siâr o bwyllgora ac mae'n llwyddo i ddweud fod yr anochel am ddigwydd mewn ffordd grafog a slic sy'n ennyn cydymdeimlad.

Twll bach:
> Mae Pwyllgor Twll-bach-boncan-uchaf
> Wedi cwyno'n y modd cynddeiriocaf
>> Pan gawson nhw wybod
>> Y bydd Maes yr Eisteddfod
> Ar gaeau Twll-bach-boncan-isaf.

O'r darlleniad cyntaf, roedd hi'n amlwg mai *Twll bach* fyddai'n fuddugol. Dyma limrig sy'n adeiladu'n raddol ac yn effeithiol at yr ergyd annisgwyl yn y llinell glo. Mae'n sylwebaeth graff ar y natur ddynol ac yn glyfar ac yn ddireidus ar yr un pryd. Llongyfarchiadau mawr i'r ymgeisydd.

AIL WYNT

Job hoelion a morthwyl, hon.
Mewn bocs mae ei lle hi,
i'w *chadw* hi yn ei lle.
Mae hi'n mynd i strancio,
mynd i ddiawlio dyn,
diawlio *dynion*,
ond paid â phoeni,
mae hi'n hardd pan mae hi'n flin.
Na, wneith hi ddim licio
cael ei mowldio i'r *male-gaze*,
ond bydd hi'n siŵr o ildio.
Mi gyll ei ffurf yn llwyr
fel cwyr i dafod y fflam
a *Bingo!* Ti wedi llwyddo.

Ond am hon,
fyddi di ddim llai na'i hofn hi.
Gwylia di, un dydd,
daw ail wynt o ddwfn ei bron
i dynnu'r bocs yn yfflon,
gan fygwth i'r nenfwd gwydr
chwalu'n fân grybibion.
Tan hynny, gad i'w henaid
sgytio'r heddwch yn dy ben,
nes daw y ferch, ryw ddydd,
yn storm i feddu erwau'r nen.

Cawod Haul

*Cerdd am Christine de Pizan, un o'r llenorion cyntaf i ysgrifennu o ogwydd proto-ffeministaidd ei naws. Dyma'r ddynes gyntaf, Ffrangeg ei hiaith, i naddu bywoliaeth iddi hi ei hun fel awdur benywaidd.

Mae angen barddoniaeth sy'n apelio at bobl ifanc, yn sicr, felly braf iawn yw gweld cystadleuaeth o'r fath yn yr Eisteddfod. Wrth fynd ati i feirniadu, ceisiais feddwl pa themâu fyddai wedi apelio ata i pan oeddwn i'n ifanc. Nid cerddi *am* bobl ifanc fyddai wedi mynd â fy mryd, ond cerddi bydol, oesol a thrawiadol. Wedi'r cyfan, mae pobl ifanc heddiw yn ddinasyddion y byd. Maen nhw'n brwydro am ddyfodol heb argyfwng amgylcheddol, yn gweiddi am hawliau cyfartal, ac yn mynnu gwneud y byd yn well lle. Maen nhw hefyd yn ddoniol, yn wreiddiol ac yn greadigol – ac yn bwysicach na dim, yn ifanc. Mae cyfrifoldeb y byd ar eu hysgwyddau, ond maen nhw'n llawn ysbryd a chyffro hefyd. Felly, sut mae dewis cerdd sy'n addas ar gyfer hyn oll?

Pedair ymgais ddaeth i law, y pedair â negeseuon gwahanol i'w rhannu, mewn arddulliau gwahanol. A dyma geisio rhoi gair bach am bob un.

Llygad y Dydd, 'Hedyn': Dyma gerdd ar fydr ac odl sydd â thinc o hwiangerdd neu gân werin iddi. Ac fel y caneuon gwerin gorau, mae hi'n plethu'r dwys a'r ysgafn yn dwt. Mae'r gerdd yn crynhoi y teimlad fod rhywbeth bach yn poeni pawb, a bod gan bawb eu bwganod mewnol, tu ôl i'r wên. Mae'r bardd eisiau i'w ffrindiau gael gweld yr holl bethau hyfryd mae hi'n eu gweld ynddynt. Yn ei geiriau hi:

> Dw i eisiau plannu hedyn
> yng nghalon ffrindiau oes
> a gweld y dail yn tyfu
> yn wanwyn ar eu loes.

Neges oesol yn sicr; un sy'n berthnasol i bawb yn y byd yma, ac mae'n neges sy'n cael ei chyfathrebu'n gryf ac yn effeithiol iawn. Ond efallai bod y bardd yn ceisio'n rhy galed i feddwl am y themâu a fyddai'n atseinio gyda phobl ifanc, yn hytrach na sgwennu'n reddfol. Mae'r mydr ac odl yn gweithio'n grêt, ond dylid gwylio rhag odli geiriau acennog a diacen yn y pennill cyntaf ac ail. Mae hi'n cryfhau wrth ddefnyddio geiriau acennog ar yr odl.

Largo, 'Y Traeth': Feddyliais i ddim y byddai'n rhaid i mi feirniadu cerdd gaeth yn y gystadleuaeth hon, ond mae *Largo* wedi rhoi her i mi. Mwynheais y stori hon yn fawr, wrth ddilyn môr-forwyn sy'n benderfynol o lanhau ei chartref o'r holl blastig. Mae hon yn stori epig sy'n ein cyflwyno i sawl cymeriad, yn mynd â ni ar daith emosiynol, ac yn creu disgrifiadau hyfryd o'r traeth a'i berffeithrwydd, cyn i ddynoliaeth ei ddinistrio. Ar ben hynny, mae'r darluniau lliwgar yn ychwanegiad hyfryd – bron bod llyfr cyfan yma yn barod! Mae'n cloriannu'r cyfan drwy ailadrodd y neges hon:

Nid tir oer a gwag yw'r traeth,
ond eigion â chymdogaeth
pysgod a chrancod a chri'r
wylan yn hofran heli.

Dw i'n credu y byddai'r neges yn taro tant â chynulleidfa ifanc, ond efallai ei bod hi'n fwy addas ar gyfer plant na phobl ifanc. Mae hi'n hwyliog ac yn gyffrous, ond mae min y llafn ar goll.

Merch Lleiniog, 'Dim emoji': Mae'r gerdd hon yn gweiddi pync, a *teenage angst*, a dw i'n hoffi'r tensiwn sydd ynddi hi rhwng y llefarydd a'r rhiant: y mynnu cael mynegi dy hun fel wyt ti, a'r teimlad o fod eisiau sgrechian ar unrhyw un sy'n gofyn i ti fod yn dawel. Mae'r gerdd gyfan fel cau drws gyda chlep. Dyma ei chrynhoi mewn rhai llinellau:

Ma'n bryd i chi ein gweld ni fel ni
nid fel y ni dach chi isio inni fod
ond y ni go iawn, heb un amod.

Mae'r bardd wedi rhoi ei phen ar ysgwyddau person ifanc yn sicr, ac wedi crynhoi y teimlad o rwystredigaeth wrth dyfu i fyny. Ond mi fyddai'r gerdd hon yn gwella o'i thocio ryw ychydig, rhag troi'n rhestr, ac o ychwanegu elfen fach o gynildeb iddi. Mae hi ar ei gorau pan mae'n sibrwd ymysg y gweiddi.

Cawod Haul, 'Ail wynt': Mae'r gerdd hon yn hoelio fy sylw o'r cychwyn cyntaf gyda thair llinell agoriadol anhygoel:

Job hoelion a morthwyl, hon.
Mewn bocs mae ei lle hi,
i'w *chadw* hi yn ei lle.

Hoelen a morthwyl yw pob gair o'r gerdd gynnil a chryno hon. Cerdd yw hi am y ffeminist Christine de Pizan, ond gallai fod am unrhyw ferch sy'n meiddio darganfod ei llais, a'i defnyddio. Mae'r odlau mewnol fel cri protest, a phob llinell fel cyllell fain. Mae'r odlau a'r rhythmau rhydd ac anghyson yn effeithiol, yn enwedig wrth eu gwrthgyferbynnu â'r pedair llinell olaf, sydd ar fydr ac odl tyn. Dyma gerdd y medra i ddychmygu merched ifanc yn ei serio i'w cof, neu'n ystyried ei rhoi mewn inc ar eu croen. Cerdd sy'n crynhoi tyfu i fyny heb orfod sôn am oedran. Mwy plis, *Cawod Haul*!

Llawn haeddiannol o'r wobr, felly, yw *Cawod Haul*, am y gerdd 'Ail wynt'.

Adran Llenyddiaeth

RHYDDIAITH

Gwobr Goffa Daniel Owen

Nofel heb ei chyhoeddi gyda llinyn storïol cryf a heb fod yn llai na 50,000 o eiriau

BEIRNIADAETH JERRY HUNTER

Nid oes prinder nofelwyr Cymraeg y dyddiau hyn, ac felly siom oedd gweld nad oedd ond pum ymgais. Siomedig oedd yr ansawdd hefyd.

Lleufer, Di-deitl: Mae hon yn nofel swmpus; rhaid cydnabod egni ac ymdrech yr ymgeisydd hwn. Nofel hanes ydyw, ond mae'n anodd gwybod pa gyfnod hanesyddol yn union sydd dan sylw. Darlunia fywyd amaethyddol yng nghefn gwlad Cymru ac mae'n gwneud hynny gyda chyffyrddiadau effeithiol mewn mannau. Canolbwyntia ar helyntion morwyn ifanc, Esther. Mae *Lleufer* yn ymdrin â themâu anodd mewn modd dewr, gan gynnwys trais rhywiol. Teimlaf fod gan yr ymgeisydd hwn stori bwysig, ond mae'r gwaith yn bell o fod yn orffenedig. Datblyga'r stori mewn modd herciog ac mae'n anodd ei dilyn. Dylai *Lleufer* ganolbwyntio ar strwythur ei nofel. Dylai roi sylw i gywirdeb iaith hefyd; mae gormod o wallau elfennol ('Y Ddau Briodas' yw teitl un bennod, er enghraifft). Mae cystrawen llawer iawn o'i frawddegau ar chwâl. Dyma enghraifft nodweddiadol: 'Bellach yr oedd Huw druan yn canu yn ogystal nid oeddwn wedi ei glywed yn canu o'r blaen, ond ni wnâi ei eiriau synnwyr o gwbl, yr oedd yn gwbl annealladwy.'

Ward 8, 'Angel mewn Cysgodion': Dyma nofel antur gydag agweddau ffantasïol diddorol. Gellir synhwyro bod dychymyg byw ar waith a cheir nifer o syniadau gwreiddiol iawn yma, ond nid yw *Ward 8* yn llwyddo i wireddu'r uchelgais. Pendilia rhwng dau fath o ddiffyg, gan ddrysu'r darllenydd gyda stori annealladwy mewn mannau ac wedyn ei ddiflasu gyda datblygiadau rhy amlwg mewn mannau eraill. Mae gwallau iaith a mynegiant llac yn tanseilio'r gwaith hefyd. Gwerthfawrogaf yr ymdrech a geir yn y penodau cyntaf i ddarlunio bywyd 'normal' Nia yn y Gymru gyfoes cyn mynd â ni i'r lleoedd rhyfeddol ac arswydus y ceir cipolwg arnynt yn y 'Prolog', ond eto nid oes digon am y bywyd normal hwn sy'n ddiddorol. Peth anodd yw taro cydbwysedd rhwng realiti credadwy a ffantasi ddychmygus, ac yn hytrach na syrthio rhwng y ddwy stôl mae *Ward 8* yn eistedd yn rhy gadarn ar un ohonynt yn aml. Gallai'r awdur hwn fabwysiadu nifer o dechnegau syml er mwyn cryfhau'i stori. Er enghraifft: 'Cryna gwefusau'r fenyw. Damed wrth damed mae hi'n cnoi, yn poeri, yn chwydu a'r feistres yn cynnig diod o alcohol.' Pa fath o alcohol? Byddai enwi'r ddiod, ei disgrifio, a disgrifio'r llestr sy'n ei dal yn rhoi manylion a allai helpu angori dychymyg y darllenydd yn y stori a gwneud i olygfa sy'n ymwthiol o ddieithr fel arall ymddangos yn fwy credadwy.

Iarlles Morgannwg, 'Stori Branwen': Mae hon yn nofel sy'n darlunio profiadau benyw ifanc yn ystod Cyfnod y Clo. Edmygaf sawl agwedd ar y gwaith, yn enwedig y gonestrwydd sy'n ei nodweddu pan fo ar ei orau. Gall yr awdur hwn fod yn ddoniol iawn ar adegau hefyd. Er enghraifft, wrth ddisgrifio mynd ar aps dêtio yn ystod y pandemig: 'Oedd hi fel "closing down sale" yn nyddiau olaf ymerodraeth Rhufain.' Da hefyd yw'r ymdriniaeth ag effaith y cyfryngau digidol ar iechyd meddwl. Gan fod llais person cyntaf y prif gymeriad mor ganolog i'r gwaith, teimlaf nad yw *Iarlles Morgannwg* wedi gwneud digon i ddod â'r llais hwn yn fyw yn ein clustiau. Ceir problemau gyda strwythur y stori a'r modd y dadlennir y strwythur i'r darllenydd. Techneg anghelfydd yw'r ymson fewnol yn nwylo *Iarlles Morgannwg* yn aml gydag ebychiadau megis, 'Pryd yn union gai [*sic*] deithio i Ddulyn?' yn ymddangos yn anniffuant. Dyma enghraifft arall: 'Felly be amdana i? Ydw i'n cael fy nghynnwys yn un o'r "hard-working families" hynny? Wel, na a dweud y gwir, dw i bach yn rhy ddiog i ffitio'r disgrifiad hwnnw.' Teimlir mai awydd awdur i hysbysu'r darllenydd am natur ei gymeriad sydd yma, nid llais byw naturiol cymeriad credadwy. Mae'r dweud yn ystrydebol mewn mannau hefyd. Er enghraifft: 'Bydde dweud mod i'n gegrwth ddim cweit yn ddigon i gyfleu fy nryswch.' Problem arall yw'r gwallau iaith. Mae gwahaniaeth rhwng ysgrifennu'n dafodieithol (sy'n beth cwbl dderbyniol, wrth gwrs) ac ysgrifennu'n llac neu'n wallus. Mae'r acen grom (^) ar goll yn aml iawn; nid oes esgus am y fath flerwch ieithyddol.

Lluwch, 'Tlws yr Eira': Mae hon yn nofel wyddonias-ffantasi wreiddiol iawn ac mae wedi'i llunio gan awdur gyda dychymyg byw. Mae llawer o'r stori hon yn cydio o ddifrif; gall *Lluwch* lunio golygfeydd y mae'n bosibl eu gweld a'u clywed. Pan fo ar ei orau, mae'r awdur hwn yn cyflwyno byd i ni sy'n real iawn er ei fod hefyd yn fyd rhyfeddol o estron. Ond mae'n anghyson iawn. Credaf fod addewid sylweddol yma, ond er bod syniadau'r awdur yn wreiddiol ac yn ddiddorol, mae'r ymdrech i ddarlunio'r byd dychmygol hwn – ei wleidyddiaeth, ei gymdeithas a'i dechnoleg – yn methu'n aml. Gellid dweud bod yma fenter ffuglennol gyffrous nad yw *Lluwch* wedi'i gwireddu'n iawn eto. Profiad cyffredin wrth ddarllen 'Tlws yr Eira' oedd cael blas ar ddechrau pennod neu olygfa a dechrau cynhesu at y stori – dim ond i gael fy siomi wrth i ddatblygiad mecanyddol neu fynegiant goramlwg danseilio'r addewid. Un o brif heriau nofel o'r fath yw dadlennu natur y byd dieithr i'r darllenydd heb fynd i ddarlithio yn hytrach nag adrodd stori. Cymerer y frawddeg hon: 'Gan fod eu harweinydd, Ro-Som, wedi siarsio'r Gwrandawyr i ganolbwyntio ar aelodau yr Awdurdod, arweinwyr cymdeithas fwyaf y blaned, gwyddai pawb fod y Gwrandawyr yn gadael eu hunain yn agored i bob mathau o gelwyddau a drygioni.' *Dweud* yn hytrach na *dangos* a wna *Lluwch* yma. Gall fod yn gynnil. Gall ddatblygu'i stori mewn modd crefftus, ond mae'n methu â gwneud hynny'n ddigon aml.

Doji, 'Plant Ceridwen': Dyma gymysgedd o lên gwerin y gorffennol a stori gyfoes, a chefais y cymysgedd hwnnw'n ddeniadol iawn. Mae gan *Doji* ddeunydd crai ardderchog, ond ni lwyddodd i saernïo cyfanwaith sy'n argyhoeddi. Ceir darnau hirion mewn tafodiaith; rwyf yn hoffi'r amrywiaeth ieithyddol ac yn llongyfarch *Doji* ar fanylder ei fynegiant, ond mae'n gorddefnyddio'r dechneg. Teimlaf fod *Doji* yn meddwi ar ei ddawn ei hun ac yn tagu'r darllenydd â gormod o bwdin, a hynny mewn sawl ffordd ac yn aml. O safbwynt meistrolaeth ar lefel y frawddeg, hwn yw'r awdur gorau yn y gystadleuaeth o dipyn. Mae'n Gymreigydd hynod fedrus ac mae ganddo lawer o frawddegau sy'n llesmeiriol o hyfryd. Gall *Doji* lunio brawddegau bachog sy'n hoelio sylw â drychfeddwl heriol. Ar ôl i ddarn o gerddoriaeth yr oedd Gwyn wedi ymgolli ynddo ddod i ben, cawn ddisgrifiad trawiadol o'i ymateb: 'Gorweddai yno'n ddiguriad, heb na chryndod nac anadliad yn ei gyffroi.' Daw brawddeg seml effeithiol wedyn: 'Darfu'r alaw a darfu'r geiriau.' Ac yna daw hon: 'Daeth Gwyn wyneb yn wyneb â mudandod, yn un llinyn digynnwrf rhwng yr hyn a fu ac a fydd.' Mae'n disgrifio effaith celfyddyd ar unigolyn mewn modd sy'n athronyddol ddwys. Ac mae'n argyhoeddi. Gwn fod llawer yn disgwyl rhyddiaith symlach mewn cystadleuaeth sy'n gofyn am 'nofel ddarllenadwy', ond rwyf innau'n croesawu'r fath ysgrifennu. Un arall o gryfderau *Doji* yw'r gallu i lunio trosiadau pefriog gwreiddiol, ond gwelir ef yn creu trosiad er mwyn y creu'i hun yn aml yn hytrach na meddwl am ei swyddogaeth yn y stori. Er enghraifft: 'Y gwynder yn symffoni o sŵn, ei gamau'n suddo'n dawel i'w ddyfnder.' Mae'r 'symffoni o sŵn' yn gwrthdaro â'r cerddediad '[t]awel', gan orfodi'r darllenydd i ystyried yr anghysondeb yn hytrach na pharhau i ymgolli yn y stori. Cyll afael ar ei gynildeb yn aml hefyd. Wedi disgrifio cartref Gwyn yn effeithiol iawn, dywed: 'Dyma'i noddfa.' Nid oes angen gosodiad o'r fath; mae newydd ddangos i'r darllenydd fod ei gartref yn 'noddfa' iddo. Rwyf yn cynghori *Doji* i'w ffrwyno'i hun, canolbwyntio ar ddatblygiad ei stori, ac o bosibl anelu at greu cyfrol a fyddai'n gweddu'n well i gystadleuaeth y Fedal Ryddiaith nag i gystadleuaeth Gwobr Goffa Daniel Owen.

Afraid dweud fy mod i'n credu nad yw'r un ymgeisydd yn deilwng o'r wobr eleni. Mae'n bwysig nodi'r ffaith bod fy nau gyd-feirniad yn gwbl gytûn â mi. Gwn fod atal y wobr yn destun siom i ddarllenwyr ffuglen Gymraeg, ond peidied neb â digalonni. Ymddengys fod y gystadleuaeth hon yn denu darpar nofelwyr yn hytrach na rhai profiadol yn aml, ac er bod enillwyr y gorffennol wedi llwyddo i greu nofel gyntaf lwyddiannus, mae'n afrealistig disgwyl i hynny ddigwydd bob blwyddyn. Rydym ni'n byw yn oes aur y nofel Gymraeg, cyfnod llewyrchus a ddechreuodd o bosibl yn y 1980au gyda'r 'Dadeni Rhyddiaith', chwedl John Rowlands. Cyhoeddir cymaint o nofelau Cymraeg da nes ei bod yn anodd weithiau i hyd yn oed ddarllenydd brwd gyda thipyn o amser hamdden ddarllen pob un ohonynt. Ceir amrywiaeth o arddulliau a themâu hefyd; mae ffuglen Gymraeg gyfoes yn deyrnas ryfeddol o gyfoethog ar lawer ystyr. Yn hytrach na chwyno nad yw'r gystadleuaeth hon wedi esgor ar nofel newydd eleni, ewch yn syth at un o'r mannau hynny ar faes yr Eisteddfod sy'n gwerthu llyfrau – neu at eich siop lyfrau leol – a phrynu nofel Gymraeg nad ydych wedi'i darllen. Mae digon o ddewis ac mae'r dewis hwnnw'n destun diolch, pleser a balchder.

BEIRNIADAETH CATRIN BEARD

Pan sefydlwyd Gwobr Goffa Daniel Owen yn 1978 roedd tirwedd lenyddol Cymru yn lle gwahanol iawn. Bryd hynny roedd cyhoeddi nofel Gymraeg yn ddigwyddiad i'w nodi a phrin oedd yr awduron a allai sicrhau bywoliaeth drwy ysgrifennu yn yr iaith. Bu'r wobr yn ysgogiad i sawl awdur ac mae wedi codi ymwybyddiaeth ac awydd ymhlith y Cymry i ddarllen nofelau cyffrous, difyr sy'n cydio yn y dychymyg ac yn eu hebrwng i fannau annisgwyl.

Erbyn heddiw, yn dilyn gweledigaeth a buddsoddi hirben mewn golygu creadigol, mae'r diwydiant nofelau'n ffynnu a chyfrolau rif y gwlith yn ymddangos yn gyson, o nofelau antur i sagâu teuluol, nofelau serch ysgafn a chyfrolau hanesyddol, llenyddol, ditectif, ffantasi, gwyddonias, realaeth hudol ac unrhyw beth arall y gallech ei ddymuno.

Os yw ein prif ŵyl lenyddol am anrhydeddu nofel gyda gwobr ariannol hael a chlod cynulleidfa'r pafiliwn, mae'n deg bod y disgwyliadau'n uchel, a gyda chynifer o nofelau graenus yn cael eu cyhoeddi bob blwyddyn, maen nhw'n uwch fyth. Nid ar chwarae bach mae ysgrifennu nofel, ac fel un sydd â sawl 'Pennod Un' yn y drôr, allaf i wneud dim ond edmygu dyfalbarhad a dycnwch y rheiny sy'n dwyn y maen i'r wal. Ond mae mwy i ysgrifennu nofel na'r drafft cyntaf, a gyda'r disgwyliad y bydd cyfrol fuddugol 'Y Daniel' yn y siopau o fewn ychydig fisoedd yn unig i dderbyn y feirniadaeth, ein gobaith fel beirniaid oedd derbyn nofelau a oedd yn agos at fod yn 'barod i fynd'.

Siomedig, felly, oedd mai egin nofelau a ddaeth i law. Oes, mae yma addewid, gwreiddioldeb, difyrrwch ac enghreifftiau o ysgrifennu godidog, ond does dim un o'r cyfrolau yn agos at fod yn barod i'w chyhoeddi.

Lleufer, Di-deitl: Dyw hi ddim yn anarferol gweld nofel Gymraeg am ferch ifanc yng nghefn gwlad Cymru yn yr oes o'r blaen yn gweithio fel morwyn. Esther yw'r forwyn sy'n adrodd ei hanes, o gael ei chyflogi gan ei hewythr yn ferch ifanc hyd at ddiwedd ei hoes. Mae yma nifer o gymeriadau cyfarwydd fel y gwas treisgar a chreulon, y feistres ffroenuchel a'r ficer rhodresgar a chaiff Esther druan ei thrin yn wael gan nifer fawr ohonyn nhw. Mae'n nofel hir, droellog gydag Esther yn cael ei thaflu o un anffawd i'r llall. Mae'r hyn a gyflwynwyd yn ddrafft cynnar, ac ar hyn o bryd mae'n anwastad. Mae angen edrych o ddifrif ar y strwythur a gosod ffrâm i saernïo'r stori oddi mewn iddi. Mae lle i docio'n sylweddol, yn enwedig ar yr elfennau ailadroddus fel dau achos o guddio beichiogrwydd, a gan fod cynifer o themâu dwys yn ymddangos, gyda thrais domestig, godineb a salwch meddwl yn eu plith, mae angen datblygu'r cymeriadau er mwyn i ni allu cydymdeimlo â nhw a chredu ynddyn nhw a'r stori. Ar hyn o bryd mae'n gofnod o ddigwyddiadau a phrofiadau poenus heb fawr ddim i leddfu'r trallod.

Ward 8, 'Angel mewn Cysgodion': Mae'r nofel hon yn denu o'r dechrau, gyda phrolog yn disgrifio defod erchyll lle mae merch ifanc yn gorfod addo ufuddhau – i bwy, wyddom ni ddim. Yna gwelwn Nia Walters yn cael ei chyfweld a'i phenodi'n annisgwyl i swydd newyddiadurol, sy'n esgus am sbri o brynu dillad a noson feddw i ddathlu. Roedd fy ngobeithion yn uchel am nofel anturus gyda dirgelwch yn sail iddi a phrif gymeriad cryf yn arwain y ffordd. Ond yn dilyn y dechrau addawol, mae'r nofel yn mynd ar wasgar i sawl cyfeiriad, gyda chymeriadau drwg ystrydebol, cyd-newyddiadurwr a darpar gariad oriog a stori garbwl lle mae'r merched truenus sy'n cael eu cludo o dramor i weithio fel puteiniaid yn pylu i'r cysgodion. Yn sicr mae yma gnewyllyn da, ac ambell olygfa drawiadol a llwyddiannus. Ceir cyffyrddiadau o hiwmor hefyd, fel pan ddaw Nia ar draws 'menyw yn ei hugeiniau, yn dal ac yn osgeiddig, yn gwenu'n barhaol ar bawb wrth estyn dogfen oedd mor sgleiniog â'i dannedd. Gwisgai fathodyn â'r enw Mirain Esmor. Ife anagram yw hwn? Canolbwyntia, meddai Nia wrth ei hunan'. O fynd ati o ddifrif i saernïo'r stori a rhoi cig ar esgyrn y cymeriadau, gellid creu nofel lwyddiannus.

Lluwch, 'Tlws yr Eira': Braf yw gweld nofel ffantasi'n rhan o'r gystadleuaeth, ac mae pennod gyntaf y gwaith yn hudolus, yn disgrifio cyfarfyddiad Tabris ag Elait, sy'n ferch fach go arbennig. Cyflwynir byd a chyd-destun y stori'n raddol mewn ffordd sy'n codi chwilfrydedd. Merch Albino yw Elait, a gan nad yw yr Awdurdod, arweinwyr cymdeithas fwyaf y blaned, yn caniatáu unrhyw annormaledd, mae hi a'i mam yn byw ynghudd mewn ogof ar ochr mynydd. Gyda'r Awdurdod yn bygwth tir a bodolaeth y llwyth, gorfodir pobl y pentref i ddianc i diroedd mwy diogel. Yn y cyfamser, mae byd yr Entrychion hefyd dan fygythiad, ac mae angen galluoedd anghyffredin Elait ar y trigolion os ydynt am osgoi difodiant. Anfonir Tabris i geisio ei denu i'w hachub, a chaiff yntau ei hun yn ymuno â'r pentrefwyr ar eu taith, sef prif linyn y stori. Yn anffodus, er gwaethaf enbydrwydd y sefyllfa, yn fuan aiff stori'r daith yn syrffedus, ac er bod gwrthdaro rhwng rhai o'r pentrefwyr a'i gilydd, does fawr o ymdeimlad o berygl. Mae addewid yn y gwaith heb os, gyda chymeriadau cryf a disgrifiadau celfydd yn creu awyrgylch a chymuned gredadwy, ond hoffwn fod wedi clywed mwy am bobl yr Entrychion a'u helbulon, er mwyn deall pam ei bod mor bwysig fod Elait yn eu helpu – ac am fod eu byd yn swnio'n fwy diddorol o lawer na thaith y pentrefwyr.

Doji, 'Plant Ceridwen': Dyma awdur sydd wrth ei fodd yn trin geiriau a chreu darluniau byw ym meddwl y darllenydd, a hynny o'r paragraff cyntaf un gyda'i ddisgrifiad o storm eira: 'Gwynder. A hwnnw'n fôr o'i amgylch. Yn fôr amdano. Gwynder yn fyd iddo heb na ffin nag amlinelliad. Gwynder eira'n ei fyddaru, yn ei ddallu.' Geiriau ac iaith sy'n mynd â bryd Gwyn yn y nofel hefyd. Er ei fod yn ddyn busnes llwyddiannus, ei brif ddiddordeb, os nad obsesiwn, yw ei gasgliad o leisiau Cymraeg a recordiwyd dros ddegawdau, a'i brif nod mewn bywyd yw cael gafael ar recordiad penodol o lais dyn o'r enw John Williams, Grwyne Fechan yn 1939. Dyfynnir detholiadau swmpus o'r recordiadau sydd yn ei gasgliad, a hynny mewn tafodiaith gref. Cefais flas ar y rhain ar y dechrau, a gallwn glywed y lleisiau yn fy mhen: 'Pan briotws wær Næd â Gwil ges i'r fotrwy'n anrag gin y tulu. I roi lwc dde iddyn nw. Odd i'n arfadd gwishgo ddi ar 'i bys', ond gan nad ydynt yn cyfrannu fawr ddim at y stori, erbyn hanner ffordd drwy'r gwaith roedd fy nghalon yn suddo wrth weld talp hir arall – gormod o bwdin yn wir. Rhwng y darnau hyn ceir rhai golygfeydd a disgrifiadau rhagorol, a chododd y dychan wrth drafod enwau busnesau Cymraeg a'u perchnogion ariangar wên, ond rhaid cael cyd-destun credadwy i'r golygfeydd a'r disgrifiadau hyn. Prif wendid y nofel yw'r stori; mae'n rhy amwys, a theimlaf fod cariad *Doji* at iaith a geiriau yn ei atal rhag gweld pwysigrwydd strwythur, cymeriadu a thynnu'r holl elfennau gwahanol at ei gilydd i greu cyfanwaith.

Iarlles Morgannwg, 'Stori Branwen': Does dim amheuaeth nad oes gan *Iarlles Morgannwg* ddawn trin geiriau a'r gallu i fynegi teimladau ac emosiynau'n drawiadol ac uniongyrchol. Dyw hi ddim yn ofni trafod pynciau anodd, a hynny gyda dogn da o hiwmor. Aiff y nofel â ni yn ôl i'r cyfnod rhyfedd hwnnw bedair blynedd yn ôl pan gaeodd pawb eu drysau rhag Covid. Ceir yma ddarlun o ffordd o fyw lle'r oedd popeth yn teimlo'n estron a phawb yn credu bod y byd wedi newid am byth, ond sydd erbyn hyn bron yn angof. Dilynwn hanes Branwen a'i charwriaeth broblematig gyda Math. Ar hyd y ffordd mae'n rhannu ei myfyrdodau ar bob math o bynciau gan gynnwys apiau i ddod o hyd i gariad, iechyd meddwl, y pwysau sydd ar fenywod sengl, a'r tor calon a achosir gan alcoholiaeth. Yn anffodus, does yna fawr o drefn ar y gwaith ac mae'n dilyn nifer o sgwarnogod sy'n tynnu sylw oddi ar drywydd y nofel. Rhywle yng nghanol y pair hwn o eiriau mae yna stori gref a nofel ddifyr sy'n ddarlun gonest a diddorol o gyfnod unigryw ac o fenywdod yn yr unfed ganrif ar hugain. Byddwn yn annog *Iarlles Morgannwg* i fynd ati i saernïo a thocio'r gwaith i greu nofel fwy cryno ag iddi ergyd drawiadol.

Profiad chwerw-felys fu beirniadu'r gystadleuaeth eleni. Does neb yn mwynhau siomi darllenwyr, ond roedd y tri ohonom yn cytuno nad oedd yr un o'r gweithiau'n deilwng o anrhydedd y wobr ar hyn o bryd. Yr hyn sydd ei angen nawr yw amynedd – os aiff yr awduron a gyflwynodd eu gwaith ati i fireinio a gweithio ar eu drafftiau, mae gobaith gwirioneddol y bydd rhai, os nad pob un, yn barod i'w cyhoeddi ac yn nofelau teilwng maes o law. Edrychaf ymlaen at eu darllen eto bryd hynny.

BEIRNIADAETH MARLYN SAMUEL

Tipyn o fraint ydy cael beirniadu cystadleuaeth y wobr arbennig hon a diolch yn fawr iawn i'r Eisteddfod am y gwahoddiad. Mae'r nofel sy'n ennill y gystadleuaeth hon yn derbyn cryn sylw a bri, heb sôn am y gwerthiant; felly, ro'n i'n ymwybodol iawn o'r cyfrifoldeb a oedd ar ysgwyddau rhywun wrth fynd ati i feirniadu.

O gofio bod deg nofel wedi dod i law y llynedd, roedd hi'n dipyn o syndod deall mai dim ond pum ymgais ddaeth i law eleni. Serch hynny, ro'n i'n edrych ymlaen at ddarllen y pump. Ro'n i'n edrych ymlaen at ddarllen storïau difyr a diddan: nofelau a fyddai'n cydio yn fy nychymyg ac yn dal fy niddordeb efo cymeriadau diddorol a chredadwy. Yn anffodus, cael fy siomi wnes i wrth ddarllen pob un ohonynt. Cafwyd ambell syniad digon difyr ond, yn ddieithriad, drafft cyntaf a gyflwynwyd gan bob un o'r pum ymgeisydd. Ar gyfer cystadleuaeth fel hon, mae rhywun yn disgwyl nofelau sy'n barod i'w cyhoeddi fwy neu lai.

Dyma ychydig o sylwadau ar y pump, nid mewn unrhyw drefn arbennig.

Lleufer: Mae'r nofel ddi-deitl hon yn glamp o nofel hir. Hynt a helynt Esther a gawn ni sy'n forwyn ym Mryncelyn gyda'i hewythr, Llywelyn Edwards, ar ôl i'w wraig farw. Mae Esther druan yn mynd o un catastroffi i'r llall. Mae'n cael ei threisio, mae'n colli ei babi, mae Gwenno y ferch fach y bu hi'n ei gwarchod hefyd yn marw ar ôl iddi gael ei llusgo dan drên.

Mae'r nofel yn ei ffurf bresennol yn llawer iawn rhy hir ac ailadroddus. Er enghraifft, ceisia Esther guddio'i beichiogrwydd ddwywaith. Mae'r bennod lle mae Esther yn ymweld â'i ffrind Mair yn y seilam braidd yn anghredadwy a hefyd y bennod pan mae hi'n ddiweddarach yn cymryd arni i fod yn arolygydd y seilam. Yn anffodus hefyd ceir gormod o wallau ieithyddol ac ymadroddion Saesneg yn y gwaith.

Dweud yn hytrach na *dangos* a geir yma. Mae'r cynnwys braidd yn arwynebol a melodramatig. Mae angen ailedrych ar berthynas Jacob ac Esther a datblygu mwy ar berthynas y ddau. Dim ond paragraff byr a roddir i ddamwain Jacob. Mae lle hefyd i ddatblygu rhywfaint o ysgafnder yn y nofel. Ar hyn o bryd, awn o un digwyddiad trist i'r llall. Ceir ôl brys ar y gwaith hefyd gan nad oes teitl i'r nofel. Fel mae *Lleufer* ei hun yn ei gyfaddef ar y diwedd mewn nodyn at y tri ohonom, 'Fy mwriad oedd i lunio dau ddrafft arall a chywiro ond oherwydd diffyg amser ...' Byddai'n well pe bai'r awdur wedi dal arni am flwyddyn neu ddwy er mwyn cael amser i fireinio, cynilo, hunanolygu a chwtogi'r nofel a'i chyflwyno ar gyfer y gystadleuaeth yn 2025 neu 2026.

Iarlles Morgannwg, 'Stori Branwen': Nofel am ferch mewn perthynas efo dyn sy'n gaeth i alcohol yn ystod y pandemig ydy hon. Doeddwn i ddim yn siŵr ar y cychwyn ai ysgrif ynteu nofel efo llinyn storïol cryf oedd yma. Cofnod o gyfnod y pandemig sydd yma a chafwyd barn yr awdur ynglŷn â sawl peth. 'Lle mae'r stori?' gofynnais i mi fy hun.

Yn anffodus, mae'r nofel yn llawer rhy hirwyntog a doedd y darnau dyddiadur ddim cweit yn taro deuddeg. Defnyddiwyd llawer gormod o eiriau ac ymadroddion Saesneg hefyd a oedd yn tarfu ar y gwaith. Wedi dweud hynny, ar brydiau ceir cyffyrddiadau da o hiwmor yma. Ar ôl llawer iawn o din-droi a chyflwyno sefyllfaoedd tebyg, hanner ffordd drwy'r nofel mae'r stori'n dechrau cydio a datblygu a theimlwn fod yr ail hanner lawer iawn gwell. Ceir portread credadwy o fod mewn perthynas efo rhywun sy'n gaeth i alcohol. Cefais y teimlad hefyd fod *Iarlles Morgannwg* – pan yn sgwennu – â'i llygaid ar y cyfanswm geiriau ar waelod chwith sgrin y cyfrifiadur ac wedi gorsgwennu er mwyn cyrraedd y cyfanswm hud o ddim llai na 50,000 gair. O'i thocio a'i hailddraftio, gan ganolbwyntio ar yr ail ran, mae potensial am nofel ddifyr yma.

Lluwch, 'Tlws yr Eira': Nofel ffantasi/wyddonias wedi'i lleoli yn y dyfodol a gafwyd gan *Lluwch*. Mae Elait, merch albinaidd ddeg oed, yn byw efo'i mam mewn ogof ar wahân i weddill y llwyth. Mae hi wedi cael ei halltudio oherwydd ei bod hi'n wahanol. Deellir fod gan Elait ddoniau arallfydol ac mae Tabris – sy'n fod arallfydol yn byw yn y gofod, neu'r Entrychion – yn cael ei anfon i'w gwarchod a'i hebrwng i'r Entrychion. Gelyn y llwyth ydy'r Awdurdod sy'n eu bygwth a'u bwriad ydy eu rheoli a'u concro gan eu gorfodi i weithio yn y mwynfeydd fel caethweision. I osgoi hyn, mae'r pentrefwyr yn gorfod gadael a mynd i chwilio am loches yn y mynyddoedd ble mae Elait a'i mam yn eu helpu. Taith y llwyth i dir diogel ydy cynnwys y nofel fwy neu lai.

Yn ddi-os, mae gan *Lluwch* ddychymyg byw ond yn anffodus does yna fawr ddim yn digwydd o ran stori. Mae'r cynnwys braidd yn ailadroddus. Yr unig beth sy'n digwydd mewn gwirionedd ydy'r llwyth yn gorfod symud ymlaen o un gwersyll i'r llall oherwydd y bygythiad oddi wrth yr Awdurdod. Ond ni cheir unrhyw fath o wrthdaro gwerth sôn amdano yma. Teimlwn hefyd fod y diweddglo braidd yn frysiog; yn wir, teimlwn mai dyma pryd roedd y stori'n dechrau gafael a datblygu o ddifri. Hoffwn fod wedi cael gwybod be ddigwyddodd i Elait yn yr Entrychion: yn y fan honno roedd y stori go iawn. Mae yma sail am nofel ddifyr ar gyfer pobl ifanc, ond yn anffodus, drafft cynnar iawn a gyflwynwyd.

Doji, 'Plant Ceridwen': Fel mae'r awdur ei hun yn ei esbonio ar ddiwedd y nofel, iaith ydy prif gymeriad y nofel hon: ei defnydd a'i diflaniad. Yn gefnlen i'r cwbl mae hanes Gwyn, sy'n casglu lleisiau. Mae ganddo gannoedd ohonynt yng nghrombil ei gyfrifiadur. Mae'n daer i gael ei ddwylo ar un recordiad arall at ei gasgliad maith, sef llais John Williams, Grwyne Fechan, a recordiwyd gan T. J. Morgan yn 1939. Dilynwn hanes Gwyn wrth iddo geisio canfod y geiriau hynny. Mae *Doji* wedi cynnwys nifer helaeth o esiamplau o sgyrsiau mewn tafodiaith a recordiwyd o wahanol ardaloedd yn y nofel. Gan eu bod mewn tafodiaith maen nhw'n llafurus iawn i'w darllen gan arafu'r stori'n fawr. Yn anffodus, felly, buan iawn y mae rhywun yn diflasu a cholli diddordeb yn y stori. Nid ydynt chwaith yn ychwanegu dim at y cynnwys.

Wedi dweud hynny, does dim amheuaeth nad ydy *Doji* yn gallu sgwennu. Mae i'w ganmol hefyd am ei ymchwil ac mae'n amlwg fod ganddo ddiddordeb mawr yn y pwnc. Ond dydy cynnwys esiamplau maith o sgyrsiau mewn tafodiaith ddim yn perthyn i nofel ag iddi 'linyn storïol cryf'. Mae angen cryn docio ar yr esiamplau o'r sgyrsiau tafodieithol a chanolbwyntio'n hytrach ar y brif stori.

Ward 8, 'Angel mewn Cysgodion': Cafwyd dechrau addawol iawn gan *Ward 8*. Mae Nia Walters newydd ddechrau gweithio fel newyddiadurwraig ar bapur newydd yng Nghaerdydd ac yn dod ar draws stori am ferched o Nigeria sy'n cael eu puteinio a'u trin fel caethweision. Mae Nia, gyda chymorth Bob – ei chyd-weithiwr a'i chariad maes o law – yn ceisio mynd at wraidd y stori. Ond buan iawn y mae'r nofel yn colli ei phlwc, yn anffodus. Fel mae'n mynd yn ei blaen mae'n llawn ystrydebau a chyd-ddigwyddiadau cyfleus er mwyn hwyluso'r plot; er enghraifft, mae'n hynod o gyfleus fod Pennaeth Interpol, neb llai, yn yr ysgol efo Bob! Mae perthynas Bob a Nia'n datblygu'n sydyn iawn hefyd. Yn ogystal, ceir sawl cyfeiriad at dad Nia, ond nid ydy hynny'n cael ei ddatblygu a'i drin a'i drafod ymhellach. Beth oedd cefndir eu perthynas, tybed? Byddai wedi bod yn ddifyr cynnwys mwy ynglŷn â pherthynas Nia a'i thad yma. Roedd y gwallau gramadegol a'r ymadroddion Saesneg yn amharu'n fawr ar y stori hefyd.

Oes, mae llawer iawn yn digwydd yn y nofel. Mae Nia, er enghraifft, yn cael ei herwgipio ac yn cael damwain ddifrifol; braidd gormod efallai. Mae llunio nofel ddifyr yn golygu llunio mwy na chyfres o ddigwyddiadau. Yn anffodus, doeddwn i ddim yn ysu i droi'r tudalennau i gael gwybod beth oedd yn mynd i ddigwydd nesaf. Do'n i chwaith, ar ddiwedd y nofel, ddim yn teimlo fy mod i wedi dod i adnabod Nia na Bob o ddifri. O weithio gyda golygydd ar y cymeriadau a'r plot, gall hon fod yn nofel antur ddifyr iawn wedyn.

Mae yna edrych ymlaen yn fawr bob blwyddyn at gyfrol fuddugol 'y Daniel' wrth gwrs. Gwn ei bod yn siom i ddarllenwyr a llyfrwerthwyr nad oes neb wedi dod i'r brig eleni. Fodd bynnag, roedd y tri ohonom yn gwbl gytûn bod rhaid atal y wobr er mwyn cadw safon ac enw da'r gystadleuaeth.

Y Fedal Ryddiaith
Cyfrol o ryddiaith greadigol heb fod dros 40,000 o eiriau: Newid

....

BEIRNIADAETH JOHN ROBERTS

Wrth agor y 14 ffeil o ymgeiswyr ar gyfer y Fedal Ryddiaith roeddwn yn awchu i gyfarfod â chymeriadau lliwgar, cofiadwy oherwydd, i mi, y cymeriadu yw'r allwedd i ysgrifennu da. Gollwng cymeriadau i ddweud eu stori yw gwaith yr awdur. Ni chefais fy siomi; roedd pob ymgeisydd wedi llwyddo i gosi fy nychymyg, rhai yn llwyddiannus iawn, eraill yn creu cyffyrddiadau difyr. Rhaid cydnabod mai 13 a ystyriwyd ar gyfer y gystadleuaeth. Loes calon oedd gorfod rhoi *Pen Parc* o'r neilltu gan fod y gwaith ymhell dros y deugain mil o eiriau a ganiateir yn y gystadleuaeth. Nid ar chwarae bach y mae creu gwaith cyhyd a rhaid cydymdeimlo gyda *Pen Parc*.

Os mai cymeriad yw calon cyfrol rhaid i'r cymeriad fyw ei stori yn hytrach na bod yr awdur yn adrodd y stori; gwendid yr awduron sydd yn y Trydydd Dosbarth yw peidio â chaniatáu i'w cymeriadau fyw eu stori. Weithiau mae'r awdur wedi ei hudo i draethu am gyflwr y byd a pheryglon ein byw. Dro arall, *dweud* yn hytrach na *gwneud* yw'r cam gwag: *dweud wrthym* am deimladau pobl yn hytrach na'u *dangos*.

Mae'r tri awdur yn y Trydydd Dosbarth yn dangos dychymyg ac uchelgais.

Albert Nathan, 'Newid Byd': Nofel wyddonias yw 'Newid Byd': mae pont gyswllt rhwng dau fydysawd, sef y Ddaear a Nofalla. Mae dau yn cyfnewid lle: Rymen yn dod i fyw ar y Ddaear a Ceri yn treulio amser yn Nofalla. Portreadir Nofalla fel byd delfrydol lle nad oes angen arian ac nid oes cynnen na rhyfel. Treulir llawer iawn o amser yn traethu am ddiffygion bywyd ar y Ddaear ac erbyn y diwedd y mae llygredd yn agos iawn at ladd Rymen. Pan yw'n dychwelyd i Nofalla mae Ceri yn penderfynu aros yno hefyd. Byddai wedi bod yn fwy buddiol i ddatblygu stori bersonol gryfach i'r ddau. Ond mae dyfais y ddau fyd yn un ddefnyddiol i'w datblygu.

Machlud: Mae *Machlud* yn ein tywys i fyd llawer iawn mwy cyfarwydd. Stori am deulu fferm Maen y Llechi ac am etifeddiaeth sydd yma. Ond mae'n stori hefyd am bobl yn methu gollwng gafael ac am iechyd meddwl bregus. Mae elfennau cyfarwydd iawn yn y stori ac mae themâu anodd amaethu ein dyddiau ni yn cael eu trafod mewn stori deimladwy. Ond y mae angen llawer iawn mwy o gynildeb yn yr ysgrifennu: rhaid ymddiried yn y darllenydd i ddehongli teimladau a phrofiadau yn hytrach na'u traethu. Yn yr un modd, y mae'r disgrifiadau yn gallu bod yn orymdrechgar. Ond ar adegau y mae'r awdur yn gallu creu sefyllfaoedd teimladwy a rhoi ias i'r darllenydd.

Prentis, 'Un, dau, tri': Yng nghanol Llundain y mae digwyddiadau 'Un, dau, tri' ac mae *Prentis* yn disgrifio profiad Luned o ymweld â gwely angau ei merch fedydd, Gwen. Wrth wneud hynny mae'n cyfarfod, bron ar hap, gyda thri o drigolion cartref henoed sydd dan yr un tô â'r hosbis. Mae'r tri yn gymeriadau hynod liwgar: Augusta Felton-Nicholls (Ledi Augusta), Amelia Rose Lyons a Stephen St John Safford ac y mae taro heibio iddynt yn troi yn arferiad. Plethir hanes ymweliadau Luned gydag atgofion am Gwen, ond mae tuedd i hynny orfodi *Prentis* i oregluro llawer o'r profiadau hynny. Mae'r stori ganolog yn gref, ond efallai fod y triawd yn y cartref yn ddyfais rhy hwylus ar adegau i ganiatáu i Luned gael ei holi, a thry'r cyfan yn Luned yn *dweud* yn hytrach na'n bod ni'n ei *gweld* yn byw'r cyfan.

Mae tair ymgais yn yr Ail Ddosbarth, er ei bod yn anodd rhoi bys ar wendid cyffredin iddynt.

Celyn, 'Ffrwyth': Mae 'Ffrwyth' yn waith unigryw: mae'n ddarniog ac yn heriol ond wedi ei gyflwyno gyda thrac sain cyfoethog i wrando arno ar adegau penodol. Ceir ymgais gan Neu (neu Aneurin y llefarydd) i adrodd peth o'i hanes, ond gan ailadrodd y cyfan sawl gwaith gyda mân newidiadau sydd yn llawn hunanddychan iachus. Ceir hanes grŵp hunangymorth ysgrifennu sydd yn ffraeo'n barhaus a cheir darnau ysgrifennu rhydd o eiddo ambell aelod. Mae 'Ffrwyth' yn chwalu disgwyliadau arferol y darllenydd ond er mor ddifyr yw'r arbrawf mae'r profiad darllen yn un anodd a phwrpas y plethiad digwyddiadau, ebychiadau, cwestiynau a phrofiadau yn anodd ei ddirnad. Mae arbrawf yn gorfod ein tywys ar daith hyd yn oed os nad yw'n cyrraedd diweddglo. Byddwn wrth fy modd yn gweld *Celyn* yn datblygu'r syniad gyda gweledigaeth fwy eglur a nod a phwrpas sicrach.

Eurwy, 'Galw am y Ddaear': Saith stori sydd yn creu cyfanwaith yw 'Galw am y Ddaear': saith stori am fyd drylliedig wedi ei bortreadu drwy fywyd yn, ac ar gyrion, dinas Dunnos, a bywyd ar long ofod Aedernws – rhyw fath o *Mimosa* i gefnu ar uffern Dunnos. Byd tywyll a chreulon a hynod anobeithiol yw byd *Eurwy*. Mae Deallusrwydd Artiffisial yn amlwg drwy'r cyfan: ei beryglon, ei bosibiliadau a'i rwystredigaethau. Mae awch corfforaethau mawr am elw a gormes cyffuriau hefyd yn rhan o'r darlun sinistr hwn. Dengys yr awdur ddychymyg byw a chymeriadau sydd yn gallu ein denu a'n gwylltio. Ond gwendid y gwaith yw'r defnydd o iaith; rhaid rhoi mwy o sylw i gywirdeb ac yn bwysicach i lif naturiol yr iaith. Byddai ychydig o ddisgyblaeth yn rhoi mwy o rym i ddychymyg byw awdur 'Galw am y Ddaear'.

Saeth y Bwa, 'Cyflog Mwnci i Dorri Cnau': Straeon sydd yn y casgliad hwn – straeon sydd yn ein tywys i fyd y milwr, defnyddio cyffuriau, ceiswyr lloches, diffyg offer addas i filwyr a brad llywodraethau. Aiff yr awdur â ni i amrywiol fannau megis Wcráin, Irac, Chernobyl, Calais ac yn nes adref. Ond ar y cyfan ysgrifennu am brofiadau a wneir nid ymgorffori'r profiad, ac mae'r stori yn troi'n adroddiadau am ddigwyddiad yn hytrach na chyfleu byw trwy'r profiad. Mae stori Deiaa o Irac yn stori gref am ffoadur ac am frad swyddogion, ond mae wedi ei hysgrifennu yn y gorffennol drwyddi. O adrodd yn y presennol byddai'r digwydd yn llawer iawn mwy dynamig a grymus. Ond mae gan *Saeth y Bwa* afael da ar Gymraeg cyhyrog naturiol sydd yn rhwydd iawn i'w ddarllen.

Mae yna saith o ymgeiswyr oedd fymryn yn gryfach na'r gweddill. Roedd teimlad mwy cyflawn ac aeddfed i'r Dosbarth hwn, er nad ydynt heb eu gwendid.

Ceiriog, 'Y Cŵn a'r Brain': Straeon am dlodi yw 'Y Cŵn a'r Brain' ac mae yma gymeriadau y mae bywyd yn ymdrech fawr iddynt, a chymeriadau nad oes llawer o ysgrifennu amdanynt. Stori drawiadol am blentyn bach a'i fam yn byw mewn tŷ rhent anaddas yw'r stori gyntaf, ac wedi ei hadrodd gan y plentyn chwech oed. Yn anffodus dyna yw'r gwendid gan fod rhywun yn pendilio rhwng diniweidrwydd hyfryd y plentyn sydd yn ceisio deall eu tlodi a deallusrwydd a chrebwyll tu hwnt i'w chwe blwydd oed. Ond mae hon yn stori sydd yn cydio yn y darllenydd. Anwastad yw'r straeon, rhai yn gafael a chymeriadau ambell stori yn rhy arwynebol, e.e. y taid rhagfarnllyd. Gwendid arall yw tôn ac awyrgylch pob stori: mae pob un yn diweddu yn ddigalon a diobaith, ac yn gwneud hynny mewn ffyrdd cymharol debyg. Mae cyfrol fel hon angen amrywiaeth tôn, ond dyma awdur sydd ag arddull ysgrifennu sydd yn llifo.

Athro, 'Newid': Llawlyfr i Athro yw 'Newid' sy'n ymgais hynod o ddifyr ac yn gyfrol sydd yn ceisio troedio llwybr cul rhwng dychan a chydnabod arwriaeth yr athro ysgol uwchradd. Cyflwynir y cyfan fel llawlyfr i ddarpar athrawon gan ddarlunio'r gwaith, awyrgylch dosbarth a diwylliant ysgol. Gwneir hynny mewn arddull hynod lafar, rhy lafar i ambell ddarllenydd yn ddiamau. Yn ogystal â chyngor ceir profiadau athrawon eraill wedi eu cofnodi, ond prin yw'r newid arddull yn y darnau hyn, tra bod arddull lafar yr 'awdur' yn ffurfioli wrth drafod iechyd meddwl athrawon. Mae'r dychan yn peri gwên ac mae'r cysyniad yn un difyr, ond y mae surni'r 'awdur' yn fwyfwy amlwg, a phrin yw'r hunanddatgelu gonest a allai annog darllenydd i glosio ato, ac a allai roi hyd yn oed mwy o fin yn y dychan. Ymgais gyda phosibiliadau hynod ddifyr yw 'Newid'.

Mesen, 'Llandderwen': Cipolwg ar fywyd pentref Llandderwen drwy benodau o lên micro sydd gan *Mesen*. Nid yw Llandderwen yn bentref y byddwn yn chwennych byw ynddo: mae'n bentref lle mae cyfathrebu yn wan a lle mae anniddigrwydd yn ffrwtian dan yr wyneb. Plethodd *Mesen* berthynas rhwng cymeriadau ac ambell stori yn ddigon cynnil a difyr gan roi lliw i'r braslun. Ond ar adegau y mae'r darn yn rhy fyr heb ddigon o fanylion i ddal darllenydd, tra dro arall y mae'n ymhelaethu llawer gormod. Mae yma duedd hefyd i chwilio am linell glo sydd yn diystyru dychymyg y darllenydd. Anghyson yw safon y straeon: ambell gymeriad yn argyhoeddi ac ambell un yn siomi, ond y cysyniad o gyfleu cymuned drwy stori unigolion yn un gwerthfawr.

Y fenyw ar goll mewn canolfan siopa, 'Esther': Stori am ddarganfod yr hunan yw hon. Ceir ynddi bytiau o hanes Iddewes uniongred ifanc, Esther, yn ferch ysgol yng Nghaerdydd, yn fyfyrwraig yn Birmingham ac yn newyddiadurwraig fentrus yn dilyn stori eithafwyr asgell dde yn yr Unol Daleithiau. Dewisodd yr awdur arddull nodiadau moel ar gyfer y gwaith – roedd yn ddewis da ar gyfer dyddiadur merch ysgol ifanc, ac mae ei chymeriad yn dod yn fyw drwy'r nodiadau. Ond fel myfyrwraig – er ei bod yn gwirioni ar feirdd fel Auden a Whitman – y mae ei harddull yn aros yn ddigyfnewid. Yn yr un modd eto fel newyddiadurwraig: erys yr un arddull lled anaeddfed. Gallai amrywio'r arddull fod wedi bod yn gyfle rhagorol i ddarlunio taith y ferch ifanc hon sydd yn mynd drwy argyfwng ffydd, yn darganfod pwrpas ac yn mentro i fan peryglus iawn. Oherwydd natur yr arddull mae tuedd i'r cymeriad fod yn ddau ddimensiwn yn hytrach nag yn gymeriad llawn. Ond mae'r *fenyw ar goll mewn canolfan siopa* wedi llwyddo i'n sugno i mewn i fyd Esther, yn enwedig pan oedd yn blentyn ac yn fyfyriwr.

Ceir tair nofel sydd yn rhagori, y tair ag iddynt rinweddau cryfion, ac ynghylch y tair yma y bu mwyafrif ein trafod fel beirniaid.

Eos, 'Tempo': Dyma nofel sy'n portreadu tynerwch a grym perthynas dda a hynny drwy hanes Elis – hogyn tua deg oed – a'i fam Christina yn mudo oherwydd trais yn y cartref, ac yn dod yn agos iawn at Anita Jenkins, eu cymydog newydd. Elis yw echel y berthynas gydag Anita, y gantores a'r weddw led ynysig. Trwy'r berthynas rhyngddynt y mae ofnau'r tri yn cael eu lleddfu. Mae *Eos* wedi dewis gosod tempo cerddorol i bob pennod, ac mae i gerddoriaeth le canolog a diddorol yn siâp y nofel, ac mae'n llwyddo i greu awyrgylch pendant o gwmpas y digwydd. Gall *Eos* ysgrifennu yn bwerus megis yr olygfa lle mae Liam, gŵr Christina, yn ceisio dod i mewn i'r tŷ a hithau ac Elis yn dianc at Anita drwy'r ardd gefn. Ond mae *Eos* hefyd yn hoff iawn o lif geiriau, ac efallai yn or hoff o lif geiriau. Er gwaethaf y cymeriadu cryf, y digwyddiadau tawel a'r rhai dramatig mae ei gorhoffter o ansoddeiriau a disgrifiadau amleiriog, yn enwedig ar ddechrau pob pennod, yn baglu'r darllenydd. Ond gyda golygu craff, mae hon yn nofel werth ei darllen.

Carno, 'Nant': Aeth *Eos* â ni i'r faestref, ond mae *Carno* yn ein gosod yng nghanol cefn gwlad. Nofel yw 'Nant' am efeilliaid, Wiliam a Gwen, y ddau blentyn olaf o deulu mawr Nant Cwmbran. Mae'r ddau yn oedrannus a Gwen wedi cael strôc ac mewn cartref, a phrif lif y stori gyfoes yw ymdrech Wiliam i'w chael hi nôl adref. Plethir y stori gyfoes gydag atgofion y ddau am eu hanes fel teulu a'r gymdogaeth, atgofion Wiliam yn y trydydd person ac atgofion Gwen yn y person cyntaf. Cafodd Gwen ei threisio gan frawd ei chariad, ac yr oedd y digwyddiad hwnnw wedi chwalu diddosrwydd a chynhesrwydd yr aelwyd, ac ymgais Wiliam i ailddarganfod hwnnw yw'r islais i'r ymgais i'w chael adref. Mae yma stori gref, wedi ei hadrodd mewn arddull bwyllog ofalus ac adnabyddiaeth o fyd natur a byd amaeth yn llifo'n naturiol iawn drwy'r ysgrifennu. Roedd darllen y nofel yn arafu rhywun ac yn ein gosod yn llif bywyd pwyllog amyneddgar Wiliam – dawn werthfawr iawn i unrhyw awdur. Ond mae yma duedd bychan i *ddisgrifio* teimladau Wiliam yn hytrach na'u *dangos*; tybed a oes angen darnau person cyntaf i Wiliam fel a roddir i Gwen? Tybed hefyd nad oes angen adnabod mwy ar gymeriad Glyn – cariad Gwen – er mwyn deall ei adwaith i'r treisio. Mae ei ymateb yn ddirgelwch rhyfedd nad yw'n cyfoethogi'r nofel. Ar y llaw arall, mae ambell ddirgelwch megis pwy oedd awdur y llythyrau a anfonwyd at Gwen a beth wnaeth Wiliam â hwy yn bywiogi clo tawel y nofel. Nofel sydd yn brofiad i'w darllen.

Manaia, 'Y Morfarch Arian': Pentref glan y môr – sydd yn gartref i Heli a'i theulu, ei mam a'i thad, ei chwaer Elin a'i nain – yw'r cefndir i'r nofel hon. Mae Heli yn 13 oed ac yn byw gydag OCD ac yn ei llais hi y mae'r cyfan wedi ei adrodd. Stori yw hi am deulu yn chwilio am ryw fan bodlon, tawelwch meddwl neu syniad o berthyn: Heli yn wyneb OCD, y fam yn ansicr ac wedi troi at y ddiod gadarn, y tad yn ei ynysu ei hun oddi wrth bopeth ac Elin yn arbrofi gyda chariad a chyffuriau. Y nain oedd eu hangor, ond gyda'i marwolaeth hi, mae'r sefyllfa yn anodd. Ond daw Tangaroa, llysfab hanner brawd y fam o Seland Newydd ar gyfer yr angladd a thrwyddo ef a'i berthynas byw gyda'r byd o'i gwmpas a chyda'r môr daw y pedwar i fan mwy heddychlon. Mae elfen gyfriniol i ymddygiad Tangaroa, tebyg i'r morfarch, sydd yn ôl y rhagarweiniad yn greadur cyfrin ag iddo alluoedd rhyfedd. Mae gan *Manaia* allu i ysgrifennu yn gynnil ond lliwgar a bywiog, ac mae'r cymeriadau yn grwn ac yn gyfan. Cynnil iawn yw'r darlun o rwystredigaeth y tad ac ansicrwydd y fam ond y mae'n ddigon i'r darllenydd eu hadnabod a chydgerdded gyda hwy. Efallai y gellid bod wedi cryfhau rhywfaint ar y darlun o Elin, fel ein bod yn deall ei hymateb i golli ei nain. Ond y mae cymeriad Heli, Tangaroa a'r nain yn llifo at y darllenydd a chaethiwed Heli i'w harferion wedi ei gyfleu mewn ffordd y mae'r darllenydd yn ei deimlo, yn union fel y mae tangnefedd tawel Tangaroa a chynhesrwydd cartrefol y nain. Dyma gymeriadau sydd yn aros gyda'r darllenydd a dyma ysgrifennu synhwyrus, dychmygus sydd yn defnyddio hiwmor, cynhesrwydd a thensiwn. *Manaia* sy'n dod i'r brig a'r ddwy nofel arall yn dynn ar ei sodlau.

BEIRNIADAETH ANNES GLYNN

Derbyniwyd 14 o gynigion eleni ond oherwydd i *Pen Parc* gynnwys ymhell tu hwnt i'r nifer geiriau a osodwyd yn amod i'r gystadleuaeth bu'n rhaid ei (h) eithrio ohoni. Profodd yn gystadleuaeth wastad yn hytrach nag yn un y Waw Ffactor-syth-bin i mi ond cydiodd y tri ar y brig ynof yn eu hamrywiol ffyrdd a gwrthododd un â'm gollwng.

Dosbarth 3

Albert Nathan, 'Newid Byd': Un o ddwy gyfrol wyddonias a anfonwyd i'r gystadleuaeth, taith i fyd afreal, Rymen o'r blaned Nofalla a Ceri Watkins, gwyddonydd yng Nghanolfan Ymchwil Niwclear Ewrop. Yn anffodus, nid yw'r dweud cystal â'r dychymyg – braidd yn ddi-fflach ac anllenyddol yw'r cyfan er bod yma drafod pynciau pwysig, amserol o ran dyfodol y blaned a'n 'gwareiddiad trachwantus', chwedl yr awdur.

Machlud, 'Newid': Mae cefndir y nofel hon yn un cyfoes, cyfarwydd: tyndra rhwng dwy genhedlaeth mewn teulu o amaethwyr a hynny'n arwain yn y pen draw at drasiedi. Pe bai mwy o rannau tebyg i'r berthynas a bortreadir rhwng Megan a'i modryb Elena yn y gyfrol hon byddai ar ei hennill. Mae'r ddeialog rhwng y ddwy yn y penodau cynnar yn argyhoeddi ond yn anffodus, yn gyffredinol, mae pawb yn siarad yn yr un cywair braidd ac o bosib bod gormod o gymeriadau. Does dim digon o gnawd ar esgyrn y cymeriadau a gall y neidio'n ôl ac ymlaen yn amseryddol fod yn gymysglyd ar adegau. Ac mae diweddglo'r stori'n rhy ragweladwy.

Prentis, 'Un, dau, tri': Roedd agoriad y nofel hon, a leolir yn Llundain, yn addo'n dda ond yn anffodus ni wireddwyd yr addewid wrth i'r stori fynd yn ei blaen. Dilynwn wraig yn ymweld â merch hen ffrind coleg iddi, sy'n clafychu mewn hosbis. Yn hytrach na chanolbwyntio ar y presennol mae'r sefyllfa'n cael ei defnyddio i hel atgofion a throi'n ôl yn gyson i'r gorffennol yng Nghymru i ail-fyw ieuenctid Luned a'i pherthynas â'i ffrind Lea. Er bod potensial i ddatblygu cymeriadau lliwgar, diddorol yn y triawd hŷn y daw Luned ar eu traws yn yr hosbis, collwyd cyfle yma. Felly hefyd wrth bortreadu'r ddwy nyrs. Dyma rai o'r cymeriadau mwyaf llwyddiannus a byw yn y stori a dylem fod wedi cael y cyfle i oedi mwy yn eu cwmni.

Saeth y Bwa, 'Cyflog Mwnci i Dorri Cnau': Mae iaith y casgliad hwn o naw stori fer yn fyw a chyhyrog ond yn anffodus mae safon y straeon yn rhy anwastad, a diffyg cynildeb – eithriadol weithiau! – yn tarfu arnynt yn rhy aml i greu casgliad sy'n argyhoeddi. Gwerthfawrogais y ffaith fod yr awdur hwn wedi llunio sawl stori sy'n edrych oddi allan i'w famwlad, i Rwsia, Wcráin, ac Irac er enghraifft, ac mae'r pynciau dan sylw yn rhai cyfoes, perthnasol – yn enwedig felly'r cyfeiriadau cyson at gysgod ac effaith rhyfel. Stori olaf y casgliad, 'Byd o les', am gyn-filwr yn dioddef o PTSD, yw'r un fwyaf llwyddiannus.

Dosbarth 2

Eurwy, 'Galw am y Ddaear': Trên gwibiog yw dychymyg yr awdur hwn wrth iddo ein tywys ar daith ar long ofod yr Aedernws o ddinas Dunnos, 'pentwr o gach wedi'i addurno â gliter'. Y rhithfyd sy'n rheoli'r ddinas bellach a chwythodd ei phlwc, yn llythrennol. Datblygodd tyndra rhwng dwy garfan o'r teithwyr gofod, y rhai sy'n dilyn trywydd hedonistiaeth rhonc a'r gweddill syber, a buan y mae'r sefyllfa'n dirywio. Mae'r nofel yn cynnig gweledigaeth ddychmygus o'r hyn allai fod pen draw ein dibyniaeth ar dechnoleg a deallusrwydd artiffisial a chorfforaethau mawr – mae'r bot GwAS a'i fyrdd o ddiffygion yn greadigaeth ddifyr, ddychrynllyd, fel y mae Prifysgol BlysCo. Beryg bod yr awdur wedi cynnwys gormod o gymeriadau a bod y stori'n gwibio i ormod o gyfeiriadau gwahanol i fod yn llwyddiannus. Mae angen gafael gadarnach ar iaith hefyd.

Celyn, 'Ffrwyth': Rebal y gystadleuaeth, tynnwr blew o drwyn, perchennog y dychymyg carlamus, a chynhyrchydd y darn o waith mwyaf anodd ei ddiffinio yn y gystadleuaeth eleni (mae'n cynnwys brasluniau, codau QR a sawl tudalen wag.) Ac O! roeddwn am iddo lwyddo oherwydd ei feiddgarwch ond hefyd oherwydd ei weledigaeth unigryw er ei bod yn syndod faint o'i gocynnau hitio yn y Gymru gyfoes sy'n rhai ystrydebol. Yn anffodus collodd ei ffordd braidd tua hanner ffordd drwyddo. Wn i ddim ai blino a wnaeth neu ai'r dedlein aeth yn drech nag o ond collais ei drywydd a cholli'r awydd i ddarllen hefyd, er imi – fel beirniad cydwybodol – wneud hynny at y dudalen (wag) olaf. Ond diolch am yr uchelgais ac am y cyngor: 'Trïa ddianc o'r difrifoldeb mawr sy'n sgwennu pawb, trïa wbath newydd ... sgwenna jôc myn uffar ...'

Y fenyw ar goll mewn canolfan siopa, 'Esther': Casgliad o bytiau micro wedi eu clymu'n nofelig dair rhan yn olrhain hanes Esther, merch ifanc o deulu o Iddewon traddodiadol, sy'n 'gwingo yn erbyn y symbylau' ac yn symud ymhen amser i'r Unol Daleithiau lle mae'n gweld rhagfarn asgell dde eithaf yn ei ailadrodd ei hun dan arlywyddiaeth Trump sydd yma. Mae'n treiddio i fyd gwefannau eithafwyr gwyn ac yn dychryn pa mor fuan y mae sioc eu cynnwys yn pylu, po fwyaf y mae hi'n eu darllen. Mae'r awdur yn cydnabod ei dyled i gyfrol Talia Lavin, *Culture Warlords*, ar ddiwedd y gwaith ac efallai mai'r ddyled honno yw'r rheswm pam nad yw'r drydedd ran yn gweithio cystal â'r ddwy gyntaf. Yn y fan honno y mae'r dweud disgleiriaf o ddigon gan gynnwys y canlynol: 'Gwên ci marw'; 'Cinio yn y nos, diferion sgwrs yn sychu' a'r dweud eironig hwn: 'All mympwy merch ddim sbwylo canrifo'dd o ddoethineb.'

Athro, 'Newid': Cyfarwyddyd i'r sawl sy'n dymuno neu'n meddwl eu bod yn dymuno mynd yn athro/athrawes uwchradd ochr yn ochr â'r profiad o weithio 'ar wyneb y graig' yn y dosbarth yw'r gyfrol hon. Mae'r cynnwys yn unol â'r hyn a ddywed ar y tun a does dim 'cwafars' ffansi yma. Mae'n dweud ei ddweud: 'Gwna dy ymchwil yn drylwyr, defnyddia dy lamineiddiwr hyd syrffed.' Ond mae'n osgoi pregethu, ac mae yma gydymdeimlad yn ogystal â chri rwystredig, ddiffuant o'r galon: 'Plentyn 12 oed yn gwylio trais ar y teledu. A ninnau'n ceisio egluro ffracsiynau iddo.' Mwynheais dôn y llais, yr arddull ddi-lol a'r sgyrsiau dadlennol rhwng yr athro/athrawes ac ambell un o'r disgyblion. Ond mae *Athro*'n euog o gamsillafu blêr a sawl teipo yn gyffredinol a dylai fod wedi bod yn fwy llym o lawer efo'i bensel goch cyn anfon ei waith at y beirniaid!

Mesen, 'Llandderwen': Casgliad o tua 60 o straeon micro cysylltiol sy'n rhoi ciplun i'r darllenydd o drawstoriad o drigolion pentref Llandderwen a'r gwahanol gysylltiadau cymhleth rhyngddynt. Cyfrol i'w darllen gan bwyll yw hon. O'i rhuthro mae peryg i'r darllenydd fethu â sylwi ar sawl cliw cynnil sy'n cysylltu mwy nag un o'r straeon, yn enwedig pan fo'r rheiny wedi eu gosod gryn bellter oddi wrth ei gilydd weithiau. Yn gyffredinol, mae'r straeon yn darllen yn rhwydd, braf a'r grefft yn sicr. Ond teimlwn fod gormod o ddarnau llanw, ambell stori bur aneglur, cwpl o rai eraill yn orgynnil hyd at ddiffyg deall ar fy rhan i. Mae ansawdd yr ysgrifennu'n amrywio wrth i'r casgliad dynnu at ei derfyn ond mae yma lenor cynnil, sensitif ar waith.

Ceiriog, 'Y Cŵn a'r Brain': Yr ail o'r ddau gasgliad o straeon byrion a dderbyniwyd i'r gystadleuaeth a'r gorau o bell ffordd. Mae'r gafael ar iaith yn sicr a gall yr awdur symud yn hwylus rhwng tafodiaith de a gogledd a hynny'n argyhoeddiadol. Mae'r testunau'n hollol gyfoes, yn amrywio o effeithiau Brexit, gwleidyddion a gweision sifil di-glem, tlodi, gafael cyffuriau ... Ond pyla'r cymeriadau ar draul awydd ysol yr awdur i ddweud ei ddweud am yr hyn sy'n ei gorddi yn hyn o fyd ac ae mwy nag un stori'n dod i ben mewn modd rhagweladwy. Y fwyaf llwyddiannus yn sicr yw'r stori gyntaf, sef 'Talu Rhent'. Hogyn bach chwech oed biau'r llais a darlunnir ei frwydr ef a'i fam i fyw mewn lleyty peryglus o ddi-raen a landlord sy'n cymryd mantais ar y fam. Mwy o gnawd ar esgyrn y cymeriadau a mwy o amrywio cywair sydd ei angen ar y gyfrol hon. Fel y mae hi, 'gormod o bwdin' oedd f'ymateb i wedi darllen y stori olaf yn y casgliad.

Dosbarth 1
Carno, 'Nant': Nofel draddodiadol ei naws a chymen, glasurol ei hiaith. Gwyddwn yn syth fy mod mewn pâr saff o ddwylo llenyddol. Efallai y dywedai rhai eu bod nhw'n ddwylo ychydig yn rhy saff ac y dylid bod wedi mentro mwy. Ond, i mi, cryfder 'Nant' yw ei harddull ymataliol – does dim ysfa i lunio brawddegau 'stroclyd' yma – a'i hawyrgylch diamser. Nid fod hynny'n golygu diffyg trafod heriau'r oes; mae cyfeiriadau cyson at y newid difaol yn ein cymunedau cefn gwlad o ran newid perchnogaeth a defnydd tai, er enghraifft, yn ogystal â'r newidiadau heriol ym myd amaeth. Wiliam a Gwen, brawd a chwaer oedrannus sydd hefyd yn efeilliaid, yw'r ddau brif gymeriad a chraidd y stori yw'r cyfrinachau gwaelodol a ddaw i'r golwg ar ôl i Gwen orfod mynd i gartref nyrsio am gyfnod oherwydd iddi ddioddef strôc. Gorfodir Wiliam i edrych drwy ddrych annisgwyl o weddnewidiol ar ei fywyd ef a'i deulu ac yntau'n cael ei ysgwyd i fyfyrio fel a ganlyn tua diwedd y nofel: 'Oedd popeth wedi bod yn solet? Oedd popeth wedi bod

yn ddilys? ...' Mae'r bennod sy'n trafod perthynas anodd y Gwen ifanc â'i mam ym mhennod 17 yn gynnil, ysgytwol ac mae'r frawddeg ganlynol mewn pennod ddiweddarach, er yn sôn am gwpan wedi torri, yn ehangach o lawer ei harwyddocâd: 'Yng ngolau'r gannwyll dw i'n ceisio rhoi'r darnau at ei gilydd ond yn methu.' Gallwn ddyfynnu sawl enghraifft debyg o 'ddweud da' drwyddi draw. Bodlonaf ar rannu ambell un: 'Gwenai ei ddannedd arno o wlybaniaeth ei gwpan'; '... newyn o liw oedd yn orchudd dros ein haelwyd yn blant.'

Mae yma lenor hyderus sy'n ddigon sicr o'i grefft ac â digon o ffydd yn y darllenydd fel nad yw'n teimlo'r rheidrwydd i esbonio rhediad ei stori, gam wrth gam. Mae cynllun y stori a'r modd y mae'n cael ei ddatgelu'n raddol yn grefftus a'r diweddglo'n bodloni'n gynnil heb fod yn ordaclus. Saff, cadarn, cymen: dyma nofel a gaiff groeso'n sicr wedi iddi gael ei chyhoeddi.

Eos, 'Tempo': Calon – a chryfder – y nofel hon yw'r berthynas annwyl rhwng gwraig oedrannus, Mrs Ani Jenkins, a hogyn bach deg a hanner oed o'r enw Elis a ddaw i fyw'r drws nesaf iddi gyda'i fam ar ôl i'w rieni wahanu. Dyma berthynas y gwnes i glosio ati'n arw: Elis yn ceisio symud ymlaen oddi wrth gysgod rheolaeth ei dad ac Ani'n ailagor drws ei bywyd – a'i chalon – ar ôl byw'n ynysig wedi colli ei chymar yn ifanc.

Mae'n stori afaelgar, ffres ei naws, wedi ei hadrodd yn gynnil (gan mwyaf) ac yn gain yn gyffredinol. Mae fframwaith cadarn i'r nofel a phob pennod yn dwyn teitl term cerddorol Eidalaidd gwahanol er mwyn cyfleu naws y penodau. Ofnwn ar y dechrau y gallai'r sgaffaldiau hyn brofi'n rhy haearnaidd ond nid felly y mae. Tra bod yr ieithwedd gerddorol yn talu am ei lle, at ei gilydd mae'r awdur yn tueddu i'w gorweithio yn y testun ei hun ar adegau. Mae'n mopio ar y riffio. A chanlyniad hyn yw bod y trosiadau'n colli eu grym o'u gorddefnyddio. Oherwydd hyn, mae rhannau'n teimlo'n orymdrechgar a byddai'r nofel yn bendant ar ei hennill o'i thynhau. Mater o fagu mwy o hyder ac ymddiriedaeth yn y darllenydd yw hyn. Pan fo'n ymlacio mae'n awdur a all ysgrifennu'n afaelgar o gynnil, yn enwedig wrth ddisgrifio'r berthynas ganolog rhwng y plentyn a'r hen wraig, a hefyd rhwng ei fam ac Ani Jenkins. Mae'r modd y mae'n treiddio i feddwl Elis yn sicr yn taro deuddeg. Dyma i chi flas: '... peth rhyfedd ydy cysgu mewn lle newydd. Rhaid dysgu ymddiried yn siapiau'r cysgodion'; 'Aeth allan i'r ardd i ddianc rhag y twrw tawel'. Arhosodd sawl delwedd gref yn y cof: esgidiau Oxford od o fygythiol tad Elis, a'r darlun o waed yn llifo dros figyrnau ei fam yn ei phryder.

Yn anffodus, mae ymadroddion chwithig niferus yn britho'r gwaith ac yn tarfu arno i mi, pethau fel 'annatrys', 'allanadlodd', 'ffigyrunnau', 'dan y coed gadawedig'; a chamsillafu hefyd: 'crin' am 'cryn', 'deufis' am 'deufys', er enghraifft. Ond mae yma nofel grefftus â chymeriadau diddorol sydd wir yn cydio, ac o weithio ochr yn ochr â golygydd profiadol gwn y bydd hon yn gafael ac yn denu sylw cynulleidfa ehangach ymhen amser hefyd.

Manaia, 'Y Morfarch Arian': Clywn lais nodedig y prif gymeriad, merch 13 oed o'r enw Heli, o'r frawddeg gyntaf yn y nofel hon. Nid yw'n llais cyfforddus i wrando arno ar adegau ond mae hynny'n dyst i ddawn yr awdur i dreiddio i feddwl un sy'n dioddef o OCD. Nid nofel drom, lafurus mohoni er hynny. Eto, mae dawn yr awdur i newid cywair yn effeithiol, y cyfuniad o dosturi a hwyl, a'r fflachiadau cynnil o hiwmor – rhywbeth digon prin yn y gystadleuaeth – yn ei chadw rhag disgyn i'r pydew hwnnw. Mae'n llenor sy'n gwybod pryd i roi'r brêcs ymlaen ac yn ddigon hyderus yn ei allu ei hun ac yng nghrebwyll y darllenydd.

Stori am ddod i oed sydd yma, am ferch ifanc ar groesffordd sy'n dod ar draws 'enaid hoff cytûn' am y tro cyntaf yn ei bywyd. Profedigaeth sy'n dod â'r ddau at ei gilydd a hynny mewn pentref bach glan môr yn y Gogledd. Mae'r stori'n ymwneud â gwreiddiau, teulu a chyfrinachau a fu dan glawr ers blynyddoedd. Mae hefyd yn cyffwrdd, eto'n gynnil, â phryder y to iau am newid hinsawdd ac yn mynd â ni oddi allan i Gymru wledig i flasu diwylliant y Maori.

Gall *Manaia* ysgrifennu'n fywiog; at ei gilydd crëodd gymeriadau crwn, byw hefyd a gallwn ddyfynnu enghreifftiau lu o 'ddweud da' drwyddi draw. Gan y cewch chi ddarllen y gyfrol eich hun yn y man, bodlonaf ar gynnwys ambell enghraifft yn unig: 'Mae'r petryalau o luniau llachar sydd yn y llun mwyaf yn cydbwyso ar ben ei gilydd fel gêm o Jenga, ar ddibyn dymchwel' (llun ar wal swyddfa'r therapydd); 'Mae cyrtans net Glenys Geranium ... yn tycio fel blew cath llawn chwain ers meitin'; 'Daw Mam i mewn fel gwennol yn gleidio dan fondo'. Er y gellid dadlau bod iaith Heli'n anarferol o goeth ar brydiau, mae'n talu am ei le yn y mannau hynny, yn enwedig pan fo hi a Tangaroa'n nofio o dan y dŵr a'r symudiad a'r rhyddid hwnnw fel pe bai'n rhyddhau ei geiriau hithau yn ei dro.

Yn sicr, gŵyr *Manaia* werth a grym geiriau. Am greu cyfuniad ohonynt yn gelfydd â chynildeb, sensitifrwydd a hiwmor ac am greu prif gymeriad a fydd yn aros yn y cof, *Manaia* sy'n derbyn y Fedal eleni.

Daeth 14 ymgais i law yn y gystadleuaeth eleni, ond yn anffodus, bu'n rhaid diystyru *Pen Parc* yn syth, gan fod y gwaith ymhell dros nifer geiriau'r gystadleuaeth. Mae'n rhaid i unrhyw ymgais fodloni gofynion y dasg a osodwyd, boed hynny yng nghyswllt nifer geiriau neu o ran y testun. Braf dweud, fodd bynnag, bod pob un o'r 13 gwaith a feirniadwyd yn cynnig dengliadau amrywiol ar y testun 'Newid'. Da hefyd oedd gweld amrywiaeth, gwreiddioldeb, a gweledigaeth ymysg y gweithiau (ymhob Dosbarth), a rhaid diolch i bob ymgeisydd am eu gwaith ar gyfer y gystadleuaeth hon.

Dosbarth 3

Albert Nathan, 'Newid Byd': Nofel wyddonias yw hon am borth damweiniol sy'n agor rhwng planed Nofalla a'r Ddaear, sy'n dilyn Ryman (o Nofalla) a Ceri (o'r Ddaear) wrth iddynt droedio (a hedfan) tiroedd anghyfarwydd. Er y syniadau gwreiddiol a'r dychymyg amlwg sydd yma, mae angen cryn dynhau ar y plot, ar y portreadau o'r cymeriadau, ac ar yr ysgrifennu ei hun. Camp gwyddonias da yw rhoi'r wybodaeth angenrheidiol am y byd i'r darllenydd heb ormodedd o esbonio gwyddonol. Roedd hyn yn tynnu sylw'n ormodol yn y gyfrol hon – yng nghorff y testun ac yn y ddeialog, gyda sawl disgrifiad yn hir.

Prentis, 'Un, dau, tri': Canolbwynt y nofel hon yw profiadau Luned wrth iddi ofalu am ei merch bedydd, Gwen, yn ystod wythnosau olaf ei bywyd, ac mae'r awdur yn sicr yn haeddu canmoliaeth am eu hymgais i ysgrifennu am bwnc anodd ac emosiynol. Ond, mae'r digwydd yn neidio'n ormodol, a'r cysylltiad rhwng yr ôl-fflachiadau a'r presennol yn aml yn aneglur. Mewn sawl man mae'r ddeialog yn teimlo'n brennaidd, ac os cyflwyno elfen neilltuol am gymeriad (yn yr achos hwn, cyfri camau fel modd o ymdopi), byddai'n dda gweld hynny'n rhywbeth ystyriol drwyddi draw. Efallai bod angen mwy o amser ar *Prentis* i ddatblygu'u crefft.

Machlud, 'Newid': Drama deuluol a gawn gan *Machlud*, sydd â chnewyllyn stori dda ynddi: gwleidyddiaeth deuluol, personoliaethau cryf, ac unigolyn ifanc yn cael ei thynnu sawl ffordd. Ond mae angen i *Machlud* ymddiried yn fwy yn eu darllenwyr a gadael iddyn nhw gyrraedd ambell gasgliad eu hunain; ceir tueddiad i ddweud pethau'n llawer rhy amlwg drwy gydol y gyfrol. Byddai'n dda hefyd cael mwy o ofal a chysondeb o ran newid safbwynt yn ystod y gwaith, a defnyddio'r penodau o safbwynt y gwahanol gymeriadau yn fwy pwrpasol. Er enghraifft, collwyd cyfle i roi elfen o gydymdeimlad i gymeriad Elena yn ei phennod hi, er mwyn dangos mwy ar ei chyflwr meddyliol a allai fod yn rheswm dros y newid sylfaenol yn ei phersonoliaeth.

Dosbarth 2

Saeth y Bwa, 'Cyflog Mwnci i Dorri Cnau': Cyfrol o straeon byrion sy'n rhyngwladol ac uchelgeisiol ei rhychwant, gyda sawl stori'n cysylltu gyda phrofiadau milwyr a chyn-filwyr o ryfel Irac, ac eraill yn cyfeirio at drychineb Chernobyl. Byddai wedi bod yn dda gweld *Saeth y Bwa* yn glynu at un prif linyn cyswllt er mwyn rhoi synnwyr o gyfanwaith mwy cyflawn. Gellid bod yn fwy awgrymog yma gyda'r ysgrifennu ac osgoi dweud gormod wrth y darllenydd, gan fod yn fwy cynnil wrth ddisgrifio. Yn yr un modd, roedd y ddeialog yn fwy esboniadol na naturiol drwyddi draw. Stori gryfaf y gyfrol yw 'Byd o les', sy'n bortread egr o gyn-filwr digartref. Digon diobaith yw'r casgliad hwn, mewn gwirionedd, gydag ambell stori'n trin y cymeriadau'n greulon ar adegau. Fe fyddai ambell lygedyn o oleuni neu ysgafnder yma a thraw wedi cryfhau'r gyfrol at fy nant i.

Eurwy, 'Galw am y Ddaear': Dyma straeon byrion gwyddonias sy'n llawn gwreiddioldeb a dychymyg. Mae pob stori wedi'i gosod yn yr un dystopia erchyll, ac fel pob dystopia da, mae'n anniddigo oherwydd bod iddo elfennau o'r hyn sy'n bresennol yn ein byd ni'n barod: goruchafiaeth ein teclynnau digidol, algorithmau a hysbysebion, llygredd amgylcheddol a chymdeithasol, deallusrwydd artiffisial, ac yn y blaen. Ond, mae'n rhaid beirniadu'r ysgrifennu yn ogystal â'r weledigaeth, a dyna yw gwendid creiddiol y gyfrol hon yn anffodus. Mewn rhai mannau, mae hi'n anodd dirnad yn union beth sy'n digwydd oherwydd y cystrawennau annaturiol ac aneglur, ac fe geir gorddefnydd o'r cymal pwyslais drwyddi draw. O ran straeon, efallai nad yw 'Y Comiwn' yn llawn dalu am ei lle, tra bod 'E-fynwenta' yn bortread ingol o gariad, a'r sgyrsiau rhwng y technegydd a'r peiriant yn 'Dofi' yn berthnasol iawn i'n hamseroedd ni heddiw.

Ceiriog, 'Y Cŵn a'r Brain': Straeon byrion sydd gan *Ceiriog* hefyd, gyda llinyn cyswllt eglur drwy'r casgliad, sef llyfrgelloedd cyhoeddus. Ceir maniffesto yma, mewn gwirionedd, am bwysigrwydd gwarchod gwasanaethau cymunedol sydd ar gael yn rhad ac am ddim. Wrth i'r casgliad fynd rhagddo, fodd bynnag, mae'r straeon yn dechrau mynd i dir ailadroddus ac ystrydebol, gyda'r peth gwaethaf posib yn digwydd i sawl un o'r cymeriadau, gan beri i'r ergyd golli'i heffaith. Mewn ambell stori (er enghraifft 'Sgidia' a 'Cyrraedd adref'), mae elfen sy'n teimlo'n arwyddocaol i ddechrau yn diflannu, a gellid bod yn fwy crefftus yn hyn o beth. Wedi dweud hynny, mae'r awdur yn creu cymeriadau'n gelfydd, ac yn gallu ennyn emosiwn a chreu awyrgylch gyda'u hysgrifennu. Mae enghraifft dda o hyn yn stori gyntaf (a chryfaf) y casgliad, 'Talu Rhent', wedi'i hysgrifennu o safbwynt bachgen ifanc, gyda llais y cymeriad yn gryf drwyddi draw, ac yn dorcalonnus yn ei ddiniweidrwydd.

Athro, 'Newid': Llawlyfr i athrawon newydd a geir gan *Athro*: llawlyfr dychanol sy'n bwrw goleuni ar ddiffygion y system addysg uwchradd yn y wlad hon. Mae'r llawlyfr yn arwain y darllenydd drwy'r flwyddyn gyntaf yn addysgu, gan drafod manion a phynciau mawr bywyd bob dydd athro. Mae adrannau sy'n cynnwys cyfraniadau gan wahanol leisiau, sef athrawon dychmygol yn hel atgofion am bynciau penodol, gyda'r bwriad o roi amrywiaeth i'r profiad darllen. Byddai wedi bod yn dda gweld mwy o amrywiaeth, felly, o ran y lleisiau yn y darnau hyn: mae arddull, cywair, a thafodiaith y cyfraniadau'n debyg iawn, sy'n eu gwneud yn llai effeithiol ar y cyfan. Mae yma rai elfennau y gellid bod wedi gwneud hebddynt – y sylwadau gofalus ond diangen am enwau amlddiwylliannol, er enghraifft – sy'n amlwg yn gweithio'n galed i beidio â gwahaniaethu ond nad ydynt chwaith, yn fy marn i, yn ychwanegu at y cyfanwaith. Prif gryfder y gwaith yw ei ymdriniaeth â'r plant: o'r ysgafn i'r teimladwy, yma mae goleuni'r gyfrol. Mae hyn hefyd yn dwysáu ergyd y gwaith beirniadol-frathog hwn, gan atgoffa'r darllenydd bod diffygion y system mewn perygl o fethu pawb o'i mewn, yn ddisgyblion ac athrawon.

Celyn, 'Ffrwyth': Arbrawf llenyddol ac amlgyfrwng yw 'Ffrwyth', sy'n chwareus ac yn feiddgar yn ei amcanion. Ceir yma godau QR yn arwain at draciau cerddorol (at ddibenion amrywiol, ond a wnaeth i mi chwerthin yn uchel weithiau), sawl llais gwahanol sy'n cyfarch y darllenydd ar wahanol adegau, a chyfle i'r darllenydd ysgrifennu a chyfrannu eu hunain hefyd. Dyma gyfrol greadigol-feirniadol, sy'n eglur gydnabod y berthynas rhwng awdur a darllenydd, ac yn herio'r darllenydd yn effeithiol. Yn wir, mae *Celyn* yn herio ein canfyddiadau o beth yw llenyddiaeth hefyd. Er hyn, mae'r gwaith yn colli ei drywydd ar adegau. Er bod amcanion amlwg i'r ailadrodd ar y cyfan, mae'n darllen yn llafurus mewn mannau, ac fe gollir y llinyn sawl gwaith, yn anffodus. O dynhau'r cynnwys, a'i wneud yn fwy pwrpasol bob tro, gellid bod wedi codi i'r Dosbarth uwch gen i. Cyfeirir at 'foderniaeth' sawl gwaith yn y darn hwn, ond gwaith cwbl ôl-fodernaidd yw hwn, mewn gwirionedd: mae'n llawn cyfeiriadau rhyng-destunol a rhyng-gyfryngol, yn tanseilio disgwyliadau'r darllenydd, ac yn cyfathrebu'n uniongyrchol gyda nhw. Rhaid rhoi cydnabyddiaeth haeddiannol i *Celyn* am feiddgarwch y gwaith hwn.

Mesen, 'Llandderwen': Casgliad o lên micro sy'n dilyn trigolion Llandderwen drwy ddiwrnod cyfan a geir gan *Mesen*. Mae'r cysyniad yn un llwyddiannus ac mae'r gwaith ar ei gryfaf pan fo'r darnau yn datgelu cyswllt â'i gilydd mewn rhyw ffordd. Yn gyffredinol, mae'r casgliad yn cyfoethogi ac yn aeddfedu wrth fynd yn ei flaen, ac yn sicr yn elwa o ailddarlleniad. Mewn rhai mannau, mae yma gynildeb dweud effeithiol ac ingol, fel yn y darnau '(y fo)' ac '(y hi)', 'Frank' a 'Ffion'. Er hyn, gallai'r gwaith hwn fod wedi cael ei olygu'n fwy gofalus. Mae ambell ddarn fymryn yn dreuliedig a'r ergyd yn dod yn rhy amlwg, tra bo eraill, yn enwedig tua diwedd y casgliad, heb fod yn llawn haeddu'u lle. Rhai o'r rhain, i mi, fyddai 'Morgan', '(Chwarae'n troi'n chwerw rôl chwarae fo) Tan', a 'Sandra'. Byddai byrhau rhywfaint ar rai o'r darnau hefyd yn fodd o gysoni'r casgliad hwn, sydd yn ei gysyniad creiddiol, a'i ysgrifennu, mewn mannau, yn un da iawn.

Y fenyw ar goll mewn canolfan siopa, 'Esther'. Yn y casgliad hwn o lên micro, mae'r darnau unigol yn cyfuno i greu darlun a naratif cyflawn, sef hanes Iddewes uniongred ifanc o Gaerdydd, wedi'i seilio yn rhannol ar hanes bywyd y newyddiadurwr Americanaidd Talia Lavin. Wrth i'r gwaith ddatblygu, mae'r prif gymeriad yn cwestiynu ei ffydd, yn canfod ei llais, ffeministiaeth, a barddoniaeth, ac, erbyn diwedd y gyfrol, yn gweithio'n gudd i wrthwynebu Ffasgaeth a totalitariaeth gwyn yn yr Unol Daleithiau. Dyma awdur sy'n deall sut i ddogni gwybodaeth, ac roeddwn i'n hoff o'r arddull diaddurn a oedd yn creu delweddau yn effeithiol. Mae'r gwaith, ar ei orau, yn rhoi fflachiadau argraffiadol sy'n cynnig mewnwelediadau cynnil i brofiadau'r cymeriad. Ond mae yma wendidau hefyd: ceir defnydd anghyson o'r person cyntaf a'r trydydd person drwy'r gyfrol, heb reswm eglur dros y newid. Mae hefyd ffin denau rhwng awgrymusedd, amwysedd, ac aneglurder, ac ar adegau mae'r ergyd yn golledig yma. Mae'r gwaith ar ei gryfaf tua'r dechrau, sydd, fe dybir, yn wraidd mwy o ffrwyth dychymyg yr awdur, gan bod rhai o'r digwyddiadau diweddaraf yn deillio'n uniongyrchol o fywyd Lavin. Bron na ellir dweud mai yr hyn sydd angen i'r awdur ei wneud yw gwreiddio'n fwy i fyd ffuglen na ffaith wrth ysgrifennu.

Dosbarth 1

Carno, 'Nant': Nofel am ddau efaill oedrannus, Wiliam a Gwen, y ddau olaf o 'ddwsin dedwydd' fferm y Nant, sy'n brwydro i ddal ati mewn byd sy'n newid. Mae *Carno* yn sicr yn awdur sy'n gallu creu awyrgylch, ac mae'r portread o gymuned sy'n prysur ddiflannu yn un ingol o'r dechrau. Mae'r penodau o safbwynt Gwen, yn fud a chaeth mewn cartref gofal wedi iddi ddioddef strôc, a hithau'n hel atgofion am ei gorffennol, yn bortread pwerus o golli urddas. Mae Wiliam, wedyn, yn benderfynol yn ei ymdrechion i gael Gwen adref, ac mae yntau, fel ei chwaer, yn ymgolli i'r gorffennol. Gyda hynny, datgelir cyfrinachau, ac fe gawn ddarlun o uned deuluol gymhleth, ac atgofion nad ydynt yn fêl i gyd.

Yn wir, mae'r llymder, ar adegau, yn tarfu ar linyn creiddiol y gwaith: roedd hanes 'Sali fach' yn un caledwch yn ormod, â Gwen eisoes wedi'i sefydlu fel cymeriad addfwyn a charedig drwy'r golygfeydd o'i chyfeillgarwch gyda Ieuan Hafoty. Ceir ychydig o esbonio lle gellid bod wedi awgrymu, ac roedd tueddiad i ddychwelyd at yr un delweddau a disgrifiadau drwy'r nofel (roedd 'tipiadau'r cloc' yn un enghraifft amlwg o hyn). Mae'r ddeialog yn stiff ar adegau, ac yn darllen yn annaturiol braidd, wrth i'r cymeriadau gael sgwrs at ddiben esbonio rhywbeth i'r darllenydd. Yn bersonol, roeddwn i'n teimlo y gellid bod wedi ymestyn yr ansicrwydd o gwmpas yr union hyn a ddigwyddodd rhwng Gwen a Glyn ychydig yn hwy, a gosod yr olygfa dyngedfennol ychydig yn hwyrach yn y nofel. Wedi dweud hyn, mae'r wybodaeth yn cael ei dogni'n effeithiol drwy'r gwaith: dyma awdur sydd yn deall pŵer peidio esbonio'r cyfan, a gadael i'r darllenydd ddychmygu'r datrysiad. Mae 'Nant' yn nofel a chanddi graidd emosiynol sy'n cydio, â'r cariad rhwng yr efeilliaid yn cynnal y cyfan.

Eos, 'Tempo': Portread tyner o gyfeillgarwch sy'n croesi cenedlaethau a geir yn 'Tempo'. Dyma nofel gynnes am Elis a'i fam sy'n symud i fyw drws nesaf i Mrs Ani Jenkins, a'r tri yn dod yn gymorth i'w gilydd mewn cyfnod o newid. Mae'r portread o Elis, wrth iddo symud o'r ysgol gynradd i'r ysgol uwchradd, ond sydd ddim yn hollol barod i aeddfedu'n iawn eto, yn un annwyl iawn: mae yma gymeriad hoffus a chredadwy. Yn yr un modd, mae Ani yn gymeriad sydd wedi'i saernïo'n ofalus, ac roedd hi'n braf darllen am y modd yr oedd Elis yn ei thynnu o'i chragen wedi marwolaeth ei gŵr.

Mae pob pennod yn y nofel yn dwyn enw term cerddorol, ac mae'r ddyfais honno'n gweithio'n dda iawn wrth i *Eos* ein harwain drwy'r plot sydd yn datblygu ar gyflymder addas drwyddi draw: mae rhywun yn teimlo'n saff yn nwylo'r awdur hwn, sy'n deall sut i amseru stori. Un o'r uchafbwyntiau i mi yw pennod 'Ritenuto', pennod sy'n dweud rhywbeth pwysig am systemau cyfreithiol y wlad hon, a phwy sy'n cael eu credu pan fo rhai pethau'n digwydd. Wedi dweud hynny, mae'r awdur yn dibynnu'n ormodol ar ddelweddaeth a disgrifiadau cerddorol drwy'r gwaith, ac mae'r tueddiad i orysgrifennu yn syrffedus mewn rhai mannau. Pe gellid tynnu'n ôl ychydig o'r gorddisgrifio, a gadael i'r cymeriadau wneud y gwaith, byddai yma gyfrol gref iawn.

Manaia, 'Y Morfarch Arian': Drama deuluol a geir yma, wedi'i hadrodd o safbwynt Heli, merch 13 oed sy'n byw gyda chyflwr sy'n debyg iawn i OCD, er nad enwir hynny'n uniongyrchol yn y nofel. Mae Heli, oherwydd ei chyflwr, yn teimlo'n gyfrifol am yr hyn sy'n digwydd o'i chwmpas, ac yn feunyddiol geisio plesio'r 'Bwgan Beth-Os'. Er bod potensial i elfen fel hyn mewn cymeriad orchfygu gweddill y cymeriadu a'r ysgrifennu, mae *Manaia* yn llwyddo ar y cyfan i greu cymeriad llawn a chytbwys a chanddi lais cadarn (wedi'r bennod gyntaf sydd, at fy nant i, yn oresboniadol: gellid ymddiried yn fwy yn y darllenydd).

Daw cymeriadau newydd i fywyd Heli yng nghwrs y nofel, ac mae'r portread o'r berthynas rhyngddi hi a Tangaroa ar y naill law yn ysgafn ei gyffyrddiad, ac yn cario dyfnder emosiynol ar y llall. Mae cyffro cariad cyntaf yn plethu gyda chwiorydd amhosib, ffrindiau'n pellhau, a chyfrinachau teuluol: mae yn y nofel hon bethau mawr a bach y profiad digon anodd o fod ym merw'r arddegau cynnar. Efallai bod lle i ddatblygu cymeriad Elin, chwaer Heli, i fod yn fwy cymhleth na'r prif ddihiryn fel ag y mae.

Mae'r ysgrifennu yn gadarn: ceir disgrifiadau cywrain a barddonol ar adegau, cymeriadu cryf, plotio da, a deialog gredadwy drwyddi draw. Mae'r stori'n adeiladu i *grescendo* sy'n ymylu ar fod yn eithafol, ond i mi roedd y digwyddiad sy'n arwain at yr uchafbwynt hwnnw – un ymddangosiadol ddigon di-nod – yn llwyddiannus iawn. Roedd y darllenydd, o'i brofi drwy lygaid Heli, yn deall yr arwyddocâd, ac fe deimlwn ei cholled i'r byw.

Mae'r nofel hon yn ei chyfanrwydd, a'i chymeriadau yn arbennig, yn cyfareddu, ac yn aros gyda'r darllenydd am gyfnod hir wedi'i darllen. Mae *Manaia* yn llawn haeddu'r wobr eleni.

Ysgoloriaeth Fentora Emyr Feddyg
Er Cof am Dr Emyr Wyn Jones, Cymrawd yr Eisteddfod

Sefydlwyd yr Ysgoloriaeth flynyddol hon i gynnig hyfforddiant i lenor neu fardd na chyhoeddwyd cyfrol o waith ganddynt eisoes. Gofynnir i'r cystadleuwyr uwchlwytho gwaith mewn unrhyw ffurf neu arddull – boed yn farddoniaeth neu'n rhyddiaith (neu'n gyfuniad o farddoniaeth a rhyddiaith) – heb i'r cyfan fod yn hwy na 3,000 gair. Rhaid i bob cyfansoddiad fod yn gynnyrch gwreiddiol gan yr awdur a heb ei gyhoeddi.

Mynwent Edwardsville

Gyrrodd i mewn drwy'r gatiau'n araf fel y gwnâi bob tro. Weithiau roedd hi'n brysur yno gyda theuluoedd yn galw ar y ffordd i rywle neu'i gilydd. Weithiau roedd yna ambell bâr o hen wragedd gweddw a oedd wedi dal y bws o Droed-y-rhiw neu Aberfan. Weithiau roedd yn hafan annisgwyl i griw o fechgyn ifanc Treharris, heb unrhyw le gwell i fêpio. Ond yn amlach na pheidio, hi ac un hen foi a ddeuai'n ddyddiol i gadw cwmni i'w frawd oedd yr unig eneidiau byw ar gyfyl y lle.

Yma y byddai'n treulio ei phrynhawniau Sadwrn. Nid bob wythnos wrth gwrs. Weithiau, câi wahoddiad i *baby shower* cydweithwraig neu i fynd ar daith i ryw blasty gyda'r grŵp mosaig. Ond fel rheol, ar ôl bore Sadwrn go ddiog o frecwast syml a photsian yn yr ardd, byddai'n gyrru i'r fynwent yn ei char bach, gyda'i bag tendio beddi.

Cafodd gyfarwyddiadau manwl yn esbonio lleoliad y beddi mewn mynwentydd ar hyd ac ar led y cymoedd. Yr un hon yn Edwardsville oedd cartref y mwyafrif, ond safai rhai cerrig mewn mynwentydd mwy anghysbell yn ochrau Blaenllechau a Bedlinog. Rywdro, roedd wedi ysgrifennu'r cyfan yn gymen mewn llyfr, a chreu mapiau bychain i'w helpu os oedd y fynwent yn un fawr. Bellach, doedd dim angen y llyfr arni. Roedd hi'n adnabod y mynwentydd hyn cystal â'i gardd gefn ei hun.

Gwyddai am y ffosydd cudd a'r beddi a oedd wedi suddo; am y mynwentydd lle nad oedd tap neu le nad oedd y biniau byth yn cael eu gwagio. Gwyddai am y beddi a fyddai'n llawn dagrau blodau o hyd, a thedi bêrs; lle'r oedd y beddi Cymraeg, a'r ambell un prin ag englyn arno. Gwyddai lle'r oedd cyplau'n gorwedd a fu farw cyn pen blwyddyn i'w gilydd a lle'r oedd beddi'r babanod. Gwyddai lle'r oedd y rhesi o goliers a laddwyd mewn tanchwaoedd a ysgydwodd eu cwm. Gwyddai am y bedd di-nod a'r bedd llawn gorchest marmor, ill dau wedi tyfu'n angof ers talwm.

Dros fordydd cinio Sul ei phlentyndod, tra oedd ei brawd wedi cael gadael i chwarae pêl-droed, roedd ei mam-gu a'i modrybedd wedi ei siarsio i gadw beddi'r teulu'n daclus. Yno, flynyddoedd ynghynt, ymhlith y staeniau grefi a'r briwsion teisen, addawodd yn ufudd.

Doedd hi ddim yn cofio'r bobl yn ei beddi hi. Roedd yr enwau ar ambell garreg yn atgof o wallt gwyn ac arogl *polo mints*; yn ffotograff sepia o filwr mewn ffrâm; yn bishyn hanner can ceiniog wedi'i stwffio i gledr llaw. Roedd eraill yn ddim ond llythrennau cain a bylodd ers tro yn yr haul. Ond, byddai'n ymweld doed a ddelo; ei haddewid yn staen yng ngwaelod cwpan de'r gorffennol.

Er bod heddiw yn teimlo'n wahanol, yr un oedd y ddefod ofalu ag y bu erioed. Casglodd yr hen flodau a'u taflu i'r domen wrth ymyl y gât. Defnyddiodd frwsh weiars i sgubo'r gweoedd corynnod a'r deiliach i ffwrdd, cyn llenwi'r potyn gyda dŵr o'r tap ar y wal. Estynnodd glwtyn a'i drochi yn y dŵr cyn golchi'r gwenithfaen a chymryd gofal arbennig dros y llythrennau, ond heb sgwrio'n rhy galed rhag pylu'r aur. Gydag ewin ei bawd crafodd y dafnau o fwsogl stwbwrn.

Wrth lafurio'n dawel, allai hi ddim atal ei meddwl rhag crwydro allan o'r fynwent ac i fyny'r ffordd gyflym i'r ysbyty ym Merthyr. Meddyliodd am ei hapwyntiad y diwrnod cynt. Roedd hi wedi gyrru ei hun i'r ysbyty. O feddwl yn ôl, dylai fod wedi gofyn i gymydog fynd gyda hi, neu ei brawd. Ond y gwir amdani oedd doedd hi ddim wedi disgwyl y newyddion a gafodd. Roedd y meddyg a'r nyrs yn ffeind iawn ac wedi esbonio'r cyfan iddi'n drwyadl cyn stwffio bwndel o bamffledi i gledr ei llaw. Roedd wedi nodi popeth yn dwt yn ei llyfr bach.

Daeth at ei choed, gan sniffian yn uchel i atal y deigryn parod. Gosododd flodau ffres yn y potyn yn ofalus, cyn codi gan obeithio y byddai hen wragedd y briwsion yn fodlon. Dychwelodd i'r car, gosod y bag yn ôl yn y bocs yn y bŵt a throi ei meddwl at y fynwent nesaf ar y rhestr yn ei phen. Anwybyddodd y llyfr bach ar y silff barseli wrth gau'r bŵt.

Ac wrth yrru allan drwy'r gât yn araf i'r lôn brysur, gwnaeth addewid arall. Yr un addewid ag a wnâi bob wythnos. Addewid iddi hi ei hun y tro hwn. Addewid mai cael ei llosgi y byddai hi.

Y Forwyn Fair, Pen-rhys

Mae Doli'n dost ac angen maldod. Rwy'n rhoi cwtsh iddi, yn ei gosod ar y gwair ac yn rhoi deilen dafol drosti yn ofalus. Mae hi'n cysgu nawr. Ble mae Siân? Dacw hi draw fan'na, wrth y ffynnon. Rwy'n codi llaw ac mae hi'n chwifio'n ôl, cyn rhedeg draw ata i. Rwy'n hoffi ei ffrog borffor a'r plethi yn ei gwallt. Gobeithio ga i'r ffrog ar ei hôl hi.

Rhedwn nerth ein pennau o gwmpas y cerflun, nes ein bod ni'n teimlo'r bendro ac yn cwympo nôl ar y gwair meddal. Dy'n ni ddim yn siŵr pwy yw hi ond mae Siân yn meddwl mai hi yw Brenhines y Rhondda am fod coron am ei phen. Mae ganddi hi ddoli hefyd, fel fi. Ry'n ni'n dwy'n gytûn fod y ledi'n brydferth iawn ond ei bod hi'n edrych yn drist. Mae hynny'n gwneud i fi deimlo'n drist, felly rwy'n penderfynu peidio edrych arni.

Mae'r haul yn gynnes. Gorweddwn ar y gwair, drws nesa i Doli, a thynnu patrymau o'r cymylau. Rwy'n gweld trên yn tynnu tua'r orsaf; mae Siân yn gweld cornet hufen iâ. Mae Siân ddwy flynedd yn hŷn na fi ac wedi dysgu pethau pwysig imi, fel sut mae gwneud cadwyni gyda'r llygaid y dydd sydd o'n cwmpas ym mhob man, ac o le mae babis yn dod.

Dywedodd Mami wrtha i mod i'n cael chwarae ar y stad ac yma wrth y cerflun ond mod i ddim i fynd dim pellach. O fan hyn rwy'n gallu gweld y tai a'r ceir islaw. Mae'r ceir yn edrych fel *granny greys* ar ôl codi carreg.

'Ti'n gweld y tai yna lawr fynna?' meddai Siân gan bwyntio at un o'r rhesi o dai teras. 'Drws nesa i'r orsaf dân? Dyna le mae Nani fi'n byw, ac mae Bopa Helen yn byw drws nesa. Fi'n mynd draw 'na fory.'

Mae fy nheulu i gyd yn byw tu ôl inni, ar y stad.

Ry'n ni'n rhedeg at y mieri ac yn pigo mwyar duon. Maen nhw'n troi fy mysedd yn goch; sy'n edrych fel gwaed. Maen nhw'n blasu'n sur, sur ond mae Siân yn dweud mai dyna sut maen nhw i fod i flasu a fy mod i'n gwybod dim byd. Mae Siân yn gas weithiau. Wrth gerdded, mae'r *stingies* yn pigo fy nghoes ac mae'n 'nafu lot. Mae Siân yn estyn deilen dafol i mi gael ei rhwbio ar fy nghoes. Mae Siân yn garedig weithiau. Mae fy nghoes i'n dal i 'nafu tamaid bach ond rwy'n ddewr.

Rwy'n anghofio am Doli ac yn meddwl fy mod i wedi ei cholli; ond mae hi'n dal i gysgu o dan y ddeilen. Fe'i codaf hi a brwsio'r gwair oddi arni gyda fy mysedd. Fydd Mami ddim yn hapus os nad ydw i'n edrych ar ei hôl hi ar ôl conan gymaint amdani.

Rwy'n gofyn i Siân, 'Beth wyt ti eisiau bod pan ti'n fawr?'

Mae hi'n dweud, 'Dw i ddim yn gwybod.'

Rwy'n dweud, 'Dw i ddim yn gwybod chwaith.'

Ond rwy'n gwybod. Rwy eisiau bod yn nyrs a chael watsh ar fy mrest.

Ry'n ni eisiau mynd i Siop Rav ar y stad ond does dim arian gyda ni. Mae mam Siân yn dod allan o'r tŷ gyda *tip-tops*. Un glas i mi ac un oren i Siân. Mae'r *tip-top* yn troi fy nhafod yn las. Wrth sugno ry'n ni'n siarad am faint o fabis ry'n ni'n mynd i gael. Mae Siân yn mynd i gael tri – dau wyn ac un du. Rwy'n mynd i gael pedwar – does dim ots gen i ba liw. Bydd gyda ni gar mawr a byddwn ni'n mynd ar wyliau bob blwyddyn i'r garafán yn Trecco Bay. Bydd y plant yn mynd ar fy nerfau weithiau, felly bydda i'n mynd i gael fy ewinedd wedi'u gwneud i gael llonydd.

Cariad **oedd** fy ffrind gorau, gorau yn yr ysgol; a Joanne oedd fy ail ffrind gorau. Ond un diwrnod, daeth Cariad i'r ysgol a dweud ei bod hi'n symud ysgol ac mai dyna oedd ei diwrnod olaf. Doeddwn i ddim yn ei chredu hi, ond, y bore wedyn doedd hi ddim yn yr ysgol. Dywedodd Miss Davies ei bod hi wedi symud i'r ysgol Saesneg. Criais i am ddiwrnodau. Joanne yw fy ffrind gorau yn yr ysgol nawr; a Rebecca yw fy ail ffrind gorau.

Dyw Siân a fi ddim yn ffrindiau yn yr ysgol. Mae Siân yn nosbarth Miss Greenwood a minnau yn nosbarth Miss Davies. Mae ofn Miss Greenwood arna i; mae hi'n gweiddi lot yn y gwasanaeth. Mae Miss Davies yn edrych fel yr haul. Mae hi'n dweud fy mod i'n dda am dynnu llun. Ond dydw i ddim mor dda â Greg. Mae Miss Davies yn dweud bod angen imi ymarfer fy llawysgrifen. Rwy'n cymysgu rhwng 'b' a 'd' o hyd; 'b' am babi; 'd' am doli; mae hynny'n anodd.

Yng nghanol iard yr ysgol mae coeden enfawr; 'castanwydden' meddai Miss Davies. Y goeden yw'r man cyfri pan fyddwn ni'n chwarae cuddio a'r cri pan fyddwn ni'n chwarae tag. Weithiau, ry'n ni'n casglu'r concyrs sy'n cwympo o'r goeden. Yna ry'n ni'n mynd â nhw 'sha thre at ein dadis i gael eu gwneud nhw'n galed, galed ac i roi lasyn drwyddyn nhw. Mae Dadi yn eu dipio nhw mewn farnais. I'r rheiny heb dadi, maen nhw'n gofyn i Tony eu helpu nhw gyda'r concyrs.

Tony yw gofalwr yr ysgol. Mae gyda fe oferôls glas a dwylo cawr. Heblaw am helpu gyda'r concyrs, ry'n ni'n hoffi ei wylio yn rhoi awch ar ei gyllyll ar stepen yr ystafell terapin ac yn llosgi papurau yng nghornel bellaf yr iard. Dyw Tony ddim yn siarad Cymraeg ond mae'n gwenu bob amser ac wrth ei fodd pan ry'n ni, blant, yn helpu.

Weithiau, bydd potel blastig yn chwythu o dan y gât i'r iard. Wedyn, bydda i a fy ffrindiau yn estyn darn o bapur a phensel ac yn ysgrifennu nodyn bach a'i stwffio i'r botel. Rebecca fydd yn ysgrifennu'r nodyn fel arfer; hi sydd orau am sillafu. Yna, byddwn ni'n taflu'r botel dros y ffens i'r afon. Byddwn ni'n dychmygu bod rhywun mewn lle egsotig fel Jamaica neu Gaerdydd yn ei ffeindio hi ac yn darllen ein neges. Rwy'n hoffi mynd i'r ysgol.

'Fi'n gorfod mynd 'sha thre nawr,' meddai Siân. 'Mae Lloyd nôl gartre a ni'n cael parti.'

Rwy'n hoffi partis ond ches i ddim gwahoddiad. Ga i'r hanes gan Siân yfory.

Mae Doli a fi'n gorwedd ar y gwair yng nghysgod y ledi drist. Mae ei choron yn edrych yn drwm am ei phen. Rwy'n breuddwydio am sut beth fyddai bod yn frenhines. Byddwn i'n dweud bod yn rhaid i bopeth yn Siop Rav fod am ddim a dim ond yn rhoi pobl ddrwg yn y *jail*. Byddwn i'n gwisgo ffrog aur a phinc; a *tiara* sy'n bertach na choron.

Daw Mami i fy ôl i a Doli. Wrth afael yn ei llaw rwy'n gofyn iddi,

'Gawn ni jips o'r siop jips i de?'

Dyw Mami ddim yn ateb; ond mae'n gwasgu fy llaw yn dynn, dynn.

Comin Gelligaer

Ar y comin 'yn ges i'n macu. Ma'n anian i yn y gwynt sy'n 'wipo a 'ngarna' i'n ddwfwn yn y pridd. Fi'n napod pob redynen a phob carreg; pob llyn a phob claish. Fan 'yn ni 'di bod ariôd.

Welws fy ngyndeidia' wŷr yn gosod seilia' Capal Gwladus ac yn claddu yng Ngarn Bugal. Ro'n ni 'ma pan godws Rhufeinied eu 'ewl o Gelligêr i Abarysgir. Welson ni dorri co'd a chwnni tyrra' dur. Ni 'di bod fan 'yn ers cyn co'.

'Co Cwm Rymni lowr fynne. Welwch chi'r afon? A'r llwybyr 'ne'n troi lowr 'sha Deri? A lan mynno ma' Fochriw a Phontlotyn. A drew yn y pelltar, tu drew i Ffos y Frên, ma' Dŵlish a thre Merthyr.

Welwch chi'r barcut coch 'ne? 'Co fe'n 'wylo lowr am Gwm Taf Bargod; draw 'sha Mynwent y Crynwyr, lle ma'r afon yn troi'n ddisymwth fal penelin ffidlar. Chi'n gweld lot ohonyn nhw dyddie 'yn. Welwch chi'r tai 'na? Y resi 'ir yn croci'r tir? A'r ceir bêch yn cyrchu 'sha bleina'r cwm?

Wrth gwrs ma' ddi'n lês lowr yn y cymydd 'na nawr. Dim byd ond glesni a sglein pontydd newydd, reit draw at y Banna'. Ma'r aer yn lanach ac anadlu'n rhwydd. Pan reda i nerth 'y men drew at dopia' Bedlinog, ma'r gwynt yn brêf yng nghudynna' 'ir yn fwng i. A'r awyr yn llawn cymyla' can.

Ond, dim wel 'na o'dd petha' wrth gwrs, pan o'n i'n ebolas. Odd y brynia' 'na'n ddu 'slawer dydd, yr afonydd yn gopor, a'r aer yn drwm o luwch a sylffer. A'r bopol yn fishi. Dim ar y comin 'yn wrth gwrs. Dim y'n comin ni. Ni'n ry glou i'r düwch lan fan 'yn. Ry uchal. 'Di bod 'ma ers cyn cwnni'r glo.

Ond trodd y dilo bishi'n secur, ac yna'n 'en. Welson ni bacad Edgar Evans yn cerad i'r seiat tanllyd tu fa's i'r Station Hotel. A gwracedd yn cwnni torcha' a thowlu gwyngalch. Ni'n cofio moch y sgabs yn cael 'u ryddau i'n comin ni, i farw.

Glwon ni'r ymdeithgan, y band *jazz* a'r gymanfa yn cwnni o'r pentra ishlaw. Ni'n cofio areth Hardie a MacDonald, a phreceth Evan Roberts; gwrichion eu poer yn tascu i'r nen. 'u gîra tên yn cyrradd y Comin.

Welwch chi'r coidydd drew fynna? Y pinwydd sy'n griba cyman ar y llethra' uwchpen Pontlotyn? Milodd o resi brwd. Ond gwamal yw 'u gwreiddia'. Dicon 'ewdd fydda'u torri lawr. Yna, raid ailblannu, aildyfu 'to. Pidiwch â drysu rwng y resi 'yn a'r bedw a'r cyll, sy'n cwato yng ngeseilia'r cwm. Y deri annipen sy'n llety i'r adar gwyllt. 'u gwreiddia'n ddwfwn yn y fforest.

Ac os wnewch chi gewcu, welwch chi siwd ma' rai brynia' ishlaw yn dishgwl yn wahanol. Ar yr olwg ginta', ma' nw'n dishgwl fal 'u bytis. Ond ma'r rein yn wanol. Ma'r llethra'n sythach ac yn cwnnad fesul cam 'sha'r copa. Ma'r copa'n wastad ar bob un, fal talcan iêr. A ma' rai yn uchal, uchal. A dy'n nw ddim yn wyrdd. Ma'r gwair arnyn nw'n felyn, fal alga ar lyn. Pidwch angofio, da chi. 'S'dim gwreiddia' sad yn y pridd 'na. Nid craig yw e, ond slag.

Clara

Mae'r gair 'safon' wastad wedi fy mlino fel llawer awdur arall neu un sydd wedi gorfod pennu beth yw ei ystyr yn aml mewn stafell ddosbarth neu brifysgol. Beth yw darn o lenyddiaeth dda? Pa fath o ffon fesur sydd gan y sawl sy'n darllen i benderfynu sut mae un darn yn rhagori ar ddarn arall. Yn aml, mae e mor amwys neu mor bendant â dod i deimlo ias neu deimlad perfeddol ynghylch darn o waith. Yn y diwedd, daw yn fater o reddf, o ymdeimlo i'r byw gyda'r hyn sy'n cael ei ysgrifennu. Dylwn nodi hefyd nad yw'r gystadleuaeth hon fel y lleill yn y *Rhestr Testunau*. Chwilio a wnaiff hon am ddawn y dylid ei hannog a'i meithrin ymhellach.

Cystal bod yn gryno, felly, wrth drafod saith o'r cynigion a ddaeth i law, a hynny mewn maes go amrywiol o ran llenddulliau gwahanol. Hyfryd hefyd yw datgan eu bod oll yn ddarllenadwy ac yn llawn haeddu cael eu gweithiau, gyda thwtsh o awgrymiadau golygyddol, wedi eu cyhoeddi. Ond mae'n bwysig nodi mai creadigaethau crai a geir yma a hwyrach y bydd y rhan fwyaf am wirio eu gwaith neu efallai ymestyn yr hyn sydd yn flaenffrwyth digon blasus. Mae'n deg dweud i bob ymgeisydd lwyddo i greu rhywbeth gwerth ei ddarllen. Rhaid oedd dewis un, gwaetha'r modd, i gamu ymlaen gyda'r wobr fentoredig gan obeithio na fydd y lleill yn digalonni. Yn hytrach, gobeithio yr ânt ati gyda mwy fyth o blwc i hogi eu doniau.

Nodaf yn unigol yn ôl trefn agor y pecyn, wedi i'r post gyrraedd gyda'i addewid am bethau da.

Hen Het: Pennod gyntaf nofel a rhan o bennod a ddaw yn nes ymlaen yn yr un stori a gafwyd. Mae'r ysgrifennu yn llyfn a'r mynegiant yn ardderchog. Braidd yn araf yw'r symud ond cawn ddod i adnabod y prif gymeriad drwy ei ffordd hi o oedi ar ryw bethau ac mae yna ymgolli llwyr yn synnwyr o le, a'r goedwig fach. Cawn ein tywys gan y lladmerydd ac mae'r iaith yn goeth, yn gyforiog o linellau hudol o farddoniaeth; yn wir, mae'n llawn swyngyfaredd, e.e. 'gwrandawai'r coed yn amyneddgar. Ar bopeth. Clywai ymatebion a chynghorion ei chwnselwyr ar y gwynt, rhwng y canghennau ...' Dyma ddarn godidog, cywrain, a dirgelaidd hefyd ar yr un pryd – un yr ewch ato droeon i geisio datod y stori dynn sydd yma. Roeddwn i'n falch o ddarllen ar dop y dudalen mai pennod gyntaf nofel a rhan o bennod a ddaw yn nes ymlaen yn yr un stori sydd yma. Mae hynny'n esbonio'r ambell bendroni ynghylch y darn(au). Rhagorol yw yn wir. A does dim eisiau dweud 'bod yr wythnosau yn hunllefus' am eu bod yno ynghudd yn llais y lladmerydd. Da chi, daliwch ati i gwblhau'r nofel.

Nant y Mynydd: Mae'r cerddi cychwynnol yn ddigon difyr ond mae gorddibyniaeth ar odli yn achosi ychydig o syrffed weithiau a'r cerddi o'r herwydd yn weddol drafferthus wrth ragweld yr odlau ar ddiwedd llinellau. Ond wedi symud oddi ar y cerddi, down at wir ddawn yr awdur gyda darn o ryddiaith sydd yn ddwys, yn hynod afaelgar ac yn dangos bod yma awdur sydd yn medru creu portread cofiadwy – mae'n haeddu bwrw ymlaen gyda'r gwaith hwn. Awgrymaf mai dyma gryfder y llenor, gyda'r monologau rhwng y fam ac Eurgain yn rhai tyner a dirdynnol wrth i'r fam a'r ferch arllwys eu hofnau dyfnaf. Clo pwrpasol hefyd i'r darn.

Clara: O'r munud cyntaf o ddarllen ychydig linellau, fe wyddwn y cawn fy nhywys gan un a oedd yn medru heb fawr o ymdrech i'm tywys i ba le bynnag y dymunai ... 'Mynwent Edwardsville' yw teitl y darn cyntaf ac yn wir mae'n rhyfedd meddwl mor ddiddorol y gall darllen am fynwentydd fod! Byddai'r darn hwn yn sicr yn apelio at y rhan fwyaf o ddarllenwyr Cymru, o bob oed am wn i. Mae'r manylder yn cyfoethogi'r darn a dim ond gyda'r diweddglo y cawn gip efallai ar yr obsesiwn am fynwentydd ond mae'r clo yn annisgwyl a fedra i ddim penderfynu a yw'n gweithio neu beidio. Ond fe wnaeth imi chwerthin o leia. Llonni wnes o ddarllen yr ail a'r drydedd stori a'r amrywiaeth cywair. Am ei bod yn siarad fel plentyn, yn yr ail, mae yna ddoniolwch naturiol y plentyn yn disgleirio ac yn argyhoeddi'r darllenydd. Yn yr un modd, mae 'Comin Gelligaer' yn chwip o ddarlun o ardal a'r dafodiaith soniarus yn rhoi talp o hanes hefyd gydag ambell enw fel Hardie a MacDonald ac Evan Roberts yn ymddangos. O, rwy wedi ffoli'n llwyr ar yr amywiaeth gyfoethog sydd yn y tri darn hyn.

Cylchoedd Goleuni: Dyma ddarn godidog. Ragdi ac Eurliw a Siân. Roedd y peth yn dod yn fyw a chredadwy fel yr âi'r stori yn ei blaen. Mae sawl doli yn cael ymddangosiad yn y darnau eleni, dwn i ddim pam ond nid yw'r naill ddoli na'r llall yn gwirioni'r un fath. A dyna a geir gyda Ragdi ac Eurliw a gyda Siân, y ferch fach yn siarad ac yna caiff Ragdi ymateb. Yn wir, mae Ragdi'n gwneud llawer mwy na hynny ac yn llwyddo i wneud triciau, rhyw ystrywiau i fwrw'r byd oddi ar ei echel, a daw canlyniadau anffodus wrth i'r anturiaethau ddigwydd. Wrth gwrs, mae'n fwy na stori rhwng dwy ddol a phlentyn ac yn y bôn mae'n ddameg o ddarn sydd i mi yn haeddu ei pherfformio fel drama. Drama yw hi mewn gwirionedd ac mi fyddai'n gwneud drama a allai ddiddanu pob oed. Mae'n chwip o ddrama, felly: yn orffenedig ddwedwn i, bron nad oes angen rhyw lawer o olygu arni. Unwaith eto, y gwewyr yw hyn: 'ysgoloriaeth i hyfforddi llenor neu fardd'. Wrth ddarllen y darnau, rwy'n gorfod pwyso a mesur hyn. Ac mae'r gwewyr yn parhau.

Sali Mali: Mae yma gnewyllyn stori ond mae'n cymryd ychydig o amser i'r darllenydd geisio deall beth yw rhediad y stori yn 'Terfynau'. Yn sicr y mae terfynau yma mewn modd arall, a'r ysgrifennu weithiau yn llafurus. Ceir cychwyn da i'r stori a'r ddeialog rhwng Myfanwy ac Ann ac mae ymatal rhag dweud gormod yn rhoi mwy o awch i'r darllenydd gael gwybod beth sydd wedi digwydd. Ceir cyffyrddiadau gwirioneddol dda ond fel cyfanwaith nid yw'n cydio nac yn cyffroi y darllenydd i fyfyrio yn ddigonol uwchben thema'r cyfan. Ond mae yna bosibiliadau gwych o gadw ati gyda'r egni a'r addewid a geir yma. A daw mwy o ystwythder i'r arddull o barhau i gyfansoddi.

Mwyalchen: Yn sydyn reit mae mwyalchen yn fy nghyfareddu a'i chân yn fy argyhoeddi o'i dawn ddibetrus. Ystyriwch frawddeg fel hon: 'Gall rhywun newid o fod yn gyfarwydd i rywun estron mewn cwpwl o frawddegau.' Digwydd y frawddeg yn sgil cwrdd â rhywun a rhyfeddu at sylw a sylwadau cymeriad yr oedd yn credu iddi ei hadnabod yn dda. Mae'n gwybod pryd i fod yn gwta a phryd i ddwysáu ei harddull. Hyd yn oed wrth dderbyn cwpaned dywed ei bod yn ei derbyn fel petai'n 'wobr o fri'. 'Yr oedd hi angen hwn heddiw. Yn ei haeddu o,' meddai wedyn. A minnau wedi ymgolli yn llwyr yn stori Sioned a chael fy nghyffroi. Mae'r darn am ei thad yn amlygu ei hun ac mae'r diweddglo yn fy argyhoeddi o bwysigrwydd gorffen y stori hon. Ai dwy stori ydyn nhw neu ran efallai o rywbeth mwy fel nofel? Mae'r cymeriadau'n fyw a minnau yn awchus am i'r awdur gael cyfle i fwrw ymlaen gyda'i dawn.

Mwy a Mwy: Mae hwn yn ddarn hynod o awgrymog a'r arddull yn llyfn wrth gwestiynu a cheisio cyfleu sefyllfa o wacter a diflastod. Ceir tor calon ond mae yna ymgais gan y prif gymeriad i hawlio'r hyn a ddigwyddodd mewn tair ffenest fel petai. Yn y darn cyntaf, cawn ein harwain at geisio mesur beth yw colled, hyd yn oed ymgais i ddychmygu beth fyddai isafbwynt pethau yn ôl y golau ac mae yna frawddeg ysgubol sy'n dweud: 'Dw i ymhen draw fy ogof, yng nghoflaid y cysgodion.' Mae'r ail ffenest hefyd yn ddadlennol, a'r tor berthyn yn dod i'r amlwg tra bo'r drydedd ffenest yn canolbwyntio ar 'gwestiynu o'r tu allan iddo/iddi' ac yn fonolog ddirdynnol. Bron nad yw hon yn ddrama radio – efallai y gall ddatblygu'n ddrama maes o law. Mae'n gofiadwy ond mae'r gwaith yn denau; cwta tair tudalen yw. A'r stori heb ei datblygu'n ddigonol i ysgwyd y darllenydd. Daliwch ati wir. Falle, eto, mai monolog estynedig ddylai hon fod.

Mae yna dri sydd yn aros yn y cof ac yn gwrthod â'm gadael. Hynny yw'r hyn sy'n gwneud darllen mor bleserus ond beirniadu mor boenus. Y tri mwyaf cyffrous a ddarllenais a llawenhau at ddyfeisgarwch eu cyfansoddiadau oedd *Cylchoedd Goleuni, Mwyalchen,* a *Clara.*

Ond wedi pendroni'n hir, rhaid oedd cydnabod mai casgliad *Clara* a'm cyffrôdd fwyaf. Mae yma un sy'n medru saernïo stori yn gelfydd ac mae'r ffaith i'r tair stori a gyflwynwyd fod mor wahanol i'w gilydd yn dangos ehangder arddull a chynnwys. Ac o dafodiaith i iaith lenyddol i hanes ardal, dengys yr ymgeisydd ddawn ddiamheuol i gyflawni gwaith gwefreiddiol ac amlweddog. Gobeithio wir y daw cyfrol o storïau byrion rhwng dau glawr yn fuan o law yr awdur hwn.

Gwobr Stori Fer Tony Bianchi, hyd at 3,000 o eiriau:

Ar gyfeiliorn

....

MAE HI WASTAD YN BRAF YN WRECSAM

Rhwystredigaeth oedd y prif emosiwn roedd Angharad yn ei deimlo. Ai emosiwn yw rhwystredigaeth? Ni wyddai Angharad yr ateb. Arweiniodd hyn at gynnydd yn ei rhwystredigaeth.

'Rhwystredigaeth!' gwaeddodd.

Trodd pawb i edrych arni.

'Rhwystredigaeth?' gofynnodd Wil.

'Yn union!' atebodd Angharad.

Edrychodd aelodau Pwyllgor Codi Arian Rhosllannerchrugog ar ei gilydd mewn penbleth. Nid fel hyn oedd codi arian.

'Alli di ymhelaethu o leia', Angharad?'

Doedd Angharad ddim yn siŵr os gallai, mewn difri. Ond roedd hi wedi ymrwymo rŵan, felly rhygnodd ymlaen.

'Dydan ni ddim digon uchelgeisiol. Sgen i'm byd yn erbyn boreau coffi, emynau na bingo ... wel i fod yn hollol onest dw i'n meddwl bod bingo yn warthus ...'

Ocheneidiau o sioc o amgylch y bwrdd.

'Ond ta waeth, yr hyn dw i'n ddeud ydy bod angen meddwl yn fwy. Mae angen anelu'n uwch, bod yn fwy uchelgeisiol. Eisteddfod 2024 ydy hon, nid 1924, er mwyn Duw!'

Roedd Angharad yn ymwybodol ei bod yn mynd dros ben llestri. Cofiai drafod yn union hyn yn ei sesiwn therapi ddwytha', ei harferiad o adael i ryw emosiwn ddal ynddi, rhoi ei dannedd ynddi, a hithau'n gwbl ddiymadferth yn wyneb ei rym. Ond, roedd wedi ymrwymo.

'Diolch, Angharad. Mae'n iawn i ti rannu dy deimladau, ond os wyt ti am feirniadu syniadau pobl eraill, mae angen i ti ddarparu rhai dy hun. Felly, be sgen ti?'

Be *sydd* gen i? Y gwir oedd nad oedd ganddi unrhyw beth. Byrfyfyriodd.

'Oce, iawn, Steddfod yn Wrecsam. Steddfod yn Wrecsam. Steddfod yn Wrecsam! Be am ofyn i Ryan a Rob wneud fideo i helpu ni i godi pres?'

Diolch, ymennydd.

'Sut fath o fideo?'

'Wel, rhywbeth Cymraeg ynte, maen nhw'n gefnogol yn tydyn?'

'Ydyn tad!' meddai Mr Huwi. Roedd Mr Huwi yn 93 oed, ond yn ymfalchïo yn y ffaith ei fod yn ŵr modern. 'Mi a welais fideo ohonynt yn siarad yr hen iaith ar yr hen Dwitter! Mae'r syniad hwn yn un ysblennydd. Eiliaf ef.'

'Eiliaf innau ef hefyd,' meddai ei elyn pennaf, Mrs Goryswallt.

'Allwch chi ddim eilio rhywbeth sydd wedi ei eilio yn barod, yr het wirion,' meddai Mr Huwi.

'Gallaf tad,' meddai Mrs Goryswallt.

Trodd y cyfarfod yn ffrae, yn ôl ei arfer. Ond goroesodd y syniad.

•

'*Rob, dw i ar set, gwna fo'n gyflym.*'

'*Mae gen i gath yn fy wal.*'

'*Nac oes, ond be alla i wneud i ti, gyfaill annwyl, annioddefol?*'

'*Dw i wedi cael yr e-bost od yma gan grŵp efo enw wnei di ddim ei gredu.*'

'*Yr enw?*'

'*Pwyllgor Apêl Rhosllannerchrugog.*'

'*Haha! Ond o ddifri, be wyt ti eisiau?*'

'*Dyna oedd fy union ymateb i yn wreiddiol. Ond gwranda ar hyn – mae o'n un go iawn. Mae'r lle ma'n bodoli, mae o drws nesa i Wrecsam.*'

'*Rhees ... Cl ... Rhu ... dweud yr enw eto.*'

'*Rhosllannerchrugog.*'

'*Waw.*'

'*Iep. Maen nhw'n gofyn i ni wneud fideo i helpu nhw godi arian i'r* Eisteddfod Genedlaethol.'

'*Ah, ie, dw i wedi clywed am hyn, pobl yn canu, dawnsio?*'

'*Canu, dawnsio, llawer mwy. Gwranda, dw i'n credu dylem ni wneud hyn. Mae potensial. Yr oll sydd angen i ni wneud ydy defnyddio 1% o'n talent, canu rhywbeth lled-ddoniol, a mi ddaw â sylw i Wrecsam. Ti mewn?*'

'*Wrth gwrs.*'

'*Gwych, fe wna i gysylltu â Max i sortio'r manylion.*'

'*Ryan out.*'

'*Rob ...*' *Brrrrrrr.*

'*T'R DIAWL Â THI, RYAN REYNOLDS, TI BYTH YN GADAEL I MI ORFFEN.*'

•

Teimlai Angharad yn smŷg. Yn wir, petai smygrwydd yn berson, ei henw fyddai Angharad. Cymerodd ei hamser, er mwyn mwynhau'r foment i'w heithaf.

'Angharad, dywedoch fod gennych chi ddiweddariad parthed eich syniad?'

'Fe wnes i ddweud hynny do?'

'Do,' ebe Wil.

'Fy syniad? Y syniad wnes i ei gynnig yn ein cyfarfod diwethaf?'

'Ia,' ebe Wil yn ddiamynedd.

'Ah, wrth gwrs, dw i'n cofio rŵan. Fe wnes i gysylltu â Rob, yn dilyn derbyn cymeradwyaeth y pwyllgor. Fe atebodd.'

'A be ddudodd o?'

'Rwy'n dyfynnu. *Annwyl Angharad. Hoffwn ddiolch i Bwyllgor Apêl Rhosllannerchrugog am gysylltu â mi yn ddiweddar. Byddwn i a Ryan yn hapus i gefnogi Pwyllgor Apêl Rhosllannerchrugog yn eich amcanion. Os wnewch chi yrru dolen i ni i gyfeirio darpar gyfranwyr Pwyllgor Apêl Rhosllannerchrugog tuag ato, fe wnawn ni ein gorau i'ch cynorthwyo. Yr eiddochrugog yn gywir, Rob.*'

'Hwre!' meddai Mr Huwi.

'Gwych, Angharad. Alli di sefydlu modd i bobl gyfrannu ar-lein, a'i yrru draw iddynt? Diolch. Diwedd y cyfarfod.'

•

'Helo! Myfi yw Robat!'

'A myfi yw Reian! A gyda'n gilydd ni yw ...'

'Robat a Reian!' meddai Rob.

'Reian a Robat!' meddai Ryan.

Edrychodd y ddau ar ei gilydd a gwenau anferthol ar eu hwynebau, a phwyntio at ei gilydd fel ffyliaid. Roedden nhw'n gwisgo rhyw ffurfiau ar wisgoedd traddodiadol, ac roedd Ryan yn gwisgo het gennin Pedr. Roedd Rob yn gwisgo het llwy garu, y llwy lipa yn llorweddol ac afresymol o hir, ac yn taro'i gyfaill yn ei ben bob tro roedd o'n troi.

'Beth am gân fach, Reian?'

'Syniad da, Robi!'

Mwy o bwyntio a tharo llwy garu ddamweiniol.

'Un, dau, tri ...'

Dechreuodd y gerddoriaeth, alaw 'Blodwen a Meri' gan Ryan a Ronnie.

'Robat a Reian o gyfandir Amerig,
Yn cerdded un bore yn yr heulwen,
Cymru a Wrecsam o ... Gymru a Wrecsam yn gweld Robat a Reian,
Yna fe ddaeth serch!

'Gwenodd y blodau a chanodd y clychau,
Eu harmoni'n llifo lawr y dyffryn,
Robat a Reian a Chymru a Wrecsam,
Yn llonni bod cariad wedi curo'r ddôr!

'Allan i'r caeau a sŵn y rhaeadrau,
Aeth Robat a Reian a'u cariadon,
A nawr cyn hir fe ŵyr pawb mai y gwir,
Mae Clwb Pêl-droed Wrecsam yn mynd i'r Uwchgynghrair!'

O fewn awr, roedd y fideo wedi cael ei wylio chwe miliwn o weithiau, ac roedd Pwyllgor Apêl Rhosllannerchrugog wedi gosod record newydd am y swm mwyaf o arian a godwyd gan bwyllgor apêl.

•

'Mae'n bleser gan Bwyllgor Apêl Rhosllannerchrugog groesawu Prif Weithredwr yr Eisteddfod Genedlaethol, Blodeuwedd Abraham, atom heno. Croeso!'

Clapiodd pawb yn frwdfrydig.

'Diolch yn fawr, Wil, mae'r pleser i gyd yn eiddo i mi. Dw i yma heno i ddiolch i chi o waelod calon am yr holl arian rydych wedi ei godi. Faint ydy o erbyn hyn?'

'Gadewch i mi edrych faint o arian mae fy syniad wedi ei godi hyd yma,' meddai Angharad. 'Dau gant ac unarddeg mil, wyth gant a naw deg chwech.'

'Ffocin hel.'

'Mr Huwi! Golchwch y geg fudr yna gyda sebon!'

'Sorri.'

'Mae gen i ddarn arall o newyddion,' meddai Angharad ag ymffrostiad bellach nodweddiadol. 'Mae Rob a Ryan wedi cynnig perfformio'r gân ar Lwyfan y Maes yn ystod yr wythnos.'

Ebychodd pawb ar yr un pryd.

'Mae hynna'n lefel nesaf Angharad, da iawn.'

'Diolch, Mr Huwi.'

'Waw. Dw i'n gegrwth. Diolch, Angharad, fe wna i drafod hyn yn y cyfarfod Bwrdd nesaf, a gadael i chi wybod beth yw'r consensws.'

'A gaf i ddweud rhywbeth, os gwelwch yn dda?' gofynnodd Wil. 'Mae'r sylw mae hyn oll yn ei dderbyn ar y cyfryngau cymdeithasol yn ddigynsail. Onid oes risg bod hyn yn cynrychioli her logistaidd anorchfygol?'

'Cau dy geg, Wil,' meddai pawb yn eu pennau, a Mr Huwi ar lafar.

•

Atebodd Angharad y ffôn. Ei ffrind, Ffion, oedd yno. Yr hen Ffiffi.

'Iawn, Ffi?'

'Ti wedi gweld tudalen flaen y *Guardian* fory?'

'Wel naddo siŵr, dw i methu gweld y dyfodol 'sdi.'

'Maen nhw'n cyhoeddi nhw'r noson cynt dydyn. *Hold on*, fe wna i yrru fo draw rŵan ... ti 'di gael o?'

'O. MAI. GOD.'

Syllodd ar ei sgrin mewn anghrediniaeth.

'Yn union!' meddai Ffion.

'*National Eisteddfod Goes Global*. Dyna mae o'n ddeud 'de? Dw i ddim yn dychmygu hyn, nadw?'

'Wel os wyt ti, dw i hefyd! Mae'r erthygl hyd yn oed yn sôn am Bwyllgor Apêl Rhosllannerchrugog.'

'Ydy o'n fy enwi i?'

'Ymm, nadi, jest y pwyllgor. O, a Blodeuwedd Abraham.'

Gwgodd Angharad.

'Ond mae hyn yn *amazing*, Anj! Ti wedi rhoi Cymru ar lwyfan y byd! Ma siŵr dy fod ti'n teimlo mor *proud*?'

Rhoddodd Angharad y ffôn i lawr, a rhechodd.

●

Roedd Blodeuwedd yn poeni. Crychodd ei thalcen, ac edrych eto ar y ffigyrau yn yr adroddiad. Nid oedden nhw'n newid, dim ots faint o weithiau y craffai arnynt. Aros yr un fath oedd yr arwyddocâd hefyd. Roedd yr Eisteddfod mewn trwbl.

Gan nad oedd yr ŵyl wedi wynebu sefyllfa debyg o'r blaen, doedd hi ddim yn hawdd cyfrifo'r effaith fyddai'r sylw rhyngwladol yn ei gael. Ond hyd yn oed pe bai'r amcangyfrifiad gwylaidd o faint o'r bobl oedd yn honni eu bod nhw am ymweld yn gywir, byddai lonydd dinas Wrecsam yn cael eu tagu.

Dychmygodd glot bach yn mynd yn sownd yn un o rydwelïau ei chalon, gan achosi straen difrifol a chynnydd mewn pwysau nes Bang! Curodd ei chalon mewn protest yn erbyn y ffasiwn ddychmygu brawychus. Shh, meddai Blodeuwedd wrth ei hymennydd – dydy hyn ddim yn helpu.

Penderfynodd ffonio Angharad. Ei syniad hi oedd hyn, efallai ei bod hi wedi rhagweld effaith ei chynllun anghyfrifol.
'Helô? Angharad? Blodeuwedd sydd yma, sgen ti funud?'

'Gad i mi ddychmygu. Ti wedi sylwi bod yr Eisteddfod mewn trybini, ac yna yn fy ffonio i er mwyn defnyddio fy ngallu i ddatrys y sefyllfa. Wel anghofia am y peth, yr hŵr!'

Pobl od oedd pobl Rhosllannerchrugog, penderfynodd Blodeuwedd.

●

Doedd lonydd o amgylch Wrecsam erioed wedi gweld unrhyw beth fel hyn o'r blaen. Roedd ciwiau o filltiroedd ar bob un. Y ffordd i'r gogledd oedd y broblem fwyaf, gan fod y ciw hwnnw'n mynd yr holl ffordd i Gaer, gan ddod â'r ddinas honno i stop.

Doedd y ffaith bod ambiwlansys yn methu â chyrraedd Ysbyty'r Faenol ddim yn ddelfrydol chwaith. A dim ond dydd Gwener oedd hi, doedd y Steddfod heb ddechrau eto.

Doedd ffôn Blodeuwedd heb stopio canu trwy'r bore. Yn waeth na hynny, roedd hi'n cael galwadau cyson *tra* roedd hi ar y ffôn, oedd yn niwsans. Roedd hi eisoes wedi trafod â'r heddlu, adrannau trafnidiaeth nifer o awdurdodau lleol, prif weithredwyr ysbytai, heb sôn am y galwadau blin gan ffermwyr a'r ceisiadau cyson am sylw gan y wasg. Roedd sôn bod y carafanwyr yn y broses o sefydlu undeb er mwyn ceisio cael ad-daliad, er nad oedd hynny'n gwneud unrhyw synnwyr. A phawb yn ymddwyn fel mai ei bai hi oedd y sefyllfa!

Reit, meddai wrthi hi ei hun, mae angen cyfres o benderfyniadau. Dyma ydy'n swydd i.

Penderfynodd y canlynol: cylchredeg neges i'r wasg yn gofyn i bobl gadw draw nes bod y sefyllfa dan reolaeth. Gofyn i gynghorau ganfod datrysiad ar gyfer sicrhau bod yr heddlu a'r gwasanaeth iechyd yn gallu mynd o un lle i'r llall. Gorchymyn bod pobl hanfodol yn cael blaenoriaeth o ran cael mynediad i'r Maes.

Ond be am y cyngerdd agoriadol? Roedd cryn edrych ymlaen wedi bod at 'Cantre Tryweryn', sioe gerdd annisgwyl a oedd yn cymharu boddiannau enwocaf Cymru. Mi fyddai'n rhyfel cartref petai hwnnw'n cael ei ganslo. Gallai hi drefnu bod unrhyw un a fyddai'n methu cyrraedd yn cael taleb fwyd neu rywbeth. Cyn belled â'u bod nhw'n gallu profi eu bod nhw wedi gwneud 'ymdrech onest' i gyrraedd, wrth gwrs.

Y penderfyniad olaf cyn ystyried be i'w wneud ynghylch Maes B oedd gyrru'r neges ganlynol at Angharad: 'Ti'n mwynhau hyn yn dwyt?'

Chwarddodd Angharad wrth dderbyn y neges. Aeth i'r ffrij i nôl cwrw arall.

•

Doedd gwylwyr S4C ddim yn hapus. Ond doedd eu dicter ddim yn agos at gyrraedd lefelau'r hyn a deimlai rhieni'r holl blant oedd yn methu cystadlu oherwydd yr hyn oedd bellach yn cael ei gyfeirio ato yn y wasg fel *The Wrexham Jogjam*. Heb sôn am deimladau'r corau a'r bandiau pres.

'Roedden ni wedi bod yn paratoi am hyn ers blwyddyn. Blwyddyn!' sgrechiodd Malcolm Meredydd ar y swyddog traffig ar yr A5 ger Llangollen. Doedd ei gar heb symud ers awr.

'Dim byd alla i wneud, syr,' atebodd y swyddog yn swrth.

'Mi wnaiff y Steddfod ddifaru gwneud gelyn o Fand Pres Llanuwchllyn!'

Fe brotestiodd Malcolm a'i gyd-deithwyr yn yr unig ffordd a wyddent, trwy chwarae eu hofferynnau. Atseiniodd yr alawon lawr y lôn fyglyd, grasboeth, gan greu sŵn gwirioneddol aflafar wrth gyfuno ag udo blin y cyrn.

Ar yr un pryd roedd Blodeuwedd yn ceisio ateb y cwestiwn roedd ei hymennydd wedi penderfynu ei ddiddanu ei hun ag o er mwyn ceisio osgoi ystyried be i wneud am y miloedd o Americanwyr a Saeson oedd ar y Maes yn bloeddio, 'English!' ar y stondinwyr. Dyma oedd y cwestiwn: a oedd y ffaith bod y gyflafan hon yn digwydd ar y dydd Sadwrn cyntaf brafiaf yn hanes y Steddfod yn cyfri fel eironi?

Amharwyd ar ei myfyrdodau gan ddynes flin iawn. Ai mwg oedd hwnna'n dod allan o'i chlustiau, ynteu a oedd Blodeuwedd yn gweld pethau?

'Chi. Chi ydy Blodeuwedd, ie?'

'Euog.'

'Mae gen i rywbeth i'w ddangos i chi.'

Aeth y ddynes i'w bag ac estyn ei ffôn.

'Edrychwch ar hwn.'

Gwelodd Blodeuwedd fideo o ryw ddwsin o blant yn wylo mewn bws mini.

'Trist iawn,' meddai.

'Dyma oedd y tro cyntaf i Ysgol Gynradd Ffordd Celyn gael cyfle i gystadlu mewn Eisteddfod. Yn hytrach na chael canu fel angylion, mae Angela wedi cael damwain ac mae Bili wedi dechrau bwyta pryfaid wnaeth o ddarganfod ar y bws. Diolch yn fawr.'

Trodd ar ei sawdl a cherdded i ffwrdd â chasineb yn ei chalon.

Crynodd ffôn Blodeuwedd. Neges gan un o swyddogion y Steddfod. 'Mae Cymru Fyw wedi cysylltu, dweud bod S4C wedi derbyn y nifer uchaf o gwynion erioed mewn un diwrnod. Be 'di'r lein?'

'Blydi Cymru Fyw!' gwaeddodd, wrth i un o ohebwyr Cymru Fyw gerdded heibio, gan godi ei ael.

•

'Helo, Rob a Ryan yma. Neges ddifrifol y tro hwn. Hoffwn i a Ryan ymddiheuro i'r Eisteddfod am y trafferthion maen nhw wedi eu cael o ganlyniad i'n fideo diwethaf.'

'Yn ddiffuant.'

'Diolch, Ryan. *Ystyr* diffuant *ydy o waelod calon*. Sorri.'

Edrychodd y ddau ar y llawr am ennyd, er mwyn dangos eu bod wir yn ddiffuant. Ond hefyd dal yn ddoniol.

'Rydym wedi trafod â'r Eisteddfod a byddwn yn gweithio gyda nhw i ad-dalu pobl sydd wedi methu cystadlu oherwydd y gorfrwdfrydedd.'

'Rydym hefyd wedi cytuno i symud ein cyngerdd nos Wener i'r Cae Ras. Welwn ni chi yno!'

'Reian a Robi o gyfandir Amerig ...'

'Na, Rob.'

'Sorri.'

•

Erbyn nos Fercher, roedd Blodewedd yn teimlo fel ... doedd hi ddim yn siŵr os oedd unrhyw gymhariaeth yn bosib. Fel Hedd Wyn ar ei noson olaf, meddyliodd, er y cabledd.

Roedd hi hanner ffordd drwy'r 'Eisteddfod Waethaf Erioed' fel yr oedd hi'n cael ei galw yn y cyfryngau Cymraeg. Roedd pob diwrnod wedi teimlo fel wythnos ynddi'i hun.

Ystyriodd ei llwyddiannau. Cael mwyafrif y cystadlaethau yn ôl drwy wneud un ffordd ar gyfer cystadleuwyr a'u teuluoedd yn unig. Llwyddo i gadw Maes B yn agored drwy daflu arian Americanaidd at y broblem (diolch, Hollywood) a gweithredu rheolau llym, mai dim ond pobl oedd wedi prynu tocyn o flaen llaw fyddai'n cael mynd i mewn. Y fargen gyda gwasanaethau iechyd a diogelwch preifat er mwyn cadw pobl yn ddiogel ar 'Faes y Gad'.

Roedd adroddiadau cychwynnol o Faes B yn addawol. Ond nid dyna'r prif beth oedd yn ei phoeni. Edrychodd ar ei ffôn eto. Dim newid. Roedd hi'n addo glaw trwm.

•

Am 6 y bore, ddydd Iau, Awst 7fed, 2025, cymerwyd y penderfyniad anodd, ond anochel, i gau yr Eisteddfod am resymau iechyd a diogelwch.

Er nad oedd Maes B wedi arwain at y math o lanast roedd rhai wedi ei rag-weld, roedd hi wedi bod yn noson flêr, wrth i griwiau o ffermwyr ymladd ag Americanwyr, gan arwain at sefyllfa wleidyddol gymhleth, wrth i rai o'r Cymry amddiffyn y tramorwyr, ac eraill ochri â'r amaethwyr.

Y Maes ei hun oedd y gwelltyn a dorrodd gefn y ddraig. Er gwaetha'r holl ymdrechion, ni fedrai oroesi effaith y glaw ar lawr lle roedd mwy o gamau wedi eu cymryd dros y dyddiau diwethaf nag yn y tair canrif flaenorol.

Ymlwybrodd Blodeuwedd trwy fwd y Maes yn ei chôt law felyn ffasiynol mewn digalondid. Roedd yr olygfa'n un druenus. Cerddodd tuag at y Tŷ Gwerin i edrych ar yr arwydd. Roedd Tecwyn Ifan i fod i chwarae'i gig olaf yna heno. Teimlodd bwl o euogrwydd ynghylch y sefyllfa a theimlodd ias wrth i'r gwynt ei chwipio.

•

'Croeso i Wrecsam!'

Aeth y dorf yn orwyllt. Gan fod yr Eisteddfod wedi cau, roedd pawb wedi heidio yno. Roedd popeth wedi ei drefnu'n ofalus, a'r stadiwm gyfforddus yn mochel y dorf rhag y glaw.

Cafwyd noson ysblennydd o ddiddanwch a oedd yn cynnwys sgetsys, trafodaeth gydag ambell bêl-droediwr am bwysigrwydd y Gymraeg (yn Saesneg) ac, wrth gwrs, ambell gân. Bu cymaint o gymeradwyaeth i'r fersiwn newydd o 'Blodwen a Meri', bu'n rhaid i Rob a Ryan ei chanu deirgwaith.

•

Aeth Angharad drwy bapurau'r Sul. Roedd hi wedi cael ei dial ar Blodeuwedd o'r diwedd, er, doedd hyn heb ddigwydd yn y ffordd roedd hi wedi ei rag-weld.

Roedd deongliadau pur wahanol ym mhob papur.

'*Hollywood Saves Welsh Culture*' oedd ymagwedd y *Telegraph*.

Roedd y *Daily Mail* yn cwyno am y ffaith bod rhai Cymry Cymraeg yn cwyno bod yr Eisteddfod wedi gorfod cael ei chanslo hanner ffordd drwodd oherwydd pobl oedd â dim diddordeb yn yr hyn roedd hi i fod i'w gynrychioli. Roedd y bobl hyn yn '*xenophobic*' a '*narrow-minded*'.

Dim ond erthygl fer oedd yn y *Guardian* â'r ffeithiau moel. Sylwodd wedyn bod adolygiad pum seren o'r cyngerdd yn y Cae Ras yn yr adran ddiwylliant.

Gan nad oedd papur Cymraeg yn cael ei gyhoeddi ar ddydd Sul, fe aeth hi ar y We i weld be oedd yn cael ei ddweud.

Darllenodd sylw gan rywun oedd yn galw'i hun yn Wil.

'Ro'n i wastad wedi credu bod risg y byddai angen niwrotig y Cymry Cymraeg am ddilysrwydd yn arwain at werthu'n henaid fel cenedl. Mae'n hen bryd i ni sylweddoli bod y gwerth yr ydym yn rhoi ar ein hiaith a'n diwylliant ein hunain yn bwysicach na barn pobl o'r tu allan, waeth pa mor enwog na phur eu bwriad.'

'Wel am hen ddiflasddyn bach hunanbwysig!' meddyliodd Angharad. Tywalltodd wydriad arall o win coch iddi hi ei hun.

Sweet Dee

Roedd Tony Bianchi yn feistr ar greu byd o fewn stori, ar ddefnyddio manylion i gyfoethogi'r byd hwnnw ac ar amwysedd awgrymog. Ond roedd yn gwybod bod angen mwy nag amwysedd hefyd. Yn fwy na dim, roeddech chi'n gwybod bob tro fod ganddo fo feistrolaeth lwyr ar ei gyfrwng, ei ddeunydd a'i syniadau. Methu efo un neu ragor o'r meini prawf hynny y mae'r rhan fwya o'r cystadleuwyr eleni, er nad oes yr un yn anobeithiol.

Alla i ddim gweld bod ymgais *Yr Asen Grop* yn stori fer mewn gwirionedd, er gwaetha ambell ddarn o ddeialog sydd wedi'i ailddychmygu. Mae'n driniaeth atgofus o astudio dwy gerdd dan adain dau athro gwahanol iawn. 'Ar Gyfeiliorn' Gwenallt ydy un o'r ddwy.

Methu'r testun y mae *Gerhard Kress*. Er ei bod efallai'n dechrau mewn byd ar gyfeiliorn lle mae Margarita'n glanhau tai bach ac yn gorfod delio â phob math o waddod dynol, mae'r stori mewn gwirionedd am osgoi cyfyngderau a chael gobaith trwy gelfyddyd a chariad. Hyd yn hyn, dydy iaith *Gerhard Kress* ddim digon sicr i gyflawni tasg mor anodd yn gwbl lwyddiannus.

Un o ffasiynau'r cyfnod diweddar ydy straeon a nofelau sy'n chwarae efo'r syniad o sgrifennu stori neu nofel ac mae dwy enghraifft y tro hwn:

Myfyriwr sydd yn stori *Ychen*, yn wynebu'r dasg o sgrifennu stori, gan fethu bob tro. Mae digwyddiadau a chymeriadau o'i gwmpas yn troi'n straeon aflwyddiannus. Yn y diwedd, ei gynnwys mewn stori fydd ei ffordd o ddial ar elyn sy'n ei boenydio. Cymeriad *Ann O'Ffennig* sy'n gwingo yn erbyn ei chreawdwr o ddyn ond, er gwaetha ambell jôc dda ar draul dynion (a Saunders Lewis), mae'r elfen stori'n brin. O ran y ddwy ymgais hon, dydy'r cyfanwaith ddim cymaint â'r ddyfais.

Un o ddau gynnig sy'n mynd i fyd ffantasi ydy stori *Eog*. Mae'n ymgais at folawd i natur ac i adnabyddiaeth yr hen bobl (yn llwythau brodorol Gogledd America a chwedleuwyr Cymraeg) o'r byd o'u cwmpas, a'u parch ato. Ond mae'n crwydro, braidd, a'r elfen storïol yn wan. Mae yna ddarnau o sgrifennu da gan *Basho* ond mae arna i ofn nad ydw i'n deall be yn union sy yma, y tu hwnt i hiraeth am hen orffennol Cymraeg y cymoedd. Fy nhwpdra i, neu orymdrech ar ran yr awdur?

Tuedd rhai o'r cystadleuwyr ydy traethu: rhestru cyfres o ddigwyddiadau neu amgylchiadau heb ddyfais i fynd â ni i ganol y stori, neu'n agos at y cymeriadau.

Mae gan *Gwern* enghraifft sy'n anodd ei chategoreiddio. Mae salwch Dewi, sy'n digwydd yn ein cyfnod dreng ni, yn ei gysylltu â'r patholegydd a nododd y clefyd i ddechrau, ac yntau'n ffigwr hanesyddol, yn un o gefnogwyr y Natsïaid yn Almaen Hitler. Mi allai'r stori godi pob math o gwestiynau moesol ond dydy hi ddim yn mynd i'r afael â nhw.

Mae yna sawl posibilrwydd addawol hefyd yn stori *Marcia* am Polly, merch sydd â rhyw fath o reddf i'w pheryglu ei hunan. Mi allai fod wedi datblygu'n stori am allu celfyddyd fel caligraffeg i agor drws emosiynau neu am beryglon gorwarchod plant ond, rywsut, efo'i chatalog o ddigwyddiadau, mae'n syrthio rhwng sawl stôl.

Mae *Anesmwyth* yn sgrifennu'n hyderus ac, ar un adeg, mae'n ymddangos ein bod am gael stori ddirgelwch neu ias, am gwpl yn ystyried prynu plasty Hendre Dywyll. Ond does dim yn dod o hynny ac mae'r cyfan yn gorffen yn ddi-ffrwt.

Mwy swta fyth ydy diwedd stori *Hiawatha* a finnau'n amau hyd yn oed bod talp ohoni ar goll. Mae'n dechrau'n stori ddidrimins uniongyrchol, sicr ei chyffyrddiad, am gyfoethogyn Trumpaidd yn bwriadu agor cwrs golff a dau o'i gynorthwywyr yn landio yn nhŷ yr un cwpl oedrannus sy'n gwrthod gwerthu eu tir iddo fo. Ond dyna ni.

Mae yna elfennau dirdynnol yn stori *Merch Lleiniog* wrth i fyd (a meddwl) Enfys chwalu. Am unwaith, roedd yna le i ymestyn a datblygu rhai o'r golygfeydd yn fwy manwl a dyfnach.

Awdur hyderus arall ydy *Mary Elizabeth* efo'i stori ogleisiol am Colin, rhyw glaf diglefyd o foi, sy'n mynd i'r ysbyty gan ddisgwyl newyddion gwael. Mae ei wraig, Lis, yn amharchus o hapus am yr holl beth, ac yn ei weld yn gyfle am ryddid. Er bod Colin yn byw, mae hithau'n gweld cyfle i ailddechrau byw.

Yn ei chwmni hi, mi ddown ni at y tri sydd yn y cyfri terfynol ...

Lampiau'n Goleuo sydd ag unig alegori gyflawn y gystadleuaeth. Stori am Ny yn colli ei thir i awydd barus Y Teulu am dir a chynnydd, er mai dianc rhag gormes a thlodi y maen nhwthau. Yn y diwedd, mae Storm yn dinistrio popeth a Ny'n mynd yn ôl i'r dechrau. Mae'r brawddegau byrion yn gweddu i'r stori ond mi fydden nhw'n fwy effeithiol fyth pe bai yna rywfaint o amrywiaeth.

Aneirin a *Sweet Dee* ydy'r ddau sydd wedi gwneud orau i gyrraedd y nod y maen nhw wedi'i osod: dim byd rhy ffansi, dim ond straeon uniongyrchol wedi'u dweud yn dda.

Stori wyddonias sydd gan *Aneirin* ond ei bod hi, wrth gwrs, amdanon ni yn fa'ma, heddiw. Mae wedi gallu creu byd arall yn gynnil ac effeithiol ac yn ein tywys yn gelfydd trwy'r troeon annisgwyl, wrth i'r bodau a greodd arbrawf y ddynoliaeth roi'r gorau iddi oherwydd ein diffeithdra ni.

Cymysgedd o ddoniolwch a dychan ysgafn sydd gan *Sweet Dee*, wrth i Bwyllgor Codi Arian Rhosllannerchrugog ar gyfer Eisteddfod 2025 yn Wrecsam daro ar syniad gwych ... ar yr olwg gynta. Fel efo popeth bellach, wrth reswm, Ryan a Rob ydy'r ateb. Mae'r grefft yn yr amseru, mae sawl cic fach yn cael ei tharo'n effeithiol ac mae yna wers wirioneddol ar y diwedd.

Efo'r rhain, mae yna deimlad fod y grefft a'r syniad yn cydweithio'n llwyr; *Sweet Dee* sy'n ennill am fod stori ddigri mor rhyfeddol o anodd i'w gwneud yn dda.

Araith bwrw bol/rant, hyd at 1,500 o eiriau ar unrhyw bwnc

REBEL BOB DYDD

Mae gan Gymru broblem yfed. Mae'n anodd dychmygu syniad o Gymru heb gyfeiriad yn rhywle at beint neu dafarn. Rydym wedi mwynhau drinc erioed. O ddyddiau'r medd yn *Y Gododdin*, i 'Trafferth Mewn Tafarn' gyda Dafydd ap Gwilym, o gwrw budr y chwyldro diwydiannol (cwrw oedd yn lanach na dŵr ar y pryd ...) i ddyddiau blêr gemau rygbi rhyngwladol. Ac rydym yn dal wrthi heddiw. Yn llwyddo i drwytho pob digwyddiad mewn IPA neu jinsan neu Black Dragon.

Mae hi'n hen bryd herio'r drefn. Crafu a chloddio dan wynebau sgleiniog a gwydrau gludiog i holi beth, a gofyn pam. Beth sy'n bwydo'r duedd i sesho? A pham fod yfed yn gymdeithasol dderbyniol ar bob achlysur? Yn ymateb cyfiawn i bob profiad posib o fod yn ddynol? Oes yna fodd i ni fwynhau cwmni ein gilydd heb hylif i'n llacio? Os nad, ydyn ni wir yn adnabod ein gilydd? Yn gwybod os ydyn ni'n hoffi'n gilydd? Ydyn ni wir yn gwybod beth ydy mwynhau? Ydyn ni wedi trio darganfod beth a phwy sy'n ein llacio heb orfod treipsio yn ôl ac ymlaen o'r tŷ bach yn dragwyddol? Ydyn ni'n gwybod sut mae'n teimlo i gael modd i fyw go iawn?

Mewn priodasau, theatrau, angladdau, cyngherddau, sioeau a stadiymau, rydym yn sipian, yn slyrpio, yn tancio, yn clecio, yn downio a glygio. Rownd ar ôl rownd nes mae'r dawnsio'n troi'n snogio, a'r dadlau'n troi'n gwffio.

Ac adref mewn stafelloedd byw, ceginau, llefydd chwech a stafelloedd gwely, rydym yn baglu, yn byrpio, yn sglaffio, yn piso, yn rhechu ac yn chwydu ... cyn ei wneud o i gyd eto.

A dw i *yn* deall. Dw i'n deall yn llwyr. Roeddwn i'n arfer bod â sgìl arbennig o fedru cyfiawnhau diod ar unrhyw adeg:

Un i leddfu realiti dydd Llun.
Dau tra'n coginio ar nos Fawrth.
Tri nos Fercher gan fy mod i'n haeddu trît am oroesi hanner yr wythnos.
Pedwar nos Iau (mae hi bron yn ddydd Gwener)!
Doedd dim pwrpas cyfri ar nos Wener na Sadwrn – nosweithiau un-bach-arall, a 'neith un arall ddim drwg'!
A pheint neu ddau brynhawn Sul i leddfu braw yfory.

Roedd gen i ddiod i bob achlysur, ffisig at bob teimlad. Pwysau gwaith? Gwydr mawr o Pinot Grigio. Un pelydryn gwan o haul? Aperol Spritz. Cwblhau gwaith tŷ oedd angen ei wneud fis yn ôl? Hanner potel o Merlot. Awgrym lleiaf o anesmwythder gyda chyfeiriad a chyflwr fy mywyd? Neges sydyn i ffrind fyddai'n fy annog heb gwestiynu: 'Peint?' A chyn cael ateb: cawod, dewis gwisg, jin bach sydyn tra'n perffeithio fy aeliau gan osgoi edrych yn syth i fyw fy llygaid fy hun. Ping ar y ffôn: 'Awê!' Heglu am loches y bar agosaf yn llawn gobaith y byddaf heno'n cael y teimlad hwnnw, y teimlad roeddwn i'n crefu amdano. Yr un oedd rywsut fymryn pellach i ffwrdd ar ôl pob noson allan.

Dw i'n cofio pob cegiad cyntaf, fel ochenaid o ryddhad drwy dy gorff. A'r hylif fel anaesthetig yn llithro dros bob pryder sy'n tyfu fel ferwcas trwchus drwy dy ymennydd. A ti'n teimlo mor braf.

Dw i'n cofio'r ail, yn meddalu dy du mewn ac yn gwneud i chdi gredu y bydd hon yn noson dda. Yn noson i'w chofio.

Dw i'n cofio'r trydydd, dy gymalau, dy wefusau, dy goesau di'n llacio. Dw i'n cofio teimlo'n gwbwl anorchfygol. Dim ddoe nac yfory i boeni amdano. Dim ond rŵan a'r cegiad nesaf.

Ond dw i hefyd yn cofio'r wedyn. Wedyn. Pryd bynnag oedd hynny. Bore wedyn? Prynhawn wedyn? Pan oedd rhyddhad mor bell i ffwrdd â lle i ti ddympio dy hunan-barch. Pan oedd deffro fel cymryd rhywbeth i'r gwrthwyneb i anaesthetig. Teimlo pob sŵn fel symbal drwy dy gorff, pob clais amheus yn brifo, pob brathiad o dy gyfrif banc yn gwingo. A'r cywilydd trymaf yn dy glymu i'r gwely. Dw i'n cofio'r chwysu a'r pydru. Osgoi pob drych nes mynd at y drws a llygaid y beiciwr Deliveroo yn chwyddo. Ac wrth i'r botwm 'next episode' lwytho mae popeth o dy gwmpas di'n dechrau sibrwd atgofion o neithiwr. Y pethau ddudist ti. Y pethau wnest ti. A ti'n gweld dy adlewyrchiad yn y sgrin a ti'n ysu, yn crefu am ffordd i roi diwedd ar yr artaith o fodoli.

Dw i'n gwerthfawrogi nad ydy pawb yn dueddol o blymio i'r tywyllwch fel y tueddiad oedd gen i. Ond byddai'n syndod i mi pe na bai gan bawb un peth, un frawddeg, un weithred, un penderfyniad, sy'n gyrru ias annifyr i lawr eu cefnau. Rhywbeth cwbl groes i'w cymeriad, neu'r math o berson roedden nhw'n meddwl eu bod yn trio bod. Rhywbeth na fyddent wedi ei ddweud neu ei wneud cyn yr un-bach-arall ...

Dw i ddim yn trio adfywio'r mudiad dirwestol. Dw i ddim yn dadlau dros gau'r pybs ar ddydd Sul. Dw i ddim yn trio awgrymu mai sobri ydy'r ateb i bob problem gymdeithasol sy'n wynebu Cymru heddiw. A dw i bendant ddim yn trio codi cywilydd ar unrhyw un sydd wedi gwneud rhywbeth gwirion ar ôl cael un yn ormod. Achos mae problem yfed Cymru yn llawer mwy na phenderfyniad unigolyn i chwalu chwe pheint, potel o win, a thri wisgi ar nos Wener.

Tu ôl i bob hogan sy'n sigo yng nghornel ardal smygu, mae yna hysbyseb ymosodol o sgleiniog yn gwerthu'r profiad o yfed Smirnoff Raspberry Crush yn haul y prynhawn. Tu ôl i bob criw o ffrindiau sy'n baglu'n flêr dros deuluoedd yn siopa ar brynhawn Sadwrn, mae yna ddatganiadau diddiwedd o *'it's five o'clock somewhere'* yn bla ar eu algorithmau. Tu ôl i benderfyniad pob unigolyn, tu ôl i floeddio 'lawr y lôn goch!', tu ôl i eiriau cyfoedion sy'n annog 'un-bach-arall', mae yna fynydd o hysbysebion, negeseuon, ac arwyddion sy'n mynnu fod yfed yn rhan annatod o fyw, mwynhau, a dygymod.

Mae'n rhaid i ni fedru dewis. Nid dewis wedi ei gyflyru gan ddarluniau rhamantus o jin pinc ac Echo Falls. Neu gardiau pen-blwydd i ddathlu *'wine mums'* neu dadau *'speci-ale'*. Ac nid dewis wedi ei wreiddio mewn ffeithiau cyfleus ond amheus sydd ddim ond er budd cwmnïau mawr a'u helwau anferthol. Yn hytrach, rhaid i ni fedru gwneud dewis gwybodus. Dewis llesol yn seiliedig ar wybod fod *'hair of the dog'* yn ymestyn, nid lleddfu hangofer, gwybod na all 'siaced gwrw' dy amddiffyn rhag hypothermia, gwybod nad wyt ti angen yfed bob dydd i wneud niwed corfforol sylweddol, a gwybod nad ydy gwin coch yn dda i'r galon. Sorri.

Ar lefel gwbwl hunanol, dw i eisiau eistedd yn y Sherman heb gael trafferth clywed gair dros arogl alcohol yn nadreddu i fyny fy ffroenau. Dw i eisiau mynd i gìg yn Clwb heb glywed monolog feddwol yn brwydro efo'r system sain. Dw i eisiau rhywle i fynd am sgwrs efo ffrind ar ôl i'r caffis a'r siopau coffi gau heb orfod camu ar garpedi tamp ac eistedd mewn bwth sy'n ymdebygu i gesail. Dw i eisiau dawnsio heb orfod poeni am wadnau trwm dieithriaid tipsi sy'n mynnu baglu drosta i. A dw i eisiau coflaid sy'n dod o gariad go iawn, nid o botel a hanner o Sauvignon ti newydd ei sugno.

Ym mhriodas fy ffrind tua chwe mis ar ôl sobri, dawnsiais fel na ddawnsiais i erioed o'r blaen. Doedd gen i ddim byd i leddfu'r nerfau wrth fentro tuag at y llawr dawnsio. Dim ond llaw chwyslyd fy ffrind, plygiadau prydferth fy ffrog, a'r gerddoriaeth yn llifo drwy fy nghorff. Teimlais bopeth. Teimlo'n wirion i ddechrau. Yn gwbwl hunanymwybodol o symudiadau lletchwith fy mreichiau a fy nghoesau. Ond ar ôl ildio i guriadau'r gân ac astudio ystumiau chwareus fy ffrindiau, llaciais. A theimlais rywbeth. Nid y teimlad 'na yr oeddwn yn crefu amdano tra'n yfed. Ond teimlad gwahanol. Teimlad nad oeddwn i'n sylweddoli fod modd i mi ei deimlo. Mae Smirnoff a Gordons a Jack Daniels a Budweiser yn trio gwneud i chi gredu na fedrwch chi gael y teimlad heb brynu, heb lyncu. Ond go iawn, *mae* o'n bosib. Ac mae'n teimlo fel anadl allan hir, braf. Fel rhyddhad. Rhyddhad pur, go iawn, heb y tywyllwch llethol ar ei ôl.

Felly, i'r rhai sy'n credu fod stopio yfed yn gyfystyr â lladd tafarndai Cymru, beth am gynnig mwy na *soda lime* neu sudd oren yn eich tafarn leol? Ac i unrhyw un sy'n mynnu fod bywyd sych yn fywyd diflas, does yna ddim byd llawer mwy beiddgar ac eofn na gwrthsefyll confensiwn sydd wedi bod yn rhan o bob agwedd o fywyd Cymru ers dros bedair mil o flynyddoedd. Dw i'n rebel bob dydd, nid dim ond rebel wicend.

Rebel Wicend

BEIRNIADAETH PRIYA HALL

Arthnef: Roedd y darn hwn yn wreiddiol ac yn ddiddorol. Mae'r fformat o ysgrifennu o safbwynt Duw ei hun yn creu gwaith sy'n dal sylw y darllenwr ond mae hefyd yn creu rhywfaint o bellter rhwng yr ysgrifennwr a'r pwnc – sydd efallai'n gwanhau'r angerdd rydym yn ei ddisgwyl mewn rant.

Bola Mawr: Mae'r darn hwn yn cyfleu angerdd yr ysgrifennwr dros bwnc *niche*, sy'n grêt ar gyfer araith bwrw bol, ond dw i hefyd yn meddwl bod yr ysgrifennwr wedi rhedeg allan o stêm o ran y pwnc a bod y darn yn colli cyfeiriad tuag at y diwedd. Wedi dweud hyn, mi wnes i wir fwynhau'r *callback* yn y llinell olaf.

Chwant am Rant: Mae'r darn hwn yn llwyddo i gyfleu ein hamheuon ni i gyd o ran y cyfryngau cymdeithasol. Am y rheswm hwn, mae'n bleser ei ddarllen – ond mae'n cadarnhau lot o deimladau y darllenwr yn hytrach na chyflwyno syniadau newydd. Wedi dweud hyn, mae angerdd yr ysgrifennwr yn amlwg ac oherwydd hyn, hwn oedd yr ail hoff ddarn yn fy marn i.

Conyn: Mae'r darn hwn yn ymledu dros sawl pwnc ac yn anelu at sawl mater sydd yn gwanhau'r angerdd a'r ffocws sydd ei angen er mwyn i'r darn weithio.

Dyn Blyn: Mae'r darn hwn yn ddoniol, yn hawdd ac yn hwyl i'w ddarllen, ond mae'n dibynnu gormod ar y lluniau sydd ynddo ac mae'n rhy fyr i gyfleu emosiynau'r ysgrifennwr.

George Kaplan: Mae'r darn hwn yn teimlo'n gas ar adegau yn hytrach na bod yn angerddol ac weithiau mae'n teimlo fel darllen *conspiracy theories* sy'n ei wneud yn anodd i'w ddarllen.

Liz Wallek: Mae'r darn hwn yn hawdd i'w ddarllen ond mae'r pwnc yn syml iawn ac mae'n rhy fyr i gyfleu emosiynau'r ysgrifennwr.

Naboth: Mae'n amlwg bod yr ysgrifennwr hwn yn angerddol dros y pwnc ond mae'r darn weithiau yn ymylu ar deimlo'n gas.

Pam: Mae'r darn hwn yn hawdd i'w ddarllen ac mae angerdd yr ysgrifennwr yn dod trwyddo ond mae'r pwnc yn un disgwyliedig – a gallai fod yn fwy doniol.

Trafferth mewn Twb: Mae'r darn hwn yn delio gyda phwnc annisgwyl ac mae'n bleser i'w ddarllen. Mae'n llwyddo i fod yn *niche*, doniol, ac yn hawdd uniaethu ag ef.

Rebel Wicend: Mae'r darn gan *Rebel Wicend* yn llwyddo i fod yn llawn angerdd tra'n aros yn ddoniol, cyson ac yn obeithiol. Mae'r awdur yn dod â'r darllenydd ar siwrne ac yn llwyddo i gymryd pwnc sydd yn ddieithr i sawl un gan ei wneud yn ddealladwy. Dydy hi ddim yn hawdd gwneud i ddarllenydd uniaethu gyda phwnc sydd mor bersonol â hyn ond mae'r awdur yn llwyddo trwy ddefnyddio hiwmor a thrwy rannu profiad personol. Mae'n amlwg bod yr awdur yn angerddol dros y pwnc o roi'r gorau i yfed a thrwy hynny mae'n creu darn sy'n bleser i'w ddarllen.

Stori i blant bach

Llunio stori neu straeon i blant Cyfnod Sylfaen hyd at 1,500 o eiriau

BW, Y BWGAN BRAIN

Ar fferm yn y wlad, mewn cae ŷd mawr, safai bwgan brain o'r enw Bw. Roedd ganddo wyneb crwn, smotyn o drwyn a dau fotwm du fel llygaid. Gwellt oedd ei wallt, lliw melyn euraidd a fyddai'n disgleirio yn yr heulwen.

Treuliai Bw bob dydd yn gwylio'r ŷd yn tyfu yn y cae, ac roedd e'n hoffi gwylio'r anifeiliaid yn chwarae yno hefyd. Ond doedd yr anifeiliaid ddim yn dod yn agos at y bwgan brain. Edrychai Bw yn dal ac yn fawr ac yn rhyfedd i'r anifeiliaid.

Roedden nhw'n ofni bwgan y cae.

Bob dydd, byddai Bw yn gwylio'r adar yn hedfan drwy'r awyr, yn canu a chwibanu.
'Dyna gân swynol,' meddai'r bwgan brain. 'Alla i ddim hedfan. Dewch i hedfan uwch fy mhen. Ddim bwgan ydw i.'
Ond byddai'r adar yn hedfan i'r coed ar ben pella'r cae.

Byddai Bw yn gwylio'r cwningod bach yn neidio lan a lawr.
'Ydych chi'n cael hwyl?' gofynnai'r bwgan brain. 'Alla i ddim neidio. Dewch i neidio o 'nghwmpas i. Ddim bwgan ydw i.'
Ond byddai'r cwningod yn neidio i'r gwair hir wrth ymyl y cae.

Byddai Bw yn gwylio'r llygod bach yn rhedeg 'nôl a mlaen.
'Rydych chi mor gyflym!' meddai'r bwgan brain. 'Alla i ddim rhedeg. Dewch i redeg wrth fy nhraed. Ddim bwgan ydw i.'
Ond byddai'r llygod yn rhedeg i'w tyllau cudd ar hyd a lled y cae.

Un noswaith o wanwyn, wrth wylio'r ŷd yn tyfu'n dawel, clywodd Bw sŵn palu islaw. Edrychodd i lawr a gweld twmpath bychan o bridd yn ffurfio wrth ei draed. Allan ohono roedd wyneb blewog swil yn pipio. Roedd gan y creadur drwyn pinc a phawennau mawr fel menyg. Gwisgai gôt ddu flewog, ac roedd ei lygaid tywyll yn fychan iawn, iawn.

'Helo, dwrch bach,' meddai'r bwgan brain. 'Wyt ti ar goll?'

186

'Efallai,' atebodd y twrch daear yn ddryslyd gan amrantu yn y golau gwan. 'Ond ... dw i ddim yn siŵr. Alla i ddim gweld yn dda iawn.'

Druan â'r twrch daear. Fe hoffai Bw ei helpu, ac o leiaf roedd llygaid bach da ganddo fe. Felly, dyma Bw yn cael syniad. Dechreuodd ddisgrifio pob un peth a welai ar draws y cae o'i flaen, ac fe drodd ei eiriau'n stori am hadau'r dant y llew yn dawnsio ar yr awel. Gwrandawai'r twrch daear yn astud, yn fodlon iawn ei fyd.

'Diolch am y stori hyfryd,' dywedodd y twrch, gan rwbio'i lygaid blinedig. 'Dw i'n barod i fynd i'r gwely nawr. Nos da, fy ffrind.'

'Nos da, dwrch bach,' atebodd Bw a theimlo'n fodlon yntau hefyd.

Y noson ganlynol, wrth i'r haul suddo i'w fachlud dros y gorwel, sylwodd y bwgan brain ar dwmpath newydd o bridd wrth ei ymyl a chlywodd y creadur yn crafu i'r arwyneb.

'Helo eto, dwrch bach. Am beth wyt ti'n chwilio heno?' gofynnodd Bw.

'Dw i wedi dod i wrando ar stori arall, plis,' atebodd y twrch wrth iddo ffeindio man cyfforddus i eistedd yn y gwair. Gwenodd Bw a dechrau adrodd stori wrtho am yr haul a'r lleuad:

'Mae'r haul a'r lleuad yn ffrindiau mawr, er eu bod yn byw yn bell, bell i ffwrdd o'i gilydd. Y dydd yw cartref yr haul, a'r nos yw cartref y lleuad. Yn ystod y dydd, bydd yr haul yn tywynnu'n ddisglair gan geisio gweld ei ffrind, y lleuad. Ac yn ystod y nos, bydd y lleuad yn chwilio trwy'r tywyllwch am ei ffrind, yr haul. Ond gyda'r machlud a'r wawr bob dydd, bydd y ddau yn gwenu ar ei gilydd yn llon ac yn lliwio'r awyr yn binc gyda'u gwrid.'

Dro ar ôl tro, deuai'r twrch yn ôl i eistedd yng nghanol y cae a gwrando ar straeon ei ffrind. Ac yn raddol fach, dechreuai'r anifeiliaid eraill sylwi ar y creadur yn eistedd wrth draed Bw. Beth roedd e'n ei wneud gyda bwgan y cae tybed?

Ceisiai'r anifeiliaid eraill wrando hefyd, ond roedd eu nythod a'u tyllau yn rhy bell i'w glywed yn iawn. Roedd pitran y glaw ac alaw y gwynt yn tarfu ar sŵn llais y bwgan brain. Felly, noson ar ôl noson, roedd yr anifeiliaid yn nesáu at Bw a'i ffrind bach newydd.

Erbyn yr haf, eisteddai pob un mewn cylch o'i amgylch yn gwrando ar ei straeon yng ngwres olaf yr heulwen. Ac roedd y twrch daear bach wrth ei draed o hyd.

Pan ddaeth yr hydref, roedd hi'n bryd dathlu'r cynhaeaf. Teimlai'r cae yn dwym gyda sglein yr ŷd o'u cwmpas. Roedd yr adar yn canu yn yr awyr las ac roedd yr anifeiliaid yn dawnsio ac yn chwarae. Y tro hwn, roedd Bw yn eu canol yn chwerthin ac yn curo'i ddwylo yn llawen.

Cawson nhw wledd o fwyd fel picnic, ac adroddodd Bw stori newydd am liwiau dail y coed.

Wrth iddi ddechrau nosi, roedd y cymylau yn tywyllu, ac ar ddiwedd stori Bw, dechreuodd fwrw glaw. Roedd hi'n bryd i'r anifeiliaid ddychwelyd i gludwch eu gwlâu.
'Nos da, Bw,' meddai'r adar a'r cwningod a'r llygod.
'Nos da,' atebodd Bw a theimlo braidd yn ddigalon.

Ond pan edrychodd Bw i lawr, sylwodd ar y twrch bach yn aros yn eiddgar wrth ei draed.
'Ga i un stori arall plis, Bw?' gofynnodd y twrch yn llawn gobaith, er bod ei ffwr yn gwlychu.
Gwenodd y bwgan brain arno. 'Wrth gwrs y cei, fy ffrind.'

Felly, edrychodd Bw i'r nen drwy'r diferion glaw yn disgyn, a sylwi ar y sêr yn disgleirio uwch eu pennau. Ac yng ngolau'r lleuad lawen, yng nghwmni ei ffrind bychan, dechreuodd adrodd stori.

Heulwen

BEIRNIADAETH EIRY MILES

Nid tasg hawdd yw sgwennu stori i blant bach. Stori i'w darllen yn uchel yw hi, felly rhaid meddwl yn ofalus am rythm a sŵn y geiriau. Gellir cyflwyno geiriau ac idiomau newydd, ond rhaid i'r iaith fod yn ddigon eglur fel nad oes gormod o waith esbonio wrth ei darllen. Mae hiwmor ac adeiladwaith effeithiol hefyd yn bwysig, ynghyd â diweddglo boddhaol sydd efallai'n cyflwyno neges neu foeswers. Ar ben hyn oll, rhaid cael digwyddiadau gafaelgar a chymeriadau apelgar.

Daeth 11 ymgais i law, ac mae'n braf dweud i mi gael pleser mawr o ddarllen pob un ohonynt.

Angharad, 'Ema-Mê': Dafad fach farus yw Ema-Mê, sy'n penderfynu gadael ei chae un dydd i chwilio am ragor o borfa. Mae hi'n cwrdd â llawer o anifeiliaid cymwynasgar ar hyd ei thaith, ond yn dysgu eu bod yn bwyta pethau tra gwahanol iddi hi! Dotiais at iaith naturiol ac idiomatig y stori hon. Mae ei hadeiladwaith yn ardderchog, a'r awdur yn amlwg yn deall sut i gynnal diddordeb plant ifainc. Yn anffodus, mae ôl brys ar ddiwedd y stori ac fe ddaw i ben braidd yn ddisymwth. Mawr obeithiaf y gwnaiff *Angharad* droi'n ôl ati a'i chwblhau'n effeithiol.

Casgen ar ei hochr, 'Eclips': Stori fach hyfryd am effaith eclips ar anifeiliaid y goedwig, sy'n cyflwyno negeseuon pwysig am gyfeillgarwch, gobaith a gwneud y pethau bychain. Hoffais ddefnydd yr awdur o ddeialog, ond mae'r mynegiant weithiau'n drwsgl ac yn gymhleth. Ni chawn wybod pa fath o anifeiliaid yw Leusa, Tec, Deian a Haf (dim ond bod Haf yn 'bluog'). Ni allwn, felly, ddychmygu'r cymeriadau wrth ddarllen y stori. Hyd yn oed â lluniau'n gydymaith iddi, byddai'n rhaid ei symleiddio. Ond, mae potensial mawr i'r stori hon.

Eirian, [dideitl]: Dyma dair stori wreiddiol a difyr am blentyn o'r enw Eirian a'i robot bach, Tegan. Ni chawn wybod p'un ai merch ynteu bachgen yw Eirian a thybiaf i'r awdur ddewis yr enw'n fwriadol i sicrhau bod y llyfr yn apelio at bob plentyn, beth bynnag fo'i rywedd. Yn y straeon, mae Tegan yn cynnig cysur a chymorth i Eirian wrth iddi/iddo ddelio â sefyllfaoedd newydd. Pethau digon cyffredin yw'r sefyllfaoedd hyn – ymweliad â'r llyfrgell, mynd i gêm rygbi a thrip i'r amgueddfa – ond maen nhw'n brofiadau all beri cryn ofid i blant bach. Ar ddiwedd pob stori, dengys Eirian fod modd goresgyn ofnau a mwynhau profiadau newydd a diddorol. Ysgrifennwyd y straeon yn y person cyntaf a llwydda'r awdur i gyfleu ofnau a chyffro Eirian mewn modd credadwy. Hoffais hefyd y darlun o'r gymuned yng nghymoedd y de y mae Eirian yn rhan ohoni. Gwendid y casgliad hwn yw'r mynegiant. Ceir gwallau gramadegol niferus sy'n golygu bod ambell ran yn anodd ei deall. Ond, gyda chymorth golygydd i symleiddio, cywiro ac ystwytho'r iaith, byddai'n braf iawn gweld y straeon cyfoes a gwreiddiol hyn yn cael eu cyhoeddi.

Hofrennydd, 'Stin-ci a Drew-dog': Fel yr awgryma'r teitl, stori ddoniol yw hon a dyma'r unig stori a gyflwynwyd gyda darluniau. Ynddi, cawn hanes dau gi sy'n dod o hyd i bob math o bethau dan bentwr o lanast. Stori syml yw hi ond fe'i lluniwyd gan awdur medrus sy'n gwybod sut i strwythuro stori'n effeithiol. Bydd yr hiwmor yn sicr o apelio at y plant lleiaf – a'r rhieni hefyd. Defnyddir iaith syml ond graenus, sy'n gwbl addas i blant bach. Er i'r stori hon roi llawer o foddhad i mi, ni theimlaf y byddai'n deg ei gwobrwyo gan nad yw'n gyflawn heb y lluniau: rhaid gweld y llun er mwyn deall y diweddglo. Er tegwch i'r ymgeiswyr eraill, rhaid oedd beirniadu'r stori ar sail y testun yn unig. Ond, mae ymgais *Hofrennydd* yn haeddu clod uchel a gobeithio'n fawr y caiff ei chyhoeddi. Mae gwir angen llyfrau Cymraeg gwreiddiol a doniol fel hyn i blant bach.

Merch Lleiniog, 'Cadi-Mi-Gei': Stori ddoniol yw hon am ferch bitw fach o'r enw Cadi-Mi-Gei, sy'n cwrdd â'r dywysoges Gwario-Pob-Ceiniog ac yn dysgu gwers bwysig iddi am rannu a bod yn garedig. Mae arddull y stori'n fyrlymus a hoffais y defnydd o synau fel *clec clec* a *clap clap*, sy'n hynod effeithiol wrth ddarllen y stori'n uchel. Mae gan yr awdur ddychymyg byw ac mae'n amlwg iddo gael llawer o hwyl wrth ysgrifennu'r stori hon. Ond, teimlais fod angen ffrwyno ychydig ar y bwrlwm oherwydd bod y cyfan yn llifo i'w gilydd, braidd yn ddi-drefn.

Merch Lleiniog 2, 'Doli a Gwylan': Dyma ail ymgais *Merch Lleiniog*, ac unwaith eto cawn stori am ferch bitw fach sy'n byw mewn deilen cabaitshen. Doli yw enw hon. Mae hi'n stori fywiog, lawn hiwmor, ond teimlais ei bod yn ddistrwythur. Efallai hefyd fod cyfarfyddiad Doli â'r wylan anferth braidd yn rhy frawychus i blant bach! Er hynny, rhaid canmol arddull fywiog yr awdur a'i iaith lafar naturiol, ac yn sicr mae potensial yma am stori ddoniol a gwreiddiol iawn.

Mwyar Duon, 'Jaco': Bachgen bach tra gwahanol i'w gyfoedion yw Jaco. Mae wrth ei fodd yn sgwennu ac yn dysgu geiriau newydd, ac oherwydd hynny, caiff ei alw'n '*teacher's pet*' a'i eithrio o gemau'r plant. Cawn ddarlun cynnes o'r berthynas agos rhwng Jaco a'i fam, a chlywn sut y cafodd ei enwi ar ôl Jac-do a fu'n cadw cwmni iddi ar ôl geni ei mab. Yna, un noson, daw'r Jac-do i ymweld â Jaco i roi neges bwysig iddo, sef 'Bod yn unigryw ydy'r rhodd fwyaf gwerthfawr i gyd'. Dyma'r stori fwyaf boddhaol o ran cywirdeb a diwyg. Fe'i cyflwynwyd mewn modd hynod ddeniadol, gan ddefnyddio llythrennau gwyrdd wrth esbonio idiom neu air newydd. Mae'r awdur yn meddu ar iaith raenus a'r stori'n llawn trosiadau hyfryd megis y disgrifiad o'r Jac-do yn 'agor ei adenydd yn fawr a hedfan i ffwrdd i fol du y nos'. Fodd bynnag, teimlais fod neges y stori'n cael ei chyflwyno mewn modd llawdrwm a bod ei harddull yn rhy anodd. Adroddir y stori drwy feddyliau Jaco ac nid oes digon yn digwydd ynddi i gadw diddordeb plant bach. Byddwn wedi hoffi gweld Jaco'n magu hyder i herio'r plant cas o ganlyniad i ddigwyddiad cyffrous, megis antur hudolus gyda'r Jac-do. Hefyd – a pheth bach yw hyn – nid oedd y Jac-do yn taro deuddeg. Mae'n aderyn deallus a difyr, ond crawcian ac nid 'canu'n swynol' a wna.

Pemprys, 'Straeon Hanesyddol ar Odl': Trwy gyfres o benillion difyr, fe'n cyflwynir i frodorion Pen Llŷn drwy'r canrifoedd, gan gynnwys pysgotwyr, Celtiaid a gweithwyr rheilffordd. Dysgwn am eu ffordd o fyw a'u dylanwad ar eu cynefin. Dengys y penillion ehangder gwybodaeth y bardd am hanes Pen Llŷn. Ond, at ddibenion y gystadleuaeth hon, gwell fyddai pe bai wedi canolbwyntio ar un cymeriad a chreu stori amdano ef/hi. Teimlais hefyd mai cyfyng fyddai apêl rhai hanesion y tu hwnt i Ben Llŷn. Serch hynny, o'u mireinio, gallai'r penillion hyn fod yn adnodd ardderchog i ysgolion lleol ac yn fodd o goffáu'r bobl a ffurfiodd yr ardal arbennig hon.

Trafferth Mewn Pabell, 'Y Bachgen nad oedd byth yn llawn': Dyma stori ddoniol a bywiog y gall sawl rhiant uniaethu â hi! Aiff pethau o ddrwg i waeth i'r bachgen yn y stori hon wrth iddo fwyta cymysgedd afiach o holl fwydydd y gegin a llowcio tomatos ei gymydog. Teimlais fod angen twtio ac ailstrwythuro'r stori er mwyn cael sefyllfaoedd mwy hurt ac afiach bob tro, cyn cyrraedd yr uchafbwynt. Roedd y mynegiant hefyd braidd yn lletchwith, gydag iaith or-ffurfiol ar brydiau, e.e. 'Gochelwch! Mae lladron o'n cwmpas!' a rhai gwallau gramadegol. Ond, hoffais y stori hon yn fawr. Gyda chymorth golygydd, byddai'n ardderchog.

Y Fedwen Arian, 'Y Goeden yn Simdde'r Ysgol': Mewn cyfres o gwpledi cain, cawn stori bedwen arian sydd – fel y dywed y teitl – yn tyfu yn simdde'r ysgol. Mae bardd medrus ar waith yma, a chawn ddarlun hudolus o'r fedwen yn tyfu a blaguro yn 'sŵn chwerthin y plantos yn chwarae a dysgu' ger tref Pontypridd. Ond, daw tro ar fyd: rhaid i'r ysgol gau a symud i safle newydd. Fodd bynnag, nid darlun negyddol a gawn gan y bardd hwn. Trosiad o'r Gymraeg yw'r fedwen, ac mae'r iaith – fel 'Boneddiges y Goedwig' – yn gallu bwrw gwreiddiau a thyfu ar dir anial. Felly, mae'r stori'n cloi â neges obeithiol ynglŷn â thynged yr iaith ym Mhontypridd: 'hedyn arall ddaw'.
Gellir mwynhau'r stori hon heb ddeall y cyd-destun oherwydd bod y darlun o'r fedwen mor fyw, a sain y geiriau mor swynol. Ond, teimlais ei bod braidd yn fyr, ac y byddai ar ei hennill o gael rhagor o gwpledi ynglŷn â bywyd yr ysgol. Er hynny, mae yma stori arbennig iawn a mawr obeithiaf y caiff ei chyhoeddi.

Heulwen, 'Bw, y Bwgan Brain': Stori am fwgan brain unig o'r enw Bw yw hon. Mae Bw yn ysu i fod yn ffrind i'r anifeiliaid sy'n byw yn y cae, ond maent yn cadw draw oherwydd ei fod yn 'dal ac yn fawr ac yn rhyfedd'. Yna, un diwrnod, mae Bw yn rhoi help llaw i'r twrch daear a'r ddau'n dod yn ffrindiau mawr, diolch i ddawn arbenig Bw: mae'n storïwr penigamp. Cyn hir, mae pob anifail yn closio at Bw ac yn dysgu nad creadur brawychus mohono, wedi'r cyfan.

Cydiodd y stori hon ynof yn syth. Mae ei hadeiladwaith yn ardderchog a'i neges dwymgalon yn cael ei chyflwyno'n gynnil ac effeithiol. Ceir ynddi gymeriadau hoffus sy'n siŵr o apelio at blant bach ac mae iaith yr awdur yn gyfoethog ond eto'n eglur. Campus!

Rhoddaf y wobr i *Heulwen*.

Dechrau nofel wedi'i gosod y tu hwnt i wledydd Prydain,
hyd at 3,000 o eiriau

MENYWOD ANWELEDIG

1 – Port Chester, NY, rhywbryd yn y dyfodol agos

Eisteddodd y fenyw ar ben wal, yn cofleidio'i hun yn dynn mewn ymgais i gadw'r oerni a'r panig hyd braich. Roedd hi wedi dewis ei llecyn yn bell o olau diogelwch yr harbwr, yn ôl y cyfarwyddiadau i geisio osgoi denu sylw ati'i hun. Teimlodd ysfa i godi ac ymdrochi yng ngolau'r harbwr er mwyn teimlo'n rhan o'r ddynol ryw am funud; ond roedd ganddi ofn cais am ei cherdyn adnabod. Gwell iddi aros yn niogelwch y cysgodion, er bod y tywyllwch yn gwneud iddi deimlo fel y person byw olaf yn y byd.

Roedd y dŵr wrth ei thraed fel inc. Clywodd ymchwydd y tonnau ar waliau'r doc, yn dawel ac yn gyson fel curiad calon, ac am eiliad ystyriodd y byddai'n haws iddi ei thaflu ei hun i dywyllwch y dŵr a dianc rhag pob dim yn y fan a'r lle. Ceisiodd anghofio am y galon arall yn curo fodfeddi o'i hun hithau.

Bydden nhw'n dod amdani'n fuan, siŵr iawn. Hanner nos, dwedodd y fenyw ar y ffôn. Yn reddfol aeth ei llaw at boced ei jîns i godi ei ffôn – oedd bellach mewn bin sbwriel tu allan i fwyty rhywle oddi ar yr I-95.

Ceisiodd anwybyddu merwino ei bysedd trwy gau ei llygaid a gwibio'n ôl yn feddyliol at ystafell wely ei mab, a oedd yn gynnes braf ac yn llawn ei arogl ef. Cofiodd sefyll wrth droed ei wely a'i wylio'n cysgu. Yn fwy na dim, dymunai gael plygu a chusanu ei foch feddal, ddiniwed; ond gwell iddo gysgu yn ddiarwybod, a dihuno drannoeth i glywed am ei 'thrip busnes' gan ei dad.

Bu'r weithred o droi ei chefn arno bron yn ddigon i'w mygu. Roedd pob un tegan meddal yn annwyl iddo; ni allai hi gymryd un o'r rheiny. Wrth adael ei ystafell wely oedodd a chodi crys-T a daflwyd i un ochr cyn amser bath. Anadlodd ei arogl, a gwthio'r dilledyn i'w phoced gefn.

Agorodd y fenyw ei llygaid wrth iddi glywed sŵn uwchben suo'r tonnau. Rhwyfau. O'r tywyllwch mor drwchus â thriog daeth amlinelliad siâp. Cwch. Gwelodd hi ddau neu dri o gyrff yn y cwch – un yn rhwyfo ac un yn sefyll ym mhen blaen y cwch. Wrth iddyn nhw symud yn agosach, gwelodd hi fod y ffigwr blaen yn dal rhywbeth yn debyg i dryfer. Gwyliodd y fenyw wrth i'r ffon gael ei defnyddio i fachu postyn; ar ôl docio'r cwch yn y marina, arhosodd y bobl tu mewn iddo yn gwbl lonydd ac yn dawel. Yn disgwyl, fel hithau. Yn awyddus i osgoi denu sylw atyn nhw eu hunain, fel hithau.

Cofiodd y fenyw y cyfarwyddiadau a roddwyd iddi dros y ffôn. Synhwyrodd i'r alwad gael ei hamseru'n ofalus: digon o amser iddi bacio a gwneud trefniadau brys, ond dim gormod o amser iddi ddechrau gwamalu. Llais addfwyn menyw yn darllen sgript mewn ffordd ddidaro: 'Ysgrifenna'r canllawiau i lawr, achos chei di ddim nodyn atgoffa. Rhaid i ti gyrraedd y man casglu yn brydlon, achos bydd y criw achub yn disgwyl deng munud, a dim mwy na hynny. Gei di ddod ag un bag. Dim dyfeisiau electronig o gwbl. Ni wna'r criw dy gyfarch di. Bydd yn rhaid i ti fynd atyn nhw a gofyn am ...'

'Ai Harriet wyt ti?' gofynnodd y fenyw i'r ffigwr agosaf, yr un yn sefyll ym mlaen y cwch.

'Dyna fi. A ti ydy'n cargo ni, felly?' Llais menyw arall. Menyw ddu, acen ddeheuol. New Orleans, o bosib. Nid y math o lais fyset ti'n disgwyl ei glywed ar y Byram ar nos Fawrth oer ym mis Mai. Llais cyfeillgar, â thinc o hiwmor ynddo fel petai'r ddalfa yn wahanol i'r disgwyl.

'A fedri di ddod i lawr fan hyn? Gwylia nad wyt ti'n llithro ar y pontŵn.'

Camodd y fenyw ar y pontŵn yn ofalus, ei choesau yn sigledig fel rhai ebol newydd-anedig. Estynnodd Harriet allan i gymryd ei braich i'w sefydlogi rhywfaint.

'Cyn i ni fynd, cwpl o bethau rhaid i ni wirio'n gyntaf. Does dim rhaid i ti ddweud dy enw go iawn, na rhannu unrhyw fanylion dy fywyd efo ni. Mae'n haws felly. Ond be gawn ni dy alw di?'

'Caroline,' meddai'r fenyw. Yr enw cyntaf ddaeth i'w meddwl. Enw ei hen nain.

'Iawn, Caroline. Ble wnest ti adael dy gar?'

'Maes parcio Jempson's yn Rye.'

Er ei bod yn dywyll, roedd yna ddigon o olau yn dod gan lusern dan orchudd yng nghefn y cwch iddi fedru gweld gwên gysurlon Harriet.

'Da iawn. Gawn ni ddefnyddio fan hyn i godi rhywun rhywdro eto. Nesaf, wnest ti ddim dweud wrth neb dy fod ti'n dod yma heno, naddo?'

'Naddo.' Meddyliodd Caroline am y nodyn adawodd hi ar fwrdd y gegin: 'MAE'N DDRWG GEN I. OND DYDW I DDIM EISIAU MARW.' Nodyn na fyddai'n cael ei ganfod nes bod ei gŵr yn codi am saith y bore i fynd i'r gwaith. Ysgrifennodd hi'r nodyn hwnnw gan wybod erbyn y wawr y byddai hi un ai'n hwylio am Ganada, neu yn nalfa'r heddlu.

'Grêt,' meddai Harriet yn gysurlon. 'Rydyn ni bron yn barod i adael. Y cwestiwn olaf – wnest ti adael dy ffôn lôn a phob dyfais electronig gartref, do?'

'Do. Ond sut wna i adael i fy nheulu wybod fy mod i'n dal yn fyw?'

Doedd hi ddim yn poeni gymaint am ei gŵr, gan ei fod o mor barod i chwarae *Russian Roulette* efo'i bywyd hithau. ('Falle eith pethau'n iawn. Falle wnawn ni ddod drwy hyn.' Dyna oedd ei fantra newydd, oedd yn llwyr anwybyddu'r ffaith mai hi a hi'n unig fyddai'n gorfod 'dod drwy hyn'.) Na, doedd hi ddim yn poeni am deimladau ei gŵr. Ond doedd hi ddim yn hoffi meddwl am ei rhieni a'i mab yn poeni amdani, yn poeni ei bod hi wedi ei herwgipio neu wedi cyflawni hunanladdiad, fel y gwnaeth nifer o fenywod yn yr un sefyllfa â hi.

'Chei di ddim cysylltu â nhw. Ond fedrwn ni ddanfon neges i ddweud dy fod ti'n ddiogel. A phwy a ŵyr, ymhen cwpl o flynyddoedd, efallai gei di fynd yn ôl atyn nhw.' Oedodd Harriet, a symud ei thraed i sadio'i hun. 'Rwyt ti'n deall dy fod ti'n torri'r gyfraith trwy wneud hyn? Ac os wnei di ddychwelyd i'r Unol Daleithiau, mae'n debygol gei di dy arestio a dy erlyn?'

'Dw i'n deall,' meddai Caroline yn dawel. Yn deall, ond roedd o fel petai rhyw ran o'i hymennydd yn gwrthod derbyn ei bod hi ar fin dod yn droseddwr. Ers pryd oedd dymuno aros yn fyw yn drosedd haeddiannol o ddedfryd carchar?

'Os wyt ti'n hapus i fentro, amdani felly. Byddi di'n ddiogel gyda ni.' Cynigiodd Harriet law i helpu Caroline gamu i lawr i'r cwch.

'Ydyn ni'n teithio yn hwn?' gofynnodd hi, gan fethu â chelu'r ofn yn ei llais.

'Nac ydan. Mae'n cwch pysgota wedi angori yn y sianel. Rhy beryglus i ddocio yma. Ond fyddwn ni ar y cwch hwnnw mewn dim o dro, a byddi di yn yr ysbyty erbyn amser swper yfory. Pasia dy fag i mi.'

Cafodd yr olaf o eiddo Caroline ei osod yng ngwaelod y cwch. Teimlodd hi fymryn o bryder fel pilipalod ym mherfedd ei bol wrth i'r dyn anhysbys gyferbyn â hi ddechrau rhwyfo. Daliodd hi ar ei sedd, gan wasgu'r astell yn dynn rhwng ei bysedd. Eisteddodd Harriet wrth ei hochr a chynnig llymaid allan o fflasg, ond roedd stumog Caroline yn corddi gormod gyda symudiad y cwch iddi fentro yfed. Caeodd ei llygaid yn dynn a cheisiodd beidio meddwl am ei mab, na'r plentyn arall roedd hi ar fin ei aberthu er mwyn cael aros yn fyw.

2 – Rhywle yn nwyrain Canada

Noson arall o gwsg gwael, anghyfforddus mewn pabell ar lawnt yr ysgol. Dihangodd Michelle, neu Clara #33 fel y gelwid hi bellach, allan o'i phabell ac ymestyn ei breichiau tua'r awyr las.

Roedd y gwlith yn drwch ar y glaswellt, yn enwedig yng nghysgod yr hen ysgoldy. Oedodd Clara ar waelod y grisiau ac edrych i fyny ar yr adeilad – plas a adeiladwyd gan fasnachwr cyfoethog a oedd ar un adeg yn gartref i un o deuluoedd mwyaf cyfoethog y dalaith. Cafodd y plas ei droi'n ysgol ar gyfer 'plant gwyrdroëdig'. Mor niferus oedd hanesion y creulondebau a wnaed i'r myfyrwyr, pan gaeodd yr ysgol ni lwyddwyd i adnabod prynwr i'r adeilad. Bu'r lle'n wag am bron i ugain mlynedd, nes i Harriet #1 lwyddo i 'fenthyg' y lle. Aeth ati gyda chymorth ei byddin i roi trefn ar y lle; fodd bynnag, daliodd i edrych fel carchar. Sawl tro gwnaeth Clara #33 argymell y byddai tuniau o baent yn gwneud gwahaniaeth mawr i naws a theimlad y lle. Bob tro cafwyd yr un ateb: 'Pan rydyn ni'n dawelach ...' Ond ni fu unrhyw gyfnodau tawelach. Mor niferus oedd y cleifion, roedd staff yn gwersylla mewn pebyll ar y lawnt neu yn y gaeaf yn gosod sachau cysgu rhwng desgiau'r swyddfeydd er mwyn gwneud lle iddyn nhw.

Dim ond dwy stafell ymolchi oedd ar gael i holl drigolion y ganolfan. Ymunodd Clara #33 gyda'r rhes o fenywod yn disgwyl i ddefnyddio'r cyfleusterau a fu ar un adeg at ddefnydd myfyrwyr yr ysgol. Safodd tair menyw ifanc gerbron y drych hir uwchben y sinciau. Cleifion oedd y tair ohonyn nhw, yn gwisgo pyjamas ail law carpiog. Ni wnaeth yr un ohonyn nhw lyfu bys i siapio ael flêr, neu wenu i'r drych i weld pa mor wyn oedd eu dannedd. Dim ond syllu heb weld, yn mynd drwy'r drefn foreol er mwyn cadw'n lân a llenwi'r amser cyn brecwast.

O dan amgylchiadau arferol byddai pawb yn cymdeithasu, yn troi at ei gilydd i leddfu'r unigrwydd, ac o bosib yr euogrwydd. Ond nid oedd yn ddiogel gadael i gyfeillgarwch ddatblygu. Yn dechnegol, roedd pawb yma yn euog o drosedd o ryw fath, ac roedd ysbïwyr wastad yn bosibiliad. Mân siarad gwag oedd y ffordd orau i aros yn anhysbys. Dim ond un person yn y swyddfa wyddai enwau go iawn y cleifion, a bydden nhw'n diosg hwnnw'r un pryd â chynnwys eu croth; yn gadael y ganolfan i fyw bywyd newydd sbon efo cerdyn adnabod newydd sbon.

Eto, roedd ambell eithriad ymhlith y cleifion a adawodd y ganolfan i grwydro'r goedwig neu'r gerddi, i wneud ioga dan ganghennau'r coed. Petai un o'r cleifion yn galw heibio ei phabell am sgwrs, roedd Clara #33 wastad yn fodlon iawn tanio ei stof wersylla a chynnig paned o goffi iddi.

Wedi ymolchi, dechreuodd Clara #33 gerdded am brif adeilad y ganolfan, lle daeth hi ar draws Clara #17, ar ei ffordd i'r ysbyty lle gweithiai fel nyrs.

'Bore da!' meddai Clara #17, gan wenu'n siriol yn ôl ei harfer. Byddai Clara #33 yn barod i daeru ei bod hi'n athrawes ysgol feithrin yn ei bywyd blaenorol. 'Brecwast?' awgrymodd Clara #17, yn amneidio'i phen i gyfeiriad y ffreutur, lle'r oedd cogyddion dienw wrthi'n pentyrru ffrwythau ffres a llenwi powlenni ag uwd. Ysgydwodd Clara #33 ei phen a mwmial y byddai'n well iddi ddechrau ar ei gwaith. Teimlodd yn surbwch am wrthod cynnig clên Clara #17, a braidd yn rhy hwyr, ceisiodd wneud yn dda am fod yn swta drwy droi'n ôl i wynebu'r Clara arall ac addo y bydden nhw'n cael paned yn hwyrach yn y prynhawn. Roedd hi'n awyddus i weld a oedd diweddariad gan Harriet, ac felly brysiodd hi at y brif swyddfa ar lawr canol y ganolfan. Dyma oedd yr ystafell fwyta pan adeiladwyd y tŷ, ac un o'r ystafelloedd dosbarth pan ddaeth y lle'n ysgol. Daliai i deimlo fel ysgoldy o'r ganrif ddiwethaf. Gosodwyd hen ddesgiau a chadeiriau'r myfyrwyr mewn cilfachau a wnaed o bren. Roedd y bwrdd gwyn yn dal i fod ar wal bellaf yr ystafell, wedi ei orchuddio â map enfawr o'r Unol Daleithiau.

Aeth Clara #33 at ei locer, crair arall o ddyddiau'r adeilad fel ysgol, a thynnu ei ffôn a'i ffolderi allan o'r storfa. Hi'n unig oedd â mynediad at y rhain. Mesur diogelwch arall. Cymerodd hi un o'r cilfachau yn wynebu'r wal gefn, gan iddi gael sedd o flaen y ffenestr ddoe. Cafodd pawb fwynhau'r awyr iach a'r golygfeydd godidog yn eu tro. Arwydd o'r chwaeroliaeth a'r tueddiad cynhenid at degwch.

Hen ffôn Nokia oedd gan Clara, yn dyddio o'r amseroedd cyn ffonau clyfar. Tan yn ddiweddar iawn, fel y rhan fwyaf o filenials ei hoed, doedd ffôn Clara byth allan o'i llaw. Yn ystod cyfnodau tawel bu ei meddwl yn crwydro yn ôl at Instagram a Reddit a Threads; ei bawd dde yn plycio'r awyr ac yn ysu i gael anwesu sgrin. Ond mae ffonau clyfar yn rhy hawdd eu holrhain, felly mae Clara #33 wedi dysgu dygymod â bricsen. Wrth i'r negeseuon newydd gyrraedd mewnflwch ei ffôn, agorodd Clara #33 ei llyfr nodiadau a thaflu golwg dros y rhestr oedd yn weddill o ddoe.

Tair neges: un gan Harriet #46 a ddanfonwyd am hanner nos, yn dweud bod y claf o Port Chester yn ddiogel gyda nhw ar y cwch, a'r ddwy neges arall gan feddygon eraill yn y gogledd-ddwyrain, yn gofyn am gymorth ar ran eu cleifion. Nododd hi leoliadau'r cleifion yn ei llyfr a cherdded draw at y map anferthol ar y bwrdd gwyn. Roedd pob achos yn achos brys, felly cyntaf i'r felin oedd yr unig ffordd i weithredu'n deg. Nododd un meddyg (T) ar ddiwedd y neges, gan nodi mai dyn y cartref oedd yn dueddol o ateb galwadau ffôn. Ni chaniateir i'r fenyw feddu ar ffôn neu ddyfais ei hun. Byddai'n rhaid troedio'n ofalus.

Safodd Clara #33 gerbron y map anferth, gan edrych ar y dryswch o binnau bawd ac edafedd lliwgar; pob un yn nodi rhwydwaith gweithredol a arweiniai at Ganada. Sbïodd Clara ar leoliad y cleifion diweddaraf: Connecticut a Vermont. Nid oedd neb ar gael yn Vermont, ond byddai'n bosib i Harriet #46 a'i chriw ailymweld â Port Chester ymhen diwrnod neu ddau a chodi'r claf yn Connecticut o fanno.

Ar un adeg, roedd Efrog Newydd a'r gogledd-ddwyrain yn llawn rhwydweithiau. Allan o'r holl daleithiau, dylai fod yn hawdd dianc o'r ardal honno – poblogaeth oedd ar y cyfan yn rhyddfrydig, ac ymwelwyr a thwristiaid oedd yn mynd a dod yn gyson. Fodd bynnag, ers i'r llywodraeth gyflwyno cyrffyw roedd teithio'n anoddach – yn enwedig i fenywod gwyn. Un o'r unig fanteision hiliaeth systematig, meddyliodd Clara #33. Os oedd menywod du a Latina fel hithau am leihau'r boblogaeth ethnig, doedd y llywodraeth bresennol ddim am wrthwynebu'n ormodol. Menywod gwyn oedd dan anfantais, yn enwedig os oedden nhw allan o'r cartref heb ddyn. Roedd yn fwyfwy anodd i'r Harriets lawr gwlad weithredu heb gael eu holi gan yr heddlu, ac roedd yr heddlu ymhob man: rheolfeydd ar y twneli allan o Efrog Newydd, ar dollfeydd y prif ffyrdd, y meysydd awyr, y gorsafoedd rheilffordd; ac roedd awdurdodau'r porthladdoedd yn tynhau'r fagl honno hefyd.

Teimlodd Clara #33 law ysgafn ar ei hysgwydd a neidiodd mewn braw. Trodd i weld Sarah #4, yr *head honcho*, yn sefyll y tu ôl iddi â'i llygaid yn goch a'i gwên yn dynn.

'Mae'n ddrwg gen i,' sibrydodd.

'Be sy?' gofynnodd.

Amneidiodd Sarah #4 i gyfeiriad y coridor. Aethon nhw at ben draw'r coridor, allan o glyw gweddill y criw croeso. Mewn sibrwd, eglurodd Sarah #4 ei bod newydd dderbyn neges. Doedd hi ddim yn un am rannu newyddion drwg yn gyhoeddus. Credai ei bod yn niweidiol i forâl.

'Ges i neges gan Harriet #46 yn gynnar yn y bore. Cafodd ei chwch ei stopio gan wyliwr y glannau.'

Teimlodd Clara yr aer yn gadael ei hysgyfaint fel petai rhywun wedi pwnio ei brest.

'Ydyn nhw yn y ddalfa?'

'Na. Gafon nhw rybudd am beidio ag arddangos golau mordwyo.'

'Diolch byth. Bydd rhaid iddyn nhw osgoi marina Port Chester am sbel, felly.' Ond doedd hynny ddim yn egluro'r cryndod yn llais Sarah #4, na'i llygaid dagreuol.

'Dw i wedi argymell bod Harriet #46 yn camu'n ôl am gwpl o wythnosau, iddi gael cyfle i ... ddod at ei choed.' Gwyddai Clara #33 bod Harriet #46 yn hoff o frolio bod ei phlant yn ei galw'n *bad ass mama bear.*

'Be ddigwyddodd?'

'Pan ... pan welodd y claf gwch gwyliwr y glannau'n agosáu aeth hi i banig, yn meddwl mai'r heddlu oedd yn dod amdani. Er i Harriet geisio'i pherswadio i guddio, wnaeth hi daflu'i hun allan o'r cwch.'

'Taflu ei hun i'r môr?'

'Do. Ceisiodd Harriet a'r criw ei hachub, ond tynnodd hi ei fest achub cyn neidio.'

Allai Clara #33 ddim ond dychmygu brathiad y dŵr rhewllyd, parlys yr oerni eithafol a'r tywyllwch yn cau amdani am byth. Ceisiodd beidio meddwl sut deimlad fyddai ildio i goflaid y düwch llethol, na'r panig y bu Harriet a'i chriw yn ei deimlo wrth geisio tynnu'r 'cargo' o'r dŵr heb gael eu dal yn gwneud felly gan wyliwr y glannau.

'Wyt ti am gael munud i ti dy hun?' gofynnodd Sarah #4 yn garedig, gan amneidio'i phen at y gerddi a welwyd drwy'r ffenestri. Ond ysgwyd ei phen yn benderfynol wnaeth Clara #33, a mynd yn ôl at ei desg. Cododd ei ffôn a theipio neges i Harriet #46:

Drwg gen i glywed am neithiwr. Gobeithio bod ti'n weddol.

Lletchwith oedd crynhoi trychineb mor drist mewn dwy frawddeg mor ddi-nod, ond ni feiddiai ofyn am ragor o fanylion, na danfon cydymdeimladau cryfach, rhag ofn bod y negeseuon yn cael eu monitro gan y llywodraeth.

Eiliadau wedyn daeth ymateb Harriet:

Dw i yn pissed. Dyna'r cynta a'r ola ry'n ni am ei cholli. Iawn?

Teimlodd #Clara #33 yr un ymchwydd o flinder. Nid blinder tuag at y fenyw wnaeth daflu ei hun i goflaid y môr, ond at y gyfundrefn a wnaeth hynny yn well opsiwn na marw mewn ysbyty neu fyw bywyd yn dioddef yn sgil beichiogrwydd digroeso a pheryglus. Teipiodd ymateb:

Y cynta a'r ola. O hyn allan, achubwn ni bob un.

Bob un.

Y Fenyw Anweledig

BEIRNIADAETH IFAN MORGAN JONES

Diolch yn fawr i bawb a gystadlodd. Mae angen i ddechrau nofel yn bennaf oll ddal diddordeb darllenydd a gwneud iddyn nhw fod eisiau darllen ymlaen a darganfod beth sy'n digwydd nesaf. Yn hynny o beth mae angen egin llinyn storïol yno ond hefyd dystiolaeth bod yr awdur yn gwybod sut i ddweud y stori honno gyda defnydd o ddeialog a disgrifiadau a fydd yn dal sylw y darllenydd. Dim ond un ymgais a lwyddodd i wneud hynny yn fy achos i ond roedd yna lawer iawn o addewid ym mhob un i adeiladu arno.

Cystennin: Mae dechrau'r nofel ddienw hon yn mynd â ni i Sweden a chyfarfod cyntaf y prif gymeriad gydag Amanda, merch o Ganada, a dechrau eu carwriaeth. Mae'r lleoliad mewn gorsaf reilffordd dan flanced o eira ac yna ar drên yn cynnig digon o gyfle i'r awdur ddisgrifio'r amgylchedd y mae'r bennod gyntaf wedi ei gosod ynddo. Hoffwn weld rhai o'r synhwyrau eraill yn cael eu defnyddio y tu hwnt i'r hyn yr oedd y prif gymeriad yn ei weld. Yn anffodus, mae'r bennod yn llusgo braidd oherwydd y paragraffau hir iawn yn gosod y cyd-destun ac ychydig iawn o ddeialog. Mae bron y cyfan sy'n digwydd yn ychydig eiriau olaf y bennod. Efallai y byddai'n well petai mwy o drafod rhwng Gustav ac Amanda yn gynt yn y bennod a'r disgrifiadau a'r wybodaeth gefndirol yn cael eu gweu o amgylch y sgwrs honno. Un peth oedd yn peri ychydig o ddryswch oedd yr amrywio rhwng Cymraeg a Saesneg mewn deialog a oedd yn darlunio sgwrs yn Sweden. At ddibenion nofel Gymraeg wedi ei gosod mewn gwlad arall efallai y byddai'n well glynu at y Gymraeg. Nid yw gwallau iaith yn ddiwedd y byd ond gallai Cysill fod wedi cywiro nifer o'r camdreigladau.

Rhedeg Trwy Genllysg, 'Cianalas': Mae'r nofel hon wedi ei gosod yng Ngweriniaeth Iwerddon ond o safbwynt Cymro ac wedi ei hysgrifennu mewn tafodiaith ogleddol gyhyrog. Gwelwn y cyfan drwy lygaid cogydd wrth iddo sylwebu ar hyn a'r llall o'i amgylch, ac ychydig iawn ydan ni'n ei glywed gan gymeriadau eraill. Er bod ffrwd meddyliau byrlymus y prif gymeriad yn ddigon difyr mae'r paragraffau hir a'r diffyg amrywiaeth lleisiau braidd yn undonog, ac wrth i sylw'r prif gymeriad neidio o un peth i'r llall sawl gwaith o fewn paragraff doedd gen i ddim llawer o syniad am beth oedd y nofel na chwaith i ble roedd yn mynd. Mae yna lot o addewid yn y gallu i ysgrifennu iaith lafar argyhoeddiadol ond os mai'r nod yw ysgrifennu nofel hygyrch a darllenadwy mae angen oedi o dro i dro, paragraffu a chanolbwyntio ar un peth ar y tro rhag drysu'r darllenydd. Os mai'r nod yw ysgrifennu nofel heriol James Joyce-aidd, wrth gwrs, croeso i'r awdur anwybyddu fy nghyngor.

PR3, 'Y Doctor': Mae'r nofel hon yn dechrau yn addawol iawn gyda chyfarfod llawn tyndra rhwng warden carchar a doctor. Yn anffodus, mae yna ychydig gormod o ddeialog yn yr hanner cyntaf a dim digon yn yr ail. Mae'n aneglur weithiau pwy sy'n siarad ac mae yna nifer o newidiadau safbwynt o fewn y 3,000 o eiriau a oedd wedi fy nrysu i ryw ychydig fel darllenydd. Mae'r nofel wedi ei gosod mewn carchar ond mae tair golygfa yma wedi eu gosod mewn swyddfeydd gwahanol o fewn y carchar. Roeddwn i'n teimlo bod cyfle yma i osod golygfeydd mewn ardaloedd gwahanol o'r carchar er mwyn creu naws fygythiol neu o leiaf roi cyfle i'r awdur ddangos ei ddawn ddisgrifiadol. Mae yna ddigon fan hyn i adeiladu arno, serch hynny, ac rwy'n edrych ymlaen at gael gwybod beth yw penllanw cynlluniau y doctor dieflig ar gyfer preswylwyr y carchar.

Pat, 'Llinell Pat': Mae yna lawer iawn o ddigwyddiadau cyffrous wedi eu gwasgu i mewn i ddechrau'r nofel hon sydd wedi ei gosod yng Ngwlad Belg yn ystod yr Ail Ryfel Byd. Mae yna dair pennod o fewn 3,000 o eiriau ac roeddwn i'n teimlo y gellid bod wedi pwyllo weithiau a chaniatáu i'r darllenwyr ddod i nabod y cymeriadau ychydig yn well a gwerthfawrogi y sefyllfaoedd peryglus roedden nhw ynddynt cyn symud ymlaen at yr olygfa nesaf. Serch hynny, mae yna lawer iawn o addewid yma ac mae'r awdur yn gwybod sut i greu tensiwn a chyffro a chreu golygfeydd a fydd yn aros yn y cof. Mae'n *dangos* yn lle *dweud* ac yn defnyddio deialog yn effeithiol i ddal sylw'r darllenydd. Beth sydd ei angen nesaf yw caniatáu i'r darllenydd ddal ei wynt ryw ychydig.

Y Fenyw Anweledig, 'Y Menywod Anweledig': Fe wnaeth y nofel hon ddal fy sylw o'r dechrau ac roedd yr elfen o ddirgelwch ynglŷn â pham roedd Caroline yn ceisio ffoi o adref, a'r tensiwn wrth iddi geisio gwneud hynny gyda'r nos, wedi dal fy niddordeb tan y diwedd. Mae awgrym yma o thema amserol i'r nofel wrth i Uchel Lys yr Unol Daleithiau benderfynu cyfyngu ar hawliau erthylu menywod y wlad, a rhyw awgrym y gallai hyn yn y dyfodol agos esgor ar 'ddyfodol agos' dystopaidd. Ai'r Margaret Atwood Cymraeg sy'n gyfrifol am ysgrifennu'r nofel hon? Hoffwn i gael gwybod. Mae'r iaith yn gywir ar y cyfan ond mae yna gamgymeriadau sy'n awgrymu nad yw'r awdur wedi darllen drosti yn ddigon manwl, ond does dim byd yma na allai golygydd iaith ei dwtio yn weddol rwydd.

Gwobrwyer *Y Fenyw Anweledig* gan obeithio y bydd y nofel yn weladwy yn y dyfodol agos.

Y GAMP GENEDLAETHOL?

Beth yw camp? Yn anorfod, rhaid mynd at fater diffinio cyn cychwyn. O fwrw golwg cyflym yng *Ngeiriadur Prifysgol Cymru*, gwelwn fod sawl ystyr posib, ond at ein dibenion ni heddiw, yr adran gyntaf sydd fwyaf perthnasol. Caiff ei diffinio fel hyn:

> Gorchest, gwrhydri, rhagoriaeth, gorchwyl a edmygir, cyflawniad sy'n gofyn dysg neu wroldeb i'w wneuthur; chwarae sy'n arddangos medr neu gryfder, difyrrwch.

Dyna gwmpasu, felly, y ddau brif ystyr sy'n dod i'r meddwl wrth ystyried camp: gorchest, ar un llaw; a chwarae ar y llall. Ar ben hyn i gyd, cawn weld bod y gair yn deillio o'r Lladin Diweddar *campus*, sef maes brwydr, yn ogystal â maes yn gyffredinol. Falle bydd hynny'n bwrw rhyw ychydig o oleuni ar y peth hefyd.

Beth yw ein camp genedlaethol ni, felly? Ai rhywbeth rydyn ni'n ymorchestu ynddo, a maes lle rydyn ni'n rhagori – maes, yn llythrennol, yn achos chwaraeon, lle rydyn ni'n fuddugol? Neu ai'r chwarae ei hun sy'n mynd â hi, beth bynnag am ein gorchestion – y traddodiadau, y gwreiddiau, a'r gymuned sy'n tyfu o amgylch chwaraeon? Y ddau faes amlwg yn hyn o beth, wrth gwrs, yw rygbi a phêl-droed, ac nid heb reswm. Mae timau cenedlaethol Cymru ymhlith yr hynaf yn y byd yn y ddwy gamp hyn, ac maen nhw wedi treiddio'n bell i'n hymwybyddiaeth ac i'n bywydau. Gyda rygbi, o leiaf, rydyn ni wedi arwain y byd, am sbel bach, ac ennill cystadlaethau rhyngwladol; ond pêl-droed sydd wedi'n rhoi ni ar y map a chreu, fel y dywedodd un awdur, wladwriaeth deithiol annibynnol o gefnogwyr sy'n arddel y Gymraeg yn gyhoeddus ac yn pontio'r De a'r Gogledd trwy gyfrwng ein hiaith a'r profiad o ddod ynghyd at yr un nod.

Ond byddai'n rhwydd iawn mynd i gyfeiriad ystrydebol a dechrau tafoli rygbi a phêl-droed yng Nghymru, y naill yn erbyn y llall: nid pwnc newydd yw hwn. Mae'n anodd gwybod beth sydd ar ôl i'w ddweud. Yn gyfleus iawn, felly, mae gen i gynnig arall.

Mae yna faes lle rydyn ni wedi gwir orchestu, a chyrraedd yr uchelfannau. Yn y maes hwn hefyd mae gennym ni linach a hanes hir sy'n estyn yn ôl i'n gwreiddiau, i'n cyfnod cynharaf. Bob wythnos, os nad bob diwrnod o'r flwyddyn, mae rhywun, rywle yng Nghymru, yn cystadlu yn y gamp hon, ac mae'r gwobrau ymhlith anrhydeddau mwyaf y genedl. A'r tu hwnt i'r cystadlu, dyma faes sy'n cyffwrdd ar fywyd pobl o bob math o gefndiroedd, a champ y mae miloedd yn ymgywreinio ynddi yn eu bywydau beunyddiol fel crefftwyr ymroddedig. Mae rhagor byth yn ei gwerthfawrogi heb gymryd rhan uniongyrchol ynddi, gan droi ati am ddifyrrwch, am gysur, am wefr neu am arweiniad. Mae enwogion y gamp hon yng Nghymru yn cael eu cydnabod yn fyd-eang. Rydych chi siŵr o fod wedi dyfalu yn barod beth sydd gen i mewn golwg: barddoniaeth.

Nid ystrydeb arall yw hon, fodd bynnag, i ddisodli'r hen ystrydebau. Os edrychwch chi ar ddiffiniad 'camp', a ddyfynnwyd eisoes, onid yw barddoniaeth yn bodloni pob un o'r nodweddion sy'n cael eu rhestru? Fel camp, mae barddoniaeth yn gwbl amrywiol ac amlweddog, a gall addasu yn ôl yr amgylchiadau; ond eto, mae'n parhau i fod yn farddoniaeth. Dyma gyfuniad o hyblygrwydd a pharhad.

Bydd ffawd rygbi a phêl-droed yn cael ei phennu gan lawer o ffactorau, a llawer o'r rheiny y tu hwnt i afael y bobl sy'n eu gwerthfawrogi: arian, cyllid, agweddau'r gymdeithas yn gyffredinol, ac yn y blaen. Er gall y rhain effeithio ar farddoniaeth hefyd, ac yn effeithio arni yr eiliad hon, allen nhw ddim mo'i chwalu hi na'i thawelu. Bydd y gymdeithas a'r byd i gyd yn newid, a bydd cyfnodau da a chyfnodau gwael; bydd barddoniaeth yn newid gyda'r rhain, ac yn ymateb iddynt. Ond ni fydd yn peidio, ac ni fydd yn stopio.

I wir afael mewn pobl, rhaid i gamp fod yn hygyrch, o leiaf i'r graddau y mae pobl yn teimlo bod ganddyn nhw ran ynddi. Rydym yn gwybod bod modd cefnogi timau chwaraeon, a dilyn hynt yr arwyr, ond mae o hyd ryw fwlch. Nid felly gyda barddoniaeth: os oes gennym iaith, mae gennym y gallu i farddoni, ac os oes gennym y gallu i farddoni, mae gennym iaith. Prawf arall o ragoriaeth barddoni fel camp yw'r ffaith hon: gallwn lunio cerdd am bêl-droed a rygbi (neu unrhyw chwaraeon), ond allwn ni ddim gwneud cerddi yn rhan o reolau rygbi neu bêl-droed, neu yn wir wneud cerddi yn rhan o'r chwarae (er bod modd disgrifio rhai chwaraewyr fel rhai 'barddonol', ac er y clywir sôn am goliau sy'n 'farddoniaeth', ond mater arall yw hynny).

Ond i gloi, dyma estyn cangen olewydden fel ystum heddwch, rhag pechu caredigion rygbi neu bêl-droed. Mewn gwirionedd, a oes dewis un gamp ar draul pob un arall? Falle ddim. Ond hyd yn oed os dewiswn farddoniaeth fel ein cam[p] genedlaethol, byddwn yn gallu canu clod chwaraeon o hyd ar gerdd, ynghyd â'r holl arwyr cysylltiedig – ond hefyd bopeth arall heblaw chwaraeon. Mae barddoniaeth felly yn gamp gyfannol a chynhwysol, ac yn sylfaen sicr i'n syniad o bwy ydym, fel unigolion ac fel cenedl. Ond yn bwysicach byth, does dim rhaid iddi fod yn sylfaen chwaith: gall wfftio ffiniau yn llwyr, a gall gwmpasu mwy nag unigolion yn unig. Anodd dadlau, fodd bynnag, â'r gosodiad bod gan farddoniaeth le arbennig iawn yn ein cymdeithas. O'm rhan i fy hunan, ac yn nhyb llawer o bobl rwy'n eu nabod, nid oes dim lletchwithdod yn y syniad o ysgrifennu cerdd Gymraeg a'i hadrodd o flaen eraill. Mae'n teimlo'n naturiol ac yn normal, ac yn creu ymdeimlad o gydwerthfawrogi a pherthyn sy'n estyn yn ôl i'n hanes; ond mae hefyd yn mynd i'r afael â'n presennol ac yn edrych tua'r dyfodol. A ellid gwell camp genedlaethol na hynny?

Ton

BEIRNIADAETH CATRIN HELEDD

Dwy erthygl olygyddol ddaeth i law eleni. Er taw siomedig i raddau oedd y nifer, braf yw cael dweud bod y safon, ar y cyfan, i'w chanmol. Yr her i'r newyddiadurwyr oedd ysgrifennu erthygl olygyddol o dan y teitl 'Y Gamp Genedlaethol'. Wrth fynd ati i feirniadu roeddwn yn awyddus i weld a fyddai'r newyddiadurwyr yn llwyddo i gyflwyno barn gref yn eu gwaith. Roeddwn hefyd yn awyddus i ddarllen erthygl a fyddai'n gadael ei hôl – yn codi ambell gwestiwn, o bosib, ac yn procio'r meddwl.

Haulfan: Gofyn hen gwestiwn y mae *Haulfan*. Ai pêl-droed ynte rygbi yw ein camp genedlaethol? Mae arddull naturiol i'r erthygl ac mae'n hawdd iawn ei darllen. Mae rhywun yn teimlo y byddai'n berffaith ar gyfer papur bro gan fod yr awdur yn cyfeirio yn aml at ei filltir sgwâr. Mae yna rai camgymeriadau ieithyddol yn y darn sydd yn effeithio ar y darllen, e.e. 'Y Gamp Genedlaethol' yw teitl yr erthygl ond yn yr ail baragraff mae'r awdur yn defnyddio 'Y Gamp Cenedlaethol'. Er hynny, rhaid canmol gwaith ymchwil yr awdur. Mae'n amlwg yn teimlo'n angerddol am ei bwnc ac mae sawl ffaith ddifyr yn yr erthygl. Mae hefyd yn dyfynnu gwaith awduron eraill – prawf pellach o'i ddiddordeb yn y pwnc trafod. O ganlyniad, mae'r darllenwr yn teimlo ei fod wedi dysgu rhywbeth. Mae'r erthygl hefyd yn dod i gasgliad digon taclus ar y diwedd – efallai yn rhy daclus? A ydy erthygl olygyddol dda, o'i darllen, weithiau yn gorfodi rhywun i feddwl drosto ei hun?

Ton: Mae *Ton* ychydig yn llai ystrydebol yn ei waith. Mae'r erthygl yn dechrau drwy gynnig diffiniad o'r term 'camp'. Unwaith iddo wneud hynny mae'r awdur yn mynd ati i gynnig dewis ychydig yn wahanol i'r bêl gron neu'r bêl hirgron fel camp genedlacthol. Mae'n cynnig barddoniaeth fel dewis amgen ac yn mynd ati yng nghorff yr erthygl i'n darbwyllo o'r posibilrwydd hynny. Mae hefyd yn gorffen yr erthygl gyda chwestiwn sy'n ein gorfodi ni fel darllenwyr i wneud peth gwaith drosom ni ein hunain. O ganlyniad, mae'r darn yn procio'r meddwl ac yn ateb gofynion erthygl olygyddol. Mae'r cynnwys yn ddiddorol ac mae'n llifo'n rhwydd. Mae ambell gamgymeriad ieithyddol, serch hynny, ac er nad ydw i'n blismon iaith o bell ffordd mae camgymeriadau diog yn gallu tynnu oddi ar ergyd erthygl, e.e. mae'n cyfeirio at '*cam* genedlaethol' yn lle '*camp* genedlaethol'. Mân wallau – ond rhai y gellid eu hosgoi trwy brawf ddarllen yn ofalus. Er hynny, teimlwn taw *Ton* oedd â'r erthygl orau a oedd yn ateb y briff. Llongyfarchiadau mawr iddo.

Dyddiadur Rheolwr Bar Williams Parry

Dyddiadur wythnos, hyd at 2,000 o eiriau

BEIRNIADAETH SIÔN TOMOS OWEN

Jay Young: Roedd modd i'r gystadleuaeth hon ddenu ceisiadau yn disgrifio amrywiaeth bywyd bar ar faes yr Eisteddfod a'r holl ddigwyddiadau meddwol, cerddorol, pytiau llawn hwyl, helynt a hiwmor unigryw sy'n gallu bod yno. Ond, yn anffodus, deunydd ffeithiol a ddaeth i mewn a oedd yn darllen mwy fel rhywun yn cwyno am orfod gweithio yn yr Ŵyl na darn o ryddiaith. Roedd fel disgwyl jôcs – ond yn derbyn pamffledi Iechyd a Diogelwch.

Er hyn, mae'n amlwg o ambell ddywediad anghyfarwydd neu gyfieithiad lletchwith fod yr ymgeisydd yn ddysgwr ac er fy mod i'n eu canmol am roi cynnig ar y gystadleuaeth, fy nghyngor fuasai i feddwl llai am geisio cyfieithu dywediadau o'r Saesneg a chanolbwyntio mwy ar gynnwys y darn yn ei gyfanrwydd. Pob lwc y tro nesaf a dalied ati.

O ran ffurf, os taw dyddiadur yw hwn, y cam cyntaf yw i nodi dyddiad neu i wahaniaethu rhwng y dyddiadau mewn rhyw ffordd.

Er doedd dim llawer yn digwydd yn y darnau, mi roedd yna elfennau mewn rhai a oedd yn cynnig llymaid o ymestyn tuag at y diddorol ond a gafodd eu gollwng fel gwydraid o seidr yn y gwair. Pan mae gennych 2,000 o eiriau, defnyddiwch nhw. Crëwch stori fach, disgrifiwch y broses o wylio pobol, y cyfathrebu, natur y meddwon, byddwch yn sarhaus, yn ddoniol: dyddiadur yw e! Defnyddiwch iaith onest i ddisgrifio'r pethau hyn yn ddyddiol dros y 2,000 gair sydd gennych. Mae 600 gair â dim ond brawddegau am y tywydd, dau berson yn dod i'r bar heb ddweud dim ond yna'n sôn am y defnydd o arian parod yn hytrach na cherdyn a sut mae'r staff yn newid casgen yn wastraff. Os taw chi sy'n sgwennu'r stori, ffeindiwch stori – nid rhestr o ddigwyddiadau diflas. Mae gweithio tu ôl i'r bar yn gallu bod yn ddiflas ond os yw e, gwnewch y diflastod yn ddiddorol i'r darllenydd, neu defnyddiwch eich dychymyg i greu sefyllfa y buasai rhywun eisiau darllen amdani.

Efallai bod y feirniadaeth hon yn haerllug a llym, ond roedd cymaint o botensial gan y gystadleuaeth hon i fod yn hwyl – ond ni ddaeth â gwên, yn anffodus. Felly, oherwydd hyn, nid oes teilyngdod eleni.

Tlws yr Ifanc i rai o dan 25 oed

(mewn ymgynghoriad â Chymdeithas Eisteddfodau Cymru)

Darn o farddoniaeth neu ryddiaith ar unrhyw ffurf,

hyd at 2,000 o eiriau.

....

ADENYDD

'Be' sy'n bod 'a ti, jyst cydia yn y diawl!' rhegodd eto, cyn hyrddio heibio a llamu'n ysglyfaethus am yr iâr.

Triodd hi ei gorau i ddianc. Plediodd a phlediodd â phob clwc, cyn gorfod ildio'n gryndod dan ei grafangau,

'Nawr, dal y blincin *thing* yn llonydd 'nei di!'

Gorfododd Eifion ei afael arni, wrth i'w dad dorri ar ei rhyddid fesul pluen. Wedi iddo glipio'i hail adain, fflingiodd hi o'i freichiau, a'i gadael i sgrialu yn ôl i'r llawr. Dechreuodd fflapio a fflapio ei hadenydd bach fel dwy fraich yn boddi mewn pwll, a'r hen ŵr yn cael modd i fyw o'i gweld hi'n straffaglu, cyn iddi yn y diwedd orfod suddo yn ôl i'w nyth, fel bob blwyddyn arall i drial gori.

I ble fydde hi'n mentro 'se hi'n ca'l? meddyliodd Eifion. *I'r arfordir, neu i'r ddinas falle?* I Gaerdydd, neu i Lundain fyddai Eifion yn dewis. Dychmygodd shwt fyddai i godi i glochdar sŵn tacsis tu fas, i flasu'r holl fwrlwm yn yr aer, ac i weld yr holl gaeau o bobl yn troedio'r strydoedd, a rhai efallai o'r un brid ag yntau. Tybiodd y byddai'r cwrs darlledu wedi bod yn dda yno hefyd. Efallai, petai heb golli cymaint o wersi nôl pan roedd e yn yr ysgol, yn gweithio i'w dad, y byddai wedi gallu'i gwneud hi i'r brifysgol. Byddai ei fam wedi gwirioni. Hi oedd yr un oedd yn arfer mynd ag e rownd holl neuaddau'r wlad i eisteddfota ar brynhawniau Sadwrn, a hi fyddai yn tynnu ystumiau o'i sedd, rhag ofn iddo anghofio'i eiriau. Er anaml iawn y byddai'n gorfod cael ei gocsio, roedd y geiriau yn llifo mor rhwydd â'i anadl ohono o'r llwyfan, a'i lygaid yn goleuo fel sêr wrth dderbyn pob cwpan.

Ond unwaith gafodd hi'r sgan yna, ugain mlynedd yn ôl, newidiodd popeth. Disgwyl oedd hi, meddai hi, wrth iddi deimlo'r un bach yn tyfu ynddi. Roedd ei dad fel plentyn ar ddydd Nadolig, biti marw eisiau gwybod beth roedd e wedi hau ynddi. Mab roedd e wedi gobeithio. Un fyddai'n edrych ymlaen at godi gyda'r wawr i ddwyno'i welingtons, ac oedd wrth ei fodd â phêl rygbi yn ei law. Ond dim ond galar ddaeth wedyn am yr hedyn na chafodd fyth ei blannu. Byddai wedi gallu setlo am ferch fach hefyd, am unrhyw beth ond tiwmor! Roedd y boreau'r un mor gyfoglyd â'i dyddiau yn cario Eifion i ddechrau, cyn iddynt waethygu. Doedd triniaeth ddim yn opsiwn iddi. Felly bob nos wedyn, roedd Eifion yn gorfod ei chlywed hi'n gwichian fel mochyn mewn lladd-dy wrth iddi dagu mewn i fasn o'i gwely, a hithau wastad wedi rhochian chwerthin. Tri mis a chwe diwrnod fuodd hi. Ac ar ôl hynny, trodd dyddiau ysgol Eifion yn wersi o garthu, a throdd ei eisteddfodau brynhawn Sadwrn yn bantomeim ar gae rygbi.

* * *

Gwasgodd ei dad ei droed ar y brêc, cyn tynnu mewn o flaen y siop.

'By' rhaid ti gerdded gitre, achos ma' 'ise i fi ddala *Farmers Co-op* 'fyd cyn iddo fe gau!'

Nodiodd Eifion, cyn cymryd yr arian mân fel cardotyn o'i ddwylo, a jwmpo mas o ddrws y pic-yp. Dechreuodd y cwlwm yn ei stumog ddatod wrth i refs yr enjin bellhau, cyn tynhau yn sydyn eto wrth sylwi ar y ferch yn pwsio pram i'w gyfeiriad. Roedd hi'n rhy hwyr iddo ddechrau astudio'r palmant fel y byddai fel arfer yn smalio gwneud, roedd ei llygaid hi yn barod fel dartiau arno.

'Eifion!' meddai hi, â'i thôn yn chwerw fel adflas gwin yn ei wddf.

'Alys ... ti ... ti nôl,' pesychodd, wrth drial ei glirio.

'Dim ond am y wîcend. Ni'n gobeith'o mynd nôl i Abertawe dydd Llun.'

'O! A ... Abertawe?' cwestiynodd fel petai'n gwybod dim, ac yntau wedi gweld ei hanes hi fel hanes pawb arall, yn blastar dros Facebook wrth iddo sgrolio yn ei wely.

'Ie. Gadelon ni Bryste. Dadi wedi ca'l jobyn newydd, nagyw e?' eglurodd wedyn wrth godi'i chyw o'r pram, â'i choflaid hi'n ei atgoffa o lais crwt ar fin torri.

Hi oedd ei *gariad* cyntaf, ei *unig* gariad. Bu *rhaid* iddo'i holi hi mas ar ôl i'w dad ddechrau bostio i bawb yn y dafarn ei fod e wedi'i ddala fe'n cleimio mewn i'w Peugeot bach coch hi un noson. A thrwy lwc, gyda phob perfformiad, fe gwympodd hi fel unrhyw ferch arall â phâr o lygaid amdano. Ond bob tro byddai'n gorfod gafael ynddi, byddai'n meddwl am y llall, am ei hefell, am yr un oedd e ffaclu cael.

'C ... car newydd!' mwmialodd Eifion wrth ei gwylio hi'n agor drws ei char.

'Ie, wel ma' *rhai* o ni ffaelu rhannu am byth! A ta beth, do'dd yr un pram yn gallu ffito yng nghefen y Peugeot. Ond ma' Tomos yn dal i'w ddreifo fe o bryd i'w gilydd,' atebodd, cyn rhoi'r un bach yn sownd yn y sedd gefn.

'O! Shwt ... shwt ma' fe?'

'Gwd!' atebodd, wrth drial tawelu'i mab â dymi.

Cochodd, 'G ... gwd. A ... a shwt ma' dy chwaer?'

'Hapus! Ma' hi newydd brynu fflat yn Greenwich,' eglurodd Alys.

'Oreit Macsen!' gwaeddodd hi wedyn dros ei drydar, cyn troi yn ôl at Eifion ac awgrymu bod yn well iddi fynd. Nodiodd Eifion, cyn cerdded i mewn i'r siop i brynu swper.

Gyda thun o bîns yn un llaw a thun o Spam yn y llall, dechreuodd Eifion gerdded adref, â'r trydaru yn dal i chwarae fel tiwn gron yn ei glust. 'Dy fab di dyle hwnna 'di bod! Dyw'r blincin ffarm 'ma ddim yn mynd i gynnal ei hunan!' fyddai ei dad yn diawlio. Ond cnoi ei dafod byddai Eifion wastad yn gwneud, er cymaint roedd e eisiau ei herio. *Tase fe heb roi'r sac i 'nghariad i fel na'th e, falle byse Alys a finne dal da'n gilydd, ac wedi gallu ca'l blincin mab i gau ei ben e!* Ond roedd y ddau ohonyn nhw yn gwybod nad oedd hynny'n wir. Dechreuodd gerdded yn gyflymach, ac yn gyflymach, cyn dechrau rhedeg ...

Bu'n rhedeg yn aml ar ôl colli'i fam, ac yn amlach fyth ers i bethau orffen gydag Alys. Byddai'n rhedeg a rhedeg hyd nes y byddai'n ffaelu, hyd nes y byddai ei ochrau yn gwegian a'i liniau'n llefain. Roedd yr euogrwydd yn dal i'w fwyta am ei ddefnyddio hi fel y gwnaeth. Ond doedd ganddo ddim opsiwn arall, dyna oedd yr unig ffordd o warchod yr unig bleser oedd ganddo yn ei fywyd. Rhedodd yn gynt, ac yn gynt, ei galon yn powndio gyda'i draed. Llenwodd yr atgof o'u cusan cyntaf fel ton yn ei ben, wrth iddo agosáu at stad Bryntirion. Er cymaint roedd y ddau'n gwybod na ddylen nhw, ei fod e'n rong, aeth hi'n amhosib iddynt reoli eu hysfa. Y ddau wedyn yn awchu am ei gilydd, bob awr o'r dydd, cyn gorfod sleifio'n dawel tu ôl i ddrws y sgubor gyda'r nos. Teimlodd gerrynt o hiraeth yn gwenwyno drwyddo'n syth wrth orfod pasio'r stad ar ei chwith. Rhedodd yn galetach fyth i drial niwlo'r galar. Ei goesau'n dechrau llosgi. Brigau yn clecian dan ei draed. Cymylau yn llenwi yn ei lygaid. Rhedodd nerth ei draed ... dros bob un ceubwll ... ar hyd yr un hen stretsien, tan gyrraedd diwedd y lôn hir. Ei waed yn pwmpio'n ddyrnau yn ei glustiau, a dail y dderwen fawr yn hedfan bant yn y gwynt uwch ei ben. Sychodd ôl y ddwy falwoden lawr ei fochau, cyn mynd i dwymo'r bîns iddo fe a'i dad i swper.

* * *

Nodiodd ei dad, wrth weld Keith yn dechrau estyn am y botel wisgi.

'A dere â pheint wedyn iddo fe,' ategodd wrth bwyntio yn ôl at Eifion a oedd yn llusgo'i draed y tu ôl iddo. Ei ben yn ei blu wrth iddo gerdded heibio'r pla o grysau rygbi, tan iddyn nhw gyrraedd eu seddi arferol yng nghornel pellaf y bar.

'Enillon nhw heddi, 27-12,' eglurodd Keith dros eu twrw, a'r cenau bach yn tagu ar eu peints. Y maffia'n rhuo 'lawr y lôn goch, lawr y lôn goch ...' yn atgoffa Eifion o'i ddyddiau yntau yn boddi yn ei berfedd ar y palmant tu fas er mwyn trial ffitio mewn. Cafodd wyth mlynedd hir o grasfa yn chwarae i'r ail dîm, cyn i'w dad fynnu lle iddo ar yr un tîm â fuodd yntau'n gapten arno unwaith. Ond ffaelodd Eifion hyd yn oed chwarae'i gêm gyntaf ar ôl torri ei ysgwydd un bore wrth *odro*. Er roedd ei dad fel gweddill y pentref, yn gwybod yn iawn nad oedd ffrâm yr un *rotary* yn gallu cwympo o'i le fel'na. O'r bois i gyd o gwmpas y bwrdd hir, Dewi Tyddyn Du oedd yr unig un roedd e'n hanner nabod. Fe oedd yr unig un oedd yno oedd tua'r un oedran ag Eifion, ac roedd yn dal i chwarae i'r tîm. Roedd y gweddill, tybiodd yntau, naill ai gartref gyda'u gwragedd, heb ddod nôl ers mynd i'r coleg, neu bant yn trafaelu rhywle rownd y byd. Ac roedd yntau fel ei dad, erioed wedi mynd ymhellach na Llanelwedd, a hynny ond am ddiwrnod bach i'r Sioe bob blwyddyn.

Derbyniodd Eifion ei beint o lagyr fel yr arfer, a dechrau ei yfed. Troi ei drwyn wnaeth e gyntaf, pan archebodd ei dad lagyr siandi iddo yn nhe angladd ei fam, a'i law yn rhy fach i ddal y peint bron. Doedd e erioed wedi hoffi'i flas, ddim hyd yn oed pan roedd chwarter potel o lemonêd ar ei ben.

Ond wrth i'r nos Sadwrn cyntaf hynny droi'n ddefod reolaidd, ddysgodd yn ddigon cloi, mai ei lyncu a chadw'n dawel oedd gallaf.

'O'dd y blydi moch 'di bod yn fisi yn tynnu llunie tu fas y neuadd bore 'ma 'to!' meddai Alwyn, â'i gefn gyn grwned â chrwban ar y bar.

'*Bastards!* Ges di 'ddala?' holodd Dai wedyn.

'Naddo! Lwcus pasiodd Mark Trees fi cyn 'ny yn fflasio gered, bydde fe 'di bod yn yffarn o lun drud heblaw 'ny!'

'O'n nhw tu fas y ffatri wedyn prynhawn 'ma glei!' ategodd Keith wrth fesur wisgi arall.

'O'n nhw siŵr o fod 'di talu am sawl sein fach heddi 'to ynta!' meddai ei dad wrth gydio yn y wisgi, ag Eifion yn dal i sipian ar ei beint.

'Talu i ga'l blydi tri deg a mwy o aelode seneddol newydd ti'n meddwl! Ma' nhw 'ise codi'r nifer o *sixty* i *ninety-six!* 'Na pwy fydd yn pocedu'r arian fi'n gweud 'tho ti!' bytheiriodd Alwyn. 'Ma'n blydi stwpid. S'dim sens yn y peth, *twenty miles per hour!* O'dd *thirty* yn ddigon *slow* trw' pentre'!'

'Glywoch chi be' ddigwyddodd yn dre echddoe de?' holodd Dai. 'Na'th ryw hen fenyw, Saesnes o'dd hi glei, mewn Fiat Panda, bron â bwrw Delyth Cae Mawr lawr! O'dd hi'n pipo gyment ar y *dash*, a'th hi strêt trw'r gole coch!'

'Ie, ond ar ben 'ny Dai, ma'r blincin gwlithod 'na o'dd yn 'neud *twenty* mewn *thirty*, nawr yn 'neud blydi *ten miles per hour* ar yr hewl! A ma' bob diawl ifanc yn trial *overtako* yn danjerys rownd y *bends!* 'Na beth o'dd y *close shave* 'na ar gornel Pantrodyn w'thnos d'wetha' glei!' eglurodd Alwyn.

'Ma'n blydi siambls ...' ategodd Dai, cyn clywed llond bws o helmedau melyn a sashis gwyn yn tynnu mewn tu fas. Caeodd pob un ohonyn nhw eu cegau, wrth eu hastudio nhw'n cyrraedd yn storm o adeiladwyr taranllyd i mewn trwy'r drws, â'r *steel toe caps* trwm yn edrych fel sachau ar eu traed. Blasodd Eifion ôl yr oriau o Pink Gin a Tonic yn chwys arnynt, wrth iddynt ymgynnull yn un parti plu wrth y bar. Archebu trên o Sambucas wnaeth y morwynion, pan ddechreuodd y clwb gwawr ar eu sylwebaeth ...

'Ma' shwr o fod gwraig i ga'l iti f'yna, Eifion!' winciodd Alwyn.

Ond cyn iddo gael cyfle i hyd yn oed codi ei ben, llenwodd ei dad ei geg, 'Gormod o ddewis sy' 'da fe'n barod! 'Na'i broblem e!'

Llyncodd Eifion ei frôl gyda chegaid fawr o'i beint, cyn troi i bigo fel dryw bach wrth gornel y mat cwrw tamp o'i flaen. Wedyn, dechreuodd Dai barablu, 'Sôn am 'ny, weles i Alys Bryntirion prynhawn 'ma, ei thad hi ddim yn dda, *heart attack* glei!'

'Wedi ca'l *heart attack* ar ôl clywed fod ei fab e'n priodi dyn arall shwr o fod!' chwarddodd Alwyn.

Aeth y pigo dryw yn rhwygiadau brân ...

'Ca' dy geg, yw e?''

'Odi! Wedi dyweddïo ryw foi o Fanceinion, 'na be' glywes i yn y mart ddoe.'

Rhwygodd y mat yn fanach ... ac yn fanach ...

'Blydi hel! Bydde ti byth 'di gweud, o'dd y boi yn chware rygbi 'chan! Fi'n cofio fe biti marw 'ise dechre ffarmo 'fyd, ond bod dim ffarm i ga'l 'da fe! Buodd e hyd yn o'd yn helpu chi am gyfnod, naddo fe? Pan o ti Eifion yn caru 'da Alys?' holodd Dai, wrth edrych draw at Eifion a'i dad.

Ei wythiennau'n dechrau caledu'n dar ...

'Fel'na ma' nhw tyl, yn mynd bant i'r dinasoedd 'ma a'n swingio ffor' arall. 'Neud sens nawr, pam roddes di'r sac iddo fe fel 'nest ti John!' chwarddodd Alwyn eto.

'Be ti meddwl?' cnoiodd ei dad.

Ei gledrau'n dynn ... dynn ...

'Wel achos o'dd y blincin pwff 'di trial ei lwc 'da ti, ife!' cellweiriodd Alwyn, cyn ffrwydrodd pawb yn dân o chwerthin, â'r sedd bellaf bellach yn wag wrth eu hymyl, gydag ond ôl ei fat cwrw'n gonffeti ar hyd y bar.

Gwrido wnaeth y tad yng ngwres y fflamau, cyn llowcio'i ddwbl wisgi i lawr mewn un.

* * *

Cydiodd Eifion yn y bwced a cherdded at y cwt ieir, gan sylwi yn syth arni yn sefyll yn estron ar dop y ffens. 'Gloi! Cer i hôl y ffycin clipers,' byddai ei dad wedi pregethu wrth ei gweld hi'n trial jengyd.

Roedd bron i ddeuddeg mis wedi mynd heibio ers iddo ddod o hyd i'w dad ar lawr y sgubor. Ei wyneb yn gam, ag ewyn yn nadreddu o'i geg. Roedd Eifion yn dal i deimlo'i waed yn staen ar ei ddwylo. Ôl-effaith y blynyddoedd o oryfed, dywedodd y doctor, dyna achosodd ei strôc. Ond roedd Eifion yn gwybod, taw'r siom ynddo yntau a'i wenwynodd.

Be' sy'n dy ddala di yn ôl? Meddyliodd, wrth ei gwylio hi'n dal i oedi ar dop y ffens. *Tithe 'fyd heb lwyddo i ori? Wedi mynd yn rhy hen i fynd ar ôl yr un freuddwyd? Neu yn flwyddyn yn rhy hwyr ... dy gariad ynte 'fyd, wedi mynd a phriodi ceiliog arall?*

Cydiodd yn y rhaw a pharhau i adrodd yr un sgript a oedd wastad wedi'i dynghedu iddo, cyn troi yn ôl, a gweld ei bod hi wedi mynd. Llenwodd dagrau yn ei lygaid wrth iddo'i gwylio hi'n pellhau o'i nyth, ac yntau'n dal i ffaelu hedfan ...

Ann

BEIRNIADAETH SIONED ERIN HUGHES

Dosbarth Cyntaf

Ann, 'Adenydd': Stori wedi ei hadrodd mewn ffordd ofalus a chlyfar yw 'Adenydd'. Mae'r plot yn datod yn raddol bach, felly does dim tamaid o wybodaeth yn cael ei chyflwyno inni yn rhy gynnar. Mae'r stori hon, felly, wedi'i hamseru'n arbennig o dda, a phan mae'r gwirionedd mawr yn dod i'r amlwg yn y pen draw, mae'n llwyddo i fynd â gwynt y darllenydd. Llwydda'r sgwennwr i gyfleu'r union bethau sy'n broblematig mewn cymdeithas amaethyddol glòs, ac mae'n profi nad ydy 'clòs' wastad yn air cysurlon. Weithiau, mae'r 'clòs' yn gallu bod yn fyglyd, annioddefol hefyd, fel yn achos prif gymeriad y stori hon. Mae'r gymhariaeth estynedig rhwng torri adenydd iâr ar y fferm a diffyg rhyddid Eifion yn un drawiadol tu hwnt, ac yn ymddwyn fel llinyn arian i gadw'r plot yn dynn. Does dim posib imi gynnig awgrymiadau yma gan nad oes camau gweigion yn amlygu eu hunain, felly'r cwbl sydd gen i ydy'r diolch mwyaf i'r sgwennwr am gyflwyno stori o'r fath safon, a gwneud hynny mewn modd empathig a thyner. Dw i'n edrych ymlaen yn arw at glywed llawer mwy o'i waith, neu ei gwaith, yn y dyfodol. Mae *Ann*, gyda'r stori 'Adenydd' yn llawn haeddu cipio gwobr Tlws yr Ifanc yn yr Eisteddfod Genedlaethol eleni.

'Gwawr': Anodd gwybod lle i ddechrau canmol y darn hwn. Mae'r plot yn dynn, y sgwennu'n ddeallus a choeth, a'r cymeriad yn grwn ac yn argyhoeddi. Mae sgwennwr gwerth chweil ar waith yma. Aiff y stori â ni yn ôl at bleidlais Datganoli 1997, a chawn glywed stori Martha – merch ifanc sy'n cael pleidleisio am y tro cyntaf, ac yn gwneud hynny gyda chyffro ac angerdd hollol yn ei gwythiennau. I mi, mae natur wrthryfelgar Martha yn heintus. Ond, mae'n rhaid iddi wynebu anwybodaeth ei rhieni, cymeriadau sy'n argyhoeddedig, fel sawl un arall yn ein cymdeithas, nad yw eu pleidlais nhw am wneud unrhyw wahaniaeth i'r darlun mawr. Celwydd llwyr, wrth gwrs, ond mae rhywun yn teimlo diolchgarwch enfawr dros gymeriad Martha yma, sy'n gwybod ac yn *deall* bod ei phleidlais yn hanfodol bwysig. Mae'r darn, ar ei hyd, yn ddarn o safon uchel, ac mae gennym ni yma sgwennwr arbennig. Roedd 'Gwawr' yn agos iawn, iawn at gipio'r Tlws.

Gwenynen, 'Sai Mo'yn': Mae emosiynau'n berwi yng nghymeriadau'r stori hon, a chan bod y sgwennu mor dda, mae'r emosiynau hynny'n cael eu trosglwyddo i'r darllenydd yn ddigymell. Mae'r stori'n un bwysig iawn i'w hadrodd – stori am deimlo baich i etifeddu fferm deuluol, er nad yw'r galon yn y gwaith, stori am undonedd bywyd ac am ollyngdod mewn yfed ar nos Sadwrn, stori am freuddwydion yn diffodd, stori am ddynion yn methu â llyncu eu balchder, yn methu â siarad am eu teimladau. I mi, mae hi'n stori eithriadol o drist, lle mae'r prif gymeriad yn adnabod ei fraint o gael fferm yn etifeddiaeth, ond yn teimlo hynny fel crafangau amdano yn fwy nag unrhyw beth arall, ac mae ei berthynas chwerw â'i dad yn dwysáu'r cwbl. Diolch byth am ofal ei fam, a oedd yn ychydig o gysur yn y stori hon. Mae'r sgwennu yma'n finiog, yn fwriadol ac yn bwerus, ac mae'r clo yn eich gadael yn fud. Diolch i'r cystadleuydd am ei sgwennu, ac am ei stori bwysig. Cais arall agos iawn at y brig eleni.

Meill, 'Rhwng Dau': Mae'r stori hon wedi'i saernïo mor eithriadol o glyfar. Mae'r plot ynddo'i hun yn unigryw ac yn gosod y sefyllfa berffaith i ddatod gwybodaeth fesul tipyn. Yn fras iawn, mae'r stori'n dechrau yn eithaf amwys, ac roeddwn i'n teimlo'n rhwystredig, bron, bod gen i gymaint o gwestiynau ynghylch beth oedd yn mynd ymlaen. Ond, mewn tro annisgwyl, mae noson *psychic* o gysylltu â'r meirw yn dod â phopeth i'r wyneb, ac mae'n anodd iawn peidio â bod yn gegrwth gyda phob sylweddoliad. Yn wir, mae'r sgwennwr ifanc hwn yn feistr ar greu awyrgylch, ac ro'n i'n teimlo'r awyrgylch hwnnw'n drydan byw amdanaf wrth ddarllen. Rhaid pwysleisio hefyd bod y sgwennu'n aeddfed a bod yma gyffyrddiadau arbennig wrth ymdrin ag emosiwn a theimladau anodd, megis teimlo'n israddol, yn ddi-werth, ac yn ddigyfeiriad. Llongyfarchiadau enfawr i'r cystadleuydd am ddarn o sgwennu ystwyth a chryf, a gobeithiaf ddarllen llawer mwy o'i waith, neu ei gwaith, yn y dyfodol. Fel yn achos 'Gwawr' a 'Sai Mo'yn', byddwn i wedi gallu dyfarnu Tlws yr Ifanc i *Meill* gyda'r darn hwn, hefyd. Yn wir, roedd y darnau hyn yn dynn wrth sodlau *Ann* gyda'i darn 'Adenydd'.

Washi, 'Cems Prich': Waw! Dyna'r gair cyntaf sy'n dod i'm meddwl ar ôl darllen stori *Washi*. Dyma stori sy'n cael ei hadrodd o safbwynt Huwcyn, sy'n siarad am ei ffrind, Cemlyn Prichard (Cems Prich). Mae'n arwydd o chwip o stori dda pan mae stori mor hapus â hon yn llwyddo i dynnu dagrau i'm llygaid i, fel darllenydd. Un peth ddydd ddweda i ydy y byddwn i'n gwirioni ar gael rhywun yn fy nisgrifio i fel mae Huwcyn yn disgrifio Cemlyn. Mae'n amlwg bod yma gyfeillgarwch a fyddai'n goroesi pob anghydfod. Mae'r sgwennu'n chwim ac yn grafog, a'r manylion bychain yng nghyfeillgarwch y ddau yn pefrio. At hynny, mae'r darn yn ddoniol, yn gwneud ichi gyd-chwerthin efo'r ddau ffrind, ac mae hynny'n dipyn o gamp. Diolch o galon i *Washi* am gyflwyno'r darn hwn ac am y fraint o gael ei ddarllen – mae pawb yn haeddu ffrind fel Cemlyn, ond dw i'n prysuro i ychwanegu bod pawb yn haeddu ffrind fel Huwcyn, hefyd.

Llanerch, 'Y Pit': Dyma ddarn ingol o sgwennu gan *Llanerch*. Mae'n ddarn sy'n taro goleuni ar bwysau affwysol y byd amaeth ar ddynion, ac ar y ffaith bod yna argyfwng iechyd meddwl yn eu plith. Mae'r stori hon yn dangos cymaint o gariad sydd yn bodoli tuag at amaethyddiaeth, ond bod y ffordd o fyw a'r fywoliaeth yn gallu achosi'r fath boen meddwl i ffermwyr. Mae'r cymeriad yn y stori hon, Rhys, yn amlwg yn arddangos symptomau o heriau iechyd meddwl – mae'n gorfeddwl hyd syrffed ac nid yw'n gallu cysgu – ac mae hyn oll yn cyrraedd penllanw torcalonnus. Stori anodd i'w hadrodd, ond stori hollbwysig hefyd, a diolch i'r sgwennwr ifanc am gymryd y fath gyfrifoldeb ymlaen.

Gwyn, 'Ras': Wrth ymdrin â phwnc mor galonrwygol â chanser, mae'n rhaid i bob gair gael ei ddethol yn ofalus. Mae'n rhaid i'r sgwennu fod yn eithriadol o sensitif, ac mae'n rhaid i bob gair gario'r dyletswydd o ddangos pa mor eithafol yw gwirioneddau'r afiechyd. Mae'r sgwennwr ifanc hwn yn llwyddo i wneud hynny. Mae'n amlwg ei fod ef, neu hi, wedi ymrwymo'n llwyr i'r dasg o beidio â chuddio rhag y gwirioneddau, a thrwy hynny, mae gennym ni bortread amrwd a dewr o un ddynes sy'n gorfod wynebu'r bwystfil am yr eildro, er nad yw wedi effeithio ar ei chorff hi'n uniongyrchol o gwbl. Mae hi wedi colli ei mam i ganser, a rŵan, mae posib iddi golli ei merch, hefyd.

Dyma ddarn gonest sy'n dal oerfel galar a chynhesrwydd cariad fel ei gilydd, gan sgwennwr ifanc sydd â dawn sgwennu amlwg. Diolch iddi hi, neu iddo ef, am y fraint o gael darllen ei stori.

Casi, 'Taid': Mi wnaeth y darn hwn fy nghyffwrdd am sawl rheswm. Portread sydd yma o daid y sgwennwr, Richard Hubert Williams, sy'n byw yn Felin Newydd, Nanhoron. Ar nodyn personol amhosib ei anwybyddu, cefais fy magu yn Rhydgaled, Nanhoron, ac roedden ni'n arfer cerdded at Felin Newydd ac yn ôl pan oedden ni'n blant. Roedd yna gymaint o atgofion yn llifo'n ôl imi wrth ddarllen disgrifiadau byw *Casi*, a chymaint o hiraeth braf yn dod i'w ganlyn. Mae'r sgwennu mor annwyl a theimladwy, ac amhosib fyddai i unrhyw un ddarllen y darn heb deimlo ei ysbryd yn codi a'i galon yn llonni. Rheswm arall y cefais fy nghyffwrdd gan y darn oedd gan fy mod innau hefyd yn agos iawn at fy nheidiau, ac mae'r ddau ohonynt yn ffermwyr erioed, fel yn achos taid y sgwennwr hwn. Beth sydd amlycaf un yn y stori hon yw dawn *Casi* i ddisgrifio pa mor arbennig yw ei thaid, a mynegi hynny mewn ffordd sy'n gwneud imi ei chredu hi, hyd yn oed fel rhywun sydd heb gyfarfod y dyn arbennig hwn. Diolch o galon am gael darllen y stori hon – am ddisgrifiadau sy'n pefrio, am y cyfle i fynd yn ôl i Nanhoron, ac am gael uniaethu efo'r cariad arbennig rhwng wyres a thaid.

'Cysylltiad': Dyma ddarn sydd, ar un wedd, wedi'i sgwennu'n gartrefol am y paratoadau rhwng mam a merch cyn cinio Nadolig y teulu. Ond er yn gartrefol ei naws, mae'n effeithiol sut mae'r sgwennwr yn llwyddo i ddod ag annifyrrwch i'r darn hefyd – rhyw awyrgylch chwithig sy'n amlygu'r gwahaniaeth rhwng dwy genhedlaeth. Mae'r darn yn darllen fel sylwebaeth gymdeithasol, bron, gan bod y fam yn derbyn ei rôl fel gwraig sy'n cadw tŷ yn dawel a digwestiwn, tra bod y ferch yn dod â safbwyntiau ffeministaidd dilys at y bwrdd. Mae'r sylwebaeth yn gweithio, mae'n dra effeithiol, ac eto, mae yna symlrwydd i'r darn. Rydw i fy hun yn grediniol mai'r symlrwydd, yn aml iawn, sy'n gweithio orau. Mae'r portread o'r ddynes-sy'n-ceisio-gwneud-bob-un-dim wedi ei gadarnhau yng nghlo'r stori, ac mae'n ein gadael â theimlad o chwithdod rhyfedd, a chydymdeimlad hefyd dros y ddynes sy'n methu â dianc rhag ei 'dyletswyddau'. Dyma ysgrifennu sylwgar a chryf, a gobeithio wir y bydd y cystadleuydd yn parhau i feithrin ei grefft/ei chrefft.

Coedmor: 'Portread o Dacs': Dyma ddarn cwbl hyfryd sy'n llawn cariad a chyffyrddiadau barddonol, addfwyn eu naws. Portread sydd yma o daid/dad-cu/Dacs, a'r cwbl alla i feddwl wrth ddarllen y darn ydy pa mor falch y dylai Dacs fod o'i ŵyr, sy'n amlwg â chymaint o feddwl ohono ac yn gallu cyfleu hynny mewn iaith mor gain ac agos atoch. Er fy mod i'n siŵr bod Dacs yn ddyn heb ei ail, gwelais fy nhaid fy hun yn nisgrifiadau'r cystadleuydd hwn, ac efallai'n wir bod hynny wedi ychwanegu at y ffaith fy mod i dan deimlad yn darllen. Dw i'n credu y byddai'n anodd iawn i rywun ddarllen y darn hwn a pheidio â theimlo'r geiriau yn treiddio i'r galon. Fel imi ddweud ar y dechrau, darn cwbl hyfryd wedi'i ysgrifennu'n ddiwastraff, gan sgwennwr ifanc sydd â dawn dweud amheuthun. Diolch am y profiad braf o gael darllen dy waith.

Rhif Deg, 'Teulu': Darn ysgytwol gan lais aeddfed, llawn empathi. Mae doethineb amlwg yn y sgwennu hwn wrth ymdrin â materion gwirioneddol ddwys, megis iselder, hunanladdiad a Covid-19. Mae cymaint o ddelweddau wnaiff aros efo fi am amser hir, yn enwedig sut mae'r sgwennwr yn dweud mai 'pen pin o oleuni' sydd angen ei ddarganfod er mwyn goroesi o un diwrnod i'r llall. Mae *Rhif Deg* yn llwyddo i ddangos inni bwysigrwydd ymdopi gydag emosiynau anodd mewn ffyrdd adeiladol. Yn achos yr unigolyn hwn, mae'n cadw dyddiadur dros Gyfnod y Clo ac yn cloi pob diwrnod gyda'r geiriau: 'Gobeithio y bydd yfory'n well. Nos da.' A dyna'r gair mawr, mewn gwirionedd – y gobeithio, *gobaith*. Er mor drist yw cynnwys y darn, mae'r gobaith hwnnw'n oleuni drwyddo hefyd. Diolch i'r cystadleuydd am ddarn goleuedig o sgwennu, a gobeithio wir y bydd yn parhau i sgwennu am y blynyddoedd i ddod.

Gwyn, 'Adenydd': Mae'r stori hon wedi'i hadrodd gan y prif gymeriad, Mari, sy'n siarad am golli plu o'i hadenydd wrth dyfu'n hŷn. Gyda phob pluen sy'n disgyn o'i lle o ganlyniad i ddigwyddiad sy'n lladd ei hyder a'i diniweidrwydd, mae Mari, o ganlyniad, yn colli ei rhyddid. Mae'r stori hon wedi'i sgwennu'n sensitif dros ben, a'r gymhariaeth estynedig o golli plu yn arwain y darllenydd ymlaen at benllanw sy'n sobri, sef bod Mari yn datblygu perthynas wael efo delwedd y corff a bwyta. Rwy'n grediniol bod y stori hon yn un bwysig i'w hadrodd, yn enwedig o'i hadrodd mewn ffordd ystyrlon, fel sydd yma. Mae'r stori yn un sy'n digwydd drwodd a thro mewn bywyd go iawn, ac mae angen siarad mwy am hynny. Nid jest stori inc ar bapur ydy hon, ond adlewyrchiad o fywydau sy'n disgyn i drapiau anhwylderau iechyd meddwl. Diolch o galon i'r sgwennwr am ysgrifennu darn anodd, ond eithriadol o bwysig, ac am ddangos mor amlwg mai'r ochr arall i golli rhyddid, yn aml iawn, ydy ceisio dod o hyd i reolaeth mewn mannau peryg.

Bronwen, 'Geiriau o'r Galon': Mae'r darn hwn yn un sy'n edrych ar wreiddiau cadarn brenhiniaeth, a'r effaith andwyol y gall y drefn o benodi brenin newydd ei gael ar deulu. Stori Bronwen gaiff ei hadrodd yma, merch sydd mewn galar yn dilyn marwolaeth ei thad, ond sydd hefyd yn gorfod ymdopi â'r ffaith mai ei brawd fydd etifedd y goron. Mae'r darn hwn yn sôn am ddeisyfiad Bronwen i redeg y wlad, i farddoni i frenhinwyr, a'r ffaith nad ydy hi am briodi er mwyn statws, ond yn hytrach am briodi yn enw cariad. Er bod y darn yn dangos inni sut all sefyllfa'r ferch fod yn un druenus, mae'r ysgrifennu'n bwerus a dewr, ac yn dangos pwysigrwydd cicio yn erbyn y tresi a pheidio ag ildio i unrhyw drap patriarchaidd.

Ani, 'Portread Nain Traws': Yma, cawn stori wedi'i hysgrifennu'n annwyl a thyner gan wyres i'w nain, sef Nain Traws. Mae asgwrn cefn y stori yn un cryf gan i'r wyres a'i nain olrhain atgofion wrth fynd drwy albwm lluniau, felly mae'r stori'n llifo'n naturiol a'r sgwrs rhwng y ddwy yn organig a digymell. Mae'n swnio fel bod y sgwennwr yn ffodus iawn o'i nain, ond mae Nain Traws yn ffodus iawn o wyres sy'n ei brolio i'r entrychion hefyd, ddywedwn i! Mae cymaint o gyffyrddiadau hyfryd yma, ac er bod Nain Traws yn ddynes gwbl unigryw dw i'n siŵr, mae ychydig o'i nodweddion yn fy atgoffa o un o'm neiniau, a nodweddion eraill o'i chymeriad yn fy atgoffa o'm nain arall! Mae hi wastad yn bleser pur darllen straeon gan bobl ifanc sy'n gwerthfawrogi eu neiniau a'u teidiau, ac yn fwy na hynny, yn gwirioni arnynt. Diolch i *Ani* am gyfleu hynny'n arbennig o dda yma.

Môr a Mynydd, 'Positif': Mae'r darn hwn yn dechrau'n ffraeth ac yn fodern – rydych chi wir yn gallu clywed person ifanc yn siarad efo chi yma mewn ffordd sy'n argyhoeddi. Does dim byd yn dreuliedig yn y sgwennu; yn hytrach, mae'n driw i lais person ifanc sy'n wynebu'r cwestiynau mawr gan gymdeithas (a rhieni!) am gariadon a setlo i lawr. O'r dechrau, mae'n hawdd i sawl un uniaethu, dw i'n siŵr. Ond mae yma gariad mawr tuag at deulu hefyd, ac mae'r synnwyr o chwaeroliaeth yn gryf yn y darn. Mi allaf ddweud gyda gonestrwydd llwyr na wnes i ddyfalu'r tro ym mol y stori, sydd yn brawf o'i llwyddiant. Mae'r tro hwn yn dod ag ymdeimlad mwy difrifol i stori sydd, fel arall, yn llon ac ysgafn. Llwydda y llon a'r lleddf a chyflwyno trobwynt all newid cwrs ei bywyd. Rydw i'n credu bod hon yn stori y gellid ei datblygu ymhellach, ac mae'n stori a fyddai'n gweithio'n dda iawn fel monolog ar lwyfan. Llongyfarchiadau mawr i'r sgwennwr am gyflwyno darn safonol o waith i'r gystadleuaeth, a gobeithio wir y bydd ef, neu hi, yn parhau i sgwennu.

Cwmwl, 'Y Ddau': Darn am ŵr a gwraig mewn cartref gofal sydd gennym ni yma, wedi gorfod symud yno o ganlyniad i henaint. Mae'r darn yn un sylwgar, sydd ar un llaw yn dal rhwystredigaeth y gŵr o fod yno, ac ar y llaw arall, yn cydiad ar fodlonrwydd y wraig. Prif apêl y darn hwn yw ymatebion gwahanol y ddau i sefyllfa sydd tu hwnt i'w rheolaeth. Mae'r wraig yn derbyn ei thynged, ond ni all y gŵr roi pall ar ei ymladd. Mae digalondid ei sefyllfa yn drech nag ef, a'r hyn sy'n cael ei ailadrodd ganddo drwodd a thro yw'r frawddeg, 'Pryd allwn ni fynd mas o fan hyn, gwed?' Mae hwn yn ddarn pwysig i'w adrodd gan bod henaint yn dod i ran pawb yn y pen draw, ac mae ymateb y gŵr i henaint yr un mor ddilys ag ymateb y wraig. Diolch i *Cwmwl* am ei ddarn ystyriol, a gobeithiaf glywed mwy o'i straeon yn y dyfodol.

Yr Ail Ddosbarth

'Brwydr': Darn byrlymus yn bendant, yn enwedig gan bod yma deithio yn ôl mewn amser i'r flwyddyn 1402! Mae'r prif gymeriad, Erin, yn cael cyfarfod neb llai na Gruffudd ab Owain Glyndŵr, ac wrth gwrs, all hynny fyth gael effaith ddrwg ar blot unrhyw stori! Mae'n stori antur sy'n dal awyrgylch rhyfel a'r ofn a'r cyffro sy'n gymysg yn yr aer o ganlyniad i hynny. Wedi dweud hynny, nid yw'r stori yn argyhoeddi'n llwyr, ond gydag ychydig o dwtio a gofal gydag atalnodi, yna dw i'n siŵr y byddai chwip o stori ddifyr gennym ni yma. Diolch yn fawr i'r cystadleuydd am yrru'r darn ymlaen, a gobeithio wir y gwnaiff ef, neu hi, ddal ati i gystadlu.

'Caethiwed': Stori deimladwy am fachgen ifanc sy'n gorfod gadael ei gartref yn Grangetown a symud i fyw i fferm ym Metws-y-Coed yn ystod cyfnod y rhyfel. Mae'n stori sy'n cario llawer o dristwch gyda hi, a chan ei bod hi wedi'i sgwennu yn y person cyntaf, mae dioddefaint y bachgen yn teimlo'n agosach ac yn fwy amrwd. Mae cyffyrddiadau telynegol i'r darn hefyd, a cheir enghraifft o hyn yn agos at y dechrau pan adroddir: 'Peth da yw gweld yr haul yn ennill brwydr gyda'r cymylau.' Diolch i'r cystadleuydd am y darn, am wneud imi gymryd seibiant o fy nydd i feddwl am yr erchyllterau a fu, ac am f'atgoffa o'r gwirionedd creulon ynglŷn â rhyfel, sef na ellir arbed y plant rhagddo.

Fagin, 'Cwlwm': Mae hwn, ar ei hyd, yn ddarn affwysol o drist. Mae'n stori sy'n dangos inni gymhlethdod y natur ddynol, a sut mae bywyd wedi'i dreulio mewn unigrwydd, rhwystredigaeth a thristwch yn cyrraedd berwbwynt truenus yn y diwedd. Nid yw'n ddarn hawdd i'w ddarllen. Oherwydd gweithredoedd y prif gymeriad, mae'n anoddach cymryd ato, ond eto, mae'r ysgrifennu cywrain yn dangos bod dioddefaint parhaus yn gallu cael effaith gwyrdroëdig ar berson, a'u harwain i gyflawni gweithredoedd na fyddent fyth wedi gallu dychmygu eu cyflawni mewn unrhyw sefyllfa arall. Darn ergydiol, ond darn i'w ddarllen â gofal. Mae'n dangos y pwysau aruthrol sy'n gallu dod i ran unigolion sy'n gofalu am bobl ag anableddau, a bod yr argraff y mae pobl yn ei gael o deulu ar y tu allan yn gallu bod yn wahanol iawn i'r gwirionedd sy'n bodoli rhwng pedair wal.

'Dechrau newydd': Pan mae gwraig sy'n gynhaliaeth i'w gŵr yn marw wedi brwydro'n hir â chanser, beth yw'r un peth sy'n weddill i roi ystyr a gwerth i'w fywyd? Stori yw hon sy'n archwilio perthynas un dyn, Glyn, gyda'i fferm, Mynydd Byr, ei anifeiliaid, a chyda'i brofiad o alaru am ei wraig a'r dyddiau a fu. Mae'n stori llawn emosiwn am orfod symud ymlaen er gwaethaf maint y tor calon. Mae'n stori a fydd yn sicr o ganu cloch â sawl un sy'n byw bywyd amaethyddol, yn enwedig y rhai hŷn sydd heb blant, ac sy'n gorfod wynebu'r braw eithaf o orfod gadael cartref, clos a bywoliaeth. Ro'n i'n arbennig o hoff o'r sgwrs ddewr rhwng Glyn a Dai, a hefyd o gariad Glyn at ei anifeiliaid. Diolch i'r sgwennwr am y darn sy'n adlais byw a gonest iawn o'r heriau y mae llawer o ffermwyr yn eu hwynebu'n dawel.

'Er gwell, er gwaeth': Colli'r cof yw prif thema'r stori hon, ac mae hi'n tanlinellu'r tristwch llethol sy'n dod i ran yr unigolyn sy'n colli ei synnwyr o'r 'hunan' i afiechyd. Mae'r darn yn cyfleu dryswch mewnol y cymeriad, ond hefyd yr effaith drawiadol y gall afiechyd o'r fath ei gael ar anwyliaid yr un sy'n wael. Yr hyn sydd fwyaf trist, o bosib, yw derbyn bod y wraig yn y stori hon nid yn unig yn colli ei chof, ond hefyd wedi colli ei hanian garedig a throi'n berson sydd '[d]dim ond yn gweld y drwg ym mhobl', yng ngeiriau ei gŵr. Darn trist i'w ddarllen, a thrwm ei naws, ond hynod bwysig, hefyd. Diolch i'r sgwennwr ifanc am gyflwyno'r darn sydd, nid yn unig wedi ei ysgrifennu'n dda iawn, ond sydd hefyd yn addysgu'r darllenydd am wirioneddau afiechydon creulon sy'n effeithio ar y cof.

'Breuddwydio': Darn o farddoniaeth a geir yma, ac er bod y teitl yn awgrymu rhywbeth braf, mae'r hyn a ddisgrifir yn debycach i hunllef. Mae'r bardd ifanc hwn yn llwyddo i gydio mewn naws ddychrynllyd, ac mae'r naws honno'n dwysáu wrth i'r darn fynd rhagddo ac wrth i'r hunllef gyrraedd pinacl. Er bod y darn yn cloi drwy ddweud bod llais yn deffro'r unigolyn o'r hunllef, dyw'r darn hwn ddim yn teimlo fel naratif sy'n gorffen yn dreuliedig drwy ddweud 'ac yna, deffrais a sylweddoli mai breuddwyd oedd y cwbl'. Mae'r darn wedi ei sgwennu'n aeddfed ac yn dynn, ac mae'n llwyddo i greu darlun hunllefus. Diolch yn fawr i'r cystadleuydd am y darn, a gobeithio y bydd yn dal ati i farddoni.

'Cyfrinach' (cerdd yn y ddogfen 'Breuddwydio'): Mae hon yn gerdd ysgafn, hwyliog, sy'n llawn digrifwch. Braf oedd ei darllen a chael fy atgoffa o'r cerddi roeddwn i'n eu darllen wrth dyfu i fyny. Rydw i'n grediniol y byddai'r gerdd hon yn ddarn gosod gwych ar gyfer cystadleuaeth adrodd mewn eisteddfod. Mae gan y gerdd rythm, ac mae'r bardd ifanc yn llwyddo i adeiladu momentwm wrth i'r gerdd fynd rhagddi. Diolch i'r cystadleuydd am ddal diniweidrwydd a chwilfrydedd plentyn yn ei geiriau. Rwy'n gobeithio y bydd ef, neu hi, yn parhau i ysgrifennu yn y dyfodol.

'Hedfan' (cerdd yn y ddogfen 'Breuddwydio'): Mae'r gerdd 'Hedfan' yn gerdd sy'n dal yr ysfa i feddu'r gallu i hedfan, ac mae'r unigolyn yn y gerdd hon yn cael meddu'r gallu hwnnw yn y nos, pan mae hi'n cysgu. Mae'r gerdd yn darllen yn rhwydd, ac mae cyffyrddiadau hardd ynddi, megis pan mae hi'n breuddwydio ymweld â rhai o ryfeddodau'r byd – Efrog Newydd, Wal Fawr Tseina a phyramidiau'r Aifft. Gwibdaith sydyn o gerdd sy'n mynd â ni i bellafion byd, cyn glanio'n ôl adref wedyn. Mae'r antur drosodd, ond mae'r gerdd yn cloi yn obeithiol wrth i'r unigolyn groesi bysedd am antur arall y noson ganlynol. Cerdd annwyl a bywiog, a diolch amdani.

'Gwreiddiau': Mae 'Gwreiddiau' yn ddarn sy'n disgrifio sut mae dirywiad dyn yn debyg i ddirywiad coeden. Defnyddia eiriau megis 'gwywo' a 'pydru' i ddal y dirywiad hwn, ac rydym yn dod i ddeall bod cof yr unigolyn yn y stori 'ddim yno bellach' wrth i henaint ei rwydo. Mae yma ddisgrifiadau cynnil o sut mae'r dyn yn newid o fod yn 'foncyff' i fod yn 'geubren fregus' – cyferbyniad trawiadol. Diolch i'r sgwennwr am gyflwyno'r gerdd ac am roi llais i realiti sawl un yn wyneb henaint.

Tylluan Ddu, 'Gwrthryfela': Mae'r darn hwn yn dechrau'n ymddangosiadol arferol, ac yn dal diwrnod cyffredin cymeriad sy'n wael, ac yn gobeithio gallu casglu ynghyd ei chyflog prin i fynd i America a chael triniaeth arbennig yno. Ond, buan iawn mae'r stori yn troi'n un wyrdroëdig, ac mae'n anodd i'r darllenydd beidio â theimlo blas drwg yn ei geg wrth ddarllen. Wrth gwrs, gall rhai ddadlau bod hyn yn arwydd o stori wedi ei sgwennu'n dda – stori sy'n gwneud ichi deimlo'n anghyffyrddus gan fod yna ddrygioni'n digwydd. Ond yn bendant, dyma stori sy'n gwneud i rywun gwestiynu'r ffin rhwng y daioni a'r dieflig sy'n bodoli tu mewn i berson.

Llysiau, 'Peidiwch â dweud wrth neb': Stori wreiddiol iawn, lle mae'r prif gymeriad, Dylan, yn cymryd rhan mewn ras ddreifio ceir, a'r gofyniad yw dreifio drwy'r awyr. Cyfrinach fawr Dylan yw hon, sydd felly'n esbonio ystyr y teitl. Ac ydy, mae'n dod yn fuddugol! Braf oedd cael cyfle i ddarllen stori ysgafn a llon, sydd weithiau'n dasg anoddach na sgwennu stori ddwys. Roeddwn i'n teimlo weithiau fel tawn i'n clywed darllediad byw o'r ffilm *Cars*, a hynny yn y Gymraeg! Mae'n amlwg bod gan y sgwennwr ifanc hwn ddiddordeb mawr mewn ceir, ac ro'n i – sy'n deall dim am geir! – yn teimlo fy mod i'n cael fy addysgu wrth ddarllen ymlaen. Darn darllenadwy gyda iaith gywir, a thafodiaith ogleddol dlws yn llifo drwyddo.

Cherry Bakewell, 'Y Castell': Stori antur ydy hon, un sy'n llwyddo i blethu bywydau arddegwyr cyffredin gyda hanes Ail Gainc y Mabinogi. Yn hyn o beth, mae'n syniad gwerth chweil gan fod yna gyfuniad o ffeithiau hynafol a sefyllfaoedd modern, arferol. Mae'r ddeialog yn llifo ac mae disgrifiadau doniol a chwareus yn britho'r darn. Mae Harlech yn fan daearyddol sy'n ganolog i'r stori, a chastell Harlech yn fwy penodol. Mae'n gwneud synnwyr perffaith, felly, mai o fewn muriau'r castell y mae prif ddigwyddiad y stori hon yn cymryd lle, digwyddiad sy'n esgor ar deimladau o ofn a chyffro. Diolch i *Cherry Bakewell* am ei stori ac am godi croen gwydd arna i ar brydiau!

Gwerthfawrogiad o waith Rhydwen Williams,
hyd at 5,000 o eiriau

···

GWERTHFAWROGIAD O WAITH RHYDWEN WILLIAMS

Yn Eisteddfod Genedlaethol Aberpennar 1946 y daeth Robert Rhydwenfro
Williams yn enw adnabyddus yng Nghymru. Yn yr eisteddfod honno yr
enillodd y Goron am bryddest ar y testun 'Yr Arloeswr'. Bardd cymharol
ifanc, 30 oed, oedd Rhydwen Williams ar y pryd, a modernaidd wrth-
draddodiadol oedd ei arddull yn 'Yr Arloeswr'. Canu athronyddol annelwig
a geir ym mhryddest Rhydwen, gwaith bardd ifanc yn ymlafnio i ddod o hyd
i'w lais. Dechreubwynt, nid uchafbwynt, oedd pryddest 1946 i yrfa liwgar ac
amrywiol Rhydwen Williams.

Yr arloeswr ym mhryddest Rhydwen Williams yw Duw, yr arloeswr a grëodd
y bydysawd. Ar y creu y canolbwyntir yn y rhan gyntaf:

> Gwybu amoeba'r palfu, llechwraidd bryfocio,
> anadl-einioes arloeswr yn goglais ei glai,
> a droes ei stwff terfynol, o'i brocio a'i brocio,
> yn llun a delw tragyfyth fod.[1]

Yn ail ran y bryddest, mae gwaith y Crëwr yn cyrraedd uchafbwynt gyda
geni Iesu Grist i'r byd. Yn y drydedd ran mae dyn yn ymyrryd â natur ac
yn graddol ddad-wneud gwaith Duw'r Arloeswr a'r Crëwr. Yn union fel y
lladrataodd Promethews gyfrinach y duwiau oddi arnyn nhw, felly hefyd y
bu i wyddonwyr yr ugeinfed ganrif ddwyn cyfrinach yr atom oddi ar Dduw
ei hun. Meddai'r Arloeswr:

> Undon neu ir laswelltyn, ofered eu ffinio,
> a'u galw'n eiddo i ti, mwy na'r cybydd ei god!
> A'r temig atomig – distadlaf ogof f'ymguddio –
> dryllia'r diddorau annedd! Fel Prometheus gynt
> pan fradodd gyfrinion duw dig, daw iti gystuddio
> a phesga fwlturiaid arnat cyn dy gynnig i'r gwynt.
> Er chwarae ohonot â'r mellt heb losgi dy fysedd,
> disgyblaf â gronyn anorthrech dy gabl a'th rysedd.[2]

Wedi iddo lwyddo i ddarganfod cyfrinach yr atom, mae dyn yn troi'r ddaear
yn anghyfannedd unwaith yn rhagor, a rhaid i'r Arloeswr greu dyn a daear

o'r newydd. Sylweddola iddo greu byd amherffaith y tro cyntaf, gan fod poen a marwolaeth ac amser yn rhan o'r byd hwnnw, ond os bydd yn creu byd heb farwolaeth nac amser yn rhan ohono, ni all lladd na dinistrio na rhyfela fod yn rhan o'r byd hwnnw byth, oherwydd nid oes diben i ryfela os nad yw marwolaeth yn bod mwyach:

caf ddeffro'n ddireidus â'm hanadl gread cymysglyd
cyn rhoddi i Angau angau, a bedd i fedd
drachefn ... Caf weld o lafur fy enaid pan af i anwylo,
ar ôl yr arloesi hir, waith newydd fy nwylo.

Caf rodio'n hamddenol, bryd hynny, ar hyd glyn cysgod Angau,
'rôl claddu'n ddiseremoni'r sgweiar a gwagio ei blas;
a phrofaf dangnefedd mewn goror lle gynt y bu pangau
marw'n terfysgu pererin, hen etifedd fy nhras.
Bydd Amser, gwas bach yr ystâd, yn rhoi'i gryman i'r ddaear
i rydu dros byth ar ôl torri'r canrifoedd ir ...
Caf orffwys yn dawel mewn byd na fedd ond dechreuad,
myfi, yr arloeswr, mor dawel â'r dyn yn y lleuad![3]

Pryddest afrwydd yw 'Yr Arloeswr'. Ei hunig werth yw'r ffaith ei bod yn cyffwrdd ag un o themâu amlycaf a phwysicaf Rhydwen yn y dyfodol: diniweidrwydd fel arf yn erbyn diawledigrwydd y byd, a dyhead dyn am dangnefedd ar y ddaear.

Gyda Rhydwen, fel gyda'r Beibl, rhaid cychwyn yn Genesis a Gardd Eden; cychwyn gyda phryddest 'Yr Arloeswr' mewn gwirionedd. Un o themâu mawr Rhydwen yw thema'r Eden goll, Coll Gwynfa, ond bod yr Eden a gollwyd wedi ei lleoli mewn lle hollol annisgwyl ac anghyfaddas, sef Cwm Rhondda, un o'r cymoedd mwyaf diwydiannol yng Nghymru ar y pryd. Glöwr oedd tad Rhydwen. Symudasai o Sir y Fflint i'r Rhondda i chwilio am waith. Yn Pentre, Cwm Rhondda, y ganed Rhydwen ym mis Awst 1916. Yn 1931, symudodd ei rieni i Christleton yn ymyl Caer, symud o gwm ac o Gymru i bentref ar gwr dinas yn Lloegr. Digwyddodd y symudiad tyngedfennol hwnnw ar ei ben-blwydd yn bymtheg oed. Gadawyd y plentyn a'r crwt ifanc ar ôl yn y Rhondda, a chyrhaeddodd Swydd Gaer yn oedolyn; bu'n hiraethu am Gwm Rhondda ei febyd drwy gydol ei oes. Symudiad o gynefindra i ddieithrwch llwyr oedd y symudiad hwnnw, ac roedd Rhydwen ar goll. Meddai yn ei gyfrol led-gofiannol, *Gorwelion*:

Nid oedd wyneb dyn nac anifail yn medru mynd heibio gynt heb fy mod yn ei adwaen wrth ei enw, ond bellach yr oeddwn mor ddiymadferth â chyw eryr yn cael ei daflu dros ymyl y nyth i guro'i adenydd yn yr ehangder mawr.[4]

Roedd Rhydwen wedi cystadlu am y Goron yn Eisteddfod Genedlaethol Llandudno a'r Cylch yn 1963. Fe'i gosodwyd yn yr Ail Ddosbarth gan Cynan, ond ymhlith yr wyth gorau gan Gwilym R. Jones. Daeth ei awr fawr flwyddyn yn ddiweddarach, a daeth i fwy fyth o sylw cenedlaethol. Enillodd Goron Eisteddfod Genedlaethol Abertawe yn 1964, am ei bryddest 'Ffynhonnau'. Yn wahanol i bryddest fuddugol 1946, daeth 'Ffynhonnau' yn bryddest boblogaidd ar unwaith. Yng Nghwm Rhondda y lleolwyd y bryddest, ac fe'i lluniwyd i goffáu tri o Gymry mwyaf blaenllaw'r Cwm: John Robert Williams, englynwr, bardd, ac ewythr i Rhydwen; y Parchedig Robert Griffiths, gweinidog a Christion; a J. Kitchener Davies, cenedlaetholwr, dramodydd a bardd. Cynrychiolai'r tri hyn y gwerthoedd yr oedd Rhydwen ei hun yn eu harddel: diwylliant, Cristnogaeth a chenedlaetholdeb.

Un o blant y Cwm oedd Rhydwen. Roedd y dyn a'i gynefin yn anwahanadwy:

Gwrandewch. Fe'm ganed yma. Mae marc y Cwm
Fel nod ar ddafad arnaf. Acen. Atgofion. Cred.[5]

Ond ei ddiwreiddio a gafodd Rhydwen, fel nifer o frodorion y Cwm:

Diwreiddiwyd ni wrth y cannoedd. Ailblannwyd ar draws y byd –
Hen wreiddiau diwerth a dyf ar unrhyw domen dan haul.[6]

Nid bod Rhydwen yn delfrydu Cwm Rhondda mewn unrhyw ffordd. Mae ei weithiau i gyd yn dwyn tystiolaeth mai caled oedd bywyd yno, yn enwedig pan fyddai'r glowyr yn mynd ar streic. Yn *Gorwelion*, cofia amdano'i hun yn crafu glo drwy'r dydd ar dip y Pentre. Cydymdeimlai'n llwyr â'r chwarelwyr hir-ddioddefus a'u teuluoedd. Cofiai am '[d]ynion cryf, dynion onest, dynion twymgalon, a'r hen fyd anodd a didrugaredd hwn wedi gormesu pob un ohonynt'.[7] Wrth gwrs, y trigolion oedd calon y Cwm, a dynoliaeth gynnes, ond gwyn, y glowyr a'u teuluoedd a fagodd y cariad angerddol hwn ynddo at ei gynefin. Ni chwerwodd, er bod bywyd yn ddigon caled a chreulon. 'A gwae fi'r dydd y try'n chwerw yn fy mhrofiad,' meddai am galedi bywyd yn y Cwm, 'ac y bydd cribinio'r llethr ddu am sachaid o lo i gynnal tân yr aelwyd yn angof gennyf'.[8]

Ceir sawl cyfeiriad at y diwreiddio hwn yn ei gerddi. Meddai yn 'Gwraig Lot', er enghraifft, heb yr un ymdrech ar ei ran i ddelfrydu Cwm Rhondda:

> Ac wrth adrodd amdani, druan, yn troi ei chefn ar ei chartre',
>   Meddyliwn am y mudo o Gwm Rhondda ac wyneb fy mam fy hun;
> Nid oedd Sodom mor annhebyg, falle, i Lwyn-y-pia a'r Pentre'
>   A dysgaswn innau mor greulon yw diwreiddio dyn.[9]

Cyfeirir at y mudo hwn yn 'Y Ddau', y gerdd i'w rieni:

> Chwythodd y gwynt trwy Gwm Rhondda eto,
> Ac er i'r ddau dderbyn ei ddyrnod mor amyneddgar â'r mynyddoedd,
> Nid oedd y byd yr un fath wedyn.
> Bu'n rhaid hel eu pac
> A mynd
> Yn gywir fel pe bai dyn yn gweld niwlen
> Yn disgyn fel lliain bwrdd gyda'r nos
> A chodi'r bore wedyn.
> A'r ardal oddi tani wedi newid i gyd.[10]

Yn y drioled o nofelau, *Cwm Hiraeth*, y disgrifir bywyd a phobol y Rhondda orau ganddo, ac yn ei weithiau i gyd, mae'n cofnodi'r newidiadau mawr a ddaeth i ran y Cwm dros y degawdau. Sonnir yn 'Ffynhonnau' am y 'Garmen sy'n dawnsio â rhosyn coch yn ei cheg', gan nodi bod "i mam yn canu yn Niwygiad Evan Roberts', hyn yn argoeli tranc traddodiad crefyddol a chapelyddol y Cwm.[11]

Yn gyfochrog â'r thema hon o baradwys goll y mae'r thema o ddiniweidrwydd coll – Rhydwen yn Eden eto. Meddai am gwm ei febyd:

> Roedd diniweidrwydd mor gyffredin â gwlith
> Ar y mynyddoedd hyn y pryd hwnnw,
> A daioni'r galon yng nghlydwch y gegin gymysgryw.[12]

Ac eto:

> Yma, lle'r oedd y ffynhonnau mor bur â'r bobl,
> A'r ffrydiau mor siriol â'r plant
> Yn canu eu diniweidrwydd drwy'r Cwm.[13]

Un o drigolion Cwm Rhondda oedd dyn du o'r enw John Mathews, gŵr duwiol, bonheddig a chwrtais, a gŵr a oedd yn ymgorfforiad o'r

> ... diniweidrwydd a gollwyd yn Eden,
> a'r perffeithrwydd a laddwyd ar y Pren,
> a'r daioni amyneddgar a ffrwydrodd yr Ogof ar agor gynt ...[14]

Roedd 'yr ên gyntefig yn crynu â'r llawenydd sydd ar gael ymysg angylion Duw', ac roedd ei wraig hithau wedi cael ei bendithio â diniweidrwydd y plentyn: 'a diniweidrwydd ei phlentyndod yn harddu ei henaint yn awr'.[15] Aelod o gymdeithas amryliw a chymysgryw'r Rhondda oedd John Mathews, a rhaid mai ato ef y cyfeirir yn *Y Briodas*, y nofel gyntaf yn y drioled *Cwm Hiraeth*, wrth sôn am gymdeithas amlhiliol y Cwm, cymdeithas a oedd 'yn cynnwys Sais a Gwyddel a Sgotyn a Ffrancwr ac Arab a Tseinaman a'r dyn du hawddgaraf a welodd gefn y goedwig erioed'.[16]

Mae'r thema hon o ddiniweidrwydd – diniweidrwydd plant yn enwedig – yn cyrraedd uchafbwynt yn 'Yn Nheyrnas Diniweidrwydd', un o gerddi mwyaf poblogaidd Rhydwen. Yma, eto, yr ydym yn ôl yng Ngardd Eden:

> Yn nheyrnas diniweidrwydd,
>   Mae'r llew yn llyfu'r oen;
> Ni pherchir neb am linach,
>   Na'i grogi am liw ei groen.
> Mae popeth gwir yn glodwiw,
>   A phopeth gwiw yn wir;
> Gogoniant Duw yw'r awyr,
>   Tangnefedd dyn yw'r tir.[17]

Gyda diniweidrwydd y plentyn y diweddir y gerdd:

> Yn nheyrnas diniweidrwydd –
>   Gwyn fyd pob plentyn bach
> Sy'n berchen llygaid llawen
>   A phâr o fochau iach!
> Yn nheyrnas diniweidrwydd –
>   Gwae hwnnw, wrth y pyrth:
> Rhy hen i brofi'r syndod,
>   Rhy gall i weld y wyrth![18]

Mae cyndynrwydd i adael byd y plentyn am fyd yr oedolyn yn thema amlwg yn ei waith, fel 'Yn Nheyrnas Diniweidrwydd'. Yn 'Goleuadau', y mae'n dyheu am fyd ac am feddwl y plentyn unwaith eto:

pob sant yn Santa, pob coeden yn wyrth,
haelioni'r heolydd, paradwys y pyrth.

Mae rhywbeth gogoneddus a gwaredigol iach
pan yw'r byd fel y tu mewn i feddwl plentyn bach.[19]

Ac wrth ddathlu pen-blwydd ei fab, Huw, yn un ar hugain oed, a ddatblygodd i fod yn arlunydd, hiraethu am y plentyn yn hytrach na chroesawu'r oedolyn a wna:

Heddiw, lle y bu'r teganau ar hyd y llawr gynt,
Mor deg â ffrwyth un o dymhorau Eden,
Gwelwn dy ddiwbiau a'th gynfasau a'th gŷn;
A'r lle y rhedai nentydd dy ddiniweidrwydd ddoe,
Gopâu'r uchelgais yn codi fel tyrau,
A'r lle y bu llieiniau'r babandod a'r swildod bochgoch,
Glytiau dy balet a'th glai a'r bysedd creadigol ...[20]

Fe ellid cyhuddo Rhydwen o fod yn or-optimistaidd ac yn rhy barod i edrych ar ochr olau byd a bywyd, heb weld yr hagrwch a'r diawlineb sydd ym myd dynion ac ym myd natur. Yn ei gerddi i anifeiliaid, nid 'nature red in tooth and claw' Tennyson na'r 'tooth that bruises' R. S. Thomas a wêl, ond mwynder a llarieiddiwch. Dyna lewpart Rhydwen, er enghraifft. Cadwodd ei '[g]yntefigrwydd cymen', ond eto mae rhywbeth gwareiddiedig ynddo:

Toc, daeth hogyn heibio –
llond bwced o gig, y gwala goch, yn ei law;
a'r hen greadur anferth, newynog yn agor ei geg am damaid,
yna'n estyn pawen mewn diolchgarwch
fel bonheddwr i'r bôn.[21]

Cysylltir y gair 'arglwydd' – 'arglwyddiaeth anifeilaidd' – â'r llewpart, ac yma, yr hogyn sy'n gyntefig-anwar, gyda'i 'lond bwced o gig' a 'gwala goch'. Gall Rhydwen fod yn ddigon dychanol o fyd dynion. Mae'n edrych ar y plentyn fel y perffeithrwydd cynhenid hwnnw, sef y perffeithrwydd a ddylai fod yn rhan hanfodol o fywyd dyn ar y ddaear, cyn i fyd oedolion lygru a difa'r diniweidrwydd hwnnw. Ceir anwyldeb yn yr ymadrodd 'a'r hen greadur anferth', ac y mae llinell ddiweddglo'r gerdd, llinell gynganeddol epigramatig, yn crisialu agwedd Rhydwen nid yn unig at y creaduriaid hyn ond at fywyd yn gyffredinol: 'Nid dig yw'r goedwig i gyd.'[22] Gwêl ddaioni a chariad ym mhobman. Cerdd grefftus yw hon, a'r gynghanedd a'r lled-gynganeddu ynddi yn cyfleu mawredd ac urddas hardd yr anifail, cynganeddion esmwyth, hir fel y rhain:

> y cyntefigrwydd cymen yn llinellau'r gewynnau gwych.
> Goroesodd hwn y gwareiddiadau heb golli min ei ewinedd.[23]

Yr un mor effeithiol yw'r gwrtheirio sydd yma, 'a'i dawelwch ffyrnig', 'y cyntefigrwydd cymen'.[24] Mae'r gwrtheirio hwn yn rhannol gyfrifol am y tyndra a grëir yn y gerdd, ac am gryfder y cyferbynnu a geir ynddi rhwng cyntefigrwydd a godidowgrwydd, rhwng ffieidd-dra a gwareidd-dra.

Fel Ted Hughes, y mae gan Rhydwen lond arch Noa o adar ac anifeiliaid, ond, yn wahanol i Ted Hughes, nid cyfleu grym a ffyrnigrwydd byd natur a wna; yn hytrach, dyn yw'r bwgan yn y cerddi anifeiliaid hyn. Roedd Rhydwen wedi llunio cerddi am anifeiliaid ymhell cyn i Ted Hughes ei sefydlu ei hun yn un o brif feirdd Lloegr, ond tua therfyn ei yrfa, daeth dan ddylanwad cerddi *Crow* o eiddo'r bardd o Swydd Efrog.

Creaduriaid sy'n perthyn i'r cynfyd pell yw anifeiliaid Rhydwen Williams. Ceir drwyddynt gipolwg ar Eden cyn y Cwymp. Y cyntefig yn ddof urddasol eto a geir yn 'Yr Eliffant', golwg arall ar ddiniweidrwydd Eden cyn y Cwymp. Creadur cynoesol yw'r eliffant:

> tunelli ohono fel folcano wedi oeri'n hir,
> a'i groen a'i drwnc a'i glustiau a'i ben ôl blêr,
> o wneuthuriad llwydni'r lludw cyntefig.[25]

Creadur urddasol, er ei drwsgleiddiwch a'i odrwydd, yw'r creadur hwn hefyd: 'mor urddasol â phe bai rhyw gaffir a'i harem o dan yr wmbarél', ac y mae'r cyfeiriad cyfrwys at y 'caffir a'i harem' yn un digon dilornus a dychanol: dyn yn anifail, yn ildio i'w reddfau cyntefig.[26] Er mor gynfydol yw'r eliffant, 'yr ola' o hen hen linach/ a welodd arllwys y mynyddoedd yn ferwedig i'w ffurf', y mae'n cyflawni gweithred mor annwyl â 'mynd â bocs o blant' am dro.[27]

Ynghlwm wrth y thema hon o ddiniweidrwydd plant ac anifeiliaid, ceir cryn dipyn o gondemnio ar oedolion. Yr oedolyn yw'r gelyn. Mae'n cadw'r llewpart mewn caethiwed, er mwyn peri difyrrwch i'r rhai sy'n ymweld â'r sŵ, gweithred greulon a dilornus yn ei hanfod; ac y mae'n darostwng hen greadur mor urddasol ag eliffant i fod yn ddim byd mwy na rhywbeth i ddifyrru plant.

Yn 'Y Babŵn' ceir holl hanes y ddynoliaeth, o'r creu cychwynnol hyd at ei gampau technolegol mwyaf diweddar (ar y pryd). Awn yn ôl i Ardd Eden eto:

> Edrychais arno. Ei ben –
> potyn ar ei hanner ar dröell y crochenydd,
> a'r clai yn wylo mewn dau lygad digri
> am fysedd o rywle i orffen ei geg a'i glustiau.[28]

Cyfunir dau fath o ddyn a dau fath o amser yn y gerdd hon, sef dyn fel creadur cyntefig, annatblygedig yn byw ar ei nwydau a'i reddfau, ar y naill law, a dyn fel pencampwr ym myd technoleg, rhywbeth tebyg i 2001: A Space Odyssey, Stanley Kubrick. Dyma ddisgrifiad Rhydwen o'r babŵn:

> Eisteddai yn ei gell yn llygadrythu,
> unig fel astronawt yn y gofod,
> gyfandiroedd o'i fyd,
> a'r wynebau o'i gwmpas mor wag â'r sêr iddo ef.[29]

Unigrwydd y dyn modern sydd yma, unigrwydd a gwacter. Gall y gwyddonwyr yrru astronawt i'r gofod, ond ni ellir lleddfu na diddymu unigrwydd y dyn modern, er gwaethaf ei gampau ym myd technoleg. Mae bywyd yn ddiystyr i'r dyn modern ('a'r wynebau o'i gwmpas mor wag â'r sêr iddo ef').

Un o ddibenion y gerdd, fel gyda llawer o gerddi eraill o waith y bardd, yw darostwng dyn i'r un lefel â'r anifail, neu, ar brydiau, ddyrchafu'r anifail yn uwch na dyn. Dyn yw uchafbwynt y greadigaeth yn ei dyb ef ei hun:

> a rhyfeddu am hydoedd at ei fysedd a'i fogail a'i organau
> fel pe bai gogoniant pob rhywogaeth,
> ein hanatomi a'n gweithgareddau a'r dernyn ola' o gnawd –
> yn eiddo i neb ond ef.[30]

Ond bod anghyflawn yw dyn, 'potyn ar ei hanner ar dröell y crochenydd', ac er ei gampau ym myd gwyddoniaeth a thechnoleg, anifail sy'n gaeth i'w reddfau cyntefig yw dyn yn y pen draw:

Daeth arogl heibio'i drwyn,
arogl o'r gwair a'r cagl,
a'i ddeffro i'w ffolennau ei hun,
a'i yrru fel rhoced a'i din ar dân
yn orbid sbeitlyd Rhyw.[31]

Yma mae Rhydwen yn defnyddio delwedd o fyd gwyddoniaeth a thechnoleg mewn ffordd eironig, hynny yw, mae'n defnyddio un o orchestion pennaf dyn, gyrru roced i'r gofod, i bwysleisio'r modd y mae'r babŵn yn byw ar ei reddfau ei hun, yn union fel dyn. Yn y bôn, nid yw dyn yn ddim byd mwy nag

un cnotyn anobeithiol
yn byw i ddiawl o ddim
ar wahân i'r orchest derfynol fawr
o bigo trwyn.[32]

Yn *Barddoniaeth Rhydwen Williams* (1965) yr ymddangosodd y creaduriaid hyn am y tro cyntaf, ond ceir cerddi i adar ac anifeiliaid mewn cyfrolau eraill yn ogystal. Dyna'r gerdd 'Cranc' yn *Ys Gwn i a Cherddi Eraill* (1986). Cyferbynnir yma rhwng Duw'r crëwr a dyn y dilëwr: 'Bodd Duw a ryngwyd wrth ei greu, ond tybiodd dyn ei eni a'i ferwi'n fyw.'[33] Mae'r eryr yn yr un gyfrol yn greadur sinistr. Heliwr a lladdwr yw'r eryr: 'arogleua'r celanedd/ ar lawr y glyn'.[34] Unben a rhyfelwr yw'r eryr, nid annhebyg i hebog Ted Hughes yn 'Hawk Roosting': 'Ei lygad/ yn bortread/ byw/ o lwydd/ ei arglwyddiaeth.'[35] Er ei holl berffeithrwydd, 'bu'r eos/ heb os/ arno'n ben,' meddir, a hynny oherwydd mai 'mwy yw'r gân/ na'r miri i gyd!' – hynny yw, mae creadigolrwydd dyn yn drech na'i allu i ryfela a difa.[36] Ac eto, yn wahanol i ddyn, hela yn ôl ei reddf er mwyn byw a wna'r eryr.

Yn yr un gyfrol, ceir y gerdd ingol, 'Yr Hen Gi'. Y mae dau gyhuddiad yn erbyn dyn yn y gerdd. Ci strae oedd yr hen gi, a hwnnw wedi cael ei gam-drin yn ddifrifol gan ei berchennog:

Roedd llaw a gwên yn ddieithr iddo,
neidiai fel pe'n disgwyl dwrn;
tynhâi'i weflau a dangosai'i ddannedd,
siarp, sarrug, slei, ei unig amddiffyn
rhag y creulondeb a wybu mewn dyn.[37]

Mae'r ci yn cael caredigrwydd a maldod gan ei berchennog newydd, gymaint felly nes ei fod yn barod i'w amddiffyn. Yn anffodus, aeth gam yn rhy bell. Brathodd ddieithryn a ddaeth at y drws, cwynodd hwnnw wrth yr awdurdodau, ac fe gondemniwyd y ci i farwolaeth. Mae'r diweddglo yn ddirdynnol:

> aeth yntau hefyd 'fel oen i'r lladdfa', cyn
> gyrru nodwydd i'w gnawd, a bu farw
> a'i lygaid wedi eu sodro arnaf i.

> Nid anghofiaf yr edrychiad hwnnw
> pan drosglwyddais ffrind i'w elynion,
> y tywyllwch yn dychwelyd i'r llygaid
> a'i gorff yn gadach fel o'r blaen ...[38]

Y mae'r un euogrwydd i'w gael mewn cerdd arall, y soned rymus, 'Moduro'. Ar noson ddrycinog, y mae modurwr yn bwrw cwningen yn ddamweiniol, ac yn ei ladd. Bron nad yw'r holl gread, y tywydd, y car a'r modurwr, yn gyfrannog o'r euogrwydd hwn:

> Trigain milltir yr awr! Rhy hwyr bryd hyn!
>   Car a chwningen a'u silindrau i gyd yn crynu,
> A'r noson euog yn crio hen wragedd-a-ffyn,
>   A chnawd ac asgwrn a nerf yn tynnu, tynnu!
> Yn nes ... yn nes ... yn nes – a'r corffilyn yn llenwi'r llawr
> A'r ddau lygad bach wrth ddiffodd yn boddi'r lampau mawr.[39]

Ac unwaith eto, canolbwyntir ar y llygaid.

Y mae'r un tosturi a chydymdeimlad ar waith yn 'Y Llwynog'. Ceir disgrifiad gwych o'r llwynog anafus ganddo, wedi i gŵn yr helfa ei erlid:

> A'r cotiau coch ymhell, ni a welsom wedyn,
> dan goeden garedig y ceinder cyfrwys yn friw;
> llygaid deallus, dannedd gwyn, a'r blew helbulus
> yn staen yn y distawrwydd disymud, oer.[40]

Ceir yn ei gerddi y gallu hwnnw sy'n treiddio y tu hwnt i wrthrych neu ddigwyddiad. Nid marwolaeth llwynog yn unig a wêl:

> Rhywle, rywle, yr oedd rhai bychain yn unig a newynog;
> ninnau'n sbïo ac yn wylo, clywsom o bell eu cri.[41]

233

Yma eto, natur sy'n garedig, wrth i'r goeden geisio rhoi lloches ac amddiffynfa i'r llwynog; dyn sy'n greulon.

Er mwyn mynd dan groen Rhydwen, mae'n rhaid dyfynnu darn o ryddiaith, a hynny yn y Saesneg gwreiddiol. Cyfieithodd ac addasodd Rhydwen rai o'i gerddi i'r Saesneg, a'u cyhoeddi dan y teitl *Rhondda Poems*. Ac meddai yn ei ragair i'r gyfrol:

> I once saw a farmer driving-off with car and trailer and tearing a calf away from its mother. I can never forget the cry of that animal and the sight of its heavy udder splashing its milk along the road and hedges as it went beserk trying in vain to get its young back.[42]

Mae'r cerddi hyn am adar ac anifeiliaid yn cyrraedd uchafbwynt yn y gyfres o gerddi, 'Ystlumod' (1975). Yma eto, rydym yn ôl yn Genesis a'r creu. Mewn gwirionedd, er mai pryddest gynnar iawn yn ei yrfa yw 'Yr Arloeswr', mae'n dychwelyd at y gerdd honno dro ar ôl tro. Mae'n rhaid cofio mai arloeswr yw Duw yn y gerdd honno, arbrofwr ac nid cyflawnwr. Mae'n ei feio'i hun am gael rhai pethau'n anghywir, ac yn dyheu am gael cyfle i greu dyn a'r bydysawd o'r newydd, y tro hwn heb fodolaeth marwolaeth.

Un o gamgymeriadau Duw oedd creu'r ystlum fel ag y mae, ond damwain yn hytrach na bwriad oedd yn gyfrifol am hynny:

> 'Y diawl bach!' meddai Duw, yn dirion,
>   'Dihangodd o'm dwylo!
> Heb fod yn anifail na deryn!' ...[43]

Fel y babŵn, 'potyn ar ei hanner ar dröell y crochenydd' o ryw fath yw'r ystlum; ac fel yr ystlum, rhywbeth ar ei hanner yw dyn ei hun. Mae rhyw nam yn ei wneuthuriad. Ac yn 'Ystlumod', dynion, mewn gwirionedd, yw'r creaduriaid rhyfedd hyn, a ffolinebau dynion sy'n perthyn iddyn nhw.

Gweir elfennau crefyddol i mewn i'r cerddi. Mae'n ymddangos ar yr olwg gyntaf mai dychanu defodau a chredoau crefyddol a wneir, er mai gweinidog oedd Rhydwen am dalp helaeth o'i yrfa. Mae stori'r Geni yma, ond o safbwynt Ystlum y cyfeirir at eni Iesu Grist yn lle'r anifail. Mewn ogof neu groglofft y genir ystlumod i'r byd. Meddai Ystlum ar ôl geni un o'i epil:

> 'O, dyna biti na fydde gennym *ni* dŷ!'
>   dyna'r gŵyn a glywodd Ystlum ar ôl geni'r bychan,

'Nid byw mewn hen stabal o le fel hyn ...
a'r plentyn heb aelwyd na gwely!'

Plygodd Ystlum i gusanu'r fam a'r baban
a safodd seren gan edrych arnynt drwy'r trawstiau.[44]

Y gwarth o eni mab Duw yn lloches yr anifail sydd ganddo dan sylw yma.
Dychenir gwleidyddion a chynghorwyr sir yn y cerddi. Wrth i Ystlum fwydo'i
deulu anniolchgar, condemnir dynion am fethu gwerthfawrogi'r aberth a
gyflawnodd Crist er eu mwyn:

Ni welodd y tacla fod Ystlum yn waed i gyd.
Dywedodd, 'Hwn yw fy nghorff ...'[45]

Mae'r Ystlum yn cynrychioli'r ddynoliaeth, ac fel aelod yr hil ddynol, mae
ganddo ddwy ddawn: y gallu i greu a'r gallu i ddileu, dyn y lluniwr a dyn y
lladdwr, 'llunio cerdd a lladd gwybed', meddai yn 'A Oes Heddwch'.[46] Roedd
Rhydwen yn heddychwr yn ystod yr Ail Ryfel Byd, a chafodd ei ddifrïo a'i
gollfarnu am hynny, er iddo yrru ambiwlans i uned o Grynwyr adeg y bomio
ar Lerpwl. Fe'i condemniwyd hyd yn oed gan ei enwad ei hun, y Bedyddwyr.
Ac yn 'A Oes Heddwch', mae'n tynnu oddi ar ei brofiadau:

Mae gŵr a fyn lunio'i gerdd,
amddiffyn iaith, arddel y gwir,
o flaen lladd gwybed mewn trwbwl.
Hwyr neu hwyrach, bydd gan yr awdurdodau warant i'w restio,
plismyn gewynnog i gydio ynddo,
a meddyg wrth law i dystio nad yw'n gall.
Caiff ysgogiad i'w fraich a'i daflu i garchar neu wallgofdy.[47]

Os Ted Hughes oedd y patrwm ar gyfer 'Ystlumod', *Four Quartets* T. S.
Eliot oedd y patrwm ar gyfer *Pedwarawd*, sef 'Pryddest mewn Pedair Rhan'
(1986). Fel Eliot, canodd Rhydwen i bedwar lle a oedd o bwys mawr iddo:
Senghenydd, Tynybedw, Mynydd Lliw a Phwll y Tŵr. Yn Senghenydd, wrth
gwrs, y digwyddodd y drasiedi fwyaf erioed yn hanes pyllau glo de Cymru,
pan laddwyd 439 o lowyr gan danchwa nwy yn y pwll. Pan yw Rhydwen yn
dilorni dynion, dilorni math arbennig o ddyn a wna, sef y dynion hyn sy'n
peri dioddefaint i bobol eraill, ac i anifeiliaid, y rhyfelgarwyr a'r gormeswyr
yn ein plith. Roedd yn casáu rhwysg a rhagrith pobol yn ogystal. Nid oedd
yn un o edmygwyr mwyaf Gorsedd y Beirdd, sefydliad a ddychanwyd yn

hwyliog ganddo yn ei nofel *Breuddwyd Rhonabwy Jones*. Fel arall, mae Rhydwen yn ddwfn ei gydymdeimlad ag unrhyw un sy'n cael ei fathru a'i sathru gan y drefn, glowyr de Cymru yn enwedig. Ac mae'r gerdd i Senghenydd yn amlygu'r cydymdeimlad mawr hwnnw a oedd ganddo â'r glowyr.

Mewn gwirionedd, cymar i'r nofel *Amser i Wylo* yw'r gerdd i Senghenydd. *Reportage* o ryw fath yw *Amser i Wylo*, cyfuniad o ddogfen a ffuglen. Ar ddechrau'r nofel, ceir portreadau ffuglennol o rai o'r glowyr a laddwyd yn y danchwa. Enwir y rhain yn union fel yr oedd Aneirin wedi enwi'r aelodau hynny o lwyth y Gododdin a laddwyd yng Nghatraeth. Nid rhyfedd, felly, fod Rhydwen yn cyfeirio at gerdd Aneirin yn 'Senghenydd':

> Gwŷr a aeth Senghenydd, llathr a llawen,
> pob un â'i dun bwyd, canu a chwiban,
> naw cant ar doriad gwawr ar eu ffordd i'r ffas ...[48]

A hyd yn oed yn 'Senghenydd', gyda chynifer â 439 o ddynion wedi colli eu bywydau, cydymdeimlai Rhydwen â'r ceffylau a laddwyd yn y danchwa yn ogystal, yn y gerdd ac yn y nofel.

Mae cerddi 'Pedwarawd' yn sicr o fod yn un o lwyddiannau mawr Rhydwen fel bardd. Cofnodi pererindod dyn drwy fyd amser a wneir yn y cerddi hyn. Daw i'r casgliad mai 'Dioddefaint yw rhan einioes'.[49] Fe adleisir Eliot yn fynych yn 'Pedwarawd', gan gydnabod ei gynsail a gwrogaethu i'r meistr ar yr un pryd. Fel y mae Senghenydd yn symbol o'r byd tywyll a pheryglus y genir dyn iddo, mae Tynybedw yn symbol o amser ei hun, ac yn symbol o berthynas dyn â'i orffennol. Mae 'Tynybedw' hefyd yn traethu am yr angen i ddyn ddygymod â'r byd peryglus, a cheisio ymgartrefu ynddo. Mae 'Mynydd Lliw' wedyn yn ein codi o fyd amser, ac yn mynegi dyhead dyn i ymgyrraedd at y tragwyddol a'r ysbrydol, sef y pethau hynny y ceir cip sydyn ac anghyflawn arnyn nhw mewn bywyd:

> lle bynnag y bo llam bywyd yn ei amlygu ei hun,
> yno, y mae ymyriad y Mawredd,
> y gweledig a'r anweledig yn cofleidio,
> y tragwyddol mewn amser yn trigo.[50]

Ac eto, trwy fyd amser y ceir cip ar y tragwyddol. Ac mae Duw yn bresennol ymhob man, dim ond i ni edrych a gwrando:

Cerddwch y llwybr gwlithog
dan fwâu rhosynnog yr ardd,
heibio'r goeden feichiog yn y berllan fach,
yno, yn anadl y blodau, y mae'r Presenoldeb
yn ymgomio â ni ...[51]

Yn Aberdâr y treuliodd Rhydwen ei flynyddoedd olaf, a cherdd am Bwll y Tŵr, Hirwaun, yw'r bedwaredd gerdd. Duw fel presenoldeb ysbrydol, pellgyrhaeddol a geir yn 'Mynydd Lliw', ond mae Crist yn berson byw a diriaethol yn 'Pwll y Tŵr':

Y Presenoldeb,
y dewr hwnnw,
rhwng pedair wal ...
a'r Presenoldeb yn peri syndod
ar doriad y bara.[52]

Ac meddai, yn gofiadwy iawn:

mae'r dirgelwch yn guddiedig
ymhob dim creëdig ...[53]

Gofynnwyd am ysgrif o werthfawrogiad o waith Rhydwen Williams ar gyfer y gystadleuaeth hon. Mae'r ysgrif hon yn llwyr annigonol, oherwydd cyfyngu'r cystadleuwyr i bum mil o eiriau'n unig, ar gyfer cloriannu gwaith llenor mor fedrus, mor gynhenid ac mor gyffrous a gwefreiddiol â Rhydwen Williams. Mae angen astudiaethau llawnach ar ei waith. Dioddefodd fel nofelydd oherwydd bod llawer iawn o gamsillafiadau a chambrintiadau a gwallau gramadegol yn ei nofelau. Cyhoeddwyd ei nofelau cynnar heb gymorth golygydd o fath yn y byd. Bellach mae proffesiynoldeb y Cyngor Llyfrau, a'r Cyngor Celfyddydau cyn hynny, wedi sicrhau bod graen a chywirdeb ar bopeth a gyhoeddir. Dylid cyhoeddi tair nofel *Cwm Hiraeth* yn un gyfrol, gyda'i gilydd, ac wedi eu golygu'n drylwyr. Ceir ynddyn nhw bortread byw o Gwm Rhondda yn ystod traean cyntaf yr ugeinfed ganrif. Ac fe ddylid ailargraffu ac ailgloriannu ei nofel *Gallt y Gofal*, ei nofel bwysicaf o bosib. Ynddi ceir portread seicolegol rymus o Job Corniog, dyn sy'n gorfod brwydro yn erbyn hap a ffawd o awr ei enedigaeth hyd at ei farwolaeth drwy ei law ei hun.

Ond efallai mai ei farddoniaeth yw ei brif gyfraniad i lenyddiaeth ei wlad, ac mae'r farddoniaeth hithau yn haeddu'r parch uchaf a'r gwerthfawrogiad mwyaf. Ac fel bardd y dymunai Rhydwen gael ei gofio yn anad dim, ac fel bardd Cristnogol hefyd, bardd tosturi a bardd diniweidrwydd a daioni cynhenid dyn. Mae ganddo ddarn cofiadwy iawn yn 'Mynydd Lliw' sy'n sôn am y modd y gall cerddoriaeth leddfu galar pan geir trasiedïau mawr mewn bywyd:

> celfyddyd sy'n fara'r angylion
> i felysu dagrau;
> ie, dagrau Aberfan, Mecsico, Ethiopia,
> a thynnu'r chwerwder allan
> o boen y byd.[54]

A dyna'n union yr hyn a wnaeth Rhydwen: tynnu'r chwerwder allan o boen y byd. Mae ei farddoniaeth yn iacháu ac yn glanhau.

Cyfeiriadaeth

[1] 'Yr Arloeswr', *Barddoniaeth Rhydwen Williams: y Casgliad Cyflawn 1941-1991* (Abertawe, 1991) t. 64. [BRhWCC o hyn ymlaen]

[2] Ibid., t. 67.

[3] Ibid., tt. 67-68.

[4] *Gorwelion* (Abertawe; 1984), t. 43.

[5] 'Y Ffynhonnau', BRhWCC, t. 87.

[6] Ibid., t. 92.

[7] *Gorwelion*, t. 63.

[8] Ibid.

[9] 'Gwraig Lot', BRhWCC, t. 73.

[10] 'Y Ddau', ibid., tt. 70-71.

[11] 'Y Ffynhonnau', ibid., t. 91.

[12] Ibid., t. 88.

[13] Ibid., t. 90.

[14] 'John Mathews', ibid., t. 55.

[15] Ibid., tt. 54 a 55.

[16] *Cwm Hiraeth: y Briodas* (Abertawe, 1960), t. 20.

[17] 'Yn Nheyrnas Diniweidrwydd', BRhWCC, t. 128.

[18] Ibid.

[19] 'Goleuadau', ibid., t. 129.

[20] 'H.R.W', ibid., t. 126.

[21] 'Y Llewpart', ibid., tt. 57 a 58.

[22] Ibid., t. 58.

[23] Ibid., t, 57.

[24] Ibid.

[25] 'Yr Eliffant', ibid., t. 58.

[26] Ibid.

[27] Ibid.

[28] 'Y Babŵn', ibid., t. 59.

[29] Ibid., t. 58.

[30] Ibid.

[31] Ibid., t. 59.

[32] Ibid.

[33] 'Y Cranc', ibid., t. 254.

[34] 'Eryr', ibid., t. 255.

[35] Ibid.

[36] Ibid.

[37] 'Yr Hen Gi', ibid., t. 256.

[38] Ibid., t. 257.

[39] 'Moduro', ibid., t. 76.

[40] 'Y Llwynog', ibid., t. 210.

[41] Ibid.

[42] Rhagair, *Rhondda Poems* (Abertawe, 1987), t. 11.

[43] 'Ystlumod': 'Yn y Dechreuad yr oedd Ystlum ...' *BRhWCC*, t. 162.

[44] 'Ystlumod': 'Perchentyaeth', ibid., t. 170.

[45] 'Ystlumod': 'Merched', ibid., t. 173.

[46] 'Ystlumod': 'A Oes Heddwch', ibid., t. 173.

[47] Ibid., t. 174.

[48] 'Pedwarawd': 'Senghenydd', ibid. t. 226.

[49] Ibid., t. 227.

[50] 'Pedwarawd': 'Mynydd Lliw', ibid., t. 242.

[51] Ibid.

[52] 'Pedwarawd': 'Pwll y Tŵr', ibid., t. 245.

[53] Ibid., t. 248.

[54] 'Pedwarawd: Mynydd Lliw', ibid., t. 243.

Edmygwr

BEIRNIADAETH M. WYNN THOMAS

Trist gorfod adrodd mai un ymgais yn unig a dderbyniwyd yn y gystadleuaeth hon, sef gwaith *Edmygwr*.

Mae'r ysgrif yn gryno, yn gytbwys ac yn gymen. Mae'r arddull yn llyfn, ac yn ddeniadol o ddarllenadwy. Ac mae'r drafodaeth yn crynhoi nifer o brif thêmau cyfarwydd ysgrifeniadau Rhydwen Williams yn ddeheuig, gan ddewis canolbwyntio bron yn gyfan gwbl ar y cerddi ac anwybyddu'r nofelau, ac eithrio ambell gyfeiriad atynt.

Mae'n dda cael cymhariaeth fer o gerddi cyfarwydd Rhydwen am anifeiliaid a cherddi Ted Hughes ar yr un testun, ond fe fyddai'n fuddiol cyfosod dyfyniadau o waith y ddau er mwyn dangos cymaint gwell yw rhai y Sais, yn rhannol am eu bod mor feiddgar o gignoeth ac mor drydanol eu mynegiant. Ymhellach, sgrifennodd Rhydwen gerdd i'r bardd Americanaidd, Robinson Jeffers, a byddai sylwi ar y darlun Darwinaidd o greulondeb byd natur a geir yng ngherddi Jeffers hefyd wedi bod yn ddadlennol. Serch hyn, mae'r trafodaethau o'r cerddi am y Babŵn ac am yr Ystlum yn sylwgar ac yn feddylgar.

Tuedd yr awdur pan yn trafod cerdd yw pwyso ar y disgrifiadol a'r deongliadol gan anwybyddu'r dadansoddol. Ni cheir yr un cyfeiriad, er enghraifft, at ddefnydd Rhydwen o'r mesur penrhydd (*free verse*) a oedd yn anarferol ar y pryd yng Nghymru yn ei gyfnod ef.

Diffyg amlwg arall yw'r diffyg gwybodaeth gefndirol. Ni cheir sôn am berthynas ffurfiannol y Rhydwen ifanc ag aelodau blaengar, rhyngwladol Cylch Cadwgan nac am y darlun deifiol ohono a geir yn nofel feiddgar Pennar Davies, *Meibion Darogan*. Yr argraff a geir yn y nofel honno yw bod y cymeriad a seilir ar Rydwen yn dipyn o *poseur* a *dilettante*, yn actor a oedd yn or-hoff o greu cynnwrf dramatig. Fe dybiwn i bod llawer o wir yn y darlun hwnnw, a thebygwn mai da o beth fyddai sylwi'n feirniadol ar duedd Rhydwen i rethregu'n apelgar yn hytrach na barddoni, a'i duedd pellach i lunio pregeth ar ffurf cerdd. Hefyd, trueni na osodwyd y darlun meddal o drigolion Cwm Rhondda yng ngweithiau Rhydwen ochr yn ochr â'r darlun ohonynt a geir yn nrama Kitchener Davies, *Cwm Glo*.

Ac er y cyfeirir yn fyr iawn wrth drafod 'Ffynhonnau' at gyfeillgarwch clòs Rhydwen a Kitch, ni sonnir am y sylw damniol a wnaed gan Kitch (ar ei wely angau) ar ôl clywed Rhydwen yn darllen diweddglo 'Sŵn y Gwynt' ar y radio. Roedd y dehongliad dolefus, pruddglwyfus hwnnw'n llawer rhy feddal i blesio'r dramodydd. Fe ddylai ei lais fod wedi bod yn gwbl ddi-ildio, meddai'r awdur wrtho fel ergyd o ddryll, 'fel dur ar faen'. 'Dysga i ddiodde', gwboi,' meddai Kitch yn ddiamynedd dro arall, gan osod ei fys ar wendid amlwg ym marddoni Rhydwen, sef ei sentimentaleiddiwch dagreuol. Yn anffodus, nid yw'r ysgrif yn mynd i'r afael â'r farn gyffredin honno.

Prif nodwedd yr ysgrif yw hoffter amlwg yr awdur o gerddi Rhydwen, a'r parodrwydd i gydymdeimlo â'i werthoedd a'i weledigaeth. Amlygir y cynhesrwydd hwn ym mhob sill o'r drafodaeth, a llwyddir o'r herwydd i berswadio'r darllenydd i osod ei amheuon o'r neilltu am y tro ac i ganolbwyntio ar rai o rinweddau dymunol y cerddi. Mae honno'n gymwynas sy'n werth ei chydnabod, ac felly boed i ymdrech *Edmygwr* gael ei gwobrwyo.

Cystadleuaeth i rai sydd wedi byw yn y Wladfa ar hyd eu hoes ac yn dal i fyw yn yr Ariannin:

Atgofion o gystadlu mewn eisteddfod yn y Wladfa

ATGOFION O GYSTADLU MEWN EISTEDDFOD YN Y WLADFA

Hydref 1971 oedd adeg Eisteddfod fawr y Wladfa. Sgwn i beth oedd yn digwydd yng Nghymru ar y pryd, pan aethom fel teulu ar ein ffordd, am y tro cyntaf, i Eisteddfod y Wladfa?

Roeddwn i ar fy mlwyddyn gyntaf yn yr ysgol uwchradd ac roedd teithio mor bell yn anturus iawn. Roedd fy chwaer a finnau yn cael cyfarwyddiadau pendant gan Dad i ymarfer y darn adrodd oedd wedi ei osod gan bwyllgor yr Eisteddfod. Roedd yn rhaid ymarfer gyda llwy bren wedi ei gosod ar ei phen mewn tun llawn reis i ni gael syniad o beth oedd meic!

Darnau gwahanol oedd i ni ein dwy fel rheol. Cofio'n dda rhyw flwyddyn daeth 'Ora Pro Nobis' fel prif ddarn a fy chwaer yn gorfod dilyn fy nhad yn dweud 'Mae'r curlaw yn dallu ffenestri fy nhŷ' mewn llais oedd yn codi braw arna i wrth ddisgrifio'r storm.

Ni fedraf gofio beth oedd y gerdd y flwyddyn honno ond dyma rai o gerddi adroddais yn ystod y blynyddoedd eraill rwyf wedi mynychu'r Eisteddfod o 1971 i 2023. Dyma amrywiaeth o gerddi wedi aros yn fy nghof:

'Hen Frodor' gan Irma H. de Jones yn y flwyddyn 2003; 'Hon' gan T.H. Parry-Williams yn 2004; 'Etifeddiaeth' gan Gerallt Lloyd Owen a 'Llyn Futalaufquen' gan Awel Jones yn 2005; 'I Gymru' gan Irma H. de Jones a chydadrodd Salm 100 yn 2005; 'Cnau Gaeaf', R. Bryn Williams a chydadrodd 'Bethel Cwm Hyfryd' gan R. Bryn Williams yn 2007; a 'Cofio' gan Waldo Williams yn 1999.

A'r olaf, 'Gadael', rhan o waith Llŷr Gwyn Lewis, a enillodd y Gadair yn Eisteddfod Ceredigion 2022. Roedd hon yn llawn cynghanedd, yn anodd ei dysgu ar y cof ond gwneuthum ei mwynhau yn fawr.

Er pan ddaeth cydadrodd yn gystadleuaeth yn yr Eisteddfod mae'r ymarfer hwyliog a'r paratoi wedi bod yn rhan bwysig o fis Hydref. Mae'n gyfle i'r rhai sydd ddim yn mentro eu hunan i'r llwyfan i wneud hynny.

Cefais hwyl yn ceisio cystadlu ar y darnau cyfieithu, o'r Sbaeneg i'r Gymraeg neu o'r Gymraeg i'r Sbaeneg. Rhai o'r termau yn anodd cyfieithu weithiau yn enwedig pan yn sôn am ddillad, arferion neu arfau y Gauchos!

Roedd y daith i'r Dyffryn yn hir, dros 600 km bob ffordd a heb darmac pryd hynny. A weithiau bu'n rhaid aros dros nos yn Rhyd yr Indiaid, lle roedd Dad yn cadw defaid ac angen trefnu eu cneifio bob mis Hydref, adeg cyfleus iawn i Dad groesi'r paith!

Roedd Modryb Uriena a Tío John yn rhoi lletty i ni bob blwyddyn am flynyddoedd yn eu cartre ar ffarm yn Drofa Dulog. Cawsom groeso mawr ganddynt bob amser, ac roedd y sgwrs wrth y bwrdd yn bleser. Aeth Anti Ann gyda ni unwaith yn y car ac fe gefais aros yng ngwesty y Centenario gyda hi. Teimlwn naws moethus iawn yna.

Roedd yn fraint cael cystadlu efo Elena Arnold yn y blynyddoedd cynnar; roedd Uriena Lewis, Ifano Evans a Gweneira D. de Quevedo yn cystadlu hefyd ar yr adrodd Cymraeg. Diolchaf am y pleser o gael cystadlu efo nhw ymysg yr hen gyfeillion. Pleser ychwanegol oedd ennill weithiau. Cael bod yno oedd y peth mawr, gydag eneidiau hoff cytûn. Ond yr hyn oedd yn bwysig oedd trio.

Irma H. de Jones oedd yr unig berson i ennill y gadair yn y blynyddoedd cynnar; gyda llaw, mae rhan o'i gwaith wedi ei gadw mewn llyfr o'r enw *Edau Cyfrodedd*. Roedd hi bob amser yn addfwyn ac yn barod i roi cyngor ac yn amyneddgar wrth ddethol, beirniadu a thrafod cerddi amrywiol: bob amser yn llawn brwdfrydedd.

Dyma oeddwn i'n ddweud mewn cylchlythyr, 'Llais yr Andes', yn y flwyddyn 2010 sydd yn edrych yn eitha hen erbyn hyn!

Wel, sôn am daith ddiddorol, diwedd mis Hydref 2010.

Wedi wythnosau o ymarfer ac ymarfer y ddwy adroddiad erbyn yr Eisteddfod, ac un criw cydadrodd (gorchymyn gan Luned Gonzalez fod yn rhaid mynd â chriw cydadrodd o'r Andes), dyma ni'n cychwyn yn gynnar iawn ar fore dydd Gwener i'r Dyffryn.

Gweld rhyfeddod yr haul yn codi yn Tecka, guanacos bach a mawr o boptu'r ffens cyn cyrraedd Rhyd yr Indiaid ac estrysod yn croesi'r ffordd wrth ddod at afon Chubut yn Nôl y Plu. Gweld Hafn y Glo, a chyn pen dwy awr, cyrraedd Dyffryn yr Allorau a'i greigiau o bob lliw, a ninnau yn cofio am John D. Evans yn carlamu drwy'r hesg i fyny'r bryniau ar y dde o'r golwg rhag i'r Indiaid ei ddilyn ...

Yr oedd y pedwar ohonom, erbyn hyn, yn paratoi am frecwast! Troi i mewn i Altares a chael brechdanau bara cartre a ham a chaws gyda phaned o goffi, y gorau i mi ei chael ers talwm. Diolch Billi am ddweud am y brechdanau blasus hyn yn caffi Los Altares!

Yn barod wedyn i gyrraedd Trelew ac yn syth i'r gwesty, cwrdd ag Aira a Carol yno a chael cinio. Rhagbrofion am bedwar yn y Tabernacl, chwech ohonom i gyd a'r beirniad adrodd eleni oedd Alun Jones o Bow Street. Tri yn cael ein dewis i'r llwyfan.

I'r Eisteddfod erbyn chwech! Ac ar y ffordd i mewn cwrdd â Clare ac Eluned a chael ymarfer cydadrodd. Dim ond mwynhau yr Eisteddfod oedd o'n blaen rŵan.

Y corau bendigedig wedi bod yn gweithio'n galed yn ystod y misoedd dwetha. Ninnau'n clapio fel diolchgarwch i bob un ... ond ychydig yn gryfach pan oedd Seion ar y llwyfan! ... C'mon pobl yr Andes!

Siom oedd deall fod neb yn haeddu'r fedal am farddoniaeth Sbaeneg ar nos Wener na'r goron ar nos Sadwrn ond llawenydd deall trwy feirniadaeth Alun Jones mai Esyllt Nest de Lewis oedd wedi ennill y gadair! Ardderchog!

Ar ôl deuddeg awr o Eisteddfod dydd Sadwrn a noson fach o gwsg, pawb yn barod am Gymanfa Ganu ar fore Sul. Gwyn Williams o Gymru oedd yr arweinydd a Robert O. Jones yn darllen y Gair.

Cychwyn yn ôl yn syth am yr Andes ac at gwaith pob dydd ac edrych ymlaen at yr Eisteddfod nesa!

Roedd byw ar y ffarm yn eithaf cyfleus i gael llonyddwch a digon o le i ddysgu'r cerddi. Cerdded neu eistedd o dan y pinwydd yn darllen ac ail-ddweud y geiriau drosodd a throsodd nes eu bod ar y cof yn saff, neu dyna oeddwn i yn meddwl nes bod yn y rhagbrawf a sylweddoli nad oeddwn mor siŵr o'r darn.

Wedi dod yn aelod o Orsedd y Wladfa yn 2005 braf oedd cael gwahodd a chyhoeddi aelodau newydd i Orsedd y Wladfa, aelodau lleol ac o Gymru, yn y seremoni ar y dydd Iau yn flynyddol wedi hynny. Golygai hynny drafeilio lawr o'r Andes i'r Dyffryn ar y dydd Mercher.

Ac yn Seremoni y Cadeirio dydd Sadwrn yr Eisteddfod bu rhaid darllen y gerdd fuddugol neu y feirniadaeth wedi hynny hefyd. Pleser, wrth gwrs, oedd cael fy ngwahodd i wneud hyn. Mae cadw'r traddodiadau Cymreig wedi bod yn bwysig erioed yn ein teulu. Roedd darllen llyfrau Cymraeg, rhoi croeso i ymwelwyr o Gymru, neu mynychu gwahanol weithgareddau yn yr ardal yn rhan o fywyd y teulu pryd hynny, a balch gen i ddweud bod y traddodiad hynny yn dal yn fyw hyd yma.

Bûm yn ffodus unwaith i lanw lle gyda chriw oedd yn ymarfer dawns werin. Roedd hynny yn dipyn o gyffro. A mentrais i frodio lliain bwrdd un flwyddyn, yn fy ugeiniau cynnar, gan ei fod yn gystadleuaeth yn yr Eisteddfod! A wir i chi, cefais yr ail wobr.

Does dim rhyw ddiddordeb mawr yn yr ochr gerddorol, yn anffodus, ond wedi mwynhau canu mewn côr ambell dro. Bûm yn cystadlu gyda chôr y dref rhyw dair gwaith yn yr Eisteddfod a braf oedd cael trafeilio ar y bws gyda'r criw ac aros gyda nhw mewn gwesty.

Mae'r Gymanfa Ganu yng nghapel Bethel y Gaiman ar fory dydd Sul i gloi'r Eisteddfod yn amser gwych i ffarwelio â'r holl ffrindiau sydd wedi bod yn rhan o benwythnos ardderchog yn cystadlu hefyd! Dyma ddywed R. O. Jones yn ei lyfr, *Tyred Drosodd*, am y Cymry ddaeth i'r Wladfa bron i 160 o flynyddoedd yn ôl:

> Fe lwyddodd ymfudwyr cyntaf i aros, i ymsefydlu ac mewn amser i greu gardd ffrwythlon ynghanol y peithdir gerwin.

> Mae'r Steddfod wedi bod yn lle y gellid defnyddio'r Gymraeg. I laweroedd daeth y Gymraeg yn iaith y cartref a'r capel yn unig gan ddefnyddio'r Sbaeneg ym mhob sefyllfa arall.

Teimlaf fod yr Eisteddfod wedi cyfoethogi fy mywyd, nid yn unig wrth ddysgu'r darnau adrodd ond hefyd wrth ddod i nabod pobol sydd yn gweithio'n galed yn yr un 'pethe' i gadw'r Gymraeg yn fyw yn y Wladfa.

Môr Iwerydd

Dim ond gwaith dau ymgeisydd ddaeth i law eleni er mawr syndod wrth ystyried hanes cyfoethog eisteddfodau'r Wladfa.

Mae'r ddau ddarn yn trafod profiadau personol wrth baratoi a chystadlu mewn eisteddfod yn unol â gofynion y gystadleuaeth. Mae arddull y ddau awdur yn wahanol iawn i'w gilydd a gall hynny gyfoethogi profiad y darllenydd.

Un o'r Criw: Yn achos *Un o'r Criw*, mae'n olrhain ei hanes ei hunan a'i brofiad cyntaf o gystadlu mewn eisteddfod yn ôl yn 1949 gan ddod yn fuddugol mewn pedair cystadleuaeth. Disgrifiad un eisteddfod yn unig a gawn ni yma ynghyd â hanesion plentyndod yn y Wladfa. Heb os, mae'r profiad cystadleuol yn parhau'n fyw yn ei gof ac yn cael ei adlewyrchu ar bapur hyd heddiw. Mae'r awdur hefyd yn adrodd holl helbulon ei addysg elfennol yn ystod y 1940au a'r 1950au yng Nghwm Hyfryd i ddechrau ac yn y Gaiman yn ddiweddarach. Mae'n talu teyrnged i'r cymeriadau yn y gymuned a fu'n gymorth mawr iddo wrth gystadlu yn ei eisteddfod gyntaf. Clywir enwau fel Dilys ac Evan Jones, Plas y Coed mewn sawl hanesyn yn y gwaith. Mae'n diolch iddynt am gynnig lletty a gofal pan oedd ond yn 14 oed ac roedd hynny wedi ei alluogi i orffen ei addysg elfennol a hefyd cystadlu yn Eisteddfod y Plant yn 1949. Cafodd yr awdur sawl cyngor doeth gan Mrs Dilys Jones ac oherwydd iddo ddilyn rhai o'r cynghorion hynny, llwyddodd i ennill mewn pedair cystadleuaeth y flwyddyn honno.

Yn ôl yr awdur, dyma sut y'i cynghorwyd gan Dilys Jones:

> A chofia di, un peth ydy adrodd o flaen criw neu gynulleidfa gyffredin fydd yn falch o glywed ti, ac mi fydda'n brolio a chymeradwyo ti er pe taset yn camgymeri ... a pheth arall ydy adrodd o flaen beirniaid ... wrth gystadlu yn erbyn rhai eraill sydd yn ceisio'r un wobr â thi ... cofia fachgen!

Môr Iwerydd: Atgofion manwl a disgrifiad llawn o'r gwahanol gystadlaethau ar hyd y blynyddoedd a geir gan *Môr Iwerydd* – o'r dasg gyntaf o ddysgu'r gerdd, y daith o 600 cilomedr, y cystadlu, y cymdeithasu a'r daith yn ôl adref.

Mae ei hanes yn dechrau yn 1971 gyda chystadleuaeth yn Eisteddfod y Wladfa. Cyfarwyddiadau pendant gan ei thad gafodd yr awdures; felly, yn ufudd aeth hi ati i ymarfer gyda 'meicroffon gwneud', sef llwy bren wedi ei gosod ar ei phen mewn tun llawn reis, a bant â hi i ymarfer adrodd. Profiad teuluol wrth gystadlu mewn eisteddfodau gawn ni yma hefyd. Bu rhaid i'r teulu cyfan deithio'r 600 cilomedr o'r Andes i'r Dyffryn bob blwyddyn er mwyn cystadlu. Ac efallai, siawns i'r tad oruchwylio'r anifeiliaid roedd yn eu cadw yn Rhyd yr Indiaid ar y ffordd. Mae'n cofnodi nifer o brofiadau lletya gyda theulu, mewn gwestai gyda ffrindiau. Yn ogystal, cawn gyfle i glywed am hoelion wyth eisteddfodol y Wladfa yn ystod sawl cyfnod.

Mae sawl cyngor a hanesion difyr i'w mwynhau yn y gwaith hwn, yn arbennig os ydy'r darllenydd yn hoff o adrodd. Yn ogystal â hynny, mae'n bosib olrhain i'r presennol bron yr holl gerddi a fu'n gerddi gosod mewn eisteddfodau yn y Wladfa er 1971. Byddai'n anodd dod o hyd i eisteddfod ble nad oedd yr awdures wedi cystadlu ynddi mewn gwirionedd, naill yn unigol, mewn parti cyd-adrodd neu fel rhan o gôr – er, prin iawn fuasai hynny, gan ei bod yn datgan nad oes llawer o ddiddordeb ganddi mewn cerddoriaeth.

Tasg hynod anodd ydy penderfynu pa un o'r gweithiau hyn yw'r gorau; felly, ar ba sail y gellir dod i benderfyniad? Mewn oes fodern ddigidol ble mae'r pellteroedd yn agosáu a'r tir diarth yn troi'n gyfarwydd, mae dal yn bosib hel atgofion a'u troi nhw'n berthnasol heddiw. Efallai mai hynny oedd sail y penderfyniad.

Er ei bod hi'n bleser pur darllen atgofion *Un o'r Criw* ynglŷn â'i brofiad o gystadlu ac ennill yn Eisteddfod y Plant 1949, cafwyd llawer o hanesion cefndir plentyndod yr awdur yn yr Andes ar yr un pryd. Er mor werthfawr a diddorol oedd yr hanes cefndirol hwn, mae sylw'r darllenydd wedi'i dalfyrru mewn gwirionedd wrth inni golli golwg ar y profiad eisteddfodol. Er mawr boddhad y darllenwyr, mae'n waith diddorol a gwerthfawr yn hanesyddol a byddai'n wych pe bai'r gwaith yn cael ei gadw a'i fwynhau er budd cenedlaethau'r dyfodol. Dyma gofnod penigamp o hanes cymdeithasol a phrofiadau'r unigolyn yn ystod hanner cyntaf yr ugeinfed ganrif yn y Wladfa.

Felly, mae'n braf cyhoeddi bod *Môr Iwerydd* yn llawn haeddu'r wobr gyntaf yn y gystadleuaeth hon. Mae'n disgrifio holl brofiadau cystadlu eisteddfodol yn grefftus iawn ac yn amlygu'r holl ymdrech a'r paratoi sydd ei angen gan y teuluoedd a'r unigolion. Mae'n ddarlun byw a defnyddiol iawn hefyd ar gyfer y rhai hynny sydd ddim yn deall beth yw eisteddfod mewn gwirionedd a'r hyn sydd ei angen er mwyn mwynhau'r traddodiad anhygoel hwn.

Llongyfarchiadau mawr i *Môr Iwerydd*.

Adran
Theatr

Y Fedal Ddrama

er cof am Urien ac Eiryth Wiliam

Cyfansoddi drama lwyfan heb unrhyw gyfyngiad o ran hyd. Gwobrwyir y ddrama sydd yn dangos yr addewid mwyaf ac sydd â photensial i'w datblygu ymhellach o gael cydweithio gyda chwmni proffesiynol

....

BEIRNIADAETH MARED SWAIN, GEINOR STYLES, RICHARD LYNCH

Yn dilyn trafodaethau a gafwyd ar ôl cwblhau'r broses o feirniadu cystadleuaeth y Fedal Ddrama, daethpwyd i'r penderfyniad bod yn rhaid atal y gystadleuaeth eleni. Bydd yr Eisteddfod yn adolygu prosesau a gweithdrefnau cystadlaethau cyfansoddi yn sgil y penderfyniad hwn.

Gwobr Goffa Meic Povey i ddramodwyr o dan 25 oed
Cyfansoddi drama fer wreiddiol neu addasiad yn seiliedig ar ddarn o lenyddiaeth

TRÎT

Cymeriadau: Lwsi, merch ifanc, 21 oed o orllewin Cymru

Golygfa 1

Ystafell wely merch tua 12 oed, yn cynnwys gwely sengl wedi ei wisgo â dillad gwely plentynnaidd, cabinet bach wrth ochr y gwely, drych, desg a chadair. Mae'r ystafell hefyd yn cynnwys hen deganau, a chloc a thystysgrifau ysgol ar y wal. Clywir sŵn cyfogi gefn llwyfan. Eiliadau yn ddiweddarach, dechreua Lwsi gerdded o gyfeiriad y tŷ bach i'r llwyfan dros sŵn fflysio'r toiled.

Lwsi: (*Yn dweud wrth sychu ei cheg â'i llawes*) 'Nele fe les i ti ...' 'na be wedodd Mam.

Ond o'n i'n difaru mynd yn syth pan weles i'r holl dorf fel gwybed yn y cyntedd. Ofer o'dd treial cwato tu ôl 'ngwallt. O'n i jyst mor falch mai Mam-gu o'dd 'da fi! Ro'dd 'stumio gwên a nodio i bob 'Shwmae ... Haia, ti'n iawn?' yn rhwyddach gyda hi yn gorfod neud e 'da fi – y ddwy o'n ni wedi dechre arfer erbyn hyn.

Aros am ein tocynne o'n i, pan droiodd Edwina Ty'n-wern i'n wynebu ni.

'Wel, shwt y'ch chi'ch dwy?' – y ddwy o'n ni'n gorfodi gwên.

(*Saib*)

'Mae hi'n fisi 'ma!' – y ddwy o'n ni'n dechre nodio.

(*Saib*)

'Wyt ti, Lwsi, yn canu yn y gyngerdd heno te?' – y ddwy o'n ni'n edrych yn llyged y llall am ateb.

(*Saib*)

Nes i ddim weud celwydd ... nes i jyst ddim ei chywiro hi. Haws o'dd gadel iddi feddwl bod fi 'mond 'ma yn watsio, achos bod fi'n 'rhy fisi yn gweitho lawr yn Gyrdydd i allu dod yn ôl i'r ymarferion!' – na gorfod egluro iddi bod fi wedi bod yn styc, nôl gitre ... rhwng y peder wal 'ma ... (*yn gafael mewn tedi*) gyda pha bynnag enw roies i ar hwn ... ers pum mis!

Wedyn dales i lyged Linda. Shit! Troies i 'mhen yn gloi i'r cyfeiriad arall, a chadw 'mhen i lawr. Nag e ei mab hi sy'n caru 'da Ffion, sy'n gweitho yn HR yn y swyddfa? Bydd pawb ... y bòs ... a'r cyfreithwyr i gyd yn gwbod nawr bo' fi wedi bod mas o'r tŷ ... a finne ddim hyd yn oed nôl yn gwaith! Ma' nhw gyd siŵr o fod yn meddwl bo' fi'n neud y cwbl lot lan beth bynnag, achos wel, sdim dal yr un diagnosis call gyda fi i allu egluro'n hunan, os e?

Prawf gwaed ar ôl prawf gwaed. Yr un hen ddrws yn cau fel clatsien yn 'y wyneb i, 'There's nothing medically wrong with you, I'm afraid you are just depressed.' Derbyn pecyn arall *o tictacs* wedyn fel trît i godi 'nghalon! Ond dyw rhoi dos yn uwch i fi bob tro ddim yn sorto'r broblem – ma'n gwmws fel rhoi mwy o ddiesel mewn car petrol a disgwl i hwnnw danio – achos dim iselder sydd arna i! Wel, o leia do'dd dim, beth bynnag!

Fel ma' Dad yn cadw dweud, o'n i ddim fel hyn flwyddyn yn ôl ... (*yn dweud wrth gyffwrdd â'i chlust*) yn treial cau pen y piffgwns yn 'y nghlustie i â Paracetamols bob dwy awr ... yn gorfod troi at alwyni o goffi i 'nghadw i mas o'r gwely bob bore a phrynhawn ... a do'n i'n bendant ddim fel i fi nawr, yn cal 'y mygio bob dydd gan naill ai sgwrs neu sgrin nes bod fi'n gweld dim, ond sêr ar lawr – ddim cyn i fi gal 'y mhigo gyda'r Moderna 'na! Ond sdim un doctor yn dweud DIM BYD am 'ny – dim ond stwffo llythyr, *UNFIT TO WORK* i 'ngheg i!

Diolch byth! Gath Mam-gu a finne ein hachub rhag sgwrs boenus arall, gan ganiad y gloch. (*Yn dweud wrth gerdded*) I mewn â ni i'r awditoriwm ... esgusodwch fi ... pawb yn dechre codi fel Mexican wêf ... diolch ... bron â baglu dros fag rhywun ... gwenu ... diolch ... un, wrth gwrs, yn mynnu bod yn lletchwith a phallu codi ... gorfod gwasgu heibio ei goese ... cyn mynd yn sownd rhwng ei benglinie ... ac o'r diwedd (*yn eistedd ar gadair*) iste. A waw! O'dd hi'n dwym, afiach o dwym! Ro'n ni'n dwy bron â cwcan yn ein seddi, a Mam-gu druan ffaelu stopo cosi. Ond os do fe de ... wrth i'r gole ddiffodd, 'ma Mam-gu yn troi ata i:

'Ma'r hen fferet 'ma yn cal mynd, fi'n weud 'tho ti!'

Ro'dd y ddwy o'n ni yn ein dagre'n chwerthin wrth iddi ei thynnu oddi ar ei phen, a'i stwffo gadw yn ei handbag. O! Ma' cal bod nôl yn ei chwmni hi yn well na'r un *tictac*!

Ond o'dd watsio'r gyngerdd ei hunan yn anoddach nag ro'n i'n feddwl byse fe! Ro'n i jyst yn hiraethu gyment am yr hen fi – am yr un o'dd yn arfer serennu ar y llwyfan ... am yr un o'dd o leia yn gallu codi o'i sedd, heb lewygu wrth neud! O'dd y cyfan yn ormod – yr holl sŵn, y gwenu a'r perfformio. O'dd y blincin piffgwns 'na sy'n styc yn 'y nghlustie i 'di cynhyrfu gyment ro'n nhw nawr yn blydi pigo! Ro'n i ffaelu godde fe ... o'dd 'y mhen i fel peiriant golchi ... o'dd RHAID i fi gymryd rhwbeth.

O'n i wedi ffaelu prynu mwy na dou focs – ro'dd y sguthan 'na yn Spar yn actio fel 'se'n i wedi holi am rownd arall o Tequila wrth y bar a finne'n hongian o'n nhîn.

'Sorry, but we can't serve you anymore!' Blincin nonsens! Ond lwcus, ro'n i'n gwbod bod rhai gyda Mam-gu yn ffrynt ei char ers iddi ddechre ei thriniaeth!

(*Yn codi*) Felly, unweth ddath hi at hanner amser, sleifes i mas i'w nôl nhw, cyn gal yn stopo ...

'Wel Lwsi, ti'n edrych yn dda.'

Ro'n i'n gwbod yn iawn beth o'dd yn mynd trwy'i meddwl hi – Beti-blincin-busnes – bo' fi'n ddigon da i ddod fan hyn heno, ond wedi ffaelu bod yn rhan o'r côr!

'Ti ddim yn edrych fel 'se ti'n sâl o gwbwl!'

(*Yn dweud dan ei hanadl*) Bitch.

O'dd hi wir yn meddwl bo' fi'n ESGUS fod fel taten yn gwely? Beth ddiawl o'dd hi'n disgwl i fi neud, cerdded rownd fel llipryn llwyd heb fêc-up? Bydden i yn edrych y *rhan* wedyn?

(*Yn cywilyddio wrth edrych draw tuag at gyfeiriad y tŷ bach*) Pam ddiawl 'se pobl jyst yn gallu derbyn 'NA!' fel ateb? Fi'n gwbod bod hi'n draddodiad i fynd nôl i'r Black, ond do'n i ddim ise! Dim heno!

'Dere, nele fe les i ti weld ffrindie am hanner awr fach!' medde Mam.

Ond ro'dd gorfod watsio'n (*yn gwneud dyfynodau gyda'i bysedd*) 'ffrindie' yn yfed eu peints, a finne'n magu lemonêd yn neud i fi deimlo hyd yn oed yn fwy *shit*!

'So ti'n yfed, de?'

'Na, ddim heno! Dreifo!' o'n i'n ateb, er mai Mam o'dd yn dreifo – rhwbeth arall ca' i ddim neud mwyach!

'Ond alli di dal gal un fach 'achan!' o'n nhw gyd yn herio fel parots wedyn.

(*Yn codi ei llais*) NA! Galla i ddim jyst gal *un fach* achos fi ar *anti-blincin-depressants* ... o'n i ise gweiddi. Ond yn lle 'ny, stwffes i'n hunan (*yn eistedd ar gadair*) rhwng Mam a Mam-gu ar y bwrdd, a chwato f'ynny nes iddyn nhw orffen eu diodydd. Ond wedyn, os na ddath Helen Becws draw ato ni.

'Co chi, lêdîs! Trît fach i chi, bytwch – ma' digonedd i gal 'ma!' a hwpo plated o gacenne o'n bla'n ni. O'n nhw'n edrych mor felys. O'n i bron â marw ise un. Ond o'n i ffaelu! Fydden i 'di rhoi pownd mla'n 'da 'mond un awch. Finne yn ymdebygu digon i fochdew fel ma' hi – diolch i'r doctor a'i *tictacs*.

'Na, fi'n iawn diolch, fi'n eitha llawn!' atebes i wrth i Mam-gu dreial stwffo'r *brownie* fel awyren o dan 'y nhrwyn. Ond o mai god, odd e'n arogli mor ddiawledig o ffein.

A'th bron hanner awr heibo wedyn, er o'dd e'n teimlo mwy fel oes! Glywes i ddim o hi i ddechre, o'n i ffaelu stopo meddwl am y *brownie* o'm mla'n. Ceridwen Siop o'dd hi.

'O! Ma' dy chwar fach di'n *hero*!' wedodd hi, wrth edrych draw at Leri yn llowcio siots, un ar ôl y llall gyda gweddill y côr wrth y bar. (*Yn dweud wrthi'i hun*) Fues i erioed fel'na, ddim hyd yn oed pan o'n i YN ddeunaw!

'So'i hanner mor gall â ti, yw hi?'

'So'i yn becso dim!' chwarddes inne yn ôl, cyn stwffo'r blincin *brownie* i 'ngheg. A wedyn golles i 'ddi. Ffaeles i stopo'n hunan. Dries i. Dries i fynd yn syth lan i 'ngwely rôl cyrradd gitre. Ond o'n i ffaelu ymladd e ...

Rhwygo pecyn arall o grisps ar agor ...

Stwffo gweddill y bisgedi – hyd yn oed y rhai stêl...

Stop!

Dechre claddu'r potie treiffl yn y ffrij ...

Finne ddim hyd yn oed yn eu lico!

Rhofio'r llwyed ola'...

Crafu, a chrafu'r ymylon ... gwag!

Gweld y cwpwrdd cornel...

Na, paid!

(*Saib*)

Cydio yn y bocs siocled ...

STOP!

(*Saib*)

Teimlo ôl y siocled fel gwaed o amgylch fy wyneb.

Stwffo mwy, a mwy...

Cyn yna dechre tagu yn ddyfnach ac yn ddyfnach ar 'y mys, a threial hwdu'r cyfan yn gawl lawr y tŷ bach ...

(*Yn troi i edrych yn y drych o'i blaen*) Ych! Fi ffaelu hyd yn oed edrych arno'n hunan. Ma' 'mola i, 'y nghoese i, 'y mreichie i gyd mor ... DEW!

Pam i ti 'di neud hyn 'to?

(*Yn dweud wrth bwyntio ati'i hun yn y drych*) Blincin *hwch â ti*!

Ych! Fi'n casáu yn hunan. 'Na 'ny ... (*yn mynd i'w gwely*) sai'n byta DIM fory! DIM BYD!

Mae golau'r llwyfan yn diffodd wrth i Lwsi dynnu'r dillad gwely drosti, a cheisio cysgu.

Golygfa 2

Mae Lwsi ar lawr ei hystafell wely yn stretsio.

Ar ôl talu wthnos gyfan (*yn pwyntio at y gwely*) yn styc yn y gwely wedi'r gyngerdd 'na ... ges i ddiawl o sesiwn heddi! Na! Dim 'da'r un fodca, ond 'da'r *acupuncturist*! 'Se'n i ond yn cal yfed, 'se'n i mas yn dathlu 'fyd, achos o'r diwedd ma' rhywun yn 'y nghredu i ...

O'dd dal mis arall i fynd tan yr apwyntiad gyda'r arbenigwr yn Llunden – finne eisoes 'di gorfod aros hydoedd! Felly, nath ffrind i Mam awgrymu i fi fynd i weld *acupuncturist* yn y cyfamser. O'n i bach yn amheus am fynd ar y dechre, yn enwedig pan sylwes i nad o'dd ei thŷ hi hyd yn oed yn bodoli ar Apple Maps! Ond i fod yn deg, fi wedi bod ati nawr beder gwaith, a fi'n teimlo bo' fi'n cryfhau rhywfaint bob tro – gofies i hyd yn oed siafo y 'nghoese i y tro hyn, finne heb gal digon o reswm i orfod eu cneifio ers cyhyd! Ma'r ffaith bod fi'n gallu gweld hi'n hwpo'r nodwydde dros 'y nghorff i gyd, yn neud e deimlo mwy fel triniaeth feddygol na jyst rwtsh o ddewiniaeth o'n i wedi dychmygu iddo fe fod. A ... WAW! 'Sai'n jocan, nath y nodwydd ola' 'na o'dd gyda hi heddi (*yn pwyntio at fys ei throed*) ym mys 'y nhrod i digwydd bod, wir deimlo fel deffibriwlator yn trydanu drwydda i! A wel, fi'n credu nath e'r tric, achos wel, fi'n teimlo mwy fel fi 'to – iawn, ma'r piffgwns yn dal i bigo yn 'y nghlustie, ond fi o'r diwedd ... yn teimlo fel bod fi nôl ar yr hewl o leia!

O'n i yn teimlo mor dda, teimles i'n hunan yn dechre cerdded, yn bellach na tuag at ddrws y ffrynt y tro 'ma. A wedyn deimles i'r ysfa fwya' sydyn i ise rhannu'n atgyfodiad gyda'r byd. Dechre tecstio – na, ma' hyn yn destun FaceTime! Gwasgu'r botwm gwyrdd am y tro cynta' ers misoedd ...

'LWS!' gwaeddodd y ddwy o ben arall y ffôn.

'O mai god, methu chdi gymaint 'sdi!' medde Nanw wrth gyrlo'i gwallt.

'How's our gorjys girl?' gofynnodd Cez wedyn wrth baentio'i gwefus.

O'dd y ddwy ar fin cal eu hunen yn barod i fynd mas. O'dd e'n galed watsio nhw yn neud eu mêc-yp, o'n i jyst ise bod 'na gyda nhw. Ond o'dd e hefyd mor lysh i weld nhw, a chlywed yr hiraeth amdana i yn eu lleisie. 'Sai'n gwbod beth byse'n i yn neud hebddyn nhw. Ar ôl tair blynedd anodd o dreial ffito mewn gyda'r rhai ar 'y nghwrs i, yn tagu ar lagyr er mwyn treial bod yn rhan o griw, des i o'r diwedd ar eu traws ...

'Ty'd fewn hefo ni!' cynigiodd Nanw – standyrd merched yng nghiw'r toiled ar noson mas! Y tair o'ni fel sardîns wedyn yn y ciwbicl – un yn dal y bagie, a'r llall yn dal y VKs – wrth inni gyd gylchdroi yn ein tro ar y toiled. A wel, tair pledren wag yn ddiweddarach, o'n i wedi ffeindio'n ffrindie! Ma'n od achos dylunio ma'r ddwy yn neud – artist o'n i hefyd wastad wedi ise bod, fi'n cofio pan o'n i'n fach, o'n i yn mynd â 'mhensilie lliw a llyfr lliwio i bob man, ond o'dd mam wastad yn dweud bod angen *gyrfa* arna i ... felly, cyfreithwr o'n i fod wedyn!

O'n i wir yn teimlo fel 'se'n i yn y rhes flan yn Sioe Ffasiwn Llunden, wrth iddyn nhw dreial penderfynu ar beth ddiawl i wisgo!

'O! ffrig be dw i am wisgo? Du, ta gwyn?' holodd Nanw wrth dreial dewis rhwng sgert fach ddu, neu un hir wen yn y drych o'i bla'n.

Gwyn! Ti'n edrych yn lysh, Nan!!

'Ie deffos, *stuns bbs!*' cytunodd Cez, heb hyd yn oed edrych arni.

'Nawr yf!' heriodd hi wedyn wrth bwyntio at y botel Echo Falls rhwng y ffêc tan a'r *tongs* ar y *dressing table*.

Ond troi i dwrio 'to yn y cwpwrdd nath Nanw, gan daflu pob dilledyn yn garped ar hyd y llawr! Felly, gymres i'r cyfle i holi Cez am y diweddara' rhyngddi hi a Twm. Wedodd hi bod pethe yn mynd yn grêt. Ond o'dd hi'n gwbod yn iawn fod 'na reswm arall pam 'mod i'n holi ...

A 'na pryd wedodd hi ... bod hi heb weld B yn dod nôl â'r un ferch gitre 'da fe tra bod hi 'di bod yn aros 'na, bod e jyst 'di bod yn mynd i feddwi yn dwll bob nos Sadwrn yn *afters* rhai o'r drydedd flwyddyn yn lle. Teimles i 'ngwên yn llydan ar 'y wyneb i ... ac yna, lledodd hyd yn oed yn fwy, 'y moche i'n llosgi, pan gofiodd Nanw fod hi wedi'i weld e gyda Twm a gweddill y bois yn Tesco, a bod B yn benodol wedi holi amdana i!

'Mae o deffos dal yn licio chdi 'sdi!'

Shwt ar y ddaear anghofiodd hi weud hyn wrtha i? Ond wedyn, i fod yn deg ... Nanw yw hi! Troi i gonan am ei dêt, Bumble diweddar hi, nath hi wedyn ...

'Ro'n i jyst methu 'sdi! Do'dd o ddim yn cusanu 'run fath â finna!'

'Rhaid bod e rwbeth i neud gyda'r cerrig bedde o ddannedd sy' gyda fe!' cellweirodd Cez, cyn i'r tair o'n i fyrsto ... pisio'n nics job ... mas i werthin!

(Yn troi i eistedd wrth erchwyn y gwely) Fi dal ffaelu credu'r peth ... ma' fe'n meddwl amdana i! Yn becso amdana i! Yw hyn yn meddwl bod e dal yn lico fi ... bod e ise fi? Ond pam 'se fe jyst yn dweud 'ny, yn lle chware gêms o hyd! Un munud odd e'n dweud bod rhaid i ni stopo, bod e'n mynd yn rhy seriys, a'r munud nesa ... byse'n i yn ei wely fe! Ond fel wedodd Nanw, gan fod Twm nawr wedi setlo gyda Cez, falle bod *B* ise neud yr un peth? Wedi'r cyfan ni yn hŷn nawr ... ni wedi gorffen ein dyddie coleg o bonsian a meddwi'n sosials ganol wthnos!

(Yn gorwedd ar y gwely ac yn cicio ei choesau yn yr awyr) AHHHH! O'R BLINCIN DIWEDD! Ma' hi'n teimlo fel Dolig!

Fi jyst ffaelu aros nawr tan alla i fynd lawr i Gyrdydd! Fi'n gwbod bod yr *acupuncturist* 'di dweud wrtha i am gymryd pethe'n ara bach, ond ma' pethe yn wahanol y tro 'ma, sa'i wedi blino fel bydden i fel arfer ... ma' rhaid bod fi'n gwella! Ma' fe fel 'se hi'r *acupuncturist* 'di dod i ben â fflysio'r hen Covid 'na mas ohona i! Do's bosib felly de, bydda i'n iawn erbyn penwthnos Pasg? Jyst am un noson o leia? 'Na i bwmpo'r Paracetamols 'to os fydd rhaid! Wedi'r cyfan, bydda i fwy na thebyg nôl yn gwaith erbyn diwedd y mis fel i fi'n teimlo nawr!

(Yn neidio ar y gwely) Ahhhhhhhh!

(Yn teimlo'n benysgafn, ond yn ei esgeuluso) Fi jyst moyn gweld e ... *(yn dweud wrth gofleidio ei hun)* ise fe i dynnu fi tuag ato ... ei glywed e'n cyfadde cyment ma' fe wedi gweld yn ise i ... cyment ma' fe moyn fi! Ond beth wisga i? Ma' rhaid fi gal rhwbeth sy'n mynd i neud iddo fe awchu amdana i! Ga i pip ar ASOS heno nawr! Reit *(yn dweud wrth ddechrau stretsio ar y llawr)* nôl i dreial neud y *workout* 'ma ... achos ma' rhaid fi edrych mor blincin dda, bydd e jyst ffaelu dweud na!

Mae'r golau yn diffodd gyda Lwsi yn gwthio ei hun i wneud ymarfer corff ar y llawr.

Golygfa 3

Mae Lwsi yn llusgo ei thraed wrth gerdded ar y llwyfan o gyfeiriad y tŷ bach.

(*Yn dweud mewn llais gwanllyd*) Wel o'dd y wâc 'na yn syniad twp, a'r *workout* jyst yn dwpach fyth! Ond o'n i'n meddwl bo' fi'n iawn, ac o'dd e jyst yn teimlo mor blincin grêt i allu neud pethe 'to! (*Yn dechrau colli ei balans*) Ffyc! (*Yn pwyso wrth erchwyn y gwely*) Ma' 'mhen i'n pownado a phowndo … allen i feddwl bo' fi wedi bod yn yfed VKs ers wthnos!

(*Yn eistedd i fyny yn ei gwely*) Wrth gwrs, golles i mas prynhawn 'ma 'to! Tra bo' fi'n pwdru fyn hyn, gath bawb arall fynd mas am gino Sul y Mame. O'n i'n teimlo mor wael am beido mynd, yn enwedig 'da Mam-gu fel ma'i. Er triodd Mam gal fi fynd, o'n i FFAELU – dim mwy nag o'n i'n gallu dri mis yn ôl, adeg ei pharti pen-blwydd, achos wel, o'dd yn nhanc i fel ma' fe nawr, yn hollol blincin wag! 'Sa'i 'di gallu neud dim byd, ond gorwedd yn belen yn y gwely 'ma ers wthnos! Fi'n cal gwaith codi i bisio heb sôn am gal cawod … gwisgo lan … iste yn car – bydde'r dreif 'na yn ddigon i ladd fi, heb sôn am yr holl sŵn … y siarad … a'r chwerthin! Dim ond heddi fi 'di dod ben â chodi, a watsio bach o deledu am y tro cynta, ers tridie! 'Sdim digon o stwffin 'di bod yndda i tan nawr i neud 'ny! Er nes i ddim para'n hir chwaith! Troi Netflix mla'n … pobl ifanc mas yn joio. Dewis ffilm arall … cyfreithwraig mewn sodle yn clip-clopian mewn ffyrm yn Efrog Newydd. Newid 'to … cwpwl yn cwmpo mewn cariad ar ryw gwch … un jyst yn mwynhau coffi mewn caffi … un arall yn paentio … troi'r diawl bant yn gyfan gwbwl!

O! Fi jyst mor rhwystredig! Bob tro fi'n neud un cam mla'n, erbyn y dwrnod wedyn, fi'n mynd tri cam yn ôl! Ma'r blinder jyst yn mynnu dod a bwrw fi fel ton. Fi'n teimlo fel car wedi crasio … reit-off, dechre mwgi job … a sy' dal jyst yn araf losgi! O'n i wir yn meddwl 'se'n i'n well erbyn nawr! (*Yn edrych ar y bocs Celebrations ar y cabinet bach wrth y gwely*) Chware teg, dath Mam-gu â bocs o Celebrations fel trît fach i fi, er fi dylse 'di cal rhwbeth iddi hi! (*Yn edrych i'r gwagle, ac yn oedi rhyw ychydig*) Yn enwedig, os mai hon, falle fydd yr ola …

(*Yn dechrau ymestyn am y bocs Celebrations*) NA! Fi 'di byta mwy na ddylen i yn y dwrnode dwetha 'ma, alla i fyth! Dyw e ddim fel bo' fi'n gallu llosgi unrhyw beth bant yn styc yn y blincin cae sgwâr 'ma, yw e? 'Se'n i ond yn gallu cysgu 'se fe'n rwbeth, o leia wedyn falle 'se'n i'n gallu symud o'r gwely! Fi 'di blino ar flino. Er mai ond gorwedd fi'n neud, ma'n meddwl i'n pallu'n deg â jyst stopo, ma'n gwmws fel y blydi cloc 'na o'm mla'n i, yn mynd rownd a rownd a rownd. Bydda i 'di halio'r diawl oddi ar y wal os na gysga i heno!

Bydd hi'n chwe mis dydd Llun! Bydd Dyfed yn siŵr o ffono i weld shwt i fi – a bydd rhaid fi weud wrtho fe bo' fi dal ddim yn iawn! Beth wedyn? Gorfod gadel? Ele Mam yn blincin benwan! Ond alla i byth â mynd nôl i'r gwaith fel hyn chwaith! Ma'n teimlo fel mai ond ffwdan sydd 'di bod 'da fi o'r dechre – gorfod cymryd ambell i ddwrnod bant fan hyn a fan draw, pan o'n i wir ffaelu jyst iste lan yn gwely, i orfod gweitho o gitre yn unig, i orfod cymryd boreau bant i fynd nôl a mla'n at y doctor, a nawr ... gorfod holi am FWY o amser bant? Ma' nhw gyd siŵr o fod yn meddwl bo' fi'n cymryd y *piss* ... yn dal i fyw fel blincin stiwdent diog. Ond, do'n i ddim yn un o rheiny hyd yn oed yn coleg! Ond 'dyn nhw ddim yn gwbod 'ny ... 'sa'i hyd yn oed 'di gal cyfle i brofi'n hunan to!

(*Yn gweddïo*) Plis! Plis! Plis! Do's bosib, unweth ga i sens 'da'r arbenigwr preifat 'ma, ga i dabledi ne drip ne rwbeth i glyrio'r diawl 'ma mas ohona i, a fydda i bendant nôl yn gwaith wedyn, fydda i?

A falle galla i hyd yn oed fynd nôl lawr i Gyrdydd at y merched ... ato Bledd!

(*Yn dweud wrth orwedd*) Yw e 'di bod yn meddwl mwy amdana i?

Mae'r golau yn diffodd gyda Lwsi yn gorwedd yn ei gwely.

Golygfa 4
Mae Lwsi yn llefain yn ei gwely wrth iddi edrych ar ei ffôn.

NAAAA! PAM? (*Yn teimlo'n benysgafn*) Dyw hyn ddim yn ffycin deg! Ma' godde watsio Snapchats pawb mas yn Clwb Ifor ar noson arferol yn ddigon caled, wedyn colli'r Chwe Gwlad ar ôl gorfod symud gitre, a nawr Gŵyl Banc y Pasg! Ond, ma' hyn jyst yn ffycin jôc. (*Yn dweud wrth edrych ar sgrin ei ffôn*) Ma' ei afel e mor dyner amdani ... ei lyged e fel sêr – a finne yn meddwl mai ond fi o'dd yn neud iddyn nhw ddisgleirio fel'na. (*Yn parhau i syllu ar ei ffôn*) Na. (*Yn codi ei llais*) NA! Teimlo ei wefuse fe fel bwyell drw 'nghalon, wrth iddyn nhw gwrdd mor berffeth ar ei rhai hi.

(*Yn gweiddi wrth daflu ei ffôn ar y gwely*) FFYC SÊC! Fi 'di bod mor blincin naïf! Ma' fe gyd yn neud sens nawr. Dim draw yn meddwi 'da'r drydedd flwyddyn ma' fe 'di bod yn neud, ond yn blincin CYSGU 'da un! Fi mor ffycin pathetic ... yn meddwl bod e ise bod 'da fi, ond bod e jyst ddim yn barod! Ond pam bod e'n neud hyn 'to? Yn chware 'da teimlade hon fel nath e 'da fi, os nagyw e yn barod am ddim byd seriys?

Ond wedyn ... nath e erioed gafel yndda i fel ma'n cydio ynddi hi! O mai god. Pam i fi 'di bod mor ffycin dwp? Dim blincin perthynas o'dd y broblem ... ond FI! Ddim ise *fi* o'dd e! FFYC SÊC! (*Yn taflu'r gobennydd yn ei thymer, ac yn colli ei balans ar ôl gwneud*) Ond pam? Pam hi ... a dim fi? I fi ddim yn ddigon tene? Yn ddigon pert? Yn ddigon da? Neu ife achos mai *fi* yw fi?

O'n i wir yn meddwl DIM iddo fe? A finne 'di aberthu popeth yn ystod y misoedd dwetha 'ma er mwyn treial gwella, fel bo' fi'n gallu mynd nôl i Gyrdydd ... ato fe ... at y merched. Ond 'sneb hyd yn oed ise fi 'na! 'Sdim un ohonyn nhw yn gweld yn ise i! Beth yw'r blincin pwynt treial gwella? Ma'r *bitch* 'na 'di dwyn e, a ma'r Saesnes 'na goffes i gal i lanw'n 'stafell i ... nawr 'di llanw'n sgidie i 'fyd (*yn pwyntio at ei ffôn*) o'r ffordd ma' nhw gyd yn danso ar y dans fflôr 'da'i gilydd!

Dim bod lot o obeth arna i yn gwella! Fi dal ddim callach ar ôl bod at yr arbenigwr 'na ddydd Iau – yr un hen ffycin gân ...

'You're overdoing it ... you're burnt out ... you're just depressed!'

Esgus ... esgus ... esgus! Felly, ai fel hyn ma' hi'n mynd i fod? Boddi am BYTH yn 'y mlinder! (*Yn teimlo'n benysgafn*) 'Y mhen i naill ai ar dân neu yn chwyrlïo nes 'mod i'n gweld dim ond sêr ar lawr ... (*sŵn curiad yn y cefndir*) 'y nghalon i'n pwnio a (*sŵn curiad uwch yn y cefndir*) phwnio yn 'y nghlustie ... Dad yn cal cathod bach yn 'y ngadel i ar ben yn hunan, yn troi'n foel am fod e ffaelu ffeindio neb i ngwella ... Ler yn dewis osgoi bob eiliad yn 'y nghwmni ... a wedyn nithwr, clywed Mam yn llefen wrth i Dad erfyn arni hi i fynd i weld doctor. A ma' hyn i gyd, yn amlwg o'n hachos i!

(*Yn llefain yn rhwystredig*) Ond PAM? Beth i fi 'di neud i haeddu hyn?

(*Mae Lwsi yn gafael yn y bocs Celebrations ar y cabinet bach wrth y gwely*)

Ai 'ma 'nghosb i am fynd i siopa yn ystod y Cyfnod Clo heb fenyg, neu am lyncu propaganda'r brechlyn er mwyn gal peint 'da'r merched yn y dafarn?

(*Sŵn curiad*)

(*Yn rhwygo'r bocs Celebrations ar agor*) Neu ai 'ma beth fi'n cal am dreial llosgi pwyse ar stumog gwag, am golli cwsg yn perffeithio pob cymal o'n nhraethode fesul cwpaned, am bwsio'n hunan i ymarferion côr a'r Urdd, i wedyn wirfoddoli yn y banc bwyd pan o'n i gors yr annwyd?

(*Sŵn curiad*)

(*Yn gafael yn un o'r siocledi*) Ife 'ma beth fi'n cal am flynydde o jyst treial cadw pawb yn blês?

'Se'n i ond 'di gallu jyst dweud 'NA!'

(*Sŵn curiad*)

(*Yn dweud wrth lefain*) Na, i bopeth! I bobl ...i Bleddyn ... i Mam a'r cwrs Gyfraith, falle 'se'n i ddim yn y blydi twll 'ma ...

(*Yn tynnu'r gorchudd papur oddi ar y siocled*) Ond beth i fi fod i 'neud? Alla i ddim yn union cal y brechlyn mas ohona i?

Alla i ddim jyst dechre 'to ... ma'n rhy blincin hwyr! Fi 'di lladd yn hunan dros y blynydde am y bywyd 'ma. 'Ma pwy i fi nawr!

(*Mae Lwsi yn gwingo mewn poen wrth i sŵn y curiad gynyddu yn ei chlustiau*)

Cyfreithwraig – 'na beth ma' pawb yn disgwl i fi neud! Alla i ddim jyst mynd i neud rhwbeth arall, bydde pawb yn meddwl bo' fi 'di ffaelu mewn bywyd ... bo' fi 'di rhoi lan, bo' fi ddim yn ddigon da ...

(*Sylla Lwsi ar y siocled yn ei llaw, cyn ei daflu*)

(*Yn codi ei llais*) Ond beth yw'r pwynt treial gwella er mwyn mynd yn ôl i orfod byw breuddwyd rhywun arall?

(*Sŵn curiad*)

Bydd rhywun arall yn siŵr o lenwi'n swydd i, finne wedi gweitho mor galed i gal e ...

(*Yn dweud wrth lefain*) Colli gwylie am lond CV o A* yn ysgol, i aberthu'r holl nosweithu mas 'na am radd dosbarth cynta' yn coleg.

(*Dechreua Lwsi lefain yn afreolus*)

Ond gathon nhw byth y cyfle i ddod i nabod y Lwsi 'ny!

(Sŵn curiad)

Mae *hi* wedi mynd!

(Edrycha Lwsi i'r gwagle, gan oedi rhyw ychydig wrth iddi feddwl)
A dyw hi ddim yn dod nôl, yw hi?

Nadi.

(Yn ysgwyd ei phen) Na.

(Mae Lwsi yn gafael yn ei bocs tabledi)

'Ma 'mywyd i ...

(Rhwyga'r bocs tabledi ar agor)

Fi 'di colli ...

(Sŵn curiad)

(Yn gwthio tabled trwy'r ffoil) Popeth.

(Sŵn curiad yn uwch)

(Yn gwthio tabled arall trwy'r ffoil) Popeth!

(Mae'r curiadau yn cyflymu, ac yn cynyddu yn uwch wrth i Lwsi wthio gweddill y tabledi trwy'r ffoil)

(Yn gweiddi) POPETH!

(Mae'r curiadau yn dechrau arafu a thawelu wrth i Lwsi edrych ar y tabledi i gyd yng nghledr ei llaw)

Trît – i godi 'nghalon ...

(Mae'r golau yn diffodd wrth i Lwsi stwffio'r tabledi i'w cheg)

Diwedd

Mari-Ann

BEIRNIADAETH RHIAN STAPLES

Trist oedd gweld taw dim ond un wnaeth ymgeisio yn y gystadleuaeth hon. Er hynny, roedd y gwaith o safon ganmoladwy. Gobeithio y bydd ysgolion a phrifysgolion yn annog eu myfyrwyr i ymgeisio o hyn ymlaen – er mwyn hybu dramodwyr ifanc Cymru.

Mari-Ann: Dyma ddramodydd ifanc sydd â gafael dda ar dechnegau llwyfannu. Y mae'r cyfarwyddiadau llwyfan agoriadol yn awgrymu ein bod ar fin gweld merch sydd wedi profi llwyddiant yn ifanc ond sydd bellach yn boddi ym mhryderon ei hugeiniau:

> *Ystafell wely, merch tua 12 oed – yn cynnwys gwely sengl wedi ei wisgo â dillad gwely plentynnaidd, cabinet bach wrth ochr y gwely, drych, desg a chadair. Mae'r ystafell hefyd yn cynnwys hen deganau, a chloc a thystysgrifau ysgol ar y wal.*

Monolog hir a geir yma yn olrhain dirywiad merch ifanc sy'n dioddef o iselder ac effeithiau brechiad Moderna. Ar ddechrau'r ddrama fe'i clywn yn chwydu yn y toiled a daw i'r llwyfan i sŵn fflysio'r toiled. Mae awgrymiadau cryf, gydol y ddrama, ei bod hefyd yn dioddef o fwlimia. Efallai y dylid bod wedi dewis un o'r cyflyrau hyn, gan fod y Moderna yn dueddol o fynd ar goll wrth i'r ddrama ddatblygu.

Yn yr olygfa gynnil gyntaf mae'n ein tywys trwy hanes ei mam-gu a hithau yn mynd i gyngerdd lleol. Mae awgrym fod y fam-gu yn sâl iawn. Er bod hanes y fam-gu wedi ei drin yn sensitif, efallai bod gormod o broblemau gan yr un cymeriad o fewn hualau drama fer.

Y mae'r dramodydd yn hoff o eiriau ac fe geir eiliadau hyfryd o ddeialog coeth yn y ddrama megis 'teimlo ôl y siocled fel gwaed o amgylch fy wyneb': brawddeg gref, sy'n dangos cyflwr meddwl y cymeriad yn glir i'r gynulleidfa. Y mae'r olygfa ble cawn sgwrs rhyngddi hi a'i hen ffrindiau coleg yn slic a doniol a braf yw cael newid cywair yn yr olygfa hon. Gresyn na chafwyd cyfarwyddiadau llwyfan mwy gweledol i gyd-fynd â'r olygfa hon, gan fod tueddiad i'r golygfeydd fod yn rhy debyg o ran naws ac yn rhy adroddgar ar adegau. I sicrhau bod y fonolog yn cynnal diddordeb y gynulleidfa mae angen meddwl am newid y tempo, addasu curiad mewnol y cymeriad, a defnyddio technegau llwyfannu amrywiol a fydd o gymorth i'r actor gynnal y darn. Teimla'r ddrama, ar adegau, fel drama radio a gresyn na feddyliwyd mwy am yr elfennau gweledol – yn enwedig gan fod defnydd o FaceTime a chymeriadau diddorol yn y ddrama.

Yn unol â'r teitl, chwaraeir ar fotiff y 'trît' yn gelfydd gydol y ddrama: teisennau yn y cyngerdd ar ddechrau'r ddrama, anrheg fach gan y fam-gu yng nghanol y ddrama ac yna trît tra gwahanol yn yr olygfa olaf wrth i'r cymeriad ddal llond dwrn o dabledi yn ei llaw. Er bod y daith – o ddod i adnabod y cymeriad i'r dirywiad hwn ar ddiwedd y ddrama – yn un cyflym, mae yma gymeriadu credadwy. Mae'r ddeialog yn slic a chynnil ac mae deunydd dramodydd da yma – dramodydd sydd yn llwyr haeddu'r wobr gyntaf. Dalier ati i ysgrifennu.

Gwobr Goffa Gethin Thomas
Cyfansoddi sgript gomedi i hyd at chwe chymeriad, heb fod yn hwy na 30 munud. Bydd y sgript fuddugol, neu unrhyw sgript sy'n dangos addewid, yn cael ei hanfon ymlaen at y diwydiannau creadigol

....

RHEDEG Y SIOE

Cast
Y GOLYGYDD
PAUL
YR HEN LAW
Y NEGESYDD/Y PRIF WESTAI
YR YMCHWILYDD
Y LLYWODRAETHWR

Codi'r golau. Rydyn ni yn swyddfa'r GOLYGYDD. PAUL yn dod i mewn, yn edrych yn ofidus.

Y GOLYGYDD: Beth sy'n bod?

PAUL: (*yn edrych ar y llawr*) Ma'n ddrwg 'da fi.

Y GOLYGYDD: Am beth?

PAUL: Ga's seren y sioe ddamwen neithiwr.

Y GOLYGYDD: Do fe? Beth ddigwyddodd?

PAUL: (*yn codi ei ben*) Blew ei llyged hi wedi llosgi.

Y GOLYGYDD: Dim ots, mae problem gyda ni ... a dim llawer o amser. Dw i'n gwybod dy fod ti'n barod i wynebu'r her.

PAUL: Yn barod, bodlon ac abal.

Y GOLYGYDD: Da iawn. Ti sy'n cynhyrchu'r rhaglen gylchgrawn.

PAUL: (*ei lygaid yn llydan agored*) Beth alla i weud?

Y GOLYGYDD: Mewn tri diwrnod. Iawn?

PAUL: (*yn delwi*) Diolch. Ga i ofyn ...?

Y GOLYGYDD: Unrhywbeth.

PAUL: Beth ddigwyddodd i'r cynhyrchydd?

Y GOLYGYDD: Trist iawn, wedi ein gadael ni. (*Saib*) Gei di fynd nawr.

PAUL yn cyrraedd y drws.

Y GOLYGYDD: Dw i'n siŵr dy fod ti wedi cynhyrchu o'r blaen.

PAUL: (*yn gwenu*) Dwy flynedd nôl.

Y GOLYGYDD: Dw i'n cofio ... dim ond un rhaglen. Pam?

PAUL: Doedd hi ... ddim yn boblogedd iawn.

Y GOLYGYDD: Dadleuol?

PAUL: Fel wedoch chi, sdim lot o amser.

PAUL yn gadael. Y GOLYGYDD yn mynd i'r cwpwrdd diod, yn yfed llond gwydraid o wisgi.

Tywyllwch am ychydig o eiliadau. Codi'r golau. Rydyn ni mewn coridor. PAUL yn cyflwyno ei hun, yn estyn ei law. YR HEN LAW yn ei anwybyddu.

PAUL: Wy'n gobitho y gallwn ni ... gydweithio er ma' 'da fi lot i' ddysgu. Ti'n olreit?

YR HEN LAW: Dw i wedi bod yn neud y gwaith ers, wel, pum mlynedd o leia. (*Saib*) Oedd 'na gyfweliad?

PAUL: (*yn gwenu*) Y Golygydd yn gorfod neud penderfyniad sydyn.

YR HEN LAW: Mae hwn yn drewi. Wyt ti'n perthyn i rywun?

PAUL: Ma' pawb yn perthyn i rywun.

YR HEN LAW: Hynny yw, i un o'r penaethiaid?

PAUL: Beth am goffi?

YR HEN LAW: Gaf fi un nes ymlaen. Wel?

PAUL: Oce, wy'n briod â merch y Rheolwr. Wy'n gwbod dy fod ti'n grac ond wy'n siŵr taw teilyngdod oedd y ffactor mwya.

YR HEN LAW yn cerdded i ffwrdd.

Tywyllwch am ychydig o eiliadau. Codi'r golau. Rydyn ni yn swyddfa'r GOLYGYDD. Daw'r YMCHWILYDD i mewn, yn edrych i lawr arno.

Y GOLYGYDD: Ga i helpu?

YR YMCHWILYDD: Ddim yn siŵr. Dw i ddim eisiau gwastraffu dy amser.

Y GOLYGYDD: Fydde hynny byth yn digwydd. Ti'n gwybod hynny.

Hi'n sefyll yn syth, yn edrych i fyw ei lygaid.

YR YMCHWILYDD: Ydy 'ngwaith i'n dderbyniol?

(Y GOLYGYDD yn nodio)

YR YMCHWILYDD: Dw i ddim yn siŵr wyt ti'n gwerthfawrogi 'ngwaith i.

Fe'n gofyn iddi eistedd. Hi ddim yn eistedd.

YR YMCHWILYDD: Yn y bôn ... dw i eisiau dyrchafiad.

Y GOLYGYDD: *(yn pwyso ymlaen)* Digon teg ond nid fi sy'n penderfynu.

YR YMCHWILYDD: Ond fe elli di ddweud gair o 'mhlaid i.

Y GOLYGYDD: *(yn codi)* Gaf i weld beth alla i neud. *(Yn edrych ar ei watsh)* Grynda, mae gen i gyfarfod pwysig mewn dwy funud.

YR YMCHWILYDD: Dw i eisiau addewid. Nawr.

Fe'n codi ei ysgwyddau. Hi'n cydio mewn darn o bapur ar ei ddesg.

Y GOLYGYDD: Hei, syniad yw hwnna ar gyfer cyfres newydd.

Hi'n gwasgu'r papur yn belen, yn gwenu arno.

YR YMCHWILYDD: Dyw llinell ddim yn ddigon.

Y GOLYGYDD yn plethu ei freichiau.

Tywyllwch am ychydig o eiliadau. Codi'r golau. Rydyn ni mewn coridor.

Y NEGESYDD: *(yn estyn amlen yn frwdfrydig)* Llythyr i'r rhaglen.

YR YMCHWILYDD: *(yn edrych ar yr amlen)* Mae'r cynhyrchydd yn Stiwdio 1.

Y NEGESYDD: Wy'n casáu'r jobyn hyn.

Y NEGESYDD yn pwdu, yn cerdded i ffwrdd.

Tywyllwch am ychydig o eiliadau. Codi'r golau. Rydyn ni yn swyddfa'r GOLYGYDD. Cnoc ar y drws a daw PAUL i mewn.

Y GOLYGYDD: Ti'n cael hwyl?

PAUL: *(yn cyffwrdd â'i wddf)* Wrth gwrs.

Y GOLYGYDD: Da iawn, roeddwn i'n gwybod y gallwn i ymddiried ynddot ti. *(Saib)* Mae problem fach wedi codi.

PAUL yn eistedd.

Y GOLYGYDD: Dim angen poeni'n ormodol.

PAUL: Wy'n falch i glywed.

Y GOLYGYDD: Mae'r ffigyrau gwylio'n gostwng. Os byddan nhw'n mynd yn llai, fydd y rhaglen yn dod i ben.

PAUL yn chwerthin yn nerfus.

Y GOLYGYDD: Dyw hyn ddim yn destun sbort.

PAUL: Wyt ti'n gallu rhoi cyngor am gynnwys y rhaglen?

Y GOLYGYDD: (*yn dodi ei feiro i lawr*) A bod yn onest, dw i wedi bod yn crafu 'mhen ers wythnosau ond does neb yn gwrando.

PAUL: Tipyn o ben tost, siŵr o fod.

Y GOLYGYDD: Ac mae hyn yn f'atgoffa i. Gofala am dy iechyd, Paul. Ti ddim eisiau bod fel Iestyn.

PAUL: Pwy?

Y GOLYGYDD: Y cynhyrchydd blaenorol. Roedd yn arfer cael pyliau, yn anghofio pethau.

PAUL yn meddwl yn ddwys.

Y GOLYGYDD: Ti'n iawn? Beth dw i newydd ddweud?

PAUL: (*yn cnoi ei wefus*) Wy'n goffod mynd. Newydd gofio rhywbeth.

PAUL yn gadael. Y GOLYGYDD yn crafu ei ben.

Newid y golau. Rydyn ni mewn stafell gyfarfod.

PAUL: (*yn gwenu'n ffug*) Croeso i bawb. Yn gynta, ga i weud mod i'n falch fod y tywydd yn gwella.

YR YMCHWILYDD yn edrych ar ei watsh.

PAUL: Wel, ie ... ma'n fraint mod i'n cynhyrchu'r rhaglen hon.

YR HEN LAW: (*yn peswch*) Allwn ni gadw at yr agenda?

PAUL yn edrych yn grac. Daw'r NEGESYDD i mewn.

Y NEGESYDD: Ma'r Sguthan ar ei ffordd. Wedi llogi'r stafell o dri mla'n.

PAUL: Ond ... wy ynghanol cyfarfod.

Y NEGESYDD: Y Sguthan yw'r Sguthan.

YR HEN LAW: Pryd wnest ti logi'r stafell?

PAUL: Prynhawn ddo', wy'n credu.

YR HEN LAW: Edrychest ti ar yr amserlen?

PAUL: Do ... naddo.

Y NEGESYDD: Bydd yn garcus ... neu bydd hi'n ffono'r adran ddiogelwch.

Y NEGESYDD yn gadael. YR YMCHWILYDD yn ei ddilyn.

PAUL: Ble ma'r ymchwilydd yn mynd?

YR HEN LAW yn codi ei ysgwyddau

YR HEN LAW: Well i ni fynd.

PAUL: Pwy halodd yr agenda?

YR HEN LAW: Ti.

PAUL: Wy ddim yn hoffi dy agwedd di.

YR HEN LAW: O, beth sy'n bod?

PAUL: Ti'n trial ... tanseilio 'yn awdurdod i.

YR HEN LAW: (*yn chwifio ei law*) Ti'n paranoid.

PAUL: Wy'n twmlo bod rhywbeth ar goll.

YR HEN LAW: Ti'n iawn. Gwyrth.

Tywyllwch am ychydig o eiliadau. Codi'r golau. Rydyn ni mewn coridor. YR YMCHWILYDD yn stopio'r GOLYGYDD.

Y GOLYGYDD: Dw i ar y ffordd i gyfarfod pwysig.

YR YMCHWILYDD: Yr un esgus bob tro. (*Saib*) Popeth yn iawn ar gyfer heno?

Y GOLYGYDD: Heno?

YR YMCHWILYDD: Ti'n cofio? Fe gwrddon ni flwyddyn yn ôl ... ti wedi addo syrpréis.

Y GOLYGYDD: (*yn ddryslyd*) Ond ... rhaglen fawr ar y gweill ... ceisio helpu cynhyrchydd dibrofiad.

YR YMCHWILYDD: Ddim yn ddigon da.

Y GOLYGYDD: Atgoffa fi nes ymlaen.

Hi'n gadael ar frys, yn grac.

Y GOLYGYDD: Dim ond jocan.

YR YMCHWILYDD: (*yn troi*) Shwd elli di jocan am hyn?

Y GOLYGYDD: I gadw'n gall ... sorri?

Tywyllwch am ychydig o eiliadau. Codi'r golau. Rydyn ni mewn stafell olygu. PAUL a'r HEN LAW newydd wylio tâp.

PAUL: Beth ti'n meddwl? Wy'n falch iawn o'r cyfweliad.

YR HEN LAW: (*yn siglo ei ben*) Allwn ni ddim darlledu'r eitem.

PAUL: (*yn codi ei lais*) Pam? Ti'n sylweddoli faint o berswâd oedd angen cyn y cyfweliad?

YR HEN LAW: Mae'r rhaglen am saith ... ar gyfer y teulu.

PAUL: (*yn chwifio ei freichiau*) Alla i ddim credu hyn. Beth bynnag, fi yw'r bòs.

YR HEN LAW: (*yn codi*) Ti'n amhosib, ddim yn cyfadde dy fod ti ar fai.

Daw'r GOLYGYDD i mewn.

Y GOLYGYDD: Da iawn, does dim byd fel trafodaeth adeiladol.

PAUL a'r HEN LAW yn edrych yn syn ar ei gilydd.

Y GOLYGYDD: (*yn wên o glust i glust*) Newyddion da, fydd y rhaglen yn fyw. (*Yn troi at PAUL*) Fyddi di'n iawn?

PAUL yn amneidio'n araf. Y GOLYGYDD yn troi ei gefn a gadael. PAUL yn gwneud ystum gweddïo. YR HEN LAW yn siglo ei ben.

Tywyllwch am ychydig o eiliadau. Codi'r golau. Rydyn ni mewn coridor.

Y NEGESYDD: (*yn dal llythyr*) Wedoch chi fod y cynhyrchydd yn Stiwdio 1.

YR YMCHWILYDD (*yn edrych ar ei watsh*) Erbyn hyn, mae e yn y clwb.

Y NEGESYDD: (*yn tynnu ei sbectol*) Ma' hwn fel whilo am gysgod.

YR YMCHWILYDD: (*yn gwenu*) Wel, ma' ochor dywyll iddo fe.

Tywyllwch am ychydig o eiliadau. Codi'r golau. Rydyn ni yn swyddfa'r GOLYGYDD.

Y GOLYGYDD: (*ar y ffôn*) Gyda phob parch, dw i'n gwybod ... mae hwn yn benderfyniad mawr ... mae'n ddrwg gen i.

Rhywun yn cnocio'n gyflym. Daw'r YMCHWILYDD i mewn â golwg benderfynol.

Y GOLYGYDD: (*ar y ffôn*) Esgusodwch fi. (*Wrth YR YMCHWILYDD*) Ydy hyn yn bwysig? (*Hi'n nodio*)

Y GOLYGYDD: (*ar y ffôn*) Ga i ffonio chi nôl? Un funud. (*Yn dodi ei ben yn ei ddwylo*) Ie?

YR YMCHWILYDD: (*yn dodi ei dwylo ar ei ddesg*) Dw i ishe gwybod ble dw i'n sefyll.

Y GOLYGYDD: O flaen fy nesg i. (*Yn codi ei ben*) Dyw hwn ddim yn amser cyfleus.

YR YMCHWILYDD: Pryd ma' amser cyfleus?

Y GOLYGYDD: Anghofia beth wedes i. (*Yn pwyso nôl yn ei gadair*) Dw i'n deall.

274

YR YMCHWILYDD: Y broblem yw ti *ddim* yn deall.

Y GOLYGYDD: (*yn pwyso ymlaen ac yn codi ei lais*) Ti'n ddall, fenyw? Dw i yng nghanol cyfarfod pwysig.

YR YMCHWILYDD: Dw i'n gwybod dy fod ti'n grac ond mae angen mwy o barch. (*Saib*) Ma'r dewis yn syml. Dy wraig neu fi.

Y GOLYGYDD: Ond ...

YR YMCHWILYDD: Am y tro cynta yn dy fywyd, penderfyna, wnei di?

Hi'n gadel. Fe'n agor y cwpwrdd diodydd. Yn siglo'r botel. Mae'n wag.

Y GOLYGYDD: Methu deall, pam na all hi fod yn rhesymol?

Newid y golau. Rydyn ni yn swyddfa PAUL. YR HEN LAW yn dod i mewn. PAUL yn edrych trwy'r ffenest.

YR HEN LAW: Paul? Ti'n iawn?

PAUL: (*yn troi, yn gwenu'n wanllyd*) Ody e'n neud gwahanieth?

YR HEN LAW: Beth?

PAUL: Mynd yn fyw.

YR HEN LAW: (*yn gwenu cyn i'r wên ddiflannu*) Ti'n ... na, ti ddim yn jocan. Gwranda ...

YR YMCHWILYDD yn dod i mewn.

YR YMCHWILYDD: Sorri, ma' angen cyfarfod brys.

YR HEN LAW: Problem?

YR YMCHWILYDD: Y prif westai newydd dynnu allan.

PAUL: Wnest ti ypseto fe?

YR YMCHWILYDD: (*yn ceisio rheoli ei thymer*) Gyda phob parch, dyw hyn ddim yn helpu.

PAUL: (*yn codi ei freichiau*) Chi gyd yn ddi-glem.

YR HEN LAW: Gan bwyll nawr, Paul. Ni'n gweithio'n galed.

PAUL: Pwy o'dd y prif westai?

YR YMCHWILYDD: Dyn o'r enw Gwynfor Davies.

PAUL: (*yn cerdded o gwmpas*) Yr enw'n gyfarwydd. (*Saib*) Enillydd y Fedal Ryddiaith?

YR YMCHWILYDD yn siglo ei phen.

PAUL: Cyn-gyfarwyddwr addysg?

YR YMCHWILYDD yn siglo ei phen.

PAUL: Pwy 'te? (*Yn clicio ei fysedd*) Wy'n gwbod, yn yr un ysgol â fi. Sylwebydd gwleidyddol. Wy byth yn neud camgymeriad.

YR HEN LAW: (*yn chwerthin*) Ti'n siŵr? (*Saib*) Oeddech chi'n ffrindie?

PAUL: (*yn eistedd tu ôl i'w ddesg*) Eitha agos.

YR HEN LAW: Pam na wnei di ddim ffonio?

PAUL: Rhy hwyr.

YR YMCHWILYDD: Ydy, mae'n hwyr, dim ond diwrnod cyn y rhaglen.

PAUL: (*yn oedi cyn codi'r ffôn*) Pam wedodd e 'na'?

YR YMCHWILYDD: Ei wraig yn dathlu pen-blwydd neu rywbeth.

Daw'r GOLYGYDD i mewn.

Y GOLYGYDD: (*yn frwd*) Newydd gael syniad. Pam na wnewch chi eitem ar ganeuon gwerin Hwngari? Mae Mam newydd brynu cryno-ddisg ac mae hi'n chwarae hi drwy'r amser.

PAUL: Ddim yn siŵr.

Gwep y GOLYGYDD yn cwympo.

YR HEN LAW: Diolch, wnewn ni ystyried.

YR HEN LAW, YR YMCHWILYDD a'r GOLYGYDD yn amgylchynu desg PAUL.

PAUL: (*yn deialu, yn peswch, yn sugno beiro*) Ga i siarad gyda Mr Davies, os gwelwch yn dda? (*Saib*) Helo Gwynfor, braf siarad gyda chi. (*Saib*) Paul sy 'ma, Paul Mears. (*Saib*) Chi'n cofio? Yn yr ysgol? (*Saib*) Na, nid fi wnaeth riportio chi i'r Prifathro. (*Saib*) Gan bwyll. (*Saib*) Wel, roeddech chi wedi dwyn fy mrechdanau i. (*Saib*) Sorri. (*Saib*) Wy'n deall ond dŵr o dan y bont, ife? Y pwynt yw fe garwn i chi fod ar ein rhaglen ni. (*Saib. Yn symud y derbynnydd yn bellach*) Dw i'n gwybod hynny ond wnewch chi ailystyried? (*Saib*) O'r gore, wnewn ni roi ffi deilwng a gwesty posh dros nos. (*Y GOLYGYDD yn awgrymu â'i law nad yw hyn yn bosib*) Dim problem, pump seren. (*PAUL yn osgoi edrychiad y GOLYGYDD*) Plis, Gwynfor, dw i'n erfyn arnat ti fel ffrind. (*Saib. PAUL yn dodi'r ffôn i lawr*) Y pwrsyn!

YR HEN LAW: Wel?

PAUL: Tries i 'ngore.

YR YMCHWILYDD: Ti'n meddwl 'ny?

PAUL: (*wrth Y GOLYGYDD*) Walle byddi di'n derbyn llythyr.

Y GOLYGYDD: Llythyr?

PAUL: Ma' fe'n honni ... mod i wedi ... aflonyddu arno.

YR YMCHWILYDD: (*yn ddiamynedd*) A beth yw'r cam nesa?

PAUL: (*wrth Y GOLYGYDD*) Gofyn i dy fam?

Newid y golau. Rydyn ni yn swyddfa'r rhaglen.

YR HEN LAW: (*ar y ffôn*) Diolch yn fawr. (*Yn dodi'r ffôn i lawr*) Da iawn, y prif westai'n cyrredd unrhyw funud. Llongyfarchiade, Paul, do'n i ddim yn gwybod dy fod ti'n arbenigwr ar wleidyddiaeth ryngwladol.

PAUL: Gwleidyddiaeth oedd 'yn hoff bwnc yn yr ysgol.

YR HEN LAW: Ysgol gyfun, wrth gwrs.

PAUL: Na, y plant yn rhy gas.

YR HEN LAW yn agor ei geg. Daw'r GOLYGYDD i mewn.

Y GOLYGYDD: Da iawn, Paul, ti wedi achub y rhaglen. Hen bryd bod ni'n cael newyddion da. (*Yn codi ei fys bawd*)

Y ffôn yn canu.

YR YMCHWILYDD: (*wrth Y GOLYGYDD*) Galwad.

Y GOLYGYDD: Y Rheolwr?

YR YMCHWILYDD: Na. (*Yn edrych arno'n anghyfforddus*)

Y GOLYGYDD: (*Saib*) Hylo, bach. Shwd wyt ti? (*Saib*) Beth? (*Saib*) Beth ti'n meddwl? (*Saib*) Ddim yn deall. (*Saib*) Wel, byddai mwy o rybudd yn help. Pryd cest ti'r alwad ffôn? (*Saib*) Beth? (*Saib*) A pryd ti'n dod nôl? (*Saib*) Ti ddim yn styried. (*Saib*) Fydda i'n gorfod neud bwyd 'yn hunan (*Saib*) Rwy'n brysur ... yn brysur iawn. (*Saib*) Ti'n gwrando? (*Yn dodi'r ffôn i lawr*)

YR YMCHWILYDD: (*yn hanner gwenu*) Problem?

Y GOLYGYDD: Y wraig yn gorfod mynd i Lerpwl. Cynhadledd ... trafod pwysau gwaith.

PAUL: Esgusodwch fi. Af fi draw i Stiwdio Un i ga'l pip ar y set.

Y GOLYGYDD: Call iawn.

Daw Y PRIF WESTAI i mewn. YR HEN LAW yn ei gyflwyno i'r GOLYGYDD a'r YMCHWILYDD.

YR HEN LAW: Beth am ragymarfer?

Y GOLYGYDD: Syniad da. (*Wrth y PRIF WESTAI*) Diolch am ddod. Eisteddwch.

Y PRIF WESTAI: Diolch. (*Yn eistedd*) Gobeithio fydda i ddim yn siomi neb.

Y GOLYGYDD: Fyddwch chi'n iawn. Ymlaciwch.

YR HEN LAW: (*yn eistedd*) Wnethoch chi wylio'r Newyddion bore 'ma?

Y PRIF WESTAI: Byth yn colli'r rhaglen.

YR HEN LAW: A beth yw'ch barn?

Y PRIF WESTAI: Y cyflwynydd newydd yn secsi, os ca i ddweud.

YR HEN LAW: (*yn gwenu'n ffug*) Ond beth am yr argyfwng yn y Dwyrain Canol?

Y PRIF WESTAI: Eitha difrifol.

YR HEN LAW: A beth all ddigwydd nesa?

Y PRIF WESTAI: Wel, a dweud y gwir, dim syniad.

YR HEN LAW: (*yn plygu ymlaen*) Ond ma' barn 'da chi, o's bosib.

Y PRIF WESTAI yn agor ei geg ond ddim yn siarad.

YR HEN LAW: Gyda phob parch, chi yn arbenigwr ar wleidyddiaeth ryngwladol.

Y PRIF WESTAI: (*yn plethu ei freichiau*) Pwy wedodd 'ny?

YR HEN LAW: Ond chi yw David Thomson.

Y PRIF WESTAI: (*yn pwyntio bys*) Fi yw David Thompson, 'p' yn y canol, darlithydd.

YR HEN LAW: Pa bwnc?

Y PRIF WESTAI: Comedi.

YR HEN LAW: (*â'i ben yn isel*) Wela i.

Y PRIF WESTAI: Pam gofyn cwestiyne dwl 'te?

Y GOLYGYDD: Cyt, 'na ddigon.

Y PRIF WESTAI: Sorri.

Y GOLYGYDD: Nid eich bai chi.

Y PRIF WESTAI: (*yn codi*) Fe garwn i roi adborth.

YR HEN LAW: Adborth?

Y PRIF WESTAI: Y bisgedi'n flasus.

Y GOLYGYDD: (*yn crafu ei war*) Ble ma' Paul? Cer i ôl y diawl. Nawr.

Newid y golau. Rydyn ni yn swyddfa'r GOLYGYDD. Y GOLYGYDD wedi cau ei lygaid, yn gwrando ar fiwsig clasurol. Rhywun yn diffodd y peiriant cryno-ddisg. Y GOLYGYDD yn tynnu ei glustffonau, yn eu siglo, yn gwrando eto.

YR YMCHWILYDD: (*yn sefyll tu ôl iddo*) Newydd ddarllen dy e-bost di ond ti ddim yn brysur o gwbwl.

Y GOLYGYDD: (*yn eistedd i fyny*) Sut alla i helpu?

YR YMCHWILYDD: (*yn symud ac yn sefyll o flaen ei ddesg*) Wel, ti wedi penderfynu?

Y GOLYGYDD: Penderfynu?

YR YMCHWILYDD: (*yn pwyso ei dwylo ar ei ddesg*) Os wyt ti'n chwarae gêm, fyddi di'n difaru. (*Saib*) Wyt ti'n cofio beth wedes i?

Y GOLYGYDD: Mae hyn yn swnio'n llym ond mae angen meddwl am deimladau pobol.

YR YMCHWILYDD: (*yn codi ei llais ac yn hanner gwenu*) Fi?

Y GOLYGYDD: Ie, ti.

YR YMCHWILYDD: Grynda, naill ai ti'n penderfynu erbyn diwedd y diwrnod neu wy'n rhoi gwbod i dy wraig. Iawn?

Y GOLYGYDD: (*yn codi*) Aros, plis.

YR YMCHWILYDD: (*yn mynd i'r drws, yn oedi*) Ie?

Y GOLYGYDD: Ti ddim yn deall. Mae hi'n ca'l pylie ... iselder.

YR YMCHWILYDD: Os yw hi'n briod â ti, dw i ddim yn synnu. (*Yn cau'r drws*)

Tywyllwch am ychydig o eiliadau. Codi'r golau. Rydyn ni yn y tŷ bach.

YR HEN LAW: (*yn cnocio drws y ciwbicl sawl gwaith*) Paul?

PAUL: (*yn newid ei acen*) Pwy dach chi?

YR HEN LAW: (*yn siglo ei ben*) Dere, gad dy nonsens.

PAUL: Ewch o 'ma plis.

YR HEN LAW: Glywest ti ddim y larwm?

PAUL: (*yn ei acen naturiol*) Hen broblem ... cyfarpar ddim yn gweithio.

PAUL yn dod mas, yn osgoi edrych ar YR HEN LAW. Y tap ddim yn gweithio. Yn symud i sinc arall, yn golchi ei ddwylo.

YR HEN LAW: (*yn dodi ei law ar ysgwydd PAUL*) Dim larwm, ro'n i'n tynnu dy go's di.

PAUL: (*yn nodio*) Wy wedi siomi pawb.

YR HEN LAW: Mae ishe gwella. Fyddi di'n iawn ... mewn dwy flynedd. (*Yn gwenu*)

PAUL: Ti'n fwy profiadol na fi. Beth wnewn ni?

YR HEN LAW: Dim dewis ... wynebu'r canlyniade.

YR HEN LAW yn agor drws y ciwbicl.

PAUL: Paid.

YR HEN LAW: Pam?

PAUL: Y pan yn llawn. Sorri.

YR HEN LAW: (*yn gwynto*) Ych-a-fi. (*Yn mynd i'r ciwbicl nesa, yn cloi'r drws*) Ti'n atgoffa fi o'r mab.

PAUL: Uchelgeisiol?

YR HEN LAW: Annibendod ymhobman.

PAUL yn gwenu. Clywn sŵn tynnu tsiaen, rhywbeth mawr yn cwympo.

PAUL: Ti'n iawn?

YR HEN LAW yn griddfan. Llygaid PAUL yn llawn panig.

PAUL: (*wrtho'i hun*) Paid cynhyrfu ... paid cynhyrfu. (*Yn rhedeg allan*)

Tywyllwch am ychydig o eiliadau. Codi'r golau. Rydyn ni yn swyddfa'r GOLYGYDD. Y GOLYGYDD yn cerdded yn ôl ac ymlaen yn plethu ei ddwylo. Daw PAUL i mewn.

Y GOLYGYDD: Ble ar y ddaear wyt ti wedi bod?

PAUL: (*fel llo*) Bola tost ... twrci amser cino.

Y GOLYGYDD yn gwneud wyneb.

PAUL: Rhywbeth yn bod?

Y GOLYGYDD: Ges i'r un peth. (*Yn rhwbio ei fola*) Beth bynnag, ble mae'r Hen Law?

PAUL: Y, damwen.

Y GOLYGYDD: Dim byd difrifol, gobeithio.

PAUL yn codi ei ysgwyddau.

Y GOLYGYDD: Ry'n ni mewn twll o dy achos di. Felly, beth yw'r ateb?

PAUL: Wy wedi bod yn meddwl ...

Y GOLYGYDD: Mae hynny'n help. A?

PAUL: Beth am ohirio'r rhaglen?

Y GOLYGYDD: A beth yw'r esgus ... cyfiawnhad, ddylen i ddweud?

PAUL: Ti wedi gofyn am awgrym.

Y GOLYGYDD: Mae'r syniad yn hurt. Fyddwn ni'n destun gwawd.

PAUL: (*o dan ei anadl*) Mwy nag erio'd.

Y GOLYGYDD: Beth?

PAUL: Dim byd. (*Saib*) Fydde marwolaeth yn y Teulu Brenhinol yn help.

Y GOLYGYDD: (*yn edrych arno'n amheus*) Fydden i ddim yn dymuno drwg i neb.

PAUL yn pwyntio at ffotograff ar y wal.

Y GOLYGYDD: Y rhaglen gynta ... pum mlynedd yn ôl ... yn teimlo fel oes.

PAUL: (*yn gwenu*) A dyna'r ateb.

Y GOLYGYDD yn edrych yn ddryslyd.

PAUL: Nawr rwy'n cofio ... syniad yr Hen Law ... rhaglen ddathlu ... llawn uchafbwyntie.

Y GOLYGYDD: Hm, ddim yn siŵr.

PAUL: Ti'n gwbod bod hyn yn neud synnwyr. Ta beth, hwn yw'r unig opsiwn.

Y GOLYGYDD: Aros funud, wnei di? Gaf fi air ...

Y GOLYGYDD yn mynd i'r drws.

PAUL: Ti'n meddwl fydd e'n cytuno?

Y GOLYGYDD: Mae un peth yn sicr. Does dim dal ar y Rheolwr.

Y GOLYGYDD yn gadael. PAUL yn sylwi ar ysgrifbin lliw aur ar y ddesg, yn ei godi, bron yn ei ddodi yn ei boced. Paul yn ei ddodi nôl mewn pryd. Daw'r GOLYGYDD i mewn.

Y GOLYGYDD: Cael a chael oedd hi ... ond wnes i lwyddo i'w berswadio.

PAUL: Da iawn, un pwynt arall.

Y GOLYGYDD: (*yn ddiamynedd*) Ie?

PAUL: Wy moyn i'r Hen Law fod yn gyd-gynhyrchydd ar y *credits* ar ddiwedd y rhaglen.

Y GOLYGYDD: Fi wnaeth dy apwyntio *di*. Ti'n cofio?

PAUL: Wy'n gwbod ond ... fe yw asgwrn cefn y rhaglen. Hebddo fe, fyddwn ni ... (*Yn gwenu*)

Y GOLYGYDD: Iawn ond siapwch hi. Dw i ddim eisiau mwy o newyddion drwg.

Tywyllwch am ychydig o eiliadau. Codi'r golau. Rydyn ni mewn coridor lle mae'r GOLYGYDD yn dangos paentiad i'r LLYWODRAETHWR.

Y LLYWODRAETHWR: Pwy yw hwn?

Y GOLYGYDD: Roedd yn arfer bod yn gynhyrchydd.

Y LLYWODRAETHWR: Mae'n edrych yn llawn bywyd.

Y GOLYGYDD: Roedd o dan bwysau.

Y LLYWODRAETHWR: Rhan o'r swydd, yn anffodus. Baich rydyn ni'n gorfod ei ddwyn.

Y GOLYGYDD: Pryd wnethoch chi gynhyrchu?

Y LLYWODRAETHWR yn gwenu'n wanllyd, yn chwarae gyda'i mwclis.

Y GOLYGYDD: Beth bynnag, bu farw wythnos nôl. Pum deg dwy mlwydd oed.

Y LLYWODRAETHWR: Trist iawn.

Y GOLYGYDD: Dim teulu ar ôl, dim llawer yn yr angladd. (*Y GOLYGYDD yn troi, yn gwgu*) Dewch gyda fi. Nawr. (*Yn cydio yn ei braich*)

Y LLYWODRAETHWR: (*ddim yn symud*) Sadiwch, ddyn!

YR YMCHWILYDD: Hei, dw i ishe gair 'da ti.

Y GOLYGYDD yn cuddio tu ôl i'r LLYWODRAETHWR.

YR YMCHWILYDD: (*wrth Y LLYWODRAETHWR*) Paid gryndo arno fe. Mae'n meddwl taw fe yw'r Tywysog Swynol.

Y GOLYGYDD yn dodi ei fys ar ei wefusau.

Y LLYWODRAETHWR: A pwy yn union y'ch chi?

YR YMCHWILYDD: Fi? Sinderela.

Y LLYWODRAETHWR: Ydych chi'n gwybod pwy ydw i?

YR YMCHWILYDD: Y Wha'r Hyll?

Y LLYWODRAETHWR yn dangos ei dannedd, yn troi at Y GOLYGYDD, gan ddisgwyl iddo geryddu'r YMCHWILYDD. Y GOLYGYDD yn dodi ei ben yn ei ddwylo.

Newid y golau. Rydyn ni mewn coridor arall.

Y NEGESYDD: Chi yw'r cynhyrchydd.

PAUL: (*yn gwenu*) Dim ond dros dro.

Y NEGESYDD: (*yn estyn amlen iddo*) Plis?

PAUL: (*yn edrych ar yr amlen*) Hm, Coffin and Burns. Cyfreithwyr? (*Yn edrych ar y NEGESYDD*)

Y NEGESYDD yn crafu ei war.

PAUL: (*yn agor y llythyr*) Na, trefnydd angladde. (*Yn darllen*) At sylw cydweithwyr Iestyn Humphreys.

Y NEGESYDD: Ti'n cofio fe?

PAUL: Na, ond ... heddwch i'w lwch.

Y NEGESYDD: Ie, wir.

PAUL: Mawredd annwyl.

Y NEGESYDD: Beth?

PAUL: (*yn cuddio ei geg*) Dw i'n credu gafodd e angladd gwladol.

Tywyllwch am ychydig o eiliadau. Codi'r golau ar swyddfa'r GOLYGYDD.

Y GOLYGYDD: Eistedda, cariad. Dw i'n falch bod ti wedi dod.

YR YMCHWILYDD: (*yn codi ei haeliau, ddim yn eistedd*) Wyt ti?

Y GOLYGYDD: (*yn chwarae â thudalen*) Dw i'n paratoi rhestr o syniade ar gyfer rhaglenni ... ac yn gobeithio y byddi di'n helpu.

YR YMCHWILYDD: Gaf fi weld.

Y GOLYGYDD yn siglo ei ben.

YR YMCHWILYDD: Faint o syniade wyt *ti* wedi cynnig?

Y GOLYGYDD yn dal y dudalen yn agos at ei frest.

YR YMCHWILYDD: (*yn cydio yn y dudalen ac yn edrych arni*) O'n i'n gwbod. Dim.

Y GOLYGYDD: Ddim yn deg. Mae nifer o dan ystyriaeth ...

YR YMCHWILYDD: (*yn rhoi'r dudalen ar ei ddesg*) Hy, fel arfer ti'n eu dwyn nhw a cymryd y clod.

Y GOLYGYDD: Alla i ddim credu ... pa mor ansensitif wyt ti.

286

YR YMCHWILYDD: Fi? (*Yn eistedd*) Gyda llaw, ychydig o newyddion.

Y GOLYGYDD: (*yn eistedd nôl*) Dw i'n glustiau i gyd.

YR YMCHWILYDD: Ddim yn hir. (*Saib*) Wy wedi siarad â dy wraig.

Y GOLYGYDD: Sut?

YR YMCHWILYDD: Ffôn, ma'n eitha defnyddiol, twmod. (*Saib*) Ma' hi'n dy adel di.

Y GOLYGYDD: (*yn codi'r ffôn*) Well i fi siarad â hi.

YR YMCHWILYDD: Dyw hi ddim am i ti gysylltu o gwbwl.

Y GOLYGYDD yn dodi'r ffôn i lawr yn araf.

YR YMCHWILYDD: Ond mae ganddi neges.

Y GOLYGYDD: Neges?

YR YMCHWILYDD: Ma'n meddwl dy fod ti'n hen gythrel hunanol.

Y GOLYGYDD: Braidd yn llym.

YR YMCHWILYDD: Wy'n cytuno ... gyda hi. A wy'n credu na ddylen *ni* gwrdd rhagor.

Y GOLYGYDD: Ond ...

YR YMCHWILYDD: Dyw hyn ddim fel dy syniade di. Mae'n derfynol. (*Yn codi, rhoi'r dudalen iddo*)

Y GOLYGYDD yn nodio. YR YMCHWILYDD yn edrych arno'n rhyfedd.

YR YMCHWILYDD: Wyt ti'n golchi dy ddannedd?

Y GOLYGYDD: 'Na gwestiwn.

YR YMCHWILYDD: Dy ana'l fel hen gi. Mwynha dy ddiwrnod. (*Hi'n gadael*)

Y GOLYGYDD yn torri'r dudalen yn ddarnau. Yn defnyddio darn i rwbio ei ddant. Tywyllwch am ychydig o eiliadau. Codi'r golau ar ward ysbyty. PAUL yn cyrraedd y ward. YR HEN LAW, sy â handej am ei ben, yn codi yn y gwely.

YR HEN LAW: Oriau ymweld heb ddechrau eto.

PAUL: (*yn hunanfodlon*) Paid poeni. Ges i ganiatâd. (*Saib*) Wel, ti'n well?

YR HEN LAW: (*yn gorwedd*) Ydw i'n edrych yn well?

PAUL: (*yn pwyntio at ffrwythau ar ben cwpwrdd bach*) Digon o fitamin C, ta beth.

YR HEN LAW: Mae pobol wedi bod yn garedig.

PAUL: Wy'n falch i glywed. (*Yn eistedd mewn cadair, yn slaco ei dei*) Wy moyn ymddiheuro.

YR HEN LAW: Anghofia amdano fe.

PAUL: Alle damwain ddifrifol fod wedi digwydd.

YR HEN LAW: (*yn pwyntio at ei ben*) Mae damwain ddifrifol *wedi* digwydd.

PAUL: Ti'n iawn. (*Saib*) Odyn ni'n ffrindie o hyd?

YR HEN LAW: (*yn ceisio gwenu*) Wel ... pam lai?

PAUL: Wy'n addo bod yn aelod o'r tîm o hyn ymla'n.

YR HEN LAW: Dw i'n siŵr ... yr ei di'n bell.

PAUL: Ti'n meddwl bod potensial?

YR HEN LAW: Wel, mae mynydd i'w ddringo. Un serth. (*Saib*) Ti wedi dod â rhywbeth?

PAUL: Fel beth?

YR HEN LAW: Ffrwythe?

PAUL: (*yn cyffwrdd â'i war*) O'n i'n bwriadu ond doedd dim ar ôl yn y siop.

YR HEN LAW: (*yn syn*) Ti heb fod yn y siop, wyt ti?

PAUL: (*yn edrych o gwmpas y ward*) Ma'r lle fel pin mewn papur.

YR HEN LAW: A beth am y rhaglen?

PAUL: (*yn codi*) Newyddion da, fe weithiodd dy syniad di. Y gynulleidfa wedi dyblu.

YR HEN LAW: Da iawn.

PAUL (*yn tynnu potel wisgi o fag plastig*) Dylen ni ddathlu.

YR HEN LAW: (*yn edrych o gwmpas*) Paid, y sister yn dipyn o deyrn.

PAUL: Honna â gwallt coch? O'dd hi'n annwyl iawn. (*Yn dodi'r botel yn y cwpwrdd bach. Yn eistedd, yn gwenu*)

YR HEN LAW: Beth?

PAUL: Pan wedes i taw fi o'dd dy frawd di, gofynnodd hi: 'Yr unig un?' Nodies i. Wedyn wedodd hi bod hi newydd dderbyn galwad, oddi wrth dy frawd di yn Ne Affrica. Deg munud cyn 'ny. 'Dw i'n gwybod bod teithiau awyren wedi cyflymu,' medde hi, 'ond ...' Wy'n siwr bod hi'n gwenu.

YR HEN LAW: Nyrs yw'r un â gwallt coch, iwnifform glas golau, yn hoff iawn o glecan hefyd. Glas tywyll yw'r sister. Beth wedest ti?

PAUL: Bod dy fam di wedi ailbriodi.

YR HEN LAW: (*yn ceisio rheoli ei dymer*) Alla i ddim credu hyn ... o'dd hi'n dy gredu di?

PAUL: Gobeithio. (*Saib*) Tria ymlacio.

YR HEN LAW: Fydd y sister nôl cyn bo hir.

PAUL: Ti'n ca'l y gofal gore.

289

YR HEN LAW: Mae hi fel ci ag asgwrn.

PAUL: Ti moyn unrhywbeth arall?

YR HEN LAW: Ti wedi neud digon. Cer.

PAUL: Paid cynhyrfu nawr. So fe'n neud lles. (*Yn troi ato cyn mynd, yn codi ei law*)

YR HEN LAW yn codi ei ddwrn. Diffodd y golau'n raddol.

Y DIWEDD

Cosmo

BEIRNIADAETH MELANIE OWEN

Cosmo: Dyma ddarn cynnes gyda digonedd o galon. Mae'r ysgrifennwr wedi'i gwneud hi'n rhwydd i'r darllenwr/gynulleidfa fod yn hoff iawn o'r cymeriadau ac i gymryd diddordeb yn natblygiad y stori. Mae'r elfen gomedi yn pwysleisio llais unigryw'r awdur ac mae yna linellau sy'n codi gwên, hyd yn oed pan dydy o ddim ond ar bapur. Wrth i'r awdur adolygu'r darn ymhellach, bydd hi'n gynhyrchiol i ganolbwyntio ar sicrhau bod yna o leia un *punchline/gag* ar bob tudalen. Wrth i'r sgript gael ei haddasu ar gyfer y sgrin neu'r llwyfan, byddai un *gag* ar bob tudalen yn trosglwyddo i fod yn un chwarddiad bob munud – cyfradd ddelfrydol. Llongyfarchiadau i *Cosmo* am hiwmor sydd yn gadael y darllenydd gyda blas am fwy.

Trosi drama i'r Gymraeg

Trosi un o'r dramâu canlynol o'r iaith wreiddiol i'r Gymraeg:
Let The Right One In, John Ajvide Lindqvist (addaswyd ar gyfer y
theatr gan Jack Thorne); *Brassed Off,* Mark Herman a Paul Allan

BEIRNIADAETH JEREMI COCKRAM

Rhoddwyd dewis o ddwy ddrama i'w trosi yn y gystadleuaeth eleni: *Let
The Right One In,* addasiad Jack Thorne ar gyfer y llwyfan o'r nofel a'r ffilm
Swedeg, *Låt den rätte komma in* gan John Ajvide Lindqvist; a *Brassed Off,*
addasiad Paul Allen o'r sgript ffilm gan Mark Herman.

Derbyniwyd saith trosiad i gyd: pedwar o *Let The Right One In,* a thri o
Brassed Off.

Mae *Let The Right One In* yn ddrama chwerw-felys am fachgen ysgol eiddil,
Oskar, a'i gyfeillgarwch gyda'r fampir canibalaidd ac anneuaidd, Eli. Ceir
gwrthgyferbyniadau cyson rhwng tynerwch perthynas y ddau brif gymeriad
gyda'r bwlian, yr alcoholiaeth, y mwrdwr, a'r pedoffilia sy'n llychwino'u
bywydau.

Roedd dau fersiwn o *Let The Right One In* ('Rho Fynediad I'r Un Iawn' gan
AB+ve a 'mond yr un iawn gaiff DDOD I MEWN' gan *Draenen Wen*) yn
gyfieithiadau derbyniol ond yn drosiadau diffygiol. Byddwn i'n annog y ddau
i gystadlu eto yn y dyfodol, ond y tro nesaf gyda llai o bwyslais ar gyfieithu
pob cymal yn fanwl gywir, a mwy o ystyriaeth i sut y byddai cymeriadau'r
ddrama yn siarad.

Ystlum: Rhyw dref ddienw sydd ddim ymhell o Gaernarfon, rwy'n cymryd,
yw'r lleoliad ar gyfer 'I mewn o'r goleuni' gan *Ystlum.* Roeddwn i'n hoff iawn
o'r dafodiaith egnïol, a'r penderfyniad ysbrydoledig i roi acen ddeheuol i Eli
a Hakan. Roedd y driniaeth o ieithwedd swyddogol y Comisiynydd Heddlu,
Halmberg, yn gelfydd – yn enwedig y cymal olaf o'i araith o flaen disgyblion
yr ysgol wedi'r llofruddiaeth: 'Rhannwch y gwirionedd, ac fe drechwn bob
drygioni.'

Does dim amheuaeth nad oes gan *Ystlum* glust dda, gyda'r gallu greddfol
i lunio deialog sionc. Efallai eu bod nhw wedi mynd i hwyl y peth ychydig
yn ormod ar adegau, gyda'r duedd i orddefnyddio rhegfeydd (un rheg yn

enwedig a oedd wedi colli'i hergyd yn llwyr erbyn diwedd y ddrama, pan roedd ei hangen hi fwyaf), ac ambell benderfyniad annoeth arall (e.e. y dyn meddw yn canu cân Yws Gwynedd; a'r cyfeiriad at Eli yn 'swnio fel hen berson o Bobol y Cwm'). Ychwanegiadau diangen yw'r rhain sy'n ein hysgwyd yn ddisymwth allan o fyd y ddrama. Dyma ymdrech eofn, dda – yn dda iawn mewn mannau. Gyda mwy o ymarfer ac aeddfedrwydd rwy'n siŵr y gallai *Ystlum* gyflwyno trosiad drama o safon a fyddai'n cyrraedd y tri uchaf.

Oskar: Yn 'ardal chwarelyddol Bethesda' y lleolwyd 'Gad fi Mewn', ac mae addasiad *Oskar* yn gweddu yn ei gynefin newydd – gydag Owain, Huw a Celt yn disodli Oskar, Hakan a Kurt y ddrama wreiddiol. Rhaid canmol deialog *Oskar* am redeg mor rhwydd, ac mae'r dynameg rhwng y cymeriadau yn glir ac yn gredadwy. Mae'r ymdriniaeth o berthynas gymhleth Huw a'i fam, a'r berthynas ganolog rhwng Eli a Huw, yn afaelgar ac yn sensitif. Mae *Oskar* wedi llwyddo i ddal y teimlad o wacter annifyr sy'n treiddio drwy'r ddrama wreiddiol. Does dim ôl gorysgrifennu yma, ac mae yna ddealltwriaeth craff o bwysigrwydd gadael lle i'r tawelwch arwyddocaol sy'n llechu rhwng y geiriau gael siarad.

Ond rhaid cwestiynu'r penderfyniadau i roi ieithwedd 'mwy safonol' i Eli er mwyn cyfleu ei bod hi wedi byw 'ers amser maith', a hefyd y bwriad – er nad yw'n amlwg yn y ddeialog – o roi 'iaith eithaf plentynnaidd' i gymeriad y Fam i ddangos ei bod hi o 'dan ddylanwad alcohol'. Gadael i'r actorion gyfleu'r agweddau hyn fyddai orau, rwy'n teimlo. Ac er mor naturiol yw'r ddeialog, ambell waith rwy'n teimlo y gallai *Oskar* fod wedi mentro mwy a gwthio'r ffiniau ymhellach. Er enghraifft, byddai sarhad cryfach nag 'y penci diawl' wedi gweddu'n well.

Ond y gwir amdani yw bod 'Gad fi Mewn' (sy'n ddewis arbennig o dda fel teitl, gyda llaw) yn ddrafft ysgafn arall o fod yn barod ar gyfer yr ystafell ymarfer. Mae'n llwyr haeddu bod yn y tri uchaf.

Daeth y ffilm a ysgogodd y fersiwn llwyfan o *Brassed Off* i sylw'r cyhoedd yn 1996 – rhyw 11 mlynedd ar ôl diwedd Streic y Glowyr – ar adeg pan oedd y blaid Dorïaidd yn dal mewn grym, a phrif weinidogaeth ddadunol Thatcher ond newydd ddod i ben. Trwy lygaid bachgen ifanc, Shane, rydyn ni'n cael ein cyflwyno i'r pentref glofaol ffuglennol, 'Grimley', ger Barnsley, Swydd Efrog. Y band pres yw canolbwynt cymdeithasol a diwylliannol y gymuned wrth iddi wynebu'r erchyllterau anorfod o gau'r pwll glo, a diwedd ei ffordd o fyw. Mae'r fersiwn llwyfan, a gafodd ei lwyfannu gyntaf yn 1998, yn rhialtwch o gerddoriaeth gyffrous ac yn gyfres o olygfeydd dwys a digri. Mae'r ddrama'n cyrraedd ei hanterth pan yw Danny – hen goliar a cheidwad enaid y seindorf – yn codi oddi ar ei wely angau er mwyn arwain y band i fuddugoliaeth o flaen cynulleidfa grachaidd yr Albert Hall.

Poethgoed: 'Y Glyn, Rhondda, Cymru, Y byd ...' yw creadigaeth *Poethgoed* ar gyfer y trosiad, 'Dyfal Donc', ac mae enwau'r cymeriadau wedi'u Cymreigio hefyd: Dai, Hari, Alun, Siwsan – a Sioni yw ein Shane ni erbyn hyn. Mae *Poethgoed* yn llwyddo i fwrw'r nodiadau emosiynol cywir drwyddi draw ond mae'r ddeialog yn hercian braidd. Mae'r cymeriadau'n dueddol o swnio'n debyg i'w gilydd, a daw ambell idiom ogleddol i'r golwg weithiau ('Dim ffiars o beryg'). Marciau llawn i *Poethgoed* am daro deuddeg gyda cherydd Gloria ar ddiwedd Act 2, gol 17: yr unig ymgeisydd wnaeth wir lwyddo i wneud hynny. Ond rwy'n cael y teimlad nad yw *Poethgoed* yn llwyr argyhoeddedig ei hun o sut yn union y mae pobol 'Y Glyn' yn siarad, ac o ganlyniad mae hygrededd y ddrama yn dioddef. 'Dyfal Donc' yw fy nymuniad i i *Poethgoed* hefyd.

Hadau Graban: Gwaun-Cae-Gurwen yw'r filltir sgwâr ar gyfer 'Band y Waun' gan *Hadau Graban*, ac er gwaetha'r ailblannu mae'n gwbl amlwg fod gwreiddiau'r ddrama yn ffynnu yn eu cartref newydd. Mae'r dafodiaith yn fras, gyda'r glowyr yn mynd am 'ddracht fach' ar ôl gwaith; y menywod yn cynnig 'ercyd catalog' o IKEA; ac 'Eddie ffwl pelt' yn llysenw bendigedig ar y bachan sy'n hwyr i bobman. Roeddwn i wrth fy modd gyda sawl manylyn arall o grebwyll *Hadau Graban* hefyd: Cicie cosb rygbi, nage ffwtbol, oedd Shane yn ymarfer mas y bac – a neb llai na'r arwr lleol, Gareth Edwards, oedd gwrthwynebydd y tad, Phil, yn blentyn. A does dim amheuaeth gyda fi taw menywod y Waun sy'n cipio'r wobr gyntaf am y llafargan orau, gyda 'Bydd y glowyr cytûn, byth yn plygu clun'. Mae yna lot o bethau i'w hedmygu am 'Band y Waun' ond ar adegau roeddwn i'n teimlo bod yr awdur wedi anghofio taw llinellau ar gyfer eu llefaru yw'r rhain. Ac er mor gywir a chelfydd yw'r trosiad mae angen ychydig mwy o waith ar rythm a llif y ddeialog. Yn anffodus, roedd y miwsig weithiau'n cael ei golli. Byddai'r trosiad fel ag y mae yn barod ar gyfer ei ddarllen o gwmpas bwrdd gyda chast o actorion. Rwy'n ffyddiog y byddai trosiad *Hadau Graban* yn elwa o'i glywed yn uchel ac yn teimlo bod angen ei ystwytho rhywfaint mewn drafft terfynol. Mae 'Band y Waun' yn drosiad trawiadol sy'n haeddu ei le yn y tri uchaf.

Ifor: Nid nepell i'r gorllewin, yn Shir Gâr, yw'r lleoliad ar gyfer 'Chwythu Plwc' gan *Ifor* – ac o'r cychwyn cyntaf mae Shane, Phil, Jim, Harry a gweddill trigolion 'Gwenlais' fel petaent yn dianc oddi ar y dudalen. Mae egni'r ddeialog ('Crafa di'r trenyrs 'na, Shane Ormondroyd, a fe gei di whelpen!') – o'r cwympo mas, i'r caru a'r *cri de cœur* – yn amlygu huodledd di-lol y dosbarth gweithiol. Ac mae'r gymysgfa ogoneddus o dafodiaith, idiomau ac ambell fenthyciad o'r Saesneg yn llwyr argyhoeddi taw pobol o gig a gwaed yw'r rhain. Mae yna doreth o rythmau ac alawon – ac nid dim ond oddi wrth y band chwaith – wrth i *Ifor* gyfleu hiwmor a *pathos* bywydau trigolion Gwenlais:

> SANDRA: Phil. Dyma ti â gwraig a phedwar o blant. Mewn tŷ fydde neb yn ei brynu. Morgej hyd ein clustie. Bois yr arian ar ein hôl ni. Nwy, trydan, treth cyngor, dŵr – y blydi bilie i gyd yn goch. *Loan sharks* am ein gwâd ni. Dim arian, dim argol, dim. Dim jobyn, whap. A beth wyt ti'n mynd i neud? Jyglo myn diawl. Wel. Jygla hwnna (*gan daflu'r plat ato*).

Ond gydag areithiau Danny mae'n llwyddo orau i afael ynom a chodi blew'r gwegil:

> DANNY: Dim balchder – dyna'ch problem chi bois. Beth yw'r peth penna' sy' gyda ni fan hyn yn dangos balchder? Weda i wrthoch chi, y blydi band 'ma a dim arall. Gofynnwch i unrhyw un. Os caea' nhw'r pwll 'na, 'i fwrw i'r llawr, 'i lanw e' lan, fel y lleill, dim golwg o ddim ar ôl … 'mhen blynydde, dim ond un peth fydd yn atgoffa pobl am ganrif o slafo dïened. Ma'r undebe wedi'u sbaddu. Y gweithwyr wedi colli'u tafode. Ond chewn nhw fyth ein tawelu ni. Fe gariwn 'mlân i whare, nerth ein cege. Yn uwch nag eriôd. A dechre yn y semis cenedlaethol. Os ennill rheiny, 'mlân â ni i Neuadd Albert, myn diawl. Â'n penne'n uchel. Odyn ni'n whare neu'n rhoi'r ffidil yn y to?

Byddai unrhyw actor wrth eu boddau yn traddodi'r llinellau hyn.

Dewis doeth a dewr oedd cadw araith Danny o flaen torf yr Albert Hall yn y Saesneg. Mae'n ychwanegu haen wleidyddol arall i'r diweddglo, trwy ein hatgoffa taw buddugoliaeth i bobl yr ymylon – 'y gelyn oddi mewn' – gyda'u hymdrechion a'u hiaith 'estron' yw hon, a byddai trosi'r araith i'r Gymraeg wedi bradu gwirionedd yr olygfa.

Weithiau mae disgwyl i'r rhegfeydd 'diawl' a 'diawled' wneud gormod o'r gwaith caib a rhaw. Mwy o wmff sydd ei angen gyda'r rhegi rwy'n teimlo –

hyd yn oed os byddai hynny'n golygu defnyddio'r benthyciadau Cymreig (a diolch byth amdanyn nhw!) o'r Eingl-Seisnig gwreiddiol. Dyw 'Ry'ch chi'n hollol bathetig' gan Gloria, fel cerydd i'r glowyr ar ddiwedd Act 2, Gol. 17, ddim yn ddigon ysgytwol o bell ffordd, ac o ganlyniad mae'r ergyd ddramatig tipyn gwannach.

Ond glo mân yw hyn gan fod *Ifor* wedi cyflwyno darn o waith o safon uchel. Mae'n driw i'r ddrama Saesneg wreiddiol, ac mae sylfeini cadarn honno wedi esgor ar endid newydd, cwbl Gymreig.

Pleser o'r mwyaf oedd cael darllen 'Chwythu Plwc', ac fe dalwn i arian da o fy mhoced fy hun i'w gweld hi ar lwyfan.

Y wobr gyntaf i *Ifor* – heb os. Llongyfarchiadau.

Cyfansoddi monolog, na chymer fwy na 5 munud i'w pherfformio

GWAGIO

> *Ystafell yn llawn llanast – dillad, addurniadau, lampau, sbwriel, vinyls, planhigion etc.*

> *Daw DYN i'r ystafell yn cario bocs gwag. Mae'n edrych ar y llanast cyn dechrau casglu'r eitemau fesul un a'u rhoi yn y bocs trwy gydol yr isod. Mae'n cychwyn gyda phlanhigyn bach.*

DYN

Gafon ni hwn gan ffrind. I gofio. Dw i'n *shit* efo *house plants*.

> *Rhy'r dyn y planhigyn yn y bocs.*

DYN

O'ddan ni 'di mynd saith wsos. Dw i'n deud 'ni'. Hi. O'dd hi 'di mynd saith wsos pan na'th hi ddechra gwaedu.

O'n i'n meddwl ma' ca'l cachiad o'dd hi. O'n i 'di bod yn scrôlio trw' fideos o gathod yn dawnsio ers tua chwartar awr pan waeddodd hi o'r *bathroom*. '*Spotting*' o'dd hi'n galw fo. Ella bod rhoi enw Saesneg arno fo'n gneud o'n llai personol. Yn fwy meddygol. Ella. Dw i'm yn gwbod. Ond o'dd o'n rhyfadd. Er bod o'n sioc, o'dd o'n gwbl ddisgwyliedig hefyd rhywsut. I ni'n dau. Staen brown-goch ar y papur toilet. A'i gwynab hi'n gymysgedd o 'ffyc', 'be' nesa?' a 'sorri'.

O'ddan ni 'di bod yn trio ers deufis. Pan o'dd yr app yn deud bod hi'n amsar, o'dd hi'n *all systems go*, er bo ni byth bron yn y *mood*. Ar ôl dwrnod o waith, o'ddan ni jysd ffansi watchad *Rownd a Rownd* a mynd i gysgu erbyn naw. Ond o'dd rhaid dilyn cyfarwyddiadau llym y *dick-tator* ar y ffôn.

Achos o'ddan ni isio. O'ddan ni rili, rili isio iddo fo ddigwydd.

A mi na'th o. Am 'chydig. O'dd y lein bach 'na'n profi'r peth. Na'th o ddigwydd. Am saith wythnos o'ddan ni'n rhieni. I hogyn bach annwyl oedd isio bod yn astronôt. I hogan fach hileriys oedd am chwarae dryms mewn band. I efeilliaid, hyd yn oed, a'r ddau am chwarae pêl-droed dros Gymru un diwrnod. Dw i'n meddwl ma' dyna sy'n brifo fwya'. Gawn ni byth wybod pwy oedd bia'r lein.

Ma' nhw'n anhygoel yn yr Heath. Ma' nhw'n dallt, pan does 'na neb arall yn gallu. Ond *fuck me*, 'di nhw'm yn gwbod dim byd am *interior design*. Dw i'm yn Aled Samuel o bell ffordd, ond 'stafell aros ward C1 ydy'r lle mwya' *depressing* dw i erioed 'di'i weld. Pwy ffwc sy' isio syllu ar walia' brown pan ma' nhw'n aros am newyddion drwg?!

Ond o'n i dal yn trio argyhoeddi'n hun ma' *implantation bleeding* o'dd o. Neu ryw *normal discharge*. Neu gysgod ar y papur toilet. Doeddan ni ddim yma am yr un rheswm â phawb arall. Doed hyn ddim yn digwydd i ni. Ni o'dd y rhai lwcus. Ni o'dd yn ca'l saith *chicken nugget* mewn bocs o chwech. Ni o'dd yn ffindio punt yn locer y gampfa. Ni o'dd y wancars 'na sy'n troi i fyny i westai a chael *upgrade*, potal o *champagne* ac *ocean views* am ddim blydi rheswm.

I can't find a heartbeat.

'Ma'n digwydd i lot o gypla'. Ma'n fwy cyffredin na ti'n feddwl. Mi fydd o'n siŵr o weithio i chi tro nesa'.' Cyn hyd yn oed delio efo'r tro yma eto.

Gafodd hi ddewis – llawdriniaeth yn y 'sbyty, neu dabledi i'w basio fo adra. Aethon ni adra. Ac mi lenwodd hi'r tŷ efo'i phoen. Fy mleiddes. Yn udo i dywyllwch oria' mân y bora a finna'n hollol iwsles wrth ei hochr. Ac wrth basio'r darnau gwaed fesul awr, mi wawriodd y golled, cyn i ni fflysho'r freuddwyd i lawr y pan efo'r dŵr.

> *Mae'r dyn wedi rhoi pob eitem yn y bocs bellach. Mae'r ystafell yn wag.*

DYN

Na' i byth ddallt. Yn iawn. Dw i isio crio, ond dw i'm yn gwbod os dw i'n cael. A pan ma' pobol yn holi, be' 'dw i fod i ddeud? Dan ni wedi ...? Gafon ni ...? Achos be ffwc ydw i'n w'bod am be' a'th hi drwyddo? Ei deimlo fo'n cael ei rwygo ohoni a'i gadael hi'n wag. Dw i'n cwyno digon wrth wagio'r *dishwasher*.

Ond ma'r galar yr un fath. Er bod o'n alar rhyfadd. Mae o'n alar am rywbeth na fu. Am ddyfodol na ddaw.

Pwylla'r dyn. Mae'n estyn y planhigyn o'r bocs.

DYN

Dŵr. W't ti isio dŵr? 'Y nghariad bach i?

Mae'r dyn yn gadael yr ystafell wag gyda'r bocs a'r planhigyn, a chau'r drws ar ei ôl.

Llen

Yucca

BEIRNIADAETH MARC LEWIS

Wrth ystyried beirniadu cystadleuaeth cyfansoddi monolog, roedd rhaid i mi ailymweld â'r hyn yr ydw i'n ei gredu sydd yn gwneud monolog lwyddiannus. Mae'n fwy nag adrodd stori i mi. Mae'n ffurf sy'n llwyddo i effeithio ar gynulleidfa ar lefel emosiynol; ffurf sy'n datgelu cymhlethdod cymeriad ar adeg benodol iawn o'u bywydau neu o'r ddrama. Mae llawer wedi gwneud ymgais gref iawn eleni ond wedi ceisio dweud gormod am y cymeriad, wedi ceisio amlygu eu bywydau cyfan – sydd wedi bod yn ddarlleniad diddorol a chyffrous. Ond a yw hyn yn fonolog? Y rhai sydd wedi mynd i frig y gystadleuaeth eleni yw'r darnau sydd ag elfen berfformiadol amlwg, monologau y gallwn eu gweld ar y llwyfan o'r frawddeg gyntaf. Cafwyd 18 cais cymwys eleni a braf oedd gweld angerdd amlwg i greu dramâu newydd mewn sawl arddull, ond y pleser mwyaf oedd cael treulio rhai munudau yng nghwmni eich cymeriadau. Diolch o galon am rannu eich gwaith a gobeithiaf yn fawr y byddwch yn parhau i ddramodi tu hwnt i ffiniau'r gystadleuaeth hon.

Mae *Awyr Iach* yn ymdrin â phwnc pwysig o fewn y darn hwn – iechyd meddwl dynion ac unigedd. Mae stori Henry yn glir a'r chwerwder am ei golled, yn enwedig colli ei berthynas â'i fab, yn drywydd yr hoffwn glywed mwy amdano. Er bod y strwythur episodig a gyflwynwyd yn dechneg ddiddorol sy'n ehangu ar ein dealltwriaeth o fywyd Henry, teimlais nad oeddwn yn cael gafael llawn ar un rhan ohono ac felly yn colli cyswllt emosiynol gyda'r cymeriad rhywsut. Mae yma dair monolog i'w datblygu yn sicr.

Eto, cafwyd trafodaeth ddiddorol iawn ar unigedd a pherthynas rhiant a phlentyn yn y fonolog 'Plannu Hada' gan *Blodyn*. Mae cymeriad yr Hen Wraig yn glir iawn ac yn llwyddo i gyfleu ei syrffed mewnol mewn modd ysgafn o bigog! Hoffais yn fawr y defnydd o enwau Cymraeg y planhigion i arwyddo curiadau meddyliau yr Hen Wraig. Monolog amlhaenog sy'n troi y byrddau ar berthynas mam a merch yw hon a gwelwn yr Hen Wraig yn ymwrthod â disgwyliadau a rheolau ei merch. Hoffais yn fawr y diléit y mae'r Hen Wraig yn ei gael wrth gogio ffwndro a drysu yn fwriadol. Mae rhyw agwedd blentynnaidd o hoffus yn y cymeriad sy'n golygu ein bod ni ar ei hochr hi er gwaethaf ei hymddygiad!

Hoffais yn fawr ddarllen taith Alys drwy ei bywyd yn y darn gan *Bylchau*. Mae'r storïo yma yn gelfydd ac yn glir drwy bupuro gwybodaeth am y partner drwy'r fonolog yn achlysurol a gadael i'r gynulleidfa lenwi'r bylchau yn y stori. Cynnil iawn yw y lleihad yn hunanhyder Alys yn ystod y fonolog hefyd a byddai'n her hyfryd i'w pherfformio. Mae'r darn yn ddrama ynddi ei hun ac yn cyflwyno ystod o 25 mlynedd o fywyd Alys; ai syniad am ddrama hirach yw hon? Dyma ddarn yr hoffwn yn fawr ei weld yn cael ei ddatblygu.

Cynigiodd *Eifion Emlyn* fonolog sy'n teimlo fel ein bod ni'n tystio i'r cymeriad yn adfeilio'n feddyliol o'n blaenau. Mae'r ailadrodd syrffedus o 'Gorffennol', 'Dyfodol' a 'Presennol' yn ymylu ar orffwylledd a wnaeth i mi deimlo'n anghyfforddus wrth ddarllen – a gallai hyn fod yn gryfder wrth berfformio i gynulleidfa ac ennyn yr un ymateb. Mae cadw'r broblem neu'r digwyddiad yn gudd tan y frawddeg olaf, bron, yn gryfder ac yn ddatguddiad syml iawn heb orbwysleisio na gorarwyddo'r gynulleidfa. Mi wnes i fwynhau teimlad Berkoffaidd y darn a rhythm ieithyddol syml y cymeriad hwn.

Eto, trafodaeth ar unigedd a'i effaith arnom fel pobl sydd gan *Gruff* yn 'Dyn Dieithr' drwy dechneg stori ysbryd syml. Mae tueddiad i'r fonolog lithro i ddeialog tua chanol y darn lle mae'r Dyn Dieithr yn camu i mewn i'r ystafell. Mae angen y cymeriad am gwmni yn amlwg iawn ac yn gredadwy yn enwedig oherwydd ei anawsterau symud sy'n cynnig haen ychwanegol i'r cymeriad. Er i mi fwynhau treulio amser ym myd y cymeriad, tybed a yw'r datguddiad yn rhy amlwg rhywsut, yn rhy debyg i straeon ysbryd a glywsom sawl tro eisoes? Hoffwn wybod mwy am y prif gymeriad diddorol a grëwyd yn hytrach nag am yr ymwelydd.

Mae *Gwreiddyn* wedi creu cymeriad cyflawn, hoffus sy'n gafael yn y gynulleidfa o'r frawddeg gyntaf yn y darn 'Hir yw Pob Ymaros'. Mae cynhesrwydd arbennig yn perthyn i Robat sydd yn pefrio drwy'r fonolog. Mae hi'n ddelweddol gryf hefyd ac mae *Gwreiddyn* yn mynd â ni ar daith emosiynol gyda Robat ar Nos Calan. Mi ges i ymateb cryf wrth ddarllen y fonolog hon ac roeddwn wedi fy ngadael yn gobeithio y byddai Robat yn cael ymweld â'r Castle Bakery eto. Er bod sawl cymeriad yn cael eu cyflwyno yn ystod y fonolog nid ydyn ni byth yn colli llais Robat fel canolbwynt y darn; daw popeth o'i safbwynt o: ei drafferth gydag amhersonoldeb y byd modern a'i gariad tuag at ei draddodiadau personol – y pethau bach sy'n gwneud bywyd yn werth ei fyw – boed chi'n goroesi'r 'Bag For Life' neu beidio.

Mae yn 'Calon Lân' gymeriad cyflawn sy'n adnabyddus o'r cychwyn. Mae *Hen Lanc* yn cyflwyno'r cymeriad yn glir o'r cychwyn ac yn ei ddatblygu drwy gydol y darn. Mae ei sgwrs gyda'r ferch yn y safle bysiau yn amwys iawn sy'n gwneud i'r gynulleidfa deimlo anghysurdeb y ferch yn ogystal â syrffed y Dyn wrth iddi beidio, neu wrthod, ei adnabod o. Ond tybed a yw'r ddibyniaeth ar yr ail lais yn gwthio'r darn i fyd stori fer yn hytrach na monolog theatrig?

Mae *Hari* yn ein tywys i mewn i fywyd yr Hen Ddyn yn araf ac yn fwriadol. Ar y dechrau, mae'r thema o unigedd yn ei hamlygu ei hun eto. Portreadir cymeriad bregus sydd angen help llaw wrth wisgo ac ymolchi. Mae'r ddrama, sy'n datblygu'n araf, yn ennyn cydymdeimlad y gynulleidfa hyd at eiliadau olaf y darn lle ceir datguddiad sinistr wedi ei gyflwyno yn yr un llais bregus, anghenus sy'n gorfodi'r gynulleidfa i gwestiynu popeth y maen nhw'n ei wybod am y cymeriad. Darn anghyfforddus iawn i'w ddarllen oherwydd noethni'r datguddiad a diffyg datrysiad. Mae'r dramodydd yn cyflwyno'r darn yn eithriadol o gelfydd ond teimlaf bod angen gweddill y ddrama er mwyn cael darlun mwy cyflawn o'r cymeriad hwn sydd, o bosib, yn fwy erchyll nag o ddiniwed a bregus.

Mae *Huwcyn* yn cyflwyno monolog deimladwy am gyswllt mam a'i phlentyn. Mae'r meddyliau'n llifo a'r sefyllfa yn real a chredadwy. Mae sefyllfa enbyd Alice a'r digwyddiadau a ddisgrifir yn dwyn y gynulleidfa i mewn i'w bywyd anniben heb ei barnu hi ymhellach na'r feirniadaeth y mae hi'n ei gosod arni hi ei hun. Teimlaf ar adegau bod yr iaith yn orlenyddol a ddim yn iaith lafar i'w pherfformio ac mae hyn yn torri ar draws cymeriad sy'n haeddu cael ei datblygu ymhellach.

Mae *Marais* wedi cyflwyno monolog gyfoethog, amlhaenog, afaelgar, sensitif sydd yn erfyn i gael ei pherfformio. O'r cwestiwn cyntaf, 'Rhosod 'ta chrysanths?' mae'r cymeriad yn tynnu'r gynulleidfa i mewn i'w byd. Datgelir stori'r fenyw yn araf ond yn glir sy'n rhoi lle i ni ystyried yr hyn sydd wedi digwydd iddi tra'n edmygu ei chryfder a chwestiynu pam ei bod wedi aros cyhyd mewn sefyllfa mor druenus. Daw pleser y darn o'r rheolaeth lwyr sydd gan *Marais* o'r cymeriad a'r gallu i ddweud stori oesol am ddiffyg cyfathrebu, diffyg asiantaeth a diffyg cariad mewn modd cwbl ffres a chyffrous. Mi wnes i fwynhau cael tystio i fuddugoliaeth olaf y fenyw – a'i rhyddhad o'i herwydd – yn fawr iawn. Monolog gwbl ddiffuant.

Mwynheais fonolog *Merch Lleiniog*, 'Bî Po', sef archwiliad abswrdaidd theatrig iawn o iechyd meddwl a oedd yn fy atgoffa o *Dyddiau Difyr*, Samuel Beckett: y blerwch ar y llwyfan yn ymgorfforiad o'r blerwch y mae eraill wedi'i wneud o fywyd y ddynes. Mae ei phoen yn amrwd ac yn gyrru pob curiad yn y darn. Serch hyn, teimlaf bod lot fawr o syniadau yn codi o fewn y fonolog – efallai yn cyflwyno gormod o themâu, sydd yn ei dro yn golygu bod cyswllt emosiynol rhwng y gynulleidfa a'r cymeriad yn anodd.

Cyflwynodd *Merch Lleiniog* ail fonolog yn ogystal, 'Extra': darn o ddigrifwch a oedd yn ymylu ar un o fonologau Victoria Wood. Mae rhythm y darn yn hyfryd ac mae'r hiwmor yn glanio yn dda. Mae stori diwrnod y cymeriad yn glir ac mae'r newid yn ei hagwedd o ran un i ran tri y darn yn glir ac yn gredadwy. Teimlaf, ar gyfer y gystadleuaeth hon, y byddai wedi bod yn gryfach canolbwyntio a datblygu un rhan o'r diwrnod er mwyn creu un fonolog gydlynol gyda thrywydd emosiynol clir.

Daw *Rhian* ag ansicrwydd personol Mari i'r arwyneb yn y darn 'Cyw a Fegir': ansicrwydd sy'n perthyn i bob un ohonom am fod yn ddigon da, am lwyddo a methu, am fywyd cefn gwlad a bywyd dinesig. Mae popeth yma i wneud cymeriad crwn ac er gwaethaf natur amddiffynnol Mari, ei hansicrwydd sydd wedi creu y cymeriad sy'n sefyll o'n blaenau ni heddiw. Mae cyffyrddiadau o hiwmor yn yr iaith a ddefnyddir drwy'r gwaith – 'Dw i'm yn hen cofiwch ...', 'Dw i DDIM yn mynd i Merched y Wawr. No we' – sy'n cyflwyno cymeriad y mae pawb yn adnabod tipyn ohoni. Mae'r iaith yn llyfn ac yn llifo ac mae ganddi stori ddiddorol i'w chloddio. Pam mae hi wedi dod yn ôl? Pam mae hi'n teimlo'r angen i wisgo mwgwd dyddiol? Dyma lle mae cyffro'r cymeriad i mi a hoffwn wybod mwy am bwy ydy hi, am ei chymhelliant er mwyn cynnig y dyfnder iddi o fewn y munudau byr hyn nad yw'r gwaith yn caniatáu ar hyn o bryd.

Mae *Rhisiart* yn cyflwyno Rhys ac yn rhoi llais i gymeriad sydd yn aml yn cael ei anwybyddu yn ein bywydau dyddiol. Mae Rhys yn gymeriad difyr, crwn a'i iaith lafar naturiol yn ychwanegu at y cymeriad: iaith y stryd a honno wedi ei harsylwi'n graff iawn. Mae ysgafnder rhythmau'r fonolog yn wrthgyferbyniad hyfryd i brofiad bywyd y cymeriad. A thrwy feistrolaeth Rhisiart o'r grefft o ddramodi, mae'n cyflwyno'r trywydd sydd wedi arwain Rhys at orfod gwerthu'r *Big Issue* mewn modd dirdynnol o ffeithiol sydd ddim yn hunandosturiol o gwbl. Mae'r cyffyrddiadau o hiwmor yn grefftus ac yn dangos ochr hunanddilornus y cymeriad yn ogystal â'i gryfder yn wyneb adfyd, 'dw i angan *qualifications* i 'neud y job yma 'fyd ... bod yn *homeless*'. Mae'r frawddeg olaf yn dynoleiddio sefyllfa Rhys ac yn herio'r gynulleidfa i gofio bod gan bawb stori a bod rheswm dros ddigartrefedd sydd yn ymestyn ymhell tu hwnt i'r hyn a welwn – neu yr hyn yr ydyn ni'n ei anwybyddu. Prociad i'n cydwybod.

Mae *Sbigoglys* yn ein cyflwyno i Casey: cymeriad ifanc hoffus, annwyl iawn. Mae *Sbigoglys* yn cyflwyno themâu o unigrwydd drwy lygaid bachgen yn ei arddegau sy'n awchu am gyswllt emosiynol gyda'i fam. Mae'r fonolog hon yn gynnil yn y ffordd y mae'n dal drych at ein byd ni a'r hyn y mae rhieni yn gorfod ei wneud er mwyn ceisio cynnig sefydlogrwydd i'w teuluoedd. Yr eironi yma yw bod dewisiadau'r fam yn achosi mwy o ansefydlogrwydd i'r plentyn wrth iddi fynd yn nosweithiol mewn 'ceir dynion cyfoethog hefo dim blas'. Does dim siarad am beth mae hi'n ei wneud tu hwnt i'r sicrwydd y bydd hi adref yn y bore a'r cais i Casey fod yn fachgen da i Mrs Jones. Mae *Sbigoglys* yn cyflwyno poen Casey yn gynnil iawn wrth iddo fwynhau'r caredigrwydd syml a ddengys Mrs Jones wrth wneud pryd syml iddo pan mae hi'n gwarchod. Mae'r llinell 'Ni byth yn ffraeo. Os unrhywbeth byse well gen i taswn ni yn. O leiaf bydden ni'n siarad wedyn' yn ennyn cydymdeimlad y gynulleidfa, teimlad sy'n cynyddu gyda phob brawddeg wedyn hyd at bwniad y frawddeg olaf, 'falle, os ga i car digon smart ... falle bydd Mam moyn dod gyda fi hefyd'. Prociad i gydwybod rhieni ym mhobman.

Mae *Sosej* yn cyflwyno darn direidus, sy'n gwneud defnydd chwareus o ystyr ddwbl. Rwy'n hoff iawn o'r cymeriad hwn sy'n ein hatgoffa bod ein pobl hŷn hefyd wedi byw bywyd ac yn deall be ydy be! Mae'r sosej yn drosiad doniol, ond amlwg efallai, am ei pherthynas gyda'i gŵr, Brian. Mae darnau cynnil yn y darn sydd yn datgelu efallai nad oedd Brian â'r un fath o fuddsoddiad yn eu perthynas, yn enwedig gan mai ei hoff le i gael sosej (a 'tships') oedd ar draeth lle na welai ddim ond dynion hanner 'porcyn'. Mwynheais ysgafnder y darn a direidi yr hen fenyw sydd wedi bod yn ddigon dedwydd ei byd er gwaetha'r ffaith bod ei pherthynas yn unochrog. Mae'r cymeriadau nad ydynt yn ymddangos yn ystrydebau o fathau o bobl – hoffwn weld y rhain yn mwynhau'r un datblygiad â'r hen wraig ddireidus.

Mae *Y Ffin* yn cyflwyno cymeriad sy'n dioddef o gamau cyntaf *dementia*. Mae'r cymeriad yn llithro'n aml rhwng cofio ac anghofio, y presennol a'r gorffennol. Mae'r dramodydd yn cyflwyno penbleth a chreulondeb y salwch mewn modd sensitif a chelfydd sydd yn gosod y gynulleidfa fel teulu Iolo yn methu amgyffred ei newid hwyliau a'i drywyddion meddwl dryslyd ac, fel Iolo ei hun, yn y mewnwelediad y mae'n ceisio ei roi i sut beth yw'r dioddef. Mae ei gyn-yrfa fel pêl-droediwr llwyddiannus yn dal yn y cof yn rhywle: 'Cap. Capia. Pêl. Sgin i ddim pêl i fynd allan i chwara. Odda ni'n chwara pêl yn 'r ysgol ...' Rydyn ni'n tystio i ddirywiad cyflym yn y cymeriad ac yn teimlo yn gwbl ddiymadferth i helpu wrth iddo gloi y fonolog gan erfyn, 'Plis ga'i fynd adra, Mam?' Ymgais gref iawn.

Mae *Yucca* yn cyflwyno monolog ddirdynnol sy'n cynnig safbwynt tad ar dor calon colli plentyn. Mae'r dramodydd hwn yn ysgrifennu gyda llais diffuant, credadwy sy'n ein symud o ddigwyddiadau di-nod bywyd modern 'O'n i 'di bod yn scrôlio trw' fideos o gathod yn dawnsio ers tua chwartar awr pan waeddodd hi o'r *bathroom*' at ddyfnderoedd poenus diymadferth y cymeriad 'Achos be ffwc ydw i'n w'bod am be' a'th hi drwyddo?' Mae gwacter yr eiliadau o ddisgwyl yn yr ysbyty yn cael eu dwysáu gan wacter yr ystafell aros. Mae hiwmor ffraeth y darn yn cynnal y syniad o geisio symud ymlaen er gwaetha'r drasiedi y mae'r cwpl ifanc yn ei wynebu. Mae yma gyfeiriadau parhaus at boen y fam, ac at y dewisiadau corfforol annynol yr oedd yn rhaid eu gwneud. Cyflwynir y rhain mewn ffordd syml a noeth sydd yn tanlinellu'r erchylltra wrth eu hystyried fel cynulleidfa. Dyma fonolog grefftus, theatrig sydd yn cydio ym mhob llinyn emosiwn ac sydd yn haeddu cael ei chlywed.

Roedd y safon eleni yn eithriadol o uchel. O'r 18 cais, roedd y rhan fwyaf yn ganmoladwy iawn. Ond, wrth ystyried cynildeb y ffurf, synnwyr theatrig a'r syniad o fynd â chynulleidfa ar daith emosiynol, mae *Hari*, *Marais*, *Sbigoglys* a *Yucca* yn llwyddo i greu bydoedd cyflawn, credadwy a diffuant sy'n effeithio ar y gynulleidfa yn gorfforol. A serch yr ystrydeb eisteddfodol, wir, dim ond trwch blewyn sydd rhwng y dramodwyr anhygoel hyn a'u cymeriadau cyfoethog. Ond mae un yn llwyddo i gyflwyno profiad dirdynnol y cymeriad mewn modd sydd mor gredadwy o boenus, hyd yn oed ar y dudalen. Ac oherwydd y rheolaeth sydd gan y dramodydd dros eu crefft yr wyf yn rhoi'r wobr i *Yucca*.

Creu ffilm fer i unigolion neu grwpiau

Creu ffilm ddogfen ar unrhyw bwnc, rhwng 5 a 10 munud o hyd

BEIRNIADAETH IWAN ENGLAND

Roedd y tair ffilm a gynigiwyd i'r gystadleuaeth hon i gyd yn ddarnau ffeithiol gyda dylanwad rhaglenni materion cyfoes i'w gweld i rai graddau, a chyfweliadau newyddiadurol eu naws yn chwarae rhan ganolog ym mhob ffilm.

Cynyrchiadau Radar Productions, 'Cerddoriaeth ar y Sbectrwm': Roedd y cynnig hwn yn adrodd stori Dylan, gan greu portread o ddyn ifanc ar y sbectrwm awtistaidd a'i berthynas gyda cherddoriaeth. Roedd y dull adrodd yn cyfuno capsiynau syml gyda llais oddi ar gamera yn holi cwestiynau. Roedd y *jump cuts* achlysurol yn gymorth wrth ddweud y stori gydag egni, er bod angen mwy o ofal wrth fframio a llwyfannu'r cyfweliadau a oedd yn ffurfio rhan helaeth o'r cynnwys. Ac er bod goleuadau lliw yn gallu ychwanegu at gefndir cyfweliadau mae angen bod yn gynnil wrth eu defnyddio.

Cymro i'r Carn, 'Theo Davies a'i Feibion, Taith i Glyn Ceiriog': Ffilm am weithdy coed unigryw sydd yma. Roedd dealltwriaeth amlwg o ffurf a gramadeg gweledol ffilm a theledu o'r cychwyn cyntaf, a sgript troslais yn gosod y cwestiynau y byddai'r darn yn ceisio'u hateb yn glir. Roedd ôl golygu aeddfed hefyd, er bod rhai o'r dilyniannau a oedd yn plethu cerddoriaeth a saethiadau sefydlu braidd yn hir. Roedd newid arddull o'r troslais i gapsiynau fymryn yn anesmwyth mewn darn mor fyr, ond er hynny roedd strwythur clir a gwead hyderus i'r cyfan, a defnydd o ddeunydd archif, saethiadau a oedd yn ehangu'r cynnwys a manylion y gweithdy yn gwau'n llyfn. Mae'n ymddangos taw gwaith unigolyn neu griw bach iawn sydd yma, ac mae'r hyn a gyflawnwyd yn agos at gipio'r wobr.

Cynyrchiadau Half Productions, 'Tik Tok – Mae'r Cloc yn Tician': Serch hynny, roedd gwaith tîm cynhyrchu mwy o faint *Cynyrchiadau Half Productions* yn fwy uchelgeisiol ac yn sicrhau safonau technegol mwy cyson. Roedd y golygu yn dangos uchelgais gydag effeithiau sain, cerddoriaeth a delweddau yn fframio'r ffilm ac yn bachu'r sylw. Roedd y cyfweliadau wedi eu ffilmio ar ddau gamera a'u goleuo'n ddramatig, ac roedd cynllun y sain yn gymhleth ac yn ychwanegu at y dweud. Mae gofyn meistroli elfennau technegol o'r math, gan gynnwys dewis onglau ffilmio yn ofalus, torri rhwng y camerâu yn arafach ac yn fwy pwrpasol a bod yn fwy cynnil gydag effeithiau sain a all dynnu sylw oddi ar y cyfweliadau canolog. Er hynny, roedd y tîm yn dangos dealltwriaeth o'r ffurf a pharodrwydd i efelychu dulliau storïol cymhleth. Nhw yw'r enillwyr haeddiannol.

Fe'm plesiwyd yn fawr gan ddealltwriaeth y gwneuthurwyr ffilm ifanc o rai o hanfodion technegol a strwythurol dweud stori trwy ffilm. Fy apêl i bob un ohonyn nhw fyddai i ochel rhag efelychu dulliau materion cyfoes, newyddiadurol yn unig ac i ystyried dulliau adrodd ffilmiau dogfen creadigol a phoblogaidd. Dw i'n edrych ymlaen at weld gwaith pob un o'r criwiau yn y dyfodol.

Adran

Maes D

Cystadleuaeth y Gadair
Cerdd ar unrhyw ffurf: Cwm

CWM

'Amser deffro, Delyth,' daeth llais nyrs o rywle.
Dim eto, diolch ... dim eto ...

Tu ôl i fy llygaid caeedig, dw i adre.
Gwelaf y wawr yn agor ei llenni
a dyna fy nghwm yn ei holl ogoniant.

Nid yw'r haul yn ymladd ei gwsg
ond yn llusgo ei fysedd o oleuni,
trochi mewn oren
ar draws yr awyr welwlas.

Pili-pala dw i
yn cael fy nghario ar awel y bore,
dros glytwaith o gaeau gwyrdd,
a'r gwenoliaid tlws,
fel lleianod bach yn eu du a gwyn
yn paratoi am eu siwrne fawr.

Clywaf Nant Feinion yn byrlymu
ar ei ffordd i Afon Hafren
ac yng ngardd fy meddwl
mae'r haf yn pacio ei fagiau
mewn arlliwiau o wyrdd mwsoglyd
yn barod ar gyfer ei ymadawiad.

Mae'n nosi.
Mae'r lleuad yn ddiamynedd,
yn gorwedd ar ben y bryn
a'i freichiau wedi'u hymestyn
wrth i'r nos dynnu ei chysgod i lawr.

Cyn bo hir, byddaf yn rhan ohonoch.
Adre o'r diwedd,
yn chwythu ar awel y bore.
Bydd fy enaid efo chi am byth.
Ond dim eto, diolch ... dim eto ...

Gwyddfid

BEIRNIADAETH MYRDDIN AP DAFYDD

Mae'r gair sydd wedi'i osod yn destun i'r gystadleuaeth hon yn enghraifft wych o'r iaith yn agor drws newydd i rai sy'n dysgu'r Gymraeg. Mewn geiriadur, y diffiniad o'r gair hwn fyddai 'dyffryn cul a dwfn ac ochrau serth iddo'. Ond yn iaith y galon, mae'n golygu pobl, cynefin, perthyn, hanes, rhannu treftadaeth, cymdeithas, byw gyda'n gilydd, cynorthwyo ein gilydd. Mae hefyd, fel y gwyddom yn dda, yn gallu golygu bygythiad, boddi, colli, gormes, brwydr, amddiffyn. Gwlad o gymoedd sydd ganddon ni, ac o gwm i gwm yr ydan ni'n dod yn rhan o Gymru. Testun cyfoethog, felly, yn adlewyrchu'r profiad cyfoethog sy'n dod i ran y rhai sy'n dysgu'r Gymraeg.

Yn naturiol, oherwydd dalgylch yr Eisteddfod eleni, mae gan y cymoedd glofaol bresenoldeb amlwg yn y cerddi. Defnyddio cerdd Crwys i gwm trist y glowyr yn sail i gerdd newydd a wnaeth *Iona Rhydychen*. Ond gweld pentrefi heddiw yn mynnu arddel y Gymraeg a wna, gan groesawu'r Eisteddfod Genedlaethol i Rondda Cynon Taf. Er bod dirwasgiad a thlodi yno o hyd, mae'r Brifwyl yn dod â hwyl a difyrrwch i bobl y cwm.

Cerdd atgofus, faledol ei naws am blentyndod mewn cwm glofaol lle roedd y tad-cu yn gweithio dan ddaear sydd gan *J C Milne*. Fel sy'n addas i un sydd wedi dysgu iaith arall, mae yma hoffter o fynd dan groen geiriau ac mae hyn yn talu am ei le. Cerdd sy'n llawn awyrgylch arbennig.

Mae treftadaeth ddiwydiannol y cwm bellach mewn amgueddfa ac mewn cofebau yn llygad y cyhoedd yng ngherdd *Lewsyn*. Darluniau ail-law ydy'r rhain yn y gerdd. Darluniau ar yr wyneb gyda'r cwm go iawn yn cael ei erydu hyd at ddiflaniad. Cerdd rymus.

Mae *Miss Blewett* yn canu am gwm unigol ond sy'n gwm nodweddiadol o'r maes glo hefyd. Mae'r un elfennau cyffredin, anghyffredin yn perthyn iddo. Ond dyma gwm sydd hefyd yn anthem genedlaethol – o gwm y genir gwlad.

Afon y cwm ydy dolen *Porth y De* ar gyfer darluniau'r gerdd hon – yr afon oedd yno pan oedd y cwm yn goediog a thawel, yr afon yn y cyfnod diwydiannol, afon yr awen a'r hiraeth erbyn hyn.

Adfeilion diwydiant arall sydd gan *Sue y Sw*. Yn ei cherdd cawn ddarlun o gwm adfeilion y diwydiant llechi ac ailsefydlu byd natur dros sbwriel y chwarel.

Cwm amlwg arall yn y cerddi ydy Cwm Tryweryn. Mae *Anni Byniaeth* yn plethu lleisiau'r cwm heddiw gyda lleisiau'r gorffennol. Cerdd sy'n llawn awyrgylch a gwrthdaro a diweddglo cadarn. Y tawelwch ar ôl boddi Tryweryn sydd gan *Margo Aderyn*. Mae Tryweryn yn thema yn ogystal â bod yn gwm ar fap. Meddai *Dolforwyn*: 'Cofiwch ein cwm bech ni;/ mae'n boddi/ yn ei ffordd ei hun.' Nid yw pob newid a welwn er daioni: 'Mae ôl peiriant rhydlyd,/ nid sietyn,/ yn dringo'r bryn.' Mae bygythiadau eraill yn bod yn ogystal â chodi argaeau.

Mae natur, hanes a chyffro'r bywyd presennol yn Nant Gwrtheyrn wedi cyffroi'r awen yn ogystal. Down i ddeall ym mhennill olaf *AfonWyn* mai Nant Gwrtheyrn a gwledigaeth y Dr Carl Clowes ydy ei ysbrydoliaeth. Ailgodi'r to sydd yma a gweld y Gymraeg yn tyfu, ar ôl 'cân y morthwyl a'r llif' ac ymledu dros y mynydd. Adfer y cwm hwnnw sydd gan *Brân Goesgoch* hefyd, a chawn ddarlun ysblennydd o'r hyn sydd yno bellach: 'Rŵan mae 'na ganeuon, chwerthin a sgwrs/ Am byth yn yr hen iaith wrth gwrs,/ Yn y cwm ...'

Mae cerddi'r Nant yn ein harwain yn naturiol at yr iaith ei hun. Cwestiwn da i unrhyw un sy'n ei siarad ydy 'pa rai ydy dy hoff eiriau yn yr iaith?' Mae *Bachgen Bach o Ferthyr* (2) yn rhannu hynny gyda ni: 'Dw i'n dwlu ar eiriau fel "mynwenta", "gwyll", "ystlum".' Mae geiriau eraill yma sy'n dangos apêl y cwm iddo: 'teimlo fel madyn', 'cwato', 'pererin', 'hafan', a 'noddfa'. Protest yn gwrthwynebu protest yn erbyn addysg Gymraeg sy'n corddi *Sara Parry*: 'Mae'r gymuned yn dynn fel dwrn caeedig' wrth wrthwynebu Ysgol Gymraeg. Creu meddyliau caeedig mae'r cwm hwn, ond mae enwau'r cymoedd yn adrodd stori arall – stori'r Gymraeg yn iaith fyw. Dwy ochr wrthgyferbyniol sydd yma ac mae'r gwrthdaro yn cael ei fynegi'n groyw a chryf.

Mae llethrau cwm yn creu ymdeimlad o berthyn. Dyna'r elfen sy'n ysgogi cerddi *Anwyn, Flinty, Martyn Craig Cullen* a *Penygraig*. Cerdd weledol ar siap cwm sydd gan *Goleudy* – rydan ni'n dod i lawr y llechwedd gorllewinol ac yna'n dringo'r un dwyreiniol. Mae defnydd difyr yma o dynnu sylw at siapiau llythrennau a'r hyn sy'n cael ei ddal o fewn eu llinellau. Gan *Cnicht* cawn gerdd o fawl i Gwm Cynfal, gan arwain o ddarlun cynnes o'r tir a'r gymdeithas at y rhagolygon tywyll sy'n wynebu'r cwm yn y dyfodol, ac apêl daer am barhad.

Gadael y cwm y mae *Merch Elfed* – a hynny yn 'amharod ac anfodlon'. Mae'r gerdd yn cyffwrdd â'r hyn sydd wedi'i golli: y cyfeillgarwch, y cynhesrwydd, y golygfeydd a'r teulu. Er bod y cwm wedi ail-lasu, mae'r bardd yn dal i chwilio am rywbeth sydd wedi'i golli.

Dychwelyd o'r dref i'r wlad ac i gwm cynefin sydd yng ngherdd *Llanc y Pumdegau*. Mae dweud cynnil a chraff yn cyfleu adnabyddiaeth ddofn: 'rwyt ti'n nabod y goeden wrth ei changen'. Dychwelyd at wreiddiau byw sydd yma mewn ffordd annwyl a hoffus.

Claf (oedrannus?) sydd gan *Gwyddfid* yn dychwelyd i gwm cynefin rhwng cwsg ac effro mewn ysbyty. Mae'r freuddwyd yn llawn atgofion deniadol, a dyma le'r enaid tragwyddol yn y gerdd. Telynegol ac aeddfed iawn, a thro dynol, traed ar y ddaear yn y llinell olaf. Dyheu am ddychwelyd sydd gan *Mary Barker* hefyd. Mae'r ailadrodd 'dewch adra' yn swnio fel galwad bwncath, sŵn gwynt neu afon. Mae'r ailadrodd yn rhoi naws gampus i'r llinellau.

Byd natur a thymhorau'r cwm sydd gan rai. Gweld yr haf yn gadael a'r gaeaf diffaith yn cyrraedd y mae *Arwen*. Mae cerdd Y *Beiciwr* yn agor gyda dau bennill swynol a thelynegol, ond wrth iddo amrywio'r mesur wedi hynny, mae'n colli ychydig o naws. Taith ar feic cwad uwch y cwm yn y cyfnos sydd gan *Bachgen Bach o Ferthyr* ac mae'n llwyddo i greu awyrgylch gydag ymadroddion gafaelgar megis 'roedd y golau'n cilio' a 'lleuad asgwrn-gwyn'. Yma eto, y mae ymwybyddiaeth o gryfder ysbrydol o fewn daear cwm cyffredin. Rhyfeddod yr ysgyfarnogod yn y cyfnos ydy darlun agoriadol cerdd *Calon Wir*. Rydym yng nghwmni 'ŵyn Melangell' yng nghwm hyfryd Pennant y santes honno. Tro braf yn y gerdd fach gynnes hon ydy mai'r ysgyfarnogod sy'n gwarchod gorweddfan Melangell erbyn hyn. Y rhai sy'n gwarchod a gaiff yn eu tro eu gwarchod eu hunain.

Mae gan *acGlyndŵr* arddull sy'n defnyddio ailadrodd i greu awyrgylch melys. Cerdd sy'n cyfleu apêl y cwm fel cerddoriaeth ydy hon: 'Cerddoriaeth ogoneddus/ Y galw melys.'

Cerdd am dir ar y glannau a feddiannwyd o'r môr sydd yn rhan gyntaf cerdd *Texel* – rydym ar un o ynysoedd yr Iseldiroedd, mewn ardal eang ei gorwelion ac estron ei geiriau, ond eto gwlad annwyl i'r bardd. Mae ail hanner y gerdd yn dod â ni at gymoedd Cymru ac mae'r gwrthgyferbyniad yn drawiadol – ond mae hon hefyd yn wlad annwyl i'r bardd. Mae llinellau'r bryniad yn creu cymuned iddo. Mae *Telor Gwent* hefyd yn mynd â ni i dir pell: mesur pedair llinell yn crynhoi teyrnas yn yr Hen Ogledd mewn dull englynaidd sydd ganddo.

Mae dwy linell olaf pennill cyntaf *Afon las* yn darlunio defaid yn crwydro'r cwm: 'Heb wybod am y bywyd hynafol/ sy'n gorwedd yn dawel o dan eu traed.' Dyna ddarlun cynnil o golled y rhai nad oes ganddyn nhw'r allwedd. Mae'r gerdd hon yn cloi'n llawn cysur a gobaith y bydd y cwm yn cynnig lloches a chartref parhaol ac y bydd yno 'bob amser' inni ddarganfod y cyfoeth coll.

Yng ngherdd *Bilidowcar* mae barcud uwch y cwm sy'n cario ysglyfaeth i'w gywion yn troi'n ddelwedd o drawsnewid. Mae 'marwolaeth' yn 'bwydo' bywyd newydd. Gallwn ddehongli hynny ar sawl lefel. Mae'r byrhoedlog a'r bywyd hynafol yn cyd-fyw yn y cwm ac 'yr ydan ni'n teithio drwyddo,/ weithiau'n cwrdd â llawenydd'. Cerdd sy'n gwneud i ni oedi a meddwl.

Mae *Arwyddion Gobaith* wedi canfod iaith o fewn iaith. Nid dysgu'r Gymraeg yn unig a wnaeth ond dysgu'r cynganeddion yn ogystal. Mae'i gerdd mewn gwers rydd gynganeddol ac mae rhywun a all drafod bendith yr ysbrydol drwy ddelwedd y cwm a chloi gyda llinell fel 'yn glir, fel tarth o'r glyn' yn haeddu'r llongyfarchiadau gwresocaf.

Mae *Pluen* wedi anfon pedair ymgais i'r gystadleuaeth ac mae ganddo ei lais a'i themâu ei hun. Twnnel tywyll mewn bywyd ydy delwedd y cwm yn ei gerdd gyntaf – ond mae'r bardd yn cynnig llaw i arwain. Ac mae goleuni yn y diwedd. Cerdd wedi'i hadeiladu'n dda ac wedi dewis ei geirfa'n ofalus. *Pluen 2:* mae difancoll yn codi drwy'r penillion hyn – a hynny mewn ffordd ddigon dychrynllyd. *Pluen 3:* cwm y bugail ydy'r ddelwedd – mae'r mamau a'r ŵyn angen lloches a gofal, ac mae'r cyfrifoldeb yn drwm ar ysgwyddau'r bugail. Yr aderyn ysglyfaethus uwchben ydy'r gelyn. Cerdd y gellir gweld darluniau eraill yn ei delwedd. *Pluen 4:* cwm oer yn agendor rhwng dau gymar neu ddau gariad sydd yma. Yn y gwacter, mae peryg i bopeth annwyl gael ei golli.

Mae'r amrywiaeth a gawn yn y themâu o fewn y testun gosod yn fy mhlesio'n fawr. Mae'r cystadleuwyr wedi canu o'r galon ac wedi dewis pynciau sy'n golygu llawer iddyn nhw. Mae yma angerdd, lond gwlad, yn y cerddi. Mae yma grefft hefyd – crefft i ddewis gair, crefft i fod yn gryno, crefft i greu lluniau. Mae dysgu'r Gymraeg wedi agor drysau newydd a doniau newydd i'r cystadleuwyr, mi allwn gredu. Ar frig y gystadleuaeth mae *Arwyddion Gobaith, Pluen, Calon Wir, Lewsyn* a *Sara Parry*, ond mae'r wobr, a'r Gadair gyda phob clod, yn cael eu dyfarnu i *Gwyddfid*.

Cystadleuaeth y Tlws Rhyddiaith
Darn o ryddiaith, hyd at 500 o eiriau: Cymuned

....

Y TŶ GWYDR

Syllodd hi ar y tŷ gwydr. Roedd ei ffrâm fetel wedi'i phlygu ar un ochr, ar fin ymollwng. Roedd ambell ddarn o wydr eisoes yn rhydd, yn hongian braidd ond yn gyfan o hyd. Doedd dim pwynt ceisio'i achub. Pwy fasai isio fo? Doedd bron neb ar ôl. Wedi symud i ffwrdd, neu wedi marw. Gadewch i'r môr ei gael, dwedodd hi wrthi hi ei hun. Beth bynnag, basai'n beryglus ceisio gwneud. Roedd Asiantaeth yr Amgylchedd wastad yn glynu arwyddion yn rhybuddio pa mor ansefydlog oedd y clogwyni, fel tasai hi ddim yn hollol amlwg. Tasai hi'n mynd yn rhy agos, medrai hi syrthio ugain troedfedd a thorri ei gwddw. Ochneidiodd. Un bore basai hi'n rholio llenni'r gegin i fyny a fasai fo ddim yma mwyach. Am y tro, edrychodd y tŷ gwydr yn ôl arni yn ddigymorth, heb ddweud gair.

Cofiai pan oedd o'n newydd. Pa mor falch oedd Derek wedi bod ohono. Cyn gynted ag y cyrhaeddodd y rhannau, daliodd ati i'w godi, darn wrth ddarn, nes i bob darn o wydr glipio'n daclus i'w le. Ni fedrai aros i ddangos yr holl nodweddion iddi. Pa mor rhwydd agorai'r drws; y ffenestri *louvres*. Gwenodd arni'n dyner, wrth edrych i'w llygaid. Edrych, dw i'n hapus, roedd ei lygaid yn smalio, mae pethau'n iawn, wir.

Yr haf hwnnw, rhwng ei sifftiau yn y siop leol, basai hi'n picio lawr i'r tŷ gwydr tra oedd Derek yn y gwaith. Roedd hi wrth ei bodd yn camu i mewn ac yn teimlo'r gwres ar ei chroen. Roedd hi'n anhygoel pa mor boeth oedd o. Caeodd ei llygaid ac anadlu'n ddwfn. Roedd yr arogl pwerus o domatos yn pobi o dan wydr poeth yn feddwol. Hyd yn oed ar ôl yr holl flynyddoedd, medrai eu harogli. Faint o flynyddoedd oedd o erbyn hyn? Roedd cymaint wedi newid, ni fedrai gofio.

Pan brynon nhw'r byngalo, roedd eu bywydau newydd ddechrau. Dwy flynedd yn briod, roedd yr ardal yn cynnig mwy o le, gardd, awyr iach. Roedd y byngalo'n fach ond dim ond dau oedden nhw, am y tro o leiaf. Ac roedd y bobl mor gyfeillgar. Roedden nhw wedi cael lein ffôn wedi'i gosod yn gynnar, ar ôl i Derek sgwrsio efo un o'r cymdogion yn y dafarn oedd yn digwydd bod yn beiriannydd gyda'r Swyddfa Bost. Aeth y cardiau'n ddryslyd ac un chi oedd y job nesaf, meddai'r cymydog efo chwinc. Y dyddiau hynny.

Trodd hi i ffwrdd o'r tŷ gwydr a cherdded i flaen y tŷ. Sylwodd ar yr ysgol, ar gau ers saith mlynedd oherwydd diffyg disgyblion; ei ffenestri wedi'u bordio. Roedd hi'n casáu byw mor agos at yr ysgol. Roedd hi'n atgof o bob dim oedd hi wedi'i golli – ac na ddigwyddodd erioed hefyd. Dim pwrpas mynd drosodd eto, meddyliodd. Pa les mae'n wneud? Clepiodd ddrws y cefn. Ddylai hi ddim bod wedi ei adael ar agor efo'r gwynt yn codi. Brysiodd yn ôl i'r ardd, mewn pryd i weld y darn gwydr cyntaf yn diflannu o'r ffrâm fetel.

Dysgwr

BEIRNIADAETH CRIS DAFIS

Daeth 17 ymgais i law, ac mae'n dda gen i ddweud bod gan bob un darn rinweddau a chryfderau. Byddwn yn annog pob un ohonyn nhw i barhau i ysgrifennu, a dymunaf bob lwc iddyn nhw yn hynny o beth. Mae rhai, wrth gwrs, yn fwy caboledig, yn fwy treiddgar, yn fwy gorffenedig na'i gilydd.

Dyma bwt am bob un o'r darnau.

Mae tair ymgais yn y Trydydd Dosbarth: *Mair*, *Gwyn Eira*, a *Marmite 2*.

Taith unigolyn yn ailddarganfod Cymru a'r Gymraeg ar ôl cefnu arnyn nhw yn ei hieuenctid sydd gan *Gwyn Eira*. Mae'n llwyddo i gyfleu'r hiraeth a'r angerdd a'i gyrrodd ar ei thaith, ond ychydig yn rhy ddisgrifiadol yw'r darn, er bod dawn ysgrifennu yma heb os. Hoffwn fod wedi gweld mwy o ddychymyg yn y dweud.

Mae ymgais *Marmite 2* yn sicr yn fwy dychmygus o ran y syniad sydd wrth ei wraidd. Mae'r darn 'Y Frwydr' yn disgrifio ymgiprys rhwng milwyr gwahanol wledydd, ond mae 'na dro mawr yn y gynffon. Er mor ddychmygus yw'r syniad, fodd bynnag, mae'r dweud yma eto ychydig yn rhy syml-ddisgrifiadol.

Mae darn *Mair*, ar y llaw arall, 'Cymuned', yn ddychmygus iawn o ran ei arddull a'i gynnwys, ac mae ar ffurf monolog fewnol. Mae ambell frawddeg drwsgl yma, sy'n gwneud y darn yn anos ei ddilyn nag y dylai fod, ac mae hynny'n amharu ar y mwynhad.

Rwyf wedi gosod chwe ymgais yn Nosbarth 2: *Annie Emlyn*, *claras64*, *Guto ap Gwilym*, *Meisgyn Go Iawn*, *Menyw Las*, a *Monica Titherington*.

316

Mae darn *Annie Emlyn*, 'Pwy wnaeth e?' yn un sydd ag iddo hiwmor absẃrd, ac roedd yn ddifyr cael dogn o hiwmor ymhlith yr ymdrechion. Mae yma awdur talentog a fydd, rwy'n siŵr, yn gallu datblygu ymhellach wrth i'w arfau iaith gryfhau ryw fymryn.

Mae pwnc darn *claras64*, 'Ffeindio fy Nghymuned', yn fwy difrifol o lawer, ac mae'n braf gweld ymdriniaeth sensitif o bwnc pwysig awtistiaeth yn y Gymraeg. Mae yma ddawn dweud, a fydd yn datblygu ymhellach wrth i deithi iaith yr awdur addawol hwn ddatblygu.

Mae gwaith *Guto ap Gwilym*, 'Tapestri Cymunedol Sgubs', yn gaboledig o ran y Gymraeg, ac yn bortread da iawn o ardal benodol. Ychydig yn rhy ddisgrifiadol yw'r darn, a hoffwn fod wedi gweld portread ychydig yn fwy amlhaenog efallai.

Portread o ardal sydd gan *Meisgyn Go Iawn* hefyd, yn y darn 'Cymuned'. Dyw'r dweud ddim cystal ag eiddo *Guto ap Gwilym*, ac mae'r ddau ddarn yn dioddef ychydig o fod yn rhy unhaenog, ond unwaith eto, mae yma awdur addawol iawn.

Mae darn *Menyw Las*, 'Cymuned o Goed', yn llawer mwy uchelgeisiol, ac ymhlith darnau mwyaf dychmygus y gystadleuaeth. Yn anffodus, mae'r dweud ychydig yn wan, yn enwedig yn y diweddglo, ac mae'n teimlo fel bod yr ymgeisydd wedi gorwasgu'r syniad canolog i weddu at bwnc y gystadleuaeth.

Mae *Monica Titherington*, yn ei darn 'Cymuned', wedi syrthio i'r un fagl ag ambell un arall yn y gystadleuaeth – naratif rhy ddisgrifiadol, heb ddigon o dreiddio y tu ôl i'r hyn sy'n digwydd. Mae'n darllen yn rhwydd, fodd bynnag.

At y cryfaf o blith yr ymgeiswyr, felly. Roedd yn wych gallu cynnwys wyth ymgais yn y Dosbarth Uchaf: *Alltud yn y Dwyrain, Atgof Pell, Chwilen, Dafad Las, Dysgwr, Marmite, Nelson Powys*, a *Sara Parry*.

Mae darn *Alltud yn y Dwyrain*, 'Cymuned', yn bortread, mewn Cymraeg coeth a hynod raenus, o ddwy wraig oedrannus a'u hymadawiad â'r fuchedd hon yn adlewyrchu difodiant cymuned Gymraeg yng nghefn gwlad. Mae yma ddweud mawr mewn ffordd gynnil aeddfed.

Mae darn *Chwilen*, 'Cymuned', hefyd ag iddo Gymraeg coeth a graenus, yn adfyfyrio ar dranc cymuned chwarelyddol ac yn pendroni ynghylch ystyr 'cymuned'. Mae yma wir adnabyddiaeth o'r gymuned, a diweddglo teimladwy a chryf.

Mae *Marmite* hefyd yn pendroni ynghylch gwir ystyr 'cymuned' mewn darn arall sydd â'r gair 'Cymuned' yn deitl iddo, ac mae'r darn hwn hefyd yn goeth ac yn raenus iawn. Mae yma glodfori mawr ar gymuned, heb droi'n sentimental, ac mae tro annisgwyl, braf yn y diweddglo.

A *Nelson Powys* yntau'n ceisio deall gwir ystyr y gair 'cymuned' yn y darn – ie, 'Cymuned' – a hynny, unwaith eto, mewn Cymraeg graenus tu hwnt. Braf gweld cymunedau amrywiol yn cael sylw yn y darn.

Gyda *Sara Parry* hefyd: pendroni dros ystyr 'cymuned' sy'n galon i'r darn. Dyna hefyd, unwaith eto, yw teitl y darn. Mae'r Gymraeg yma'n rhyfeddol o lân hefyd. Mae'r darn hwn yn nodedig am y mathau gwahanol o gymunedau – annisgwyl weithiau – y mae'n ein cyflwyno iddyn nhw.

Cymuned wahanol yw un *Dafad Las* – cymuned yn ystod Cyfnod y Clo, a mam yr awdur – a hithau'n ddigon oedrannus – yn camu i'r adwy i weithredu ar ran a gyda'r gymuned honno. Mae'r dweud yn dda, y Gymraeg yn hyfryd, a'r elfen bersonol yn gwahaniaethu'r darn oddi wrth rai o ddarnau mwy 'deallusol' y gystadleuaeth.

Mae darnau'r chwe ymgeisydd hyn yn gaboledig – a gallai pob un ohonyn nhw, mewn gwirionedd, fod wedi ennill Tlws Rhyddiaith y Dysgwyr. Ac mae hynny'n ddweud mawr! Un gŵyn fach ... Gwn mai 'Cymuned' oedd testun y gystadleuaeth, ond byddwn wedi hoffi gweld mwy o deitlau dychmygus ymhlith y darnau a ddaeth i law.

Ond mae dau ymgeisydd ar ôl. Dau ddarn a arhosodd yn y cof yn hir wedi'u darllen, gyda'u harwyddocâd a'u disgleirdeb yn dod yn fwyfwy amlwg wrth i rai o'r darnau eraill bylu yn y cof.

Atgof Pell a *Dysgwr* yw'r ddau ymgeisydd sydd ar y brig.

Mae darn *Atgof Pell*, 'Dod yn Wareiddiedig', yn gwbl wahanol i bob ymgais arall. Mae'n mynd â ni ymhell o dir Cymru, sy'n gefnlen i'r rhan fwyaf o ddarnau'r gystadleuaeth, i dir brodorion Gogledd America, a dylanwad dinistriol y Dyn Gwyn ar ffyrdd o fyw a thraddodiadau cynhenid, er mwyn 'gwareiddio' y trigolion. Mae'r Gymraeg yn gadarn, y dweud yn gryf, a'r cynnwys yn chwa o awyr iach, er mor drasig yr hanes.

Mae darn *Dysgwr*, 'Y Tŷ Gwydr', yn un syml ar yr olwg gyntaf, yn ddarn arall sy'n gresynu gweld cymuned yn diflannu. Ond ar ôl darllen, mae'r darn hwn yn aros yn y cof, ac yn mynnu mwy o sylw na'r un darn arall yn y gystadleuaeth. Yn raddol bach y down i sylweddoli gwir arwyddocâd y Tŷ Gwydr. Yn raddol bach, down i ddeall bod yma awgrymiadau cynnil iawn am drasiedïau cudd ...

Trodd hi i ffwrdd o'r tŷ gwydr a cherdded i flaen y tŷ. Sylwodd ar yr ysgol, ar gau ers saith mlynedd oherwydd diffyg disgyblion; ei ffenestri wedi'u bordio. Roedd hi'n casáu byw mor agos at yr ysgol. Roedd hi'n atgof o bob dim oedd hi wedi'i golli – ac na ddigwyddodd erioed hefyd.

Ac roeddwn i eisiau gwybod mwy ...

Dyma sy'n codi *Dysgwr* i frig y gystadleuaeth – y teimlad bod gan yr awdur ragor i'w ddweud. Bod mwy o lawer i'r stori. Bod y darn yn gyflawn ynddo'i hun. Ond bod llawer mwy i ddod hefyd. Am ddarn sy'n berl o stori, ac sy'n gwneud i ni fod eisiau clywed mwy – llawer mwy – *Dysgwr* yw enillydd Tlws Rhyddiaith y Dysgwyr eleni.

SGWRS MEWN SIOP SGLODION

'Edrychwch! Mae'r cytew yn byrlymu!'

'Ni allwch weld dros y cownter.'

'Ond dw i'n gallu CLYWED. A gallaf arogli'r finegr priodol. Ooh – sglodion trwchus! Dim o'ch nonsens *frites*!'

'Wyt ti eisiau pys, Mam?'

'Dim ond os ydyn nhw'n pys stwnsh – dim pys gardd. Wyt ti'n gwybod, dyn ni bob amser yn bwyta pysgod ar ddydd Gwener?'

'Ie. Wyt ti'n dweud bob wythnos.'

'Ai dyna pa mor hir yr ydym wedi bod yn aros?'

'Na, Mam. Felly, ar ôl hyn, byddaf yn mynd â chi yn ôl i'r cartref nyrsio. Iawn?'

'Iawn. Ydyn ni'n bwyta pysgod bob dydd Gwener?'

Jay Young

BEIRNIADAETH ANGHARAD DEVONALD

Daeth 25 ymgais i law, ac roedd safon y gystadleuaeth yn uchel drwyddi draw, gyda phob un o'r ymgeiswyr yn profi cadernid yn y patrymau a ddisgwylir yn eu Cymraeg ar y lefel hon, ac yn aml geirfa y tu hwnt i'r lefel. Roedd y sgyrsiau'n llifo'n rhwydd, ac ychydig iawn o wallau treiglo a sillafu a welwyd yn yr un o'r testunau, a rhaid llongyfarch yr ymgeiswyr i gyd ar hyn.

Roedd amrywiaeth eang i dôn a chynnwys y sgyrsiau, gyda nifer helaeth – gan gynnwys *Blob, Ci Griff, Doris Morgan, Haf, Lad o Lundain, Pysgod Hapus, Sophie* a *neidio wyn* – yn defnyddio hiwmor yn eu sgyrsiau, ac *Alwyn o'r Meini Mawr* yn defnyddio hiwmor tywyll. Braf iawn oedd gweld hynny, a hyder yr awduron i chwarae gyda'r Gymraeg er mwyn creu stori neu sefyllfa ddifyr a doniol.

Daeth *Alys* a *Jon Mier* o hyd i ffyrdd newydd o gynnwys sglodion yn eu deiet cytbwys, a braf iawn oedd gweld cyfeiriadaeth Gymraeg a Chymreig yng ngheisiadau *Helenina, Corphwhystle* a *John ap Gafr*. Cafwyd ymweliad gan y brenin a'r frenhines â'r siop sglodion yng ngwaith *Heulwen* ac roedd mam y ferch oedd yn gweithio yn y siop sglodion yng ngwaith *Helyn Trefflemin* yn ddigon lwcus i gael ei sglodion am ddim. Cafwyd ambell dân mewn siop sglodion fel yng ngwaith *Ben Kitchener*, a chymeriad yng ngwaith *Dyn Tun* yn dibynnu ar y siop sglodion tra bod ei wraig e bant. A *Myfanwy y perlysiau* druan yn methu â chael sglodion i dwymo ar ôl bod yn nofio yn y môr yng Nghymru ganol gaeaf.

Rhaid canmol *Aled Glyn* am greu deialog a oedd yn teimlo fel golygfa o opera sebon, gan adael y darllenydd yn awchu i gael gwybod mwy am hanes ei gymeriadau. Felly hefyd rhaid canmol gwreiddioldeb gwaith *Ystlum Bach* ac *Ystlum Bach 2* gyda'i siop sglodion i greaduriaid y môr, a'i 'gymdeithas dianc tatws'.

Ond y tri ymgeisydd ddaeth i'r brig oedd *Jay Young, Castro Jones* a *Mabel*. Er y cafwyd mân wallau ieithyddol yn y tri darn, roedd y tri awdur hyn wedi llwyddo i dreiddio'n ddyfnach i'r cymeriadau yn eu sgyrsiau. Arweiniwyd *Mabel* i wrthod credu mai Elvis oedd y dyn a oedd yn gweithio yn y siop sglodion oherwydd ei hamheuon am ei chariad. Roedd gwaith *Castro Jones* yn dangos cyn-brifathro a oedd nawr yn gweithio mewn siop sglodion ac yn athronyddu am y tebygrwydd rhwng ei gyn-ddisgyblion a thatws. Ond mae'r wobr yn cael ei rhoi yn haeddiannol i *Jay Young* am ei sgwrs syml, gynnes a thorcalonnus rhwng mam oedrannus a oedd yn cael mynd o'r cartref gofal i'r siop sglodion gyda'i phlentyn bob dydd Gwener, er mwyn archebu'r un bwyd, ac ailadrodd yr un sgwrs.

Llongyfarchiadau gwresog i'r cystadleuwyr oll am eu gwaith gwych.

TIPYN O LWC!

Wnaeth popeth dechrau gyda glec fawr tua 14 biliwn o flynyddoedd yn ôl ... dyna oedd tipyn o lwc.

5 biliwn o flynyddoedd yn ôl gafodd yr haul ei eni pan oedd llwch a nwy yn cael eu gorfodi gyda'i gilydd gan ddisgyrchiant. Cafodd y ddaear ei greu o'r darnau sbâr ... dyna oedd tipyn o lwc.

Tua biliwn o flynyddoedd yn ddiweddarach dechreuodd bywyd ar y ddaear, a gwnaeth anifeiliaid ymddangos 600 miliwn o flynyddoedd yn ôl ... dyna oedd tipyn o lwc.

Wedyn 65 miliwn o flynyddoedd yn ôl, gwnaeth y deinosoriaid ddiflannu achos mae asteroid mawr yn taro'r ddaear, ond goroesodd rhai mamaliaid y trychineb ac esblygodd bodau dynol ... dyna oedd tipyn o lwc.

Felly, mae 8 biliwn o bobl ar y blaned ond gwnaeth fy mam a fy nhad gwrdd a ges i fy ngeni ... dyna oedd tipyn o lwc.

Cymry dw i, a dw i'n byw yng Nghymru ... nawr mae hynny'n lwcus go iawn!!

Mwnci ffiseg

BEIRNIADAETH SEAN DRISCOLL

Fel rhywun sydd wedi dysgu Cymraeg fel oedolyn, hoffwn ddiolch i Bwyllgor y Dysgwyr am fy ngwahodd i fod yn feirniad yn yr Eisteddfod hon eleni. Mae'n fraint i mi gael bod yn rhan o'm heisteddfod leol. Rwyf wedi mwynhau'r profiad yn fawr, a hoffwn ddiolch o waelod fy nghalon i'r dysgwyr hynny a wnaeth godi digon o blwc i gystadlu yn y categori hwn. Mae pob un ohonynt yn haeddu gwobr am godi i'r her.

Ar ôl darllen gwaith yr wyth ymgeisydd unwaith, roedd yn amlwg i mi mai tri chystadleuydd oedd yn rhagori ar y gweddill. Ond hoffwn drafod pob un, cyn datgelu'r cystadleuydd buddugol. Dyma fy argraffiadau i, felly, yn nhrefn yr wyddor, o'r gwaith a gyflwynwyd.

Cyn-frodor: Diffinio ystyr lwc wnaeth *Cyn-frodor* drwy gyfeirio at faint o lwc sydd ei angen i brynu tocyn loteri buddugol. Paragraff syml a gonest a geir yma, wedi'i ysgrifennu yn dda, gydag ambell lithriad gramadegol yn unig. Gwnaeth *Cyn-frodor* ddefnydd cyson iawn o'r amser dyfodol a'r amser presennol yn y paragraff. Yn anffodus, roedd llawer o ailadrodd un frawddeg yn y darn a oedd wedi effeithio ar wreiddioldeb y gwaith yn fy marn i.

Daisy: Mae *Daisy* yn sôn am ddau achlysur pan oedd hi a'i theulu ym ymweld â'i gilydd am ginio dydd Sul. Yn anffodus, oherwydd iddi anghofio rhoi'r cloc ymlaen awr, cyrhaeddodd hi a'i phlant fwrdd cinio ei chwaer un awr yn hwyr. Chwe mis yn ddiweddarach, a thro *Daisy* oedd e i goginio dros ei chwaer. Mae trychineb yn digwydd yn y tŷ pan ddaw'r gath ag aderyn i mewn, ac mae'n cymryd cryn amser i'r teulu ei ddal a rhoi trefn ar bethau unwaith eto cyn daw yr ymwelwyr. Ond lwcus i *Daisy*: y tro yma, mae hi wedi anghofio troi'r clociau yn ôl, felly mae awr arall ganddynt i sicrhau bod pob dim yn iawn. Darn â hiwmor ynddo yw'r darn hwn: mae'r iaith yn y paragraff yn llifo'n dda, a phrin iawn yw'r llithriadau gramadegol yma. Gwnaed defnydd effeithiol o amser presennol ac amser dyfodol y ferf, ond buasai'r darn wedi elwa o gael ambell frawddeg mewn amserau eraill. Ond darn da a chryf a geir yma.

Gwenole Cornac: Darn sydd yn dangos cryn wreiddioldeb sydd gan *Gwenole Cornac*, sy'n olrhain hanes grŵp o ffoaduriaid sy'n mentro dod i Brydain ar long beryglus dros y Sianel. Mae'r awdur yn gwneud y pwynt yn fedrus iawn mai lwc yn unig yw e ynghylch man geni unigolyn, sydd, yn ei dro, yn llywio pa fath o fywyd mae'r person hwnnw yn ei gael. Anlwcus oedd y bobl a gafodd eu geni mewn gwlad ag ansefydlogrwydd gwleidyddol sy'n eu gorfodi nhw i adael y wlad honno i wneud taith beryglus iawn dros y môr i'r wlad hon. Fel gwrthgyferbyniad, lwcus ydyn ni i gael ein geni mewn gwlad sydd yn stabl ac yn ddiogel. Roedd arddull unigryw gan *Gwenole Cornac*. Defnyddiodd lawer o frawddegau bach, cynnil, a oedd yn effeithiol iawn wrth gyfleu'r tensiwn a gafwyd wrth deithio mewn cwch bach dros y môr. Defnyddiwyd amrywiaeth da iawn o amserau gwahanol y ferf hefyd. Rhaid dweud i mi fwynhau'r paragraff hwn yn fawr iawn, ond weithiau nid oedd ystyr pob brawddeg yn glir oherwydd bod ambell gamgymeriad gramadegol bychan fan hyn a fan draw wedi tynnu oddi ar lif y darn.

Gwyn Eira: Roedd *Gwyn Eira* wedi mynd â ni ar daith hefyd: y tro yma wrth gerdded drwy'r ardd at goedlan a leolir ar waelod yr ardd honno. Y coed yw dihangfa *Gwyn Eira* – rhywle lle mae'r awdur yn gallu dianc iddo i osgoi'r penawdau diflas ar y newyddion, fel tanau yn llosgi coedwigoedd yr Amazon neu'r llygredd a geir yn ein hafonydd. Mae *Gwyn Eira* yn defnyddio amrywiaeth da iawn o amscrau'r ferf yn y paragraff, ac mae'n ddarn gwreiddiol sy'n peri i'r darllenydd feddwl am dynged y byd sydd o'n cwmpas. Yn anffodus, nid oedd *Gwyn Eira* wedi clymu ei neges yn ddigon effeithiol at deitl y testun, ac oherwydd y camgymeriadau bychain, nid oedd y brawddegau i gyd yn llifo'n esmwyth ar adegau.

Jacko: Hanes personol a geir gan *Jacko*. Yn anffodus, collodd *Jacko* ei swydd y llynedd. Roedd hyn yn ei dro wedi ei arwain i benderfynu symud i Gymru. Felly, meddai *Jacko*, ai lwc neu anlwc oedd yn gyfrifol am y newid cyfeiriad yn ei bywyd/fywyd? Yn fuan iawn ar ôl symud, bu farw ci *Jacko*. Ond, yn lwcus iawn, daeth *Jacko* o hyd i gi bach newydd yn fuan. Mae hyn oll yn dweud wrthon ni, er bod rhai pethau drwg yn digwydd i ni weithiau, maent yn cael eu dilyn gan bethau da. Eto, portread gonest sydd gyda ni yma. Mae *Jacko* yn defnyddio amrywiaeth o amserau'r ferf yn y paragraff, ond weithiau cafwyd camgymeriadau gramadegol yn y darn a oedd wedi ymyrryd ar fwynhad y paragraff.

JC Milne: Yn yr un modd, paragraff personol sydd gan *JC Milne*. Mae'r awdur yn cyfeirio at Gyfnod y Clo, ac yn canmol y penderfyniad i gynnal dosbarthiadau Cymraeg ar-lein, a alluogodd iddyn nhw fynd ati i ddechrau dysgu'r iaith o ddifrif. Mae *JC Milne* yn cyfeirio hefyd at ba mor anlwcus oedden nhw i golli eu modrwy dyweddïo yn yr ardd, ond i'w merch ddod o hyd i'r fodrwy ymhen cwpl o flynyddoedd yn ddiweddarach. Llwyddodd *JC Milne* i amrywio amser y ferf yn dda yn y darn. Ond yn anffodus gwnaeth cwpl o gamgymeriadau sylfaenol effeithio ar ei gywirdeb.

Mwnci ffiseg: Paragraff cwbl unigryw a gwahanol sydd gan *Mwnci ffiseg*. Mae'n sôn am y gadwyn o ddigwyddiadau a oedd yn gyfrifol am greu y bydysawd o'n cwmpas, o'r Glec Fawr (The Big Bang) i ddyfodiad y deinosoriaid, ac yn ddiweddarach esblygiad dyn. Lwc oedd y cyfan yn ôl *Mwnci ffiseg*; cyfres o ddigwyddiadau hap a damwain sy'n esbonio ein bodolaeth, a arweiniodd yn y pen draw at rieni *Mwnci ffiseg* yn cwrdd ac yn penderfynu magu eu plant yng Nghymru. Mae *Mwnci ffiseg* yn gorffen drwy ddatgan pa mor lwcus ydyw cael eu geni yn y wlad hyfryd hon. Dau beth sydd yn taro'r darllenydd yn syth am y paragraff hwn. Yn gyntaf, dewrder yr awdur am fynd i'r afael â thestun sydd yn hynod o heriol. Yr ail beth sydd yn taro rhywun yw'r iaith a ddefnyddir. Mae'r paragraff hwn yn llawn geirfa a thermau technegol, a fyddai'n codi ofn ar yr awduron gorau, ac maent yn cael eu defnyddio gyda chywirdeb sydd yn bleser i'w weld ar y lefel hon. Mae defnydd gwych gan *Mwnci ffiseg* o amserau'r ferf hefyd, gyda digon o amrywiaeth o fewn y paragraff. Ac er bod 'na ambell wall ieithyddol, nid ydynt yn tynnu oddi ar lif a mwynhad y darn.

Steffan Parry: Paragraff dychmygol a geir gan *Steffan Parry*. Mae'n trafod hynt a helynt dylunydd ffasiwn o'r enw Alaw sydd yn mynd ati i greu ffrog sydd wedi'i gwneud o bethau wedi'u hailgylchu. Ond er bod Alaw yn eu hysbysebu ar gyfryngau cymdeithasol, nid oes unrhyw un yn dymuno prynu dillad o'r math – nes bod dylunydd ffasiwn enwog yn gweld y ffrog mewn bin ac yn cael y syniad o'i marchnata yn helaeth. Dyma oedd yr unig ddarn o waith dychmygol yn y gystadleuaeth. Roedd *Steffan Parry* wedi ysgrifennu'r darn yn gynnil, gydag ychydig o wallau iaith yn unig. Roedd y paragraff wedi'i ddylunio yn daclus, ac roedd yr awdur wedi cynnwys llun o Alaw yn taflu ei ffrog i mewn i'r bin sbwriel, a oedd yn ychwanegiad diddorol at y gwaith.

Felly, ar ôl darllen y cyfansoddiadau i gyd, ac fel rwyf wedi cyfeirio ato eisoes, daeth yn amlwg i mi mai tri darn oedd yn sefyll allan o'r cyfan – sef gwaith *Gwenole Cornac*, *Mwnci ffiseg* a *Steffan Parry*. Yn y diwedd, gallai unrhyw un o'r darnau hyn fod wedi ennill, ond roedd angen dewis un yn unig. O ganlyniad, ar ôl pwyso a mesur y cyfan, ac ystyried arddull, iaith, gwreiddioldeb, cywirdeb a dewrder yr awduron, mae'n anrhydedd i mi ddatgan mai enillydd cystadleuaeth cyfansoddi i ddysgwyr lefel sylfaen Eisteddfod Genedlaethol Rhondda Cynon Taf 2024 yw *Mwnci ffiseg*.

GEMAU OLYMPAIDD

Y Gemau Cyntaf: Groeg, 776 CC

Ymunodd Markos ac Agamemnon â'r gynulleidfa gynyddol yng Nghysegr Zeus. Roedd pawb ar bigau'r drain yn aros i'r gemau ddechrau. Hwn oedd y digwyddiad chwaraeon mwyaf i gael ei gynnal erioed. Roedd dynion mor bell i ffwrdd ag Iberia a'r Môr Du wedi dod i gystadlu. Distawodd y gynulleidfa wrth i'r cystadleuwyr baratoi i rasio.

Safodd wyth dyn ym mhen pellaf y cae yn barod i gystadlu yn y ras droed. Wrth sŵn y corn, neidiodd y rhedwyr ymlaen tuag at yr olewydden gysegredig oedd yn nodi diwedd y ras. Dechreuodd un dyn, Koroibos o Elis, basio'r lleill. Wrth i'r rhedwyr ddod yn nes, Koroibos yn y blaen, syllodd Agamemnon ar y rhedwr blaen.

'Markos, ydy e ... na ... ddim yn bosib ... ydy e'n ... rhedeg yn noeth?'

'Sbartiad yw e. Does dim gwedduster gyda'r Sbartiaid ...'

Croesodd Koroibos y llinell derfyn sawl cam o flaen y lleill.

'... ond mae'n rhaid i fi gyfaddef bod ei ddull yn fwy aerodynamig.'

Atgof Pell

BEIRNIADAETH GERAINT WILSON-PRICE

Daeth naw ymgais i law. Hoffwn ddiolch i bawb a fentrodd gystadlu ac wrth gwrs mae angen diolch i'w tiwtoriaid am eu hannog i gystadlu. Braf gweld sut roedd pawb wedi dehongli'r testun mor wahanol. Wrth reswm, roedd rhai'n fwy cywir na'i gilydd ond penderfynais y byddwn yn eu beirniadu ar sail eu cynnwys, eu hiwmor a'u gwreiddioldeb naturiol yn hytrach nag ar gywirdeb iaith yn unig.

Dyma ychydig o sylwadau am bob un yn nhrefn yr wyddor.

Aderyn: O'r diwedd mae'r Gemau Olympaidd yn dod i Grymych yn 2052 a bydd cyfle i gystadleuwyr o Gymru arddangos eu sgiliau gyda 'Y Pumpathlon Cymreig'! A cheir cystadlaethau y tro hwn sy'n gwbl arloesol ac yn rhai Cymreig penodol er mwyn arddangos medrau ffermwyr Cymru. Bydd campau fel rhedeg i lawr llwybrau mwdlyd, dal defaid gyda'r hwyr yn y tywyllwch a symud gwair o'r ysgubor i'r treilar. Syniadau gwreiddiol a digrif. Safon dda o ran cywirdeb iaith a digon o hiwmor am y cystadlaethau newydd Cymreig.

Aderyn bach: Rydym yn yr ystafell ddosbarth gyda sgwrs cwestiwn ac ateb rhwng yr athrawes, Mrs Iwan, a'r dosbarth – er nad ydym yn gweld atebion y disgyblion. Cawn lawer o wybodaeth am y Gemau Olympaidd ac mae'n amlwg bod y dosbarth yn gwybod pob dim am y cystadlaethau ac yn enwedig cystadleuwyr o Gymru o'r byd seiclo sy wedi perfformio mor dda dros y blynyddoedd. Efallai byddai wedi bod o werth clywed atebion y disgyblion hefyd ac nid yr athrawes yn unig, ond sgwrs o safon dda.

Ar lan y môr: Bob dydd Gwener mae Rhodri a Gwilym yn cwrdd â'i gilydd i drafod y pethau pwysig mewn bywyd fel cwrw, ac i ddadlau. Cawn glywed y bydd y Gemau Olympaidd yn dod i Gymru yn 2032. Ond mae amheuaeth y bydd y cyfan yn digwydd yng Nghaerdydd fel sy'n digwydd fel arfer yn ôl Rhodri. Ond yn wahanol i'r disgwyl rydym yn deall y bydd cystadlaethau ledled Cymru fel canŵio ar afon Tryweryn, triathlon yn Ninbych y Pysgod a rasys seiclo yn y Rhondda. Mae'n amlwg bod yr awdur wedi trafferthu i sicrhau darn cywir iawn.

Atgof Pell: Dyma ni bellach wedi mynd yn ôl i'r flwyddyn 776 CC ac yng ngwlad Groeg gyda'r Gemau Olympaidd cyntaf oll. Mae Markos ac Agamemnon yn y gynulleidfa i wylio'r ras wibio. Mae'n glir bod gan yr awdur wybodaeth drylwyr o'r byd clasurol ac yn enwedig o'r Gemau Olympaidd gwreiddiol gan ei fod yn tynnu ffaith ddiddorol am y Spartiaid i mewn i'r ysgrif, sef nad oedd y cystadleuwyr yn gwisgo dim wrth redeg a bod hynny wedi cynorthwyo'r enillydd wrth iddo fod yn 'fwy aerodynamig'! Ysgrif ddiddorol a difyr wedi'i hysgrifennu'n gywir dros ben.

Ceffyl Gwyn: Mae'r awdur ar fin rhedeg ras yn y Gemau Olympaidd ym Mharis. Ceir disgrifiad hyfryd o'r nerfau, y paratoi am y ras, yr awyrgylch brwdfrydig yn y stadiwm a'r chwilio'n ofer gan yr awdur am Mam a Nain yn y gynulleidfa. Yn sydyn rydym yn symud o'r stadiwm ac yn ôl yng nghegin Nain a hithau'n holi'r awdur am y ras ond yna o fewn dim mae symud eto a dyma ni'n ôl yn y stadiwm a'r ras ar fin dechrau. Mae'r darn wedi'i lunio'n ofalus gyda gwir ymdeimlad o gyffro'r achlysur a safon yr iaith i'w chanmol.

Myfanwy: Gofynnir nifer o gwestiynau gan yr awdur am y Gemau Olympaidd ac yn benodol a ddylai dysgu Cymraeg fod yn gamp Olympaidd. Cymherir dysgwyr Cymraeg yn ffafriol iawn ag athletwyr dan hyfforddiant wrth i ddysgwyr ddysgu treigladau, arddodiaid a chenedl enwau. Mae dysgwyr Cymraeg yn gorfod dal ati pan mae pethau'n mynd yn anodd, yn debyg i athletwyr sy hefyd yn gorfod gweithio'n galed a dal ati. Darn gwreiddiol yn cymharu dysgu'r Gymraeg â champau Olympaidd ond mae angen i'r awdur gymryd ychydig mwy o ofal a gwirio cyn ei gyflwyno.

PearceR46: Dyma ni ar ddiwrnod ras y can metr yn y Gemau Olympaidd yn Llundain 2012 a'r awdur ei hun yn rhedeg. Darn cyffrous sy'n disgrifio'r ras gyda phob dim yn y presennol ac mae'n bosibl teimlo angerdd y rhedwr. Rydym yn clywed sôn am redwyr adnabyddus fel Gatlin a Bailey, y lliwiau o gwmpas y stadiwm a sŵn gan y dorf; mae pob dim yn fyw iawn. Ac yna mae'r awdur yn datgelu pwy yw e. Usain Bolt yw e! Ond yn sydyn iawn, realiti! Mae'r cyfan yn freuddwyd ac nid Usain Bolt sy yma, ond Ryan! Ysgrif gyffrous iawn wedi'i hysgrifennu'n gywir dros ben.

Rhandirmwyn: Ysgrif athronyddol sy yma yn tynnu sylw at y ffaith mai cyfeillgarwch yw elfen sylfaenol y Gemau Olympaidd. Mae gan yr awdur storfa eang o wybodaeth a ffeithiau diddorol am y Gemau i atgyfnerthu'r ysgrif. Cynhelir y cystadlaethau mewn ysbryd o heddwch ar draws y byd ac mae'r cystadleuwyr yn gwneud ffrindiau oes wrth iddynt gystadlu'n frwd â'i gilydd. Crisialir ysbryd y Gemau Olympaidd yng ngeiriau y paffiwr byd-enwog Muhammad Ali wrth iddo ddatgan bod cyfeillgarwch yn llawer mwy gwerthfawr nag ennill medal aur. Mae'n amlwg bod gan *Rhandirmwyn* feistrolaeth dda ar yr iaith ac mae wedi trafferthu i geisio dadansoddi gwir ystyr y Gemau Olympaidd.

Y Fferyllydd: Sgwrs rhwng Dilys, perchennog siop, Lauren sy'n gweithio ar ddydd Sadwrn a Mrs Price, cwsmer, sy gan *Y Fferyllydd*. Mae'r sgwrsio'n trafod cystadlaethau posibl newydd ar gyfer y Gemau Olympaidd. Clywn am gystadlaethau smwddio amrywiol megis smwddio tanddwr, smwddio cydamserol a hyd yn oed smwddio rhythmig! Yn ôl y drafodaeth mae'r rhain i gyd yn gampau posibl sy'n haeddu bod yn rhan o'r Gemau Olympaidd erbyn hyn. Ac er bod Dilys yn gwbl argyhoeddedig y gallai ennill trwy ganu cyfres o ganeuon Bryn Terfel, byddai'n gwrthod ei medal oni bai y codir baner Cymru a honno wedi'i smwddio'n berffaith! Gwaith wedi'i ysgrifennu'n gywir iawn ac mae'n amlwg bod dychymyg da gan yr awdur ynglŷn â chystadlaethau amgen iawn i'r Gemau.

Bu'n dasg anodd dros ben dewis un enillydd yn unig. Roedd y safon yn uchel iawn a mwynheais ddarllen pob un ohonynt. Mawr obeithio y bydd yr awduron i gyd yn dal ati gyda'r Gymraeg ac ysgrifennu yn y Gymraeg. Wedi hir bendroni ac am y rhesymau a nodais uchod, rhoddaf y wobr gyntaf, felly, i *Atgof Pell* gyda chymeradwyaeth fawr i bob un o'r ymgeiswyr eraill a diolch iddynt unwaith eto am gystadlu.

Darn hyd at 250 gair: Rant/neges bwrw-bol ar e-bost neu Facebook. Lefel: Agored

RANT

Felly pam nad oes olwynion ar Gadeiriau yr Eisteddfod? Wedi'r cyfan, i bobl anabl, mae'r gadair olwyn yn cynrychioli rhyddid, hygyrchedd, ffyniant. Fel y car cyntaf, mae'r gadair olwyn yn addo dyfodol agored i'r byd. Dim ond yr 'Abl' sy'n gweld y gadair olwyn fel carchar, ac mae'r person yn y gadair yn destun trueni i'r Eisteddfodwyr cyffredin.

Dyma agwedd sy'n mynd o'r Maes i Lys yr Eisteddfod: staff y toiledau yn holi 'are you really disabled?'; pawb sy'n creu rhwystrau ar y tracffordd wrth sgwrsio â chymdogion o gartref; annibendod y stondinau yn golygu bod mynediad i bobl sy'n defnyddio sgwteri neu gadeiriau olwyn yn amhosibl; a'r diffyg tracffordd i'r cyrchfannau mwyaf diddorol neu ddefnyddiol fel Maes D, y prif lwyfan, y Babell Lên a'r mwyafrif o'r tai bach!

Os na all pobl anabl fynd yn hawdd i bob cornel o'r Maes, pam mae'r gostyngiad ar gyfer gofalwyr, ac nid pobl anabl hefyd? Neu a fyddai hynny'n golygu cydnabod bod pobl anabl yn ail ddosbarth ar y Maes – mae'n amhosib ymuno â ffrindiau yn y mwyafrif o'r pebyll cymdeithasol oherwydd yr anhrefn.

Byddai creu Eisteddfod hygyrch yn wych i bawb, nid dim ond pobl anabl. Byddai'n helpu pawb i fwynhau'r Brifwyl – er enghraifft byddai mwy o dracffordd yn well i stondinwyr.

Mae'r Gadair yn cynrychioli'r rhyddid sydd mewn cynghanedd, y gân yn torri'n rhydd o'i chadwynau, ond nes bydd pobl yn deall yr angen i olwynion allu mynd i bobman ar y Maes, pwy sy'n rhydd o gwbl?

Fangfoss

BEIRNIADAETH VAUGHAN RODERICK

Fe ddenodd y gystadleuaeth hon nifer sylweddol o gystadleuwyr ac, o feirniadu'r cynnwys, mae'n amlwg bod 'na bobol ddig iawn ymhlith y rheiny!

Ar y cyfan, roedd safon y gystadleuaeth a'r Gymraeg yn uchel iawn ac ni ddylai *Ferguslad, Gwyneira, Marmite* (dwy ymdrech), *Mair y Ddraig, Merch Elfed* na *Sara Parry* ddigalonni o gael eu gosod yn y Dosbarth isa. Yn wir, pe bai'r gystadleuaeth yn wannach byddwn wedi ystyried gwobrwo ymdrech *Gwyneira*.

Roedd ymdrechion *Afon Ystwyth, Meisgyn Go Iawn, Nantcol, Nelson Powys* a *Rantsi Pantsi* i gyd yn haeddiannol ac fe wnes i fwynhau ymgais chwareus *Atgof Pell* yn fawr iawn.

Pedwar cystadleuydd sydd wedi cyrraedd y brig ac mae'n amlwg bod eu hymdrechion i gyd yn dod o'r galon.

Cyflwr toiledau Plas Heli wnaeth wylltio *Rozimodo* ac mae ei disgrifiad ohonyn nhw yn ddigon i godi cyfog o bell tra bod beirniadaeth *Sandy J* o'r diwydiant dŵr a charthion yn ein hafonydd yn cael effaith ddigon tebyg!

Fel defnyddiwr cadair olwyn, medraf gydymdeimlo'n fawr â chwynion *Fangfoss* ynghylch hygyrchedd maes y brifwyl. Yn wir, gobeithiaf ei bod wedi danfon ei sylwadau at swyddogion yr Eisteddfod yn ogystal ag i'r gystadleuaeth hon!

Pris gwylio rygbi rhyngwladol a natur y chwarae ar y cae wnaeth godi gwrychyn *Hen Frân* ac mae'n debyg y bydd llawer yn rhannu ei rwystredigaeth.

Fe wnes hi ei chael hi'n anodd penderfynu p'un ai *Hen Frân* neu *Fangfoss* oedd yn haeddu'r wobr nes i mi ailddarllen y frawddeg hon o ymdrech *Fangfoss*:

> Mae'r Gadair yn cynrychioli'r rhyddid sydd mewn cynghanedd, y gân yn torri'n rhydd o'i chadwynau, ond nes bydd pobl yn deall yr angen i olwynion allu mynd i bobman ar y Maes, pwy sy'n rhydd o gwbl?

Fangfoss sy'n mynd â hi.

Podlediad (i'w gyflwyno fel trac sain neu fideo) hyd at 3 munud o hyd: Profiad positif. Lefel: Agored

BEIRNIADAETH ANGHARAD RHIANNON DAVIES

Mwynheais bob un o'r podlediadau diddorol ac mae'n glir bod pob ymgeisydd wedi gweithio'n galed i'w paratoi. Llongyfarchiadau i bob un ar y cynyrchiadau arbennig hyn. Roedd pob un yn brofiad positif.

Eirian Gwyllt: Roedd stori *Eirian Gwyllt* yn ddiddorol a'r cyflwyniad yn glir. Mae'n amlwg bod y pwnc yn agos iawn at galon y cyflwynydd a hynny'n cael ei gyfleu yn hyfryd yn y podlediad.

Thomas Paine: Roedd cyflwyniad *Thomas Paine* yn naturiol ac yn angerddol am nofel. Mwynheais glywed am lyfr sydd yn amlwg wedi creu argraff dda ar y cyflwynydd.

Mostyn: Roedd y podlediad buddugol gan *Mostyn* yn wreiddiol, yn greadigol ac yn llawn hiwmor. Rhoddwyd enw clyfar i'r podlediad sef 'Paid â llyncu mul'. Siaradodd y cyflwynydd efo'r gwrandawyr i'w croesawu i'r podlediad ac roedd yna deimlad cyfeillgar a hyderus i'r podlediad o'r dechrau. Braf oedd gwrando ar y cyflwynydd egnïol yn siarad â'u gwesteion am eu profiadau positif. Roedd y podlediad wedi'i strwythuro i lifo o un gwestai i'r nesaf ac er y cyfyngiad amser, llwyddwyd i siarad â nifer o bobl wahanol. Roedd y straeon wedi codi gwên fan hyn. Edrychaf ymlaen at glywed mwy o'r newyddion diweddaraf ym mhodlediad nesaf 'Paid â llyncu mul'.

Cystadleuaeth ieuenctid o dan 19 oed
Cyflwyno flog rhwng 3 a 5 munud o hyd: Fy Ardal

BEIRNIADAETH STEPHEN OWEN RULE

Welshlearner10: Cafodd adnoddau gweledol eu defnyddio'n effeithiol, ac roeddent yn ychwanegu'n dda iawn at gynnwys y geiriau llafar. Roedd yn hyfryd hefyd gweld yr ymgeisydd yn rhannu delweddau o'i llwyddiannau mewn eisteddfodau eraill; yn ymfalchïo yn ei gwaith caled ac yn ei hymrwymiad i ddefnyddio'r iaith sy'n golygu llawer iddi.

Mae *Welshlearner10* wedi tynnu sylw at sawl pwnc sydd yn ddiddorol iddi, ac mae wedi bod yn bleser clywed darn personol iawn am ei hardal gyda brwdfrydedd clir iawn am ei chariad tuag at yr iaith. Mae'n amlwg o'r cychwyn cyntaf bod y Gymraeg yn bwysig iawn iddi.

Mae'n debyg y cafodd teclynnau fel Google Translate eu defnyddio ambell waith mewn mannau, ond fe'u defnyddiwyd yn gywir ac mae'n amlwg bod yr ymgeisydd wedi gwneud ymdrech i sicrhau nad ydy'r hyn a gyflwynwyd iddi'n anghywir trwy bwyso a mesur yr hyn ddaeth ohono. I mi, dyma enghraifft o sut mae defnyddio adnoddau fel hyn er mwyn sicrhau gwelliant ieithyddol.

Byddai'n well pe bai'r ymgeisydd wedi llwyddo i adrodd ambell ddarn heb orfod dibynnu'n ormodol ar ddarllen oddi ar bapur, ond nid yw hyn yn tynnu o'r balchder a ddaw ganddi.

Cystadleuaeth i ddysgwyr/tiwtoriaid/siaradwyr Cymraeg hyderus
Cyflwyno pennod agoriadol nofel ar gyfer Lefel Sylfaen

DYLETSWYDD DAFYDD

Ers iddo fe ddechrau heneiddio doedd Dafydd ddim yn mwynhau gyrru liw nos. Y tywyllwch, goleuadau ceir eraill, cysgodion ysgafn a chysgodion trwchus. Ei ansicrwydd ac anghysur ar ffyrdd anghyfarwydd.

Ond heno doedd dim dewis gyda Dafydd. Roedd rhaid iddo fe yrru. Rhaid.

Canodd y ffôn yn eitha hwyr. Atebodd Dafydd y ffôn, ac wedyn mewn chwarter awr roedd e ar y ffordd.

Yn siŵr, yn y gorffennol roedd e wedi esgeuluso digon o'i ddyletswyddau. Gormod ohonyn nhw, a bod yn onest. Ond doedd e ddim yn gallu esgeuluso'r ddyletswydd hon. Nid ar ôl iddo fe wneud yr addewid pwysicaf, trymaf yn ei fywyd.

Ar unrhyw amser: dydd, nos, diwrnod gwaith neu ddiwrnod gorffwys, gaeaf, haf. Doedd dim ots.

Unrhyw bellter: i'r pentre drws nesa yn y cwm, i ochr arall y byd – basai fe'n mynd.

Oherwydd ei addewid pwysig.

*

Mewn tŷ mewn pentre ger yr arfordir ar ben arall y wlad roedd rhywun yn aros.

Er bod Dafydd yn byw mewn pentre mwy na 150 milltir i ffwrdd, er basai taith Dafydd yn cymryd tua 5 awr: dros y mynyddoedd, trwy gefn gwlad gwag, trwy wynt a glaw, trwy oriau mân y bore – doedd dim dwywaith. Heb os nac oni bai basai Dafydd yn dod.

Ond, fasai fe'n dod i ddial neu i faddau?

O ran hynny doedd dim sicrwydd. Dim sicrwydd o gwbl.

Achos, saith mlynedd ar hugain yn gynharach ...

*

Nodiadau ar gyfer y dysgwr, lefel sylfaen
dyletswydd – *duty*
heneiddio – *to become old*
liw nos – *by night*
esgeuluso – *to neglect*
addewid – *a promise* (addo – *to promise*)
oriau mân – *the small hours*

Roger Thornhill

BEIRNIADAETH LOIS ARNOLD
Daeth deg ymgais i law.

Alan: Darn di-deitl am ffrindiau sy'n dysgu Cymraeg. Roeddwn i'n falch o gael mwynhau ychydig o hiwmor yn y gwaith. Mae'r iaith yn addas i ddysgwyr lefel sylfaen. Yn anffodus does dim cliwiau i ddweud sut byddai'r stori'n datblygu ar ôl y bennod gyntaf.

Croten Cwrt Hir, 'Môr a Mynydd': Pennod hir yn cyflwyno stori â naws chwedl Gymreig am lwyth o bobl ac anifeiliaid sy'n byw yn y fforest. Mae'r cymeriadau'n ddiddorol a byddwn i'n hapus i ddarllen mwy amdanyn nhw. Gwaetha'r modd, fyddai'r bennod ddim yn addas i ddarllenwyr ar lefel sylfaen oherwydd ei hyd yn ogystal â bod gormod o eirfa a chystrawennau anghyfarwydd ynddi.

Hercule Poirot, 'Newid Cartref': Stori am Bridget, merch fach sy'n teithio o Lerpwl i Gymru yn 1939 i aros gyda hen fenyw fel faciwî. Thema ddiddorol, a hoffwn gael dysgu mwy am hanes Bridget. Mae lefel yr iaith yn iawn ond mae'r bennod yn rhy hirwyntog i apelio at y rhan fwyaf o ddysgwyr lefel sylfaen.

Margot Aderyn, 'Byth Dweud Byth': Mae'r bennod hon yn mynd â ni'n syth i olygfa lle nad ydyn ni'n siŵr ai breuddwyd neu realiti mae'r cymeriad yn ei ddisgrifio. Oes rhywun yn ei bygwth hi? Mae'r darn braidd yn ddryslyd ond mae'r awdur yn creu awyrgylch diddorol.

Marmite (1), 'Sibrwd': Dyddiadur sydd yma, lle mae'r awdur yn disgrifio teimladau a meddyliau rhywun sydd yn wynebu diagnosis o ganser terfynol. Pwnc diddorol, er nad i bawb, efallai. Gwaith da, ond yn anffodus mae e'n rhy hir o lawer i weithio fel pennod gyntaf apelgar nofel i ddysgwyr.

Marmite (2), 'Gwyntoedd Gleision Tynged': Dyma stori wedi'i gosod mewn cyfnod o hud a lledrith, am bobl â phwerau arbennig, megis hedfan, 'sbarduno pobl' a 'gwybod popeth'. Thema ddiddorol ac mae'r Gymraeg yn wych. Yn anffodus, mae'r bennod yn rhy hir o lawer i ddarllenwyr lefel sylfaen.

Miriam G, 'Y Pedwerydd Menyw': Yn y bennod hon mae Gladys yn darganfod bod hen ffrind wedi marw. Mae hi'n dechrau hel atgofion am ei ffrind ac am daith bwysig wnaethon nhw gyda'i gilydd i America ers talwm. Pennod gyntaf addawol ond mae eisiau ychydig o waith gwirio a chywiro'r iaith.

Nelson Powys, 'Cymer Bwyll': Yn y bennod ddifyr hon mae Enfys, merch ysgol, wedi postio rhywbeth ar lein ar gyfrwng cymdeithasol – ac wedyn yn difaru! Beth fydd yn digwydd unwaith y bydd pawb wedi gweld yr hyn mae hi wedi'i ddweud ...? Thema ddiddorol a fyddai'n apelio'n arbennig at ddysgwyr Cymraeg ifanc, mae'n siŵr. Da iawn.

Sara Parry, Darn di-deitl am lyfrgellydd, 'Gwen y Silffoedd': Mae Gwen yn hel meddyliau am ei chymuned leol, sydd wedi newid cymaint dros y blynyddoedd ac sydd bellach yn teimlo'n glawstroffobig iddi. Mae Gwen yn amau bod pobl yn sibrwd amdani hi, ac mae hi wedi darganfod nodyn ar risiau'r llyfrgell ... Stori ddiddorol ond mae'r gwaith yn hir ac mae lefel yr iaith yn rhy uchel i ddysgwyr lefel sylfaen.

Roger Thornhill, 'Dyletswydd Dafydd': Yn y bennod ddramatig hon mae dyn yn gyrru drwy'r mynyddoedd gefn nos oherwydd addewid dirgel a wnaeth dros ugain mlynedd yn ôl. Ai dial neu faddeuant yw'r 'ddyletswydd' y mae e'n mynd i'w chyflawni? Yn bendant, hoffwn i gael troi'r dudalen a darganfod yr ateb! Mae'r bennod yn ddigon byr a darllenadwy i gadw sylw dysgwr ar lefel sylfaen, er bod eisiau symleiddio'r iaith ychydig yma ac acw. Gwaith gwych.

Pennod *Roger Thornhill* sy'n mynd â'r wobr, gan ei bod yn addo stori ddiddorol, gyffrous sy'n addas i ddarllenwyr ar lefel sylfaen.

Diolch yn fawr i bawb am gymryd rhan yn y gystadleuaeth hon; mae rhai o'r ymgeiswyr yn ddysgwyr Cymraeg, mae'n debyg. Llongyfarchiadau iddyn nhw i gyd ar roi eu Cymraeg ar waith. Daliwch ati!

Gwaith grŵp
Cyflwyno casgliad o storïau i'w cyhoeddi ar BBC Cymru Fyw ar 1 Ebrill

BEIRNIADAETH RHUANEDD RICHARDS

Môr a Mynydd sy'n fuddugol gyda chasgliad o straeon ffraeth iawn a oedd yn gafael yn y darllenydd yn syth. Roedd ymdrech i strwythuro'r straeon o'r paragraffau cyntaf mewn ffordd a oedd yn dal sylw ac roedd y lluniau a'r penawdau wedi eu dewis yn ofalus iawn hefyd. Pwy feddyliai y byddai'n bosib creu gwlân gwyrdd trwy fwydo brocoli a sbigoglys i ddefaid Aberhonddu? Roedd darllen y stori am 'Marc' Drakeford mewn cystadleuaeth ddawns hefyd wedi codi gwên, yn enwedig y cyfeiriad at fethiant y cyn-Brif Weinidog i wneud y *quickstep* oherwydd ei derfyn cyflymder ei hun o 20 milltir yr awr! Yr hyn oedd yn effeithiol am y casgliad o straeon hefyd oedd symlrwydd ac eglurder yr iaith. Fe fyddai'r casgliad wedi bod yn gryfach, serch hynny, o fod wedi addasu'r stori fer a'r llythyr a'u troi'n erthyglau, gan taw cystadleuaeth newyddiadurol oedd hon. Llongyfarchiadau i'r buddugwyr!

Llond Llaw Llysfasi sy'n ail gyda'u hymdrech hwythau i greu cyfres o erthyglau difyr a oedd yn dal ein dychymyg a chanddynt themâu cyfredol iawn. Tybed a fydd y syniad o ddefnyddio deallusrwydd artiffisial i feirniadu cystadlaethau'r Eisteddfod yn magu stêm? A thybed be fydd gan y Comisiynydd Iaith i'w ddweud am eithrio siaradwyr Cymraeg o'r terfynau cyflymder 20 milltir yr awr er mwyn cyrraedd y miliwn o siaradwyr Cymraeg erbyn 2050? Fel darllenydd, mi wnes i chwerthin yn uchel wrth ddarllen ymdrech y grŵp hwn, ond mae angen bod yn ofalus wrth ddefnyddio dywediadau Saesneg a'u cyfieithu nhw'n uniongyrchol i'r Gymraeg fel 'yn boeth o'r wasg'. Mae'r ystyr yn cael ei golli wrth wneud hyn, ac wrth fynd i wefan Cymru Fyw mi allwch weld fod yna ddewisiadau amgen ar gyfer y term '*breaking news*' neu '*hot off the press*'.

Pice ar y Maen: Diolch hefyd i *Pice ar y Maen* a ddaeth yn drydydd yn y gystadleuaeth am eu casgliad hwythau. Roedd y Gymraeg a ddefnyddiwyd yn yr erthyglau yn glir a strwythur y brawddegau'n cyfleu'r straeon yn effeithiol. Braidd yn fyr oedd y cyfraniadau, serch hynny – mi faswn wedi hoffi cael y cyfle i gael mwy o sylwedd i'r pytiau creadigol hyn. Edrychaf ymlaen at weld ymateb Owain Wyn Evans i'r syniad o ymddangos yn y calendr fel 'dyn Chwefror'!

Adran Cerddoriaeth

Emyn-dôn/Cân o fawl gyfoes i eiriau Gwynfor Dafydd

Ton Pentre

Ffugenw: Eryl

344

346

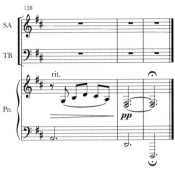

I'r fam sydd heno'n mwytho'i galar
ger y crud lle bu ei lun,
i'r tad sy'n wylo hwiangerddi
heb ei fychan ar ei glun,
i'r brawd sy'n troi dan fwrdd y gegin
gêm i ddau yn gêm i un,
    drwy'r tywyllwch, cariad sydd
    yn cynnau'r gobaith, tanio'r ffydd.

I'r plant a aeth mewn lifrai dynion
dan y ddaear dros eu gwlad,
i'r ferch sy'n ffoi o nyth ei chartref
dros y môr ym mreichiau'i thad,
i'r crwt sy'n chwilio dan y rwbel
am lygedyn o ryddhad,
    drwy'r tywyllwch, cariad sydd
    yn cynnau'r gobaith, tanio'r ffydd.

I'r crwydryn sydd yn methu heno
ffeindio'i ffordd yn ôl i'w fro,
i'r claf sy'n clywed cnul yr oriau'n
treiglo am yr olaf dro,
i fyd sy'n teimlo'i ryfeddodau
ben draw drws sy'n sownd dan glo,
    drwy'r tywyllwch, cariad sydd
    yn cynnau'r gobaith, tanio'r ffydd.

Drwy'r tywyllwch, cariad sydd
yn cynnau'r gobaith, tanio'r ffydd.

Gwynfor Dafydd

Pleser o'r mwyaf yw gweld yr Ŵyl yn parhau â'r gystadleuaeth hon eto eleni, gan roi pwys mawr ar greu deunydd newydd i'r flodeugerdd emynyddol gyfoes gyfredol. Mae gan Gymru drysorfa o donau a geiriau traddodiadol y gellid bod yn gwbl falch ohoni eisoes – ond cyfoeth traddodiad yw ei fod yn esblygu a datblygu'n barhaol. Felly, at hyn, roeddwn yn chwilio am gyfansoddiad a fyddai'n anwesu holl nodweddion ffurf a mynegiant y cyfrwng newydd, yn dechnegol ac o ran idiom ac arddull ysgrifennu. Am y cyfan, mae gan y rhan fwyaf o'r cyfansoddwyr a fwriodd ati lais sydd o leia'n anelu at y nod hwn, er efallai bod rhai'n gyndyn o adael nodweddion traddodiadol harmoni pedwar llais y tu ôl iddynt yn llwyr. Prysuraf i ddatgan, o'r 18 cynnig a gafwyd eleni, y llwyddodd ambell un i daflu'r hualau'n rhydd a chodwyd safon y gystadleuaeth uwchlaw'r addewid mewn tri achos. Fodd bynnag, roedd ymdrechion pob un i'w ganmol ac er mai cymysg oedd safon derfynol y dosbarth, roedd potensial ym mhob un o'r cynigion, gyda'r mwyafrif yn cynnal mwy nag ychydig o gyffyrddiadau pleserus ac effeithiol.

Roedd ffresni geiriau Gwynfor Dafydd yn garreg drws ardderchog wrth arwain y cyfansoddwr i arbrofi. Fy nyhead fyddai deall bod y sawl a fwriodd ati wedi cymryd cyfleoedd i ymestyn ffiniau brawddegu a bwâu eu halawon y tu hwnt i'r cyfarwydd traddodiadol, chwarae â rhythmau a chyflwyno harmonïau mentrus a fyddai'n ennyn chwilfrydedd y gwrandawr a'r cantor ill dau. Diau yw dweud fod y safon yn gymysg a thybiaf y bydd angen i rai o'r cynigwyr fwrw ati'n gyson i wrando ar enghreifftiau o emyn-donau cyfoes, llwyddiannus, eu dadansoddi ac astudio'r hyn sy'n eu gwneud yn apelgar, cyn arbrofi a chanfod eu llais o fewn y cyfrwng heriol hwn. Roedd rhai fel pe baent wedi'u sodro (ac o'r herwydd wedi'u caethiwo ychydig o ran rhythm, gwead a harmoni) yn arferion hen gonfensiynau capel ac eglwys. Mae cyfansoddwyr gorau'r *genre* newydd hon yn feistri ar wreiddioldeb mynegiant ac nid dros nos y gellir camu i'r byd dyfeisgar hwn. Felly, dyfalbarhewch yn wir! Mireiniwch a chwi a gewch!!

Cyflwynwyd y darnau ar ffurf amrywiaeth o gyfryngau a ffurfiau gyda cheisiadau ar gopi pdf a recordiadau sain oddi ar feddalwedd gyfrifiadurol i gopi pensil a phapur hen ffasiwn. Braf gweld bod mwy o ymwybyddiaeth o arddulliau cofnodi technoleg cerdd, ond roedd peth camosod o ran geiriau a diffyg ymwybyddiaeth a dealltwriaeth gyffredinol o'r feddalwedd o ran ymarferoldeb perfformio megis cyfeiliannau rhyfedd ac ystod canu – naill ai oherwydd anwybodaeth neu esgeulustra. Mae hyn, law yn llaw â diffyg llithrigrwydd mynegiant, yn fodd i danseilio unrhyw gryfderau a arddangoswyd ynghynt. Gwelwyd diffyg datblygu neu anghysondeb rhwng penillion yn nifer fawr o'r cyfansoddiadau a hoffwn weld mwyafrif yr ymgeiswyr yn gweithio'n galed i ddileu hyn i'r dyfodol.

Yn y Dosbarth agoriadol, gosodaf y canlynol:

Glynegwestl: Copi amrwd papur a phensil oedd hwn, ac ysywaeth ni chafwyd gosodiad o'r alaw na'r testun, dim ond cyfeiliant piano. Ar sail yr hyn a ddarllenais, mae'n anodd, felly, ei ddisgrifio fel cynnig cyflawn. Mae hyn yn drueni.

Bolgoed: Dim ond un pennill a osodwyd a hynny eto ar ffurf copi caled pensil a phapur. Mae'r alaw unsain yn symud fesul un cam yn ormodol, does dim digon o ddiddordeb o ran bwa alaw ac er diffuantrwydd perthynas y darn ag emosiwn y geiriau, does dim digon o fenter a dyfeisgarwch, gyda'r cyfeiliant hefyd braidd yn geidwadol. Bydd angen datblygu mwy i'r dyfodol i godi'r safon.

Cennin: Darn pedwar llais yn bennaf, gyda'r dôn yn neidio gormod o bosib, ac er i ambell gyffyrddiad gynnig addewid, braidd yn undonog yw'r darn, yn glynu'n ormodol at yr un rhythmau, ac mae teimlad eithaf mecanyddol i'r modd y gosodwyd yr harmoni. Mae angen mwy o ddatblygu ac anelu at uchafbwynt rywle tua'r diwedd.

Lloyd: Yn anffodus, mae'r cystadleuydd wedi gosod y geiriau'n anghywir ar hyd y darn. Mae cambwysleisio'n frith drwy'r cynnig sy'n lladd y mydr ac felly mae'r cyfansoddiad yn gwegian. Mae synnwyr alaw a gwead harmoni digon taclus yma ac ôl nifer o nodweddion gosod SATB safonol, ond hyn oll mewn arddull sy'n draddodiadol ei naws, ac felly nid yw'n cydweddu â gofynion y gystadleuaeth. Mae'r rhythmau bloc a'r diffyg amrywiaeth yn tanseilio unrhyw gryfder, gwaetha'r modd.

Jac y Jwc: Cyfeiliant piano cymharol lawn a chyfoethog yw cadernid y darn hwn, ond mae'r cyfansoddiad yn teimlo fel dau ddarn ar wahân – dau syniad cyferbyniol nad ydynt yn creu cyfanwaith, gyda chwpled ola'r pennill yn newid erwydd amser i 6/8 ar y trac sain cyn dychwelyd i'r 4/4 cychwynnol, heb reswm na synnwyr mewn gwirionedd. Fodd bynnag, nid yw'r ymgeisydd wedi nodi hyn yn gywir ac mae gwendidau cysodi a thechnegol yn britho'r darn hefyd. Byddwn wedi hoffi alaw fwy cofiadwy ac apelgar i gario'r darn yn ei flaen ac mae'r harmoni yn ystrydebu gormod i argyhoeddi.

Carmel-wr: Dyma enghraifft arall o idiom aneglur a mynegiant cymysglyd. Rhydd yr argraff ei fod yn ddau ddarn gwahanol wedi'u huno, ond er gwaethaf cryfderau ail hanner y pennill, rhywsut nid yw'n perthyn i'r darn cyntaf ac mae'n gwneud cyfanwaith chwithig. Mae digon o dystiolaeth fod gallu llunio alaw dda gan yr ymgeisydd, ond eto fyth, cyrhaeddir uchafbwynt lawer yn rhy gynnar a hwnnw'n uchafbwynt goruchelgeisiol yn ymarferol.

Mae'r dyrnaid canol o gyfansoddiadau yn meddu ar nifer o nodweddion da, ond mae presenoldeb anghysonderau, diffygion datblygu neu fethiannau technegol yn llesteirio eu cyfanwaith, sy'n drueni.

Mantell: Alaw gadarn a rhythm pendant sydd rhywsut yn brwydro natur sensitif ac annwyl y geiriau. Mae synnwyr o orbrysurdeb hefyd. Byddai ffurfio brawddegau mwy telynegol wedi cydweddu â'r testun yn well. Ceir rhywfaint o ddryswch erwydd amser hefyd a gwallau cysodi, ond mae cryfderau'r harmoni, y gwead pedwar llais a'r trawsgyweirio cadarn a phwrpasol yn dangos goleuni'n ddi-os.

Cynon: Dechreuodd gyda llawer o obaith a hyder, ond mae yna golli golwg ar fwa alaw, gyda llawer gormod o amneidio. Yn dechnegol, mae'n anodd ei pherfformio ac mae gwendidau technegol a chysodi geiriau yn bresennol ar hyd y darn. Gresyn bod y darn yn colli ffordd yn llwyr yn y pennill olaf. Mae rhai syniadau alaw a harmoni yn dangos dyfeisgarwch ond mae mwy o frychau yn codi ar hyd y darn.

Ernie: Eto, enghraifft o frawddeg agoriadol sy'n cyffroi cyn colli ffordd yn rhy hawdd. Mae ystod y darn yn orgymhleth, gyda rhan y soprano lawer yn rhy uchel a nifer o wallau harmoni yn rhan y bas. Yn harmonig, mae pob cymal yn rhoi gobaith am amrywiaeth ar y cychwyn ond yn gwyro nôl i ddiogelwch yn hytrach na herio, sy'n biti.

Mam: Alaw ganadwy, er braidd yn isel i berfformiad cynulleidfa, sy'n gryfder. Ond mae'r duedd i ystrydebu'n harmonig yn llesteirio hyn rywfaint. Mae naws cân ysgafn fodern yma yn hytrach nag emyn o fawl cyfoes a gyda'r cyfeiliant braidd yn statig, diffyg amrywiaeth a symud yw'r gwendid. Mae'r alaw yn dringo i uchafbwynt yn dda cyn y diwedd ond does dim digon o ddatblygiad i argyhoeddi.

Ebrill: Braidd yn gaeth i fydr a rhythm bloc yw'r hanner cyntaf ac mae'r harmoni ychydig yn ymwthiol ac felly'n llesteirio bwa'r alaw rhag datblygu'n naturiol. Serch hynny, mae'r cwpled cloi, sy'n cyrraedd uchafbwynt cadarn, gydag alaw gofiadwy a chanadwy a harmoni SATB diddorol, er braidd yn statig a thraddodiadol, yn codi'r darn i dir saff. Mae presenoldeb gwendidau technegol a chysodi yn niweidio'r cyfanwaith ac mae'n ymarferol lletchwith ei pherfformio yn ôl nodiant y sgôr.

Ffidil yn y Tôn: Dyma ymgais wreiddiol a diffuant. Gosodir y naws draddodiadol yn gynnar yng nghywair y lleddf, ac mae'r cymalau cyntaf, er braidd yn statig o ran rhythm, yn dyrchafu'r geiriau, gyda harmonïau cyfoethog, alaw ddirdynnol a llyfn a gwead ingol. Wedyn, yn yr ail hanner, mae'r gwaith yn colli stêm yn syth, gyda'r alaw a'r gynghanedd yn troi'n ffwndrus a digyfeiriad, sy'n drueni mawr. Mae'r cymal olaf fel cyfansoddiad gwahanol, ac mae'r ymdeimlad o ddiffyg eglurder yn siom. Trueni mawr.

Bronwydd: Darn sy'n gwyro at y traddodiadol gyda thuedd i lynu at rythmau a mydr gorgyfarwydd a geir yma. Canlyniad hyn yw iddo flino'r glust. Hoffwn petaech wedi arbrofi mwy wrth ddatblygu'r alaw, ac er bod y gynghanedd yn ddiogel, diffyg mwya'r darn yw gwendid bwa'r alaw o ran mynegiant a diddordeb. Eto, ni osodwyd y testun ac mae camgymeriadau cysodi yn bresennol.

Llolwyn: Darn lled draddodiadol ei naws, ar ffurf copi pdf, gyda sgorio SATB cadarn a chywir. Dengys y cyfansoddwr afael gref wrth lunio harmoni coeth ac alaw ddiddorol a chanadwy. Mae adeiladwaith da i'r gosodiad ac mae tipyn o addewid ym mhob cymal. Yn y golofn negyddol, mae'r alaw yn cyrraedd uchafbwynt yn rhy gynnar o fewn y darn ac felly'n chwythu ei phlwc rywsut ac mae'r gwead yn statig braidd drwyddi draw. Byddai defnydd canonig neu gwestiwn ac ateb wedi cryfhau'r cynnig dipyn. Hefyd, ni chafwyd gosodiad o'r testun, ac mae hyn yn niweidio'r cynnig dipyn. Ond mae arwyddion o lewyrch yn agos at yr wyneb.

Carvoeiro: Strwythur lled draddodiadol sydd yma sy'n bygwth torri'n rhydd i foderniaeth ac eto ddim yn mentro'n gyfan gwbl. Rhinweddau gorau'r darn yw alaw sy'n llifo'n hyfryd a harmoni sy'n cydweddu â'r alaw heb fod yn ymwthiol. Mae'r ymdriniaeth o'r geiriau'n sensitif gyda'r pwyslais bob tro yn gywir. Mae bwa a siâp hyfryd i'r alaw sy'n adeiladu hyd at ddiweddglo cryf a bendithiol. Trueni mawr, felly, bod gwallau cysodi ac amwyster cofnodi cywir erwydd amser yn gwanio'r cyfanwaith, gan fod addewid o fod yn y Dosbarth uwch yma. Hefyd, byddwn wedi croesawu mwy o sgorio i bedwar llais SATB yn hytrach na dim ond y cwpled olaf. Mae gan yr ymgeisydd fedrusrwydd harmonig ac mae'r darn o fewn cwmpawd unrhyw gynulleidfa. Dalier ati.

Yn y Dosbarth uwch, gwelwyd mwy nag addewid ond seiliau cryf fod y cyfansoddwr/wraig yn deall elfennau llunio alaw gref a chofiadwy, a'i fod ef/ hi'n cyfansoddi gyda hyder, dyfeisgarwch a medrusrwydd.

Ampadu: Dyma ymgais ragorol gan gyfansoddwr a oedd yn deall a pharchu geiriau'r testun a'i neges ganolog. Llwyddodd i ganfod llais a oedd yn cynnal alaw ddiddorol ac ystyriol, ac er bod gormod o ailadrodd rhythm wrth orddibynnu ar yr un ffigwr trawsacennog, mae ymdeimlad cryf o fodernrwydd yn y cyfansoddi. Hoffaf yr harmoni pedwar llais yn ystod y pum bar olaf, sy'n creu diweddglo effeithiol a naturiol i'r pennill. Mae'r datblygiad yn y diweddglo estynedig yn gam pwysig ymlaen ac mae defnydd graenus o ganu unsain cyn rhannu'n hwyrach ymlaen. Mae'r cyfansoddiad yn dangos medrusrwydd, sensitifrwydd a dychymyg, mae idiom glir a phwrpasol a nod wrth gyflwyno darn ystyriol a chytbwys. Diolch amdano.

Clwcsan: Dyma gyfansoddiad sy'n nodweddu holl elfennau emyn-dôn gyfoes, lwyddiannus: alaw gofiadwy sy'n llifo'n ddiymdrech, a chyfeiliant ystyrlon a rhydd. Rhinwedd amlwg y gwaith yw'r cydbwysedd effeithiol sydd rhwng unsain hanner cynta'r pennill a'r rhannu i bedwar llais sydd yn ail hanner pob pennill – syml ond celfydd iawn. Mae bwa'r alaw wedi'i saernïo'n ofalus a'r uchafbwynt (bar 10 a 26) yn drawiadol cyn disgyn eto'n daclus. Ceir harmonïau pwrpasol ac mae diddordeb drwy'r darn cyfan. Byddai ychydig o amrywio rhythmau'r alaw gyda mwy o ddefnydd o seibiau wedi cryfhau'r darn eto a thybed na fyddai cord D yn gryfach ym mhedwerydd bar pob pennill yn hytrach na'r F# mwyaf (ac E yn hytrach na G# ym mhennill 3)? Pan ddaw'r cord hwnnw ddwywaith yn hytrach nag unwaith mae'n colli rhywfaint o'i effaith. Ond manion mireinio yw hyn. Fe wnaeth y cyfansoddiad oleuo'r gystadleuaeth. Diolch am hynny. Ymgais ardderchog!

Eryl: Cyfansoddiad tawel, hyderus, medrus ac addfwyn o'r cymal cyntaf. Y dewis o amseriad 3/4 yn briodas berffaith er mwyn i'r alaw hedfan ac anadlu, a'r cywair gwreiddiol o Db yn gywair meddal sy'n gweddu i'r testun i'r dim. Delir â phob elfen o fydr a phwyslais geiriau heb unrhyw straen, ac mae'r cyfeiliant yn llifo'n naturiol a chrefftus. Dyw'r ymgais hon ddim yn gorbwysleisio dim, mae'n gynnil a sensitif ac yn canu'n swynol a dirodres. Mae datblygiad gwead naturiol a synhwyrol o'r unsain cwestiwn ac ateb yn y pennill agoriadol i'r rhannu pedwar llais digyfeiliant ar gychwyn pennill

2 cyn mentro'n ôl i unsain (a thrwy hynny danlinellu disgleirdeb yr alaw) ar gyfer y pennill olaf, gydag ychydig o ganu deulais syml ond effeithiol yn ein harwain yn reddfol at ddiweddglo tawel, soniarus. Mae popeth yn llifo'n bwrpasol ac effeithlon, mae'r sgorio a'r defnydd o ddynameg yn gadarn a glân. Does dim gwastraff nodau nac egni. Pe bawn i'n gorfod pigo mân frycheuyn, byddai mentro mwy o ran gwead a'i ddatblygu'n fwy canonig tua'r diwedd wedi dyrchafu'r darn eto fyth. Diolch am y cynnig safonol hwn.

Felly, fe welwch y daeth tri i'r haen uchaf: pob un â'u rhinweddau, a'u llais ac arddull unigryw eu hunain, a phob un o'r tri yn haeddu ennill y gystadleuaeth. Roedd gwerthuso'r tri yn dasg anodd. O bwyso a mesur sawl maen prawf, dw i'n hapus i gyhoeddi mai *Eryl* sy'n llawn haeddu ennill y wobr eleni.

Cyfansoddi cerddoriaeth i ddisgyblion/myfyrwyr o dan 19 oed. Casgliad (dau neu fwy o ddarnau) o gyfansoddiadau

BEIRNIADAETH OWAIN LLWYD BROWN

Daeth tri chasgliad i law ar gyfer y gystadleuaeth.

Cyflwynodd *Caradog* a *Gwenffrewi* ddarnau tonyddol, syml a allai o bosib weld defnydd ar gyfer ffilm a theledu. Roedd gwallau arferol sy'n perthyn i gyfansoddwyr sy'n meithrin eu crefft yn amlwg – a hynny i'w weld neu ei glywed yn y nodiant (diffyg manylder yn gyffredinol). Gallai *Caradog* a *Gwenffrewi* elwa'n fawr o wrando yn eang ar gyfansoddwyr cyfoes ein cyfnod yn ogystal ag astudio cyfansoddwyr o'r gorffennol.

Cyflwynodd *Lady Gagenhauer*, ar y llaw arall, gasgliad o ddarnau o safon uchel iawn a fyddai'n wir addas ar gyfer cystadleuaeth Tlws y Cyfansoddwr. Heb os, dyma lais ifanc eithriadol o ddisglair i'r dyfodol.

Caradog: Yn anffodus, nid oedd modd clywed ail ddarn *Caradog* gan nad oedd y ffeil yn agor (oherwydd nid oedd yn mp3, ond yn url). Rhaid bob tro wneud yn siŵr bod y ffeiliau yn agor ac yn gweithio cyn cyflwyno. Mae'n syniad da hefyd i gyflwyno nid yn unig ffeil awdio ond sgôr pdf i gyd-fynd â'r gwaith. Yn yr achos hwn, gallai pdf fod yn ddefnyddiol iawn. Serch hynny, roedd modd gwrando ar un darn o'r enw 'diferion' (2 funud 13 eiliad) a oedd wedi'i gyflwyno fel ffeil mp3 yn unig. Mae'n debyg mai darn ar gyfer llinynnau a phiano oedd hwn. Ceir agoriad dramatig iawn, gyda naws cerddoriaeth drama, ffilm a theledu o bosib: darn a fuasai'n addas ar gyfer rhaglen *Poldark*, er enghraifft. Roedd yna ddigon o amrywiaeth gweadau yma, wrth gyflwyno adegau trwchus i'r offeryniaeth ac alawon tyner unigol. Braidd yn fyr oedd y darn yn fy marn i, ond serch hynny, roedd yn llawn addewid.

Gwenffrewi: Nid yw'n glir o gyflwyniad *Gwenffrewi* beth yw testunau a chyd-destun y darnau. Bron iawn nad oedd modd beirniadu'r gwaith gan nad oedd estyniadau cywir i'r ffeiliau a gyflwynwyd. Yn ffodus iawn roedd modd dyfalu mai ffeiliau Sibelius oedd dan sylw, a bod angen newid estyniadau'r ffeiliau er mwyn eu hagor. Gwell o lawer yw cyflwyno pdf a mp3; cofiwch, nid pawb sy'n defnyddio meddalwedd Sibelius. Mae'r nodiant yn gyffredinol syml, ac angen mwy o sylw dynameg a manion cerddorol. Teimlais y gallai *Gwenffrewi* elwa o ymchwilio i ddarnau piano o Beethoven hyd at Debussy, Ravel a Michael Nyman. Byddai modd gweld sut y mae cyfansoddwyr yn cyflwyno darnau piano yn gyffredinol a sylwi nad oes angen dynodi dynameg yn unigol i'r ddwy law drwy'r adeg, er enghraifft.

'Darn di-deitl 1': Mae'n debyg mai darn i'r piano yw hwn, wedi'i seilio ar harmonïau syml ac alawon mewn trydyddau. Dyma ddarn ysgafn, tonyddol, syml sy'n f'atgoffa o ddarnau Einaudi neu Percy Grainger, o bosib. Serch hynny, roedd diniweidrwydd y darn i'w glywed yn glir yma.

'Darn di-deitl 2': Darn o bosib ar gyfer piano a soddgrwth yw hwn er nad yw'n datgan hynny ar y sgôr. Unwaith eto, darn syml, ysgafn a hwylus. Roedd yna ymdeimlad o hwylio ar gwch, wrth gyflwyno'r ysgafnder a'r peryg tua'r canol. Darluniadol iawn.

Lady Gagenhauer: Dyma'r unig gystadleuydd i ddarparu nodyn rhaglen. Wrth gwrs, nid oes rhaid cynnwys nodyn o'r fath, ond mae'n ddefnyddiol iawn er mwyn gosod cyd-destun y gwaith dan sylw. Mae hyn yn debyg i nodyn rhaglen mewn cyngerdd. Yn wir, roedd nodiant a chyflwyniad cyffredinol y gwaith hwn yn broffesiynol iawn.

Mae'r 'Pedwarawd Llinynnol' swmpus hwn yn cynnwys tri symudiad campus iawn, llawn amrywiaeth a phersonoliaeth ffraeth y cyfansoddwr.

Symudiad Un (tua 7 munud): Dyma symudiad medrus a chryf iawn fel agoriad y gwaith. Mae'r deialog a'r gweadau rhwng y llinynnau yn gampus dros ben. Yn wir, mae'r cyfansoddwr yn gelfydd iawn wrth ddatgan thema tri nodyn syml iawn a'i lliwio gyda thechnegau a harmonïau sydd nid yn unig ar brydiau yn frawychus, ond yn aml yn dryloyw – arbennig iawn!

Symudiad Dau (tua 2 funud 15 eiliad): Er yn fyr, dyma symudiad chwareus llawn egni mewn amsernod ⅝. Mae'r defnydd o amsernodau'r cyfansoddwr yn ddiffwdan ac ymarferol iawn drwyddo draw. Mae'r *scherzo* yma yn llawn bywyd ac yn defnyddio holl bŵer a thynerwch y llinynnau.

Symudiad Tri (8 munud 7 eiliad): Unigedd ac atgofion oriau olaf bywyd yw testun y symudiad olaf. Unwaith eto mae gweadau'r llinynnau yn gelfydd ac yn sensitif iawn wrth gyflwyno alawon unigol i'r offerynnau. Ceir hefyd atgofion o thema wreiddiol Symudiad Un yn ailymddangos mewn gweadau trwm, torcalonnus.

O'r teimladwy, tyner i'r brawychus, trwm mae *Lady Gagenhauer* yn llawn hyder a chreadigrwydd. Er nad yw'n ddarn hawdd i'w berfformio, mae ymarferoldeb y rhannau wedi ei deilwra tuag at chwaraewyr proffesiynol o'r radd flaenaf. Dylai'r 'Pedwarawd Llinynnol' hwn gael ei berfformio yn gyhoeddus er mwyn i ni i gyd glywed campwaith cyfansoddwr ifanc dawnus a chyffrous iawn.

Trac sain i ddawns gyfoes
Cyfansoddi darn hyd at 2 funud o hyd

BEIRNIADAETH MARGED GWENLLIAN

Ciwcwmber: Roeddwn yn hoff iawn o'r naws electronig, gyda'r curiad addas ar gyfer dawns gyfoes yn dod i mewn gan gynnig llawer o botensial symudiadau. Mae'n bosib y byddai tempo ychydig cynt yn gweithio'n well i'r math o ddawns y mae'n ei chynnig ei hun ar ei chyfer – byddai'n werth meddwl am hyn yn fuan wrth weithio ar draciau. Dylid gwylio wrth i'r darn gitâr sydd wedi'i recordio ddod i mewn: byddai'n syniad rhoi ychydig o effeithiau arno i'w dacluso, a'i gael i blendio i mewn yn well gyda'r sŵn electronig, gan ei fod yn sefyll allan fymryn. Mae llawer o haenau i'w cael yma, sy'n caniatáu digon o amrywiaeth ar gyfer y dawnsio. Dw i'n hoff iawn o'r haen gyda'r drymiau, un synth a thriongl yn unig, cyn iddo ollwng i'r darn isel i gael newid trywydd yn llwyr. Efallai bod ychydig gormod o newid trywydd yn digwydd yn y darn, a bod angen ceisio cael rhyw fath o gysondeb gydol y darn: efallai mwy o gysondeb cyweirnodau, yn lle bod newid awyrgylch a newid cyweirnod yn digwydd yr un pryd. Er hyn, mae hyd pob cymal yn daclus, a does dim un yn teimlo ei fod yn mynd ymlaen yn rhy hir. Mae'r ffaith bod y darn yn gorffen yn yr un ffordd ag y mae'n cychwyn yn ei wneud yn gyfanwaith da a'r teimlad ei fod yn gylch cyflawn. Mae'n amlwg bod llawer o feddwl wedi mynd i mewn i'r strwythur er mwyn cael hyn i weithio. Ceir potensial anferth yma wrth i'r awyrgylch a'r teimlad sydd ei angen gael ei ganfod, ond mae angen ymarfer ychydig mwy i dacluso'r cyfanwaith a gweithio mwy ar y symud o gymal i gymal er mwyn iddo swnio fel darn gorffenedig taclus. Diolch am gystadlu!

Mistar Coconut: Sŵn bendigedig, breuddwydiol sy'n agoriad cryf i'r darn hwn. Ceir defnydd effeithiol o droslais hen ffasiwn, sy'n cyferbynnu'n wych wrth i frawddegau fel 'dach chi'n mynd yn erbyn traddodiad' gael eu defnyddio mewn darn cyfoes. Dw i'n hoff iawn o'r curiad hamddenol, sy'n rhedeg drwy gydol y darn ond sydd ddim yn datblygu i guriad mwy. Mae'n guriad ymlaciol braf, a fyddai'n gweithio'n wych ar gyfer dawns greadigol, gyda'r troslais yn rhoi'r cyfle i ddawnswyr allu chwarae gyda'r gymysgedd o gynnwys geiriol traddodiadol a cherddoriaeth fodern, er mwyn cymysgu gwahanol *genres* dawnsio o fewn y perfformiad. Er fy mod yn hoff o undonedd y curiad, efallai bod angen mymryn mwy o ddatblygu ac amrywiaeth o fewn y darn wrth gofio mai ar gyfer dawns y bwriedir y trac ac er mwyn gallu cadw dawns dwy funud o hyd yn ddifyr a rhoi mwy o bosibiliadau symudiadau. Dyma gyfanwaith arbennig, gydag ôl sglein ar y cynhyrchu a gyda phob offeryn a sŵn yn gorwedd yn daclus gyda'i gilydd. Llongyfarchiadau ar drac o safon: edrychaf ymlaen at glywed mwy o gerddoriaeth gan *Mistar Coconut*!

Moc: 'Mae gan blant adenydd': dyma gychwyn cryf sy'n gosod y thema i'r trac yn syth. Mae geiriau'r canu yn gorwedd yn daclus iawn o fewn y trac, gyda phwyslais y sillafau yn disgyn ar bwyslais y curiadau yn gywir bob tro. Efallai bod modd rhoi mwy o sylw i sut mae'r llais yn gorwedd o fewn y trac; mae'n sefyll allan fymryn gormod yn fy marn i. Mae'n teimlo fod y gerddoriaeth yn gorwedd o dan y canu, yn lle bod y ddau yn un cyfanwaith. Mae angen cofio mai'r gerddoriaeth a theimlo'r curiad sydd bwysicaf ar gyfer trac sain i ddawns gyfoes. Mae'r tempo yn addas iawn ar gyfer dawns gyfoes gan ei fod yn annog symudiadau bywiog ac egnïol. Mae'r synth bas yn treiddio'n wych, a dw i'n hoff iawn o dynnu'r offerynnau eraill yn ôl yn yr ail bennill er mwyn amlygu'r bas, ac yna dynnu pethau'n ôl eto, cyn ailadeiladu'n raddol erbyn y gytgan gan roi cymaint o botensial symudiadau dawns. Ac yna nôl i mewn yn gryf yn y gytgan, ar ôl oedi un bar – sy'n effeithiol iawn. Gallaf ddychmygu dawnswyr yn gwneud symudiad ffrwydrol yn glir yn fy mhen wrth i'r trac daro'n ôl i mewn! Mae'r trac yn gorffen mewn man annisgwyl braidd; mae angen cymryd mwy o ofal wrth allforio'r trac, nad ydy'n cael ei dorri'n ddisymwth. Mae angen gadael iddynt ddiflannu'n raddol a naturiol, a rhoi ychydig eiliadau wrth gefn ar y diwedd. Mae hon yn gân fachog ag egni gwych sy'n sicr yn aros rownd a rownd yn y pen! Mae angen ychydig mwy o ofal gyda'r cynhyrchu: dw i wir wedi mwynhau gwrando. Diolch am gystadlu!

Buddugol: *Mistar Coconut*

Darn i gôr SSA/TTB

Cyfansoddi darn hyd at 3 munud o hyd i gôr o leisiau SSA neu TTB. Cyfrifoldeb y cyfansoddwr yw sicrhau'r hawl i ddefnyddio'r geiriau

BEIRNIADAETH RICHARD VAUGHAN

Mi roedd hon yn gystadleuaeth ddiddorol, gyda phob ymgeisydd yn cynnig rhywbeth diddorol, boed yn felodig, harmonig neu drwy arddull y cyfansoddi. Braf iawn oedd cael pori trwy'r darnau i gyd.

Awel, 'Dawnsio ar y Gwynt': Darn ysgafn ei naws oedd hwn. Teimlai ychydig i mi fel cân gyfoes/bop sydd wedi cael ei haddasu i drefniant SSA. Mi roedd y gwaith cysodi yn dda, a'r darn yn edrych yn daclus ar bapur. Mae yma alaw ysgafn ac mi roeddwn yn hoff iawn o alaw y gytgan yn enwedig. Mi roedd y sgwennu homoffonig, corawl yn dda, a'r harmonïau yn gadarn. Cyffyrddiad hyfryd oedd ychwanegu rhan y grŵp bach er mwyn dod â mwy o liw a symudiad i'r harmoni. Teimlaf y gallai'r elfen hon gael ei datblygu ychydig yn fwy yn ystod y pennill efallai, gydag elfennau mwy poliffonig yn hytrach na chwestiwn ac ateb yn yr harmoni er mwyn cynnal diddordeb y glust. Mae'r newid cyweirnod yn ychwanegu at ddatblygiad y darn ac yn cynnal momentwm, ond efallai y gellir datblygu'r arddull o newid cyweirnod ymhellach. Teimlais fod y trawsgyweiriad sydyn hwn braidd yn amlwg ac angen ystyriaeth bellach, yn enwedig gan fod yr alaw mor hyfryd.

Edau, 'Sampler': Darn digyfeiliant ar gyfer SSA a grŵp/unawd a gawsom gan *Edau*. Mi roedd yna aeddfedrwydd i'r sgwennu yma gyda'r defnydd diddorol o harmoni a'r plethiad yn y rhannau lleisiol yn soffistigedig ei ffordd. Roedd y darn yn edrych yn dda ar y papur ac yn rhoi diogelwch i mi cyn hyd yn oed ei glywed. Cafwyd defnydd da o liw o fewn y rhannau gyda'r llif a'r symudiad yn enwedig yn rhan soprano 2 yn plesio. Roedd gwrthgyferbyniad da rhwng y cymalau sy'n cylchdroi o amgylch cordiau F/D fwyaf a'r cymalau lle mae'r harmoni yn agor allan. Mae ôl meddwl ar ddatblygiad y darn yn amlwg. Mae'r gystadleuaeth yn gofyn am ddarn o dan 3 munud. Teimlais fod y diweddglo ychydig yn frysiog a chwta, ac efallai bod modd datblygu hyn y tu allan i'r gystadleuaeth er mwyn sicrhau diweddglo cytbwys. Teimlaf hefyd fod angen ailystyried y defnydd o'r *piano reduction* ar y sgôr. Deallaf pam y gallai'r cordiau helpu, ond credaf y dylid cynnwys naill ai rhan gyflawn, neu ddim byd o gwbl.

Hiraeth, 'Cân Dylan': Darn ar gyfer côr meibion yw 'Cân Dylan', ac mae hwn yn dangos potensial i fod yn ddarn da iawn. Mae yma sgwennu hyfryd ar gyfer y piano yn y cyfeiliant, a datblygiad da iawn yn y gwaith lleisiol wrth i'r darn fynd yn ei flaen. Roeddwn wir yn teimlo'r adeiladwaith wrth i'r darn gynyddu mewn dwyster. Mae yna *lilt* naturiol yn y gerddoriaeth a oedd yn cael ei atgyfnerthu gyda'r dewis o 6/8 fel mesur ac a oedd yn gweddu i'r geiriau yn hyfryd a'r sôn am 'forio draw i Enlli'. Mae'r newid cyweirnod yn ychwanegu at yr adeiladwaith, ond mi fuaswn yn ailedrych ar y ffordd o gyrraedd y cyweirnod newydd. Efallai bod ffordd fwy llyfn a soffistigedig i wneud hyn a chredaf fod yna sgôp i ddatblygu hyn ymhellach. Mae T2 mewn unsain gyda T1 am rannau helaeth o'r darn. Mi fuaswn yn hoffi gweld y darn hwn ar gyfer pedwar llais dynion yn sicr gyda'r pedwerydd llais yn ychwanegu mwy o liw eto i'r gwead drwyddi draw. Cyn rhoi darn i mewn i gystadleuaeth, mae angen sicrhau bod y sgôr yn gywir. Mae nifer o wallau yn y cysodi yn anffodus, ac mi hoffwn weld mwy o fanylder i'r defnydd o dynameg ar y sgôr. Dyma ddarn hyfryd gyda photensial amlwg: mae'n werth ei ddatblygu ymhellach yn sicr.

Menna, 'Dona Nobis Pacem (Efengyl Tangnefedd)': Darn ysgafn ei naws, ac mi roeddwn yn hoffi'r plethu o'r Gymraeg a'r Lladin yn y darn hwn. Mi roedd y felodi yn llifo'n effeithiol yn y cymalau Cymraeg yn wrthgyferbyniad da i'r cymalau mwy *syncopated* yn 'Dona Nobis Pacem'. Cafwyd melodi hyfryd a sgwennu da ac effeithiol i'r lleisiau SSA. Mi roeddwn yn hoffi'r ffordd yr oedd y rhythmau gwahanol yn cael eu hadlewyrchu yn y cyfeiliant piano yn ogystal. Efallai bod yna fodd i ddatblygu hwn ychydig er mwyn sicrhau bod y piano yn gwneud y peth perthnasol. Efallai y buasai *intros* piano ychydig hirach yn setlo'r darn ychydig yn fwy: cymal llyfn gyda'r felodi gyda dau far o'r rhythm *syncopated* i osod y naws cyn i'r lleisiau ailymuno, gan arwain y ffordd ychydig mwy efallai. Y rhagarweiniad perffaith i mi fuasai barrau 9-13: gosod y felodi a'r rhythm mewn un cymal. Dyna'r prif bwynt negyddol am y darn hwn i mi. Mi roedd y cymalau unigol yn hyfryd, y sgwennu homoffonig yn dda a'r cymalau poliffonig yn effeithiol. Ceir gwrthgyferbyniad da rhwng y cymalau, ond efallai bod yna fodd i dynnu'r rhain i gyd at ei gilydd i greu mwy o ddilyniant a chydbwysedd i'r darn. Gallai mwy o ddefnydd o'r cyfeiliant fod yn effeithiol yma.

Gellir dod nôl i'r rhagarweiniad a nodir uchod eto efallai cyn y tri bar olaf er mwyn dod â phopeth i ben gan fod y felodi hon mor braf ac ysgafn. Mae potensial mawr i'r darn hwn, ond mae angen ychydig o ddatblygiad ynddo yn gyntaf.

Buddugol: 'Sampler' gan *Edau*.

Cyfansoddi unawd addas i blant o dan 12 oed

Cyfansoddi darn hyd at 3 munud o hyd. Cyfrifoldeb y cyfansoddwr yw sicrhau'r hawl i ddefnyddio'r geiriau

BEIRNIADAETH ELAN RICHARDS, MEINIR RICHARDS

Derbyniwyd naw ymgais ar gyfer y gystadleuaeth hon, a braf nodi i'r mwyafrif ohonynt gynnig darnau a allai fod yn ddeunydd cyfrol newydd o ganeuon i'r oedran hwn. Mae'n bosibl bod dewis geiriau rhai o'r ymgeiswyr yn fwy addas na'i gilydd gan gofio bod 'plant' o dan 12 oed yn gallu bod yn ddigon aeddfed a soffistigedig eu meddylfryd heddiw. Mae dewis geiriau rhai o'r ymgeiswyr hefyd wedi caniatáu iddynt gynnig amrywiaeth alawol a datblygu syniadau. Roedd yr holl ymgeiswyr wedi cyflwyno eu gwaith yn daclus.

Ampadu, 'Pum Darn o Ffrwyth': Dyma gân fywiog a oedd yn dechrau gyda chytgan fachog – mae'n debyg mai'r gytgan oedd cryfder y gân hon. Yn wir, mi allai'r gytgan fod yn logo deniadol ar gyfer ymgyrch bwyta'n iach! Cafwyd dilyniannau hyfryd yn y gytgan, ond er y motiff tripled effeithiol yn y pennill, efallai nad yw'r adran honno yn cydio mor effeithiol â'r gytgan. Hwyrach y byddai un pennill ychwanegol yn gymorth gan mai cytgan, pennill a chytgan yn unig a geir ar hyn o bryd.

Ar y podium, 'Pencampwr fydda i': Yn ogystal â'r gerddoriaeth, mae'r geiriau fan hyn hefyd o waith yr ymgeisydd. Mae'r briodas rhwng y geiriau a'r alaw, sydd yn arddull *swing*, yn hwylus. Yn sicr, mae'r gytgan yn ddeniadol gyda rhagarweiniad y piano yn llawn potensial. Fodd bynnag, hwyrach bod yr alaw yn y penillion yn cylchdroi o amgylch yr un nodau yn ormodol ac o ganlyniad yn colli ychydig o gyfeiriad. Mae'n bosibl y byddai'r gân hon yn gryfach o'i chwtogi ychydig.

Bugail, 'Baban Mair': Roedd y cwestiwn agoriadol yn y gytgan yn denu ein sylw ar unwaith yn y gân hon, geiriau y buaswn yn tybio a fyddai'n taro deuddeg gyda'r oedran sydd o dan sylw. Dyma alaw a oedd yn llifo'n gelfydd gyda chyfeiliant a oedd yn cynnig diddordeb ychwanegol. Roedd y dewis o arwydd amser (6/4) yn rhoi cyfle i'r gerddoriaeth anadlu ac roedd y trawsgyweiriad ym mhennill 4 yn gynnil ond yn effeithiol. Yn yr un modd, roedd adlais yr alaw yn y cyfeiliant hefyd yn drawiadol. Cafwyd sawl enghraifft o'r gerddoriaeth yn cefnogi datblygiad y geiriau.

Lewis, 'Car Bach Hud': Un o gryfderau'r gân hon oedd y cyfeiliant hwyliog a oedd yn gymorth i gyfleu natur chwareus y geiriau. Rhaid nodi, fodd bynnag, efallai y byddai'r geiriau deniadol hyn yn fwy addas i blentyn ychydig yn iau na'r oedran sydd o dan sylw. Roedd yr alaw ar y cyfan yn llifo'n gerddorol, er rhaid nodi i ni deimlo nad oedd y dychwelyd i'r tonydd ym marrau 18/19 yn gwbl lwyddiannus, ac mae'n dra phosibl y byddai'r newid sydyn yn achosi problemau tonyddiaeth i unawdydd. Byddai gosod arwydd naturiol o flaen y G ym mar 19 yn gymorth, mae'n siŵr. O ran manion cyflwyno gwaith, gwyliwch eich bod yn osgoi ailadrodd yr un hapnodau o fewn bar.

Miri Mi, 'Be' Ga' i Fod?': Cyflwynwyd yr ymgais hon mewn llawysgrifen daclus a darllenadwy dros ben, ac roedd ôl manylu ar y copi. Cafwyd alaw ganadwy a defnydd hyfryd o wrthdroadau yn yr harmoni gyda'r cyfeiliant yn gyfoethog drwyddi draw. Yn yr un modd, cafwyd adran ganol ddifyr a oedd yn cynnig dilyniannau dramatig. Llwyddwyd i gyfleu'r 'cwestiynau' yn effeithiol yn y gerddoriaeth gan newid naws yn llwyr. Dyma enghraifft o'r piano yn cynnig cefnogaeth effeithiol.

Munud Ola', 'Run Ffunud': Os oedd ambell ymgeisydd wedi dewis geiriau ychydig yn ifanc eu naws i'r oedran, yn sicr mae'r gwrthwyneb yn wir yn achos yr ymgeisydd hwn. Mae'r geiriau a osodwyd yn bwerus dros ben, ac mae eu gosodiad yr un mor bwerus. Dyma alaw gofiadwy gyda chyfeiliant soffistigedig a harmonïau hyfryd ac mae ystod uchel nodau'r piano yn sicrhau bod yma her i unawdydd ifanc ganu i'r cyfeiliant hwn.

Pero, 'Isho, Isho, Isho': Ceir rhagarweiniad clyfar i'r gân hon sy'n awgrymu'r Nadolig yn syth! Ceir cyffyrddiadau hyfryd yn y gosodiad hwn, ac mae'r dilyniannau yn effeithiol dros ben. Ond efallai bod yna golli cyfle i ddatblygu'r harmoni y mymryn lleiaf a hefyd i gynnig ychydig o her addas i'r unawdydd. Cymrwch ofal hefyd bod y sillafau'n cael eu gosod o dan y nodau cywir yn y gerddoriaeth.

Sia, 'Stori': Mae'r dewis o eiriau fan hyn yn hyfryd, ond tybed a ydynt yn cynnig cyfleoedd digonol ar gyfer datblygiad yn y gerddoriaeth? Ceir gosodiad syml o'r geiriau fan hyn sydd ar y cyfan yn gweithio'n hwylus. Mae'r penillion yn llifo'n hamddenol ond efallai nad yw'r gytgan yn cynnig unrhyw beth ychwanegol. Hwyrach y byddai cofnodi'r gân yn 4/4 lawn mor effeithiol. Cymrwch ofal wrth osod y geiriau islaw'r nodau perthnasol bob amser.

Ty'n Gwtyn, 'Trysor Ty'n Gwtyn': Dyma alaw syml sy'n stroffig ei ffurf. Mae'r cyfeiliant yn dilyn alaw'r llais yn union am ddau bennill cyfan a thra'n derbyn bod y cyfeiliant yn symud oddi wrth yr alaw yn y pennill olaf, mae'n bosibl bod yma golli cyfle i gynnig deunydd gwrthgyferbyniol yn gynharach yn y gân. Mae'n bosibl hefyd bod y cwaferi cyson yn yr alaw a'r cyfeiliant ychydig yn llafurus o bryd i'w gilydd.

Diolch i'r holl ymgeiswyr am y cyfle i bori drwy eu gwaith, a diolch yn arbennig i *Miri Mi* a *Munud Ola'* am ganeuon cofiadwy, ond *Bugail* sydd yn dod i'r brig eleni. Llongyfarchiadau mawr i'r enillydd.

Darn ar gyfer *ensemble* offerynnol

Cyfansoddi darn rhwng 2 a 4 munud o hyd: darn sy'n hyblyg ar gyfer unrhyw gyfuniad o offerynnau a fyddai'n addas ar gyfer offerynwyr aml-allu a safon gradd 2-5

BEIRNIADAETH GARETH GLYN

Mae amodau'r gystadleuaeth hon yn glir a phenodol, ac yn ymwneud â maes arbenigol o fewn trefnu a chyfansoddi cerddoriaeth. Y geiriau allweddol ydy 'aml-allu' a 'hyblyg'. Maen nhw'n dynodi darn sy'n addas i offerynwyr o wahanol gyraeddiadau technegol berfformio gyda'i gilydd, lle nad oes angen pob un o'r chwaraewyr i greu sain gyflawn, a lle bod modd cyfnewid un offeryn am un arall (e.e. ffidil yn lle ffliwt) a/neu eu cyfuno nhw (e.e. ffidil *yn ogystal â* ffliwt, yn chwarae o'r un erwydd).

Mae angen, felly, sgôr sy'n cyflwyno'r holl ddewisiadau, ac – yn ddelfrydol – tudalen o gyfarwyddiadau esboniadol. Mae arna i ofn nad ydy hi'n ymddangos bod sawl ymgeisydd yn y gystadleuaeth hon wedi darllen yr amodau'n ddigon gofalus (os o gwbl), er bod pawb wedi cyflwyno gwaith a fyddai efallai'n fuddugol mewn cystadleuaeth agored.

Gair yn gyntaf am y ceisiadau nad ydyn nhw, yn fy marn i, wedi bodloni'r amodau.

Cochyn, 'Y Ddraig Ddrygionus': Darn hwyliog a hoffus i offer chwyth mewn rhythm *swing*, gydag adran araf yn y canol. Byddai chwaraewyr Gradd 5 yn medru dygymod â'r gofynion technegol yn burion, ond nid y graddau is, a does yma ddim deunydd aml-allu na hyblyg yng ngwir ystyr y geiriau. Serch hynny, mae'r ysgrifennu'n gwbl idiomatig i'r offerynnau, ac yn rhoi digon o amrywiaeth o ran rhannu deunydd rhyngddyn nhw, ond mae angen mwy o sylw i'r slyriau tafodi.

Cyw Bach Melyn, 'Melango': Dyma ddarn arall – o bosib gan yr un cyfansoddwr â'r uchod – eto i offer chwyth ond gyda gitâr fas yn ychwanegol, ac eto mewn rhythm *swing*. Mae'r un sylwadau â'r uchod ar fater gofynion technegol yn bodoli yma. Serch gallu amlwg y cyfansoddwr i drin ei offerynnau, mae yna wrthdaro yma a thraw rhwng nodau'r tiwba a'r gitâr fas, sy'n amharu ar y sain. Unwaith eto mae'r cyfansoddwr yn haeddu canmoliaeth am ddeall ei offerynnau a llunio deunydd gwreiddiol a deniadol iddyn nhw.

Delwedd, 'Sŵn yr Haf': Darn digon deniadol i ffliwt, pedwarawd llinynnol a phiano. Mae wedi'i saernïo'n dda i'r offerynnau, ond mae'n anodd gweld unrhyw elfen o aml-allu a hyblygrwydd ynddo. Mae'n wir bod rhannau'r ffidil a'r fiola ar y dechrau yn unfath (hyblygrwydd) ac yn llai heriol na rhai gweddill yr *ensemble* (aml-allu), ond dydy hyn ddim yn para. Mae addewid yn y darn hwn, ond i fodloni'r amodau byddai'n rhaid ailfeddwl sut i osod y deunydd allan, e.e. drwy nodi offerynnau amgen megis clarinet, a chreu llinellau hawdd i offerynnau eraill, megis utgorn er enghraifft.

Millie, 'Millie's Lullaby in A': Dyma ddarn crefftus ac uchel ei safon i gerddorfa neu *ensemble* llinynnol, yn dangos creadigolrwydd a gallu o'r radd flaenaf i drin offerynnau; mae'n wirioneddol ganmoladwy ac yn dangos ôl profiad helaeth a thalent aruthrol i gyfansoddi. Os nad ydy'r ymgeisydd hwn eisoes yn llwyddiannus yn y maes, mi fydd mewn fawr o dro! Ond dydy'r darn ddim yn ateb gofynion y gystadleuaeth o ran safon technegol yr offerynwyr, hyblygrwydd nac elfen aml-allu, a rhaid ei roi o'r neilltu.

Morus y Gwynt, 'Sibrydion': Mae'r darn hwn i gerddorfa siambr yn dangos cyfansoddwr talentog wrth ei waith, un â gafael gadarn ar hanfodion a gofynion y grefft. Mae'r alawon a'r harmonïau'n afaelgar, a'r offerynweithio'n effeithiol dros ben. Ond, fel yn achos *Millie*, does yna ddim byd amlwg yma sy'n aml-allu nac yn hyblyg. Felly, unwaith eto, dyma ddarn o safon sy'n haeddu canmoliaeth wresog, ac a fydd yn sicr yn boddhau cynulleidfaoedd, ond rhaid ei ddiystyru yng nghyd-destun y gystadleuaeth benodol hon.

Ac yn awr mi drof at y ddau gystadleuydd sydd *wedi* bodloni'r amodau.

Dai Luc, 'Roedd yn y cwm nesa ...': Mae *Dai Luc* yn cyflwyno darn i offerynnau o bob teulu cerddorfaol gan gynwys telyn. Mae rhan fwyaf y darn yn y mesur 7/4, ac felly yn gosod rhywfaint o her i'r dysgwyr (fel mae'r cyfansoddwr ei hun yn ei nodi). Efallai, fodd bynnag, y bydd her y mesur anarferol hwn yn ormod i rai, yn enwedig gan fod rhaniad y bar yn anghyson. Mae'n amlwg bod *Dai Luc* wedi astudio gofynion y gystadleuaeth yn fanwl, ac wedi darparu tudalen gyfan o gyfarwyddiadau, gan gynnwys nodi'r offerynnau 'anhanfodol' a chynnig offerynnau amgen. Diddorol, serch hynny, ei fod yn cynnig utgorn/cornet/*flugel* yn lle'r baswn, yn hytrach nag awgrymu offeryn yn yr un octef, megis soddgrwth. O ran y fiola, byddai'n well darparu rhan ffidil ar wahân gyda'r erwydd priodol, yn enwedig gan fod pob nodyn yn rhan y fiola o fewn cyrraedd ffidil beth bynnag. Mi ellid symleiddio rhan yr offerynnau taro tiwniedig i osgoi gofynion fel croesi ffyn. O ran y nodiant, mae angen gofyn sut i ddehongli crosiedau dotiog stacato wedi'u cyplysu â slyr! Mae clod yn ddyledus i'r gwaith hwn, ond rydw i'n meddwl ei fod o o bosib yn fwy heriol i blant (yn enwedig Gradd 2) nag y mae'r cyfansoddwr yn ei obeithio.

Patrol Pawennau, 'Saith': Dyma gystadleuydd sy wedi darllen, a deall, amodau'r gystadleuaeth. 'Darn byr cynhesu fyny ar gyfer band ysgol' ydy'r gwaith, wedi'i nodi i 'Uchaf' (gair sy ar goll yn y sgôr ond yn amlwg yn ôl y cyd-destun), 'Canol' a 'Bas'. Mae'n cynnig offerynnau amgen i'r utgorn, y corn tenor a'r tiwba, ac yn nodi bod modd defnyddio *unrhyw* offerynnau. I wneud hyn, byddai angen darparu rhannau offerynnol yn y trawsgyweiriad a'r erwyddau cywir – e.e. ar gyfer soddgrwth (lle byddai angen newid octef rhai nodau), corn yn F, bas dwbl (nodiant octef yn uwch na'r sain), fiola, ac yn y blaen, ond mi fyddai cynnwys y rhain i gyd *ar y sgôr* yn ddianghenraid a dryslyd, felly mae'r sgôr fel ag y mae'n sefyll yn berffaith dderbyniol.

Mae'r darn yn gofyn i'r holl chwaraewyr chwarae eu dewis-nodau eu hunain o *smörgåsbord* o gordiau ym mhrif adran y darn, gan gynnwys (yn yr uchabwynt cloi) *unrhyw* nodyn o fath yn y byd! Mae'r cyfarwyddyd i ddod â'r offerynnau i mewn fesul un yn un craff, ac yn creu adeiladwaith effeithiol i'r darn.

Heb eiliad o betruso, rydw i'n dyfarnu'r wobr gynta i *Patrol Pawennau*, gyda llongyfarchiadau am ymateb mewn ffordd mor wreiddiol a chreadigol i ofynion y gystadleuaeth.

Adran
Gwerin

Cystadleuaeth Tlws Sbardun

Cân werinol ac acwstig ei naws. Rhaid i'r gerddoriaeth a'r geiriau fod yn wreiddiol. Caniateir cywaith. Dylid uwchlwytho'r gân ar ffurf mp3 ynghyd â chopi o'r geiriau. Perfformir y gân fuddugol yn ystod seremoni cyhoeddi'r enillydd yn yr Eisteddfod

....

BEIRNIADAETH YNYR ROBERTS, MEI GWYNEDD

Mae wedi bod yn bleser gwrando ar yr 20 cân sy'n ceisio am Dlws Sbardun eleni. Roedd pob cân yn cynnig rhywbeth gwahanol, pob cân gyda syniad difyr a photensial yn nifer fawr o'r caneuon i gael bywyd pellach na'r gystadleuaeth hon.

Roedd hi'n dasg go anodd llunio rhestr fer o dair cân, heb sôn am ddewis un gân i gipio'r wobr ... Ond ein barn ni fel beirniaid oedd rhoi'r wobr gyntaf i *Phylip Wydr* a'i gân 'Malbec ar y Mynydd'. Dyma gân sydd wedi ei chrefftu yn wych gydag alaw gofiadwy drwyddi draw. Mae rhywbeth difyr iawn am felodi'r penillion sy'n creu tensiwn a dirgelwch – tebyg i gerddoriaeth Leonard Cohen. Yna daw'r gorfoledd yn y gytgan, a'r sentiment o ddianc a mwynhau gwydraid bach o Malbec ar ochr mynydd yn bictiwr! Cân gyda neges sy'n apelio at lawer, mae'n siŵr! Tybed a yw *Phylip Wydr* yn ffan o Nick Cave neu Endaf Emlyn hyd yn oed – gellir clywed y math hwn o ddylanwad ar y recordiad demo!?

Mae rhywbeth trawiadol am yr alawon sy'n treiddio drwy'r gân a'r gyferbyniaeth rhwng y penillion isel, y dringo yn y *pre-chorus* a chytgan ddyrchafol yn rhoi'r cynnwys arbennig sydd wedi dal ein sylw ers y gwrandawiad cyntaf. Mae lle haeddiannol, felly, i'r gân hon ar y brig – a hynny mewn cystadleuaeth gref iawn. Hawdd fyddai bod wedi rhoi'r wobr gyntaf i chwarter y ceisiadau eleni, ond llongyfarchiadau i *Phylip Wydr*, yr enillydd!

Wel ... Wn i ddim pryd y buaswn yn cael y cyfle i yfed Malbec ar lethrau unrhyw fynydd – ond mae'r syniad am ddihangfa fel hyn wedi cydio ynof fi! Efallai, ryw ddydd, y bydd cyfle i wneud yr un peth, ond am y tro ... bydda i'n canu'r gân yn fy mhen bob dydd!!

Sylwadau Ynyr Roberts am y ceisiadau eraill yn nhrefn yr wyddor
Blaidd-ddawnsiwr, 'Cyn i'r gân fynd yn hen': Dyma'r gân gyntaf i ni wrando arni o'r 20 sy'n cystadlu am Dlws Sbardun eleni. Cân sydd wedi creu argraff fawr ar y ddau ohonom. Mae'r geiriau yn gywrain ac ôl gwaith crefftus

arnynt: delweddau fel 'gad y nodwydd ar y record ... Gad y gân ein tywys ffwrdd ... cyn i'r gân fynd yn hen' yn rhoi darlun clir o ystyr y gân. Mae hi ymysg y ffefrynnau yn sicr – ac efallai mai'r unig rwystr iddi beidio â dod i'r brig oedd bod caneuon eraill yn y gystadleuaeth yn cynnig ychydig o amrywiaeth yn ffurf y gân. Gobeithio bydd y cyfansoddwr yn dal ati ac y byddwn yn clywed y gân hon eto ar albwm yn y dyfodol.

Blindboy, 'Roced': Cân chwareus â digon o gymeriad – a'i gwreiddiau mewn canu gwlad dw i'n siŵr. Mae rhywbeth ffresh am y gân hon. Dw i'n siŵr y byddai'n gweithio mewn gig byw. Mae ceisiadau safonol iawn ymysg yr 20 sy'n cynnig am Dlws Sbardun eleni; yn anffodus, felly, doedd 'Roced' ddim cweit yn cyrraedd y nod, gydag ambell linell yma a thraw yn y gân yn cael ei brysio, a thiwn y gân heb fod mor gofiadwy â rhai o'r caneuon eraill.

Cacwn, 'Bydd dy hun': Cân syml, annwyl a chofiadwy iawn. Tybiaf ei bod wedi ei hysgrifennu o bersbectif rhiant yn siarad am blentyn. Mae'r lleisiau sy'n canu'r gân yn asio yn hyfryd; mae trefniant a neges y gân yn hyfryd. Mae'r defnydd o gordiau lleddf a llon yn esmwyth. Weithiau nid y recordiadau o'r safon uchaf sy'n ennill: mae'r gân hon yn esiampl wych o hynny ... demo syml ond effeithiol.

Cae Gwanwyn, 'Hwylio rownd yr haul': Mae teimlad cŵl a hyderus iawn i'r gân, gan fy atgoffa o Oasis yn eu hanterth: 'Whatever', 'Champagne Supernova', 'The Masterplan' ayyb. Mae trefniant y *cellos* yn gweddu'n dda yng nghyd-destun y gân hefyd a'r gytgan anthemig yn coroni'r cwbl. Alaw ddigon crefftus ond roeddwn yn teimlo nad oedd yma ddatblygiad yn ffurf yr alaw a fyddai'n codi'r gân i lefel arall. Dalied ati!

Deulais, 'Deg Peth': Cân araf a phwyllog. Baled gospel/canu gwlad. Cais cryf yn y gystadleuaeth. Mae'r gwaith o blethu'r geiriau i mewn i'r alaw gref wedi ei wneud yn gampus. Gyda cheisiadau cryf am y Tlws eleni, efallai mai gwendid 'Deg Peth' ydy bod caneuon eraill yn cynnig ychydig mwy o amrywiaeth yn y cordiau a'r melodïau.

Dôl Gûn, 'Dal i obeithio': Cân sydd wedi cael ei threfnu'n dda. Dyma grefftwr wrth ei waith a phleser oedd gwrando ar y gân hon. Roeddwn yn hoff iawn o sut mae'r riff chwareus yn eiliadau cyntaf y gân yn ymddangos drwy'r gân, yn yr offeryniaeth, a hefyd ym melodi'r llais o bryd i'w gilydd. Mae strwythur da i'r gân a digon o amrywiaeth, sydd wedi gwneud y profiad o wrando arni yn un pleserus. Da iawn a dalied ati!

Glan Dulyn, 'Y Capel ar y Chwith' (1900-1903): Roedd rhywbeth hyderus, safonol am y gân hon a oedd yn rhoi lot o foddhad i ni fel gwrandawyr wrth glywed crefftwr wrth ei waith. O eiliadau cyntaf clywed y gân, roeddwn yn gwybod y byddai 'Y Capel ar y Chwith' yn cyrraedd y tri uchaf. Mae'r gân yn mynd â'r gwrandawr ar siwrne – y geiriau yn llifo dros alawon a chordiau hyfryd yn amrywio mor ddidrafferth rhwng rhai llon a lleddf. Gwych iawn!

Glan Dulyn(2), 'Cariad, Cytgord a Chân': Yn debyg i'r gân flaenorol, mae'n bosib mai'r un cyfansoddwr sydd wrth y llyw, ond yn wahanol i 'Y Capel ar y Chwith' efallai nad oes yr un amrywiaeth, dim yr un newid cordiau slic yn y gân hon. Mae'r profiad yn fwy uniongyrchol wrth wrando ar hon ac efallai nad yw'n disgleirio fel cynnig blaenorol y cyfansoddwr. Er dweud hynny, mae'n gân o safon ac, o bosib, yn gân berffaith i gloi catalog o ganeuon efallai. Buaswn i'n argymell i'r cyfansoddwr/artist ryddhau'r caneuon yn bendant.

Ifor Eirwyn, 'Rory ar y gitâr': Rydyn ni'n tybio mai cân roc yn deyrnged i Rory Gallagher yw hon – a'r gitarydd hwnnw o'r grŵp Taste yn ddylanwad ar y cyfansoddwr a'r recordiad. Gyda cheisiadau cryf am y Tlws eleni, efallai mai gwendid 'Rory ar y gitâr' ydy bod caneuon eraill yn cynnig ychydig mwy o amrywiaeth yn y cordiau a'r melodïau ac yn fwy cofiadwy neu'n cynnig rhywbeth arbennig sydd wedi gwneud yr enillydd ychydig yn fwy 'disglair' na phawb arall.

Iwan-Orig, 'Gobaith mewn Cariad': Baled bwerus yn arddull *blues/rock*. Rwy'n hoff iawn o'r angerdd sydd yn y perfformiad. Mae tân yng nghalon y cyfansoddwr sy'n gwneud yn siŵr bod y gwrandawr yn cymryd sylw o'r geiriau. Gyda cheisiadau cryf am y Tlws eleni, efallai mai gwendid rhoi cân fel 'Gobaith mewn Cariad' mewn cystadleuaeth fel hon, ydy bod caneuon eraill efallai wedi'u teilwra i gynnig ychydig mwy o amrywiaeth o ran melodïau.

Lelog: 'Clirio'r llanast i gyd?': Cân sionc, fywiog a digon o hwyl ynddi. Roeddwn yn hoff iawn o'r felodi sy'n gwau drwy'r tair munud o'r recordiad. Mae'r profiad o wrando ar y stori go drafferthus yn wrthgyferbyniad difyr i naws llon y gerddoriaeth. Roedd arddull sioe gerdd i'r gân yn rhywbeth gwahanol i'r ceisiadau eraill yn y gystadleuaeth. Os am geisio eto mewn cystadleuaeth fel hon, efallai y dylid cymryd ychydig mwy o ystyriaeth o sut mae geiriau yn gorwedd ar felodi. Ymgais ddifyr yn llawn delweddau cryf. Dalied ati!

Maud, 'Aur': Stori ar gân. Fel ambell gais arall yn y gystadleuaeth hon, dw i'n gwybod y buasai'r gân yn gweithio'n dda fel cân i gloi albwm. Teimlaf fod 'na felodïau a syniadau gwych yn y gân ond yn gorfod tyrchu'n ddwfn i ddod o hyd iddyn nhw. Mae trefniant y gân yn hyfryd a phob lwc i'r cyfansoddwr/ artist os byddant yn mynd â'r gân ymhellach – a'i rhyddhau – yn y dyfodol.

Morannedd, 'Caedefaidty': Wedi mwynhau gwrando ar y gân hon: digon o fynd ynddi. Mae llawer o ganeuon gwerin wedi cael eu cyflwyno i'r gystadleuaeth hon, felly braf cael cân roc ysgafn llawn melodi. Mae'r alaw yn fachog a stori ddigon difyr tu ôl i'r gân. Gydag alawon cofiadwy drwyddi draw a thechnegau i strwythuro'r gân yn y recordiad yn eitha 'amlwg' ac ystrydebol (sy'n gweithio i'r dim yma), efallai y byddai cân fel hon wedi cael gwell hwyl mewn cystadleuaeth debyg i Cân i Gymru? Dalied ati!

Pat Roberts, 'Y llygaid yn y gwydr': Cân hyfryd gyda geiriau da: mae'r perfformwyr wedi dal ysbryd y gân yn dda a hyn yn gwneud i'r gwrandawyr fynd ar siwrne gyda nhw. Ceir teimlad sianti i'r gân, ac mae'n debyg mai'r unig gân i gynnig ffurf/amseriad 6/8. Mae'n gân hyfryd a hawdd gwrando arni – ond fel ambell gynnig arall yn y gystadleuaeth hon, efallai fod neges y gân yn debyg ac yn ystrydebol, a ddim wedi dal fy nychymyg fel ceisiadau eraill. Mae'r gân wedi ei threfnu'n dda iawn.

Rhiannon, 'Eira': Cân werin hyfryd a swynol. Mae llais *Rhiannon* yn gweddu i'r arddull gwerin yn fawr a gobeithiaf glywed mwy gan yr artist yn y dyfodol. Roedd yn hawdd ymgolli yn y gân hon a'i neges ddirdynnol yn un y gall llawer o bobl uniaethu â hi. Fel llawer o ganeuon gwerin, mae'r trefniant yn syml ac effeithiol. Efallai bod y trefniant a'r arddull yn rhy syml i'r gystadleuaeth hon – ond dyma ymdrech dda.

Rhiannon (2), 'Llynnoedd Coed': Yn debyg i gân arall a ddaeth i'r gystadleuaeth gan *Rhiannon*, dyma gân werin swynol. Mae yma neges berthnasol ac un i uniaethu â hi eto. Y tro hwn efallai nad ydy'r alaw na'r strwythur cystal ag 'Eira' – ond diolch am ein swyno gyda llais a chân hyfryd.

Sian Francis, 'My Mro': Cân gyda strwythur da a neges gref. Mae wedi ei chrefftu'n dda. Cân sy'n glod i'r cyfansoddwr. Baled bwerus sy'n nodweddiadol o gerddoriaeth y 1980au. Mae'n sentimental iawn – ac weithiau mae sentiment yn taro tant gydag unrhyw un a fydd yn gwrando, ac eisiau cysur, ac yn hoff o'r math yma o gerddoriaeth.

Stacwr, 'Ystumllwynarth': Cân werinol, cordiau syml, canu clod i ardal a phentref sy'n amlwg yn agos at galon y cyfansoddwr. Mae'n fy atgoffa o fandiau gwerin poblogaidd Cymru – yr Hennessys a Mynediad am Ddim – mae'r gân yn adloniant pur. Ond yn aml gyda'r math hwn o gerddoriaeth mae'n rhywbeth sydd wedi cael ei glywed nifer fawr o weithiau. Mae'n siŵr y bydd yn gân dda ar gyfer band. Daliwch ati i fwynhau!

Stacwr(2), 'Tafarn enwog y Preseli': Cân hwyliog iawn – eto yn debyg i steil gwerin y grŵp Mynediad am Ddim. Mae'n gân lawen sy'n canu clod i dafarn arbennig ac yn paentio darlun o rywle nodweddiadol! Trefniant syml iawn, ond llawn hwyl. Mae'n siŵr y bydd y gân hon yn 'ffefryn byw' i'r grŵp yn y dyfodol.

Sylwadau Mei Gwynedd am y ceisiadau yn nhrefn yr wyddor

Blaidd-ddawnsiwr, 'Cyn i'r gân fynd yn hen': Hoffais y llais yn fawr; roedd yn swnio'n debyg iawn i hen ffrind, Dyfrig Topper. Hoffais y naws canu gwlad a'r geiriau clyfar. Hoffais hefyd strwythur y penillion, ond efallai y buasai'r gytgan yn gallu sefyll allan ychydig bach mwy – cadw at y cordiau llon/mwyaf neu rywbeth i'w chael yn fwy dyrchafol? Os bydd y cerddor hwn yn cario 'mlaen i ysgrifennu, yn sicr bydd yn *hit* bytholwyrdd. Caria 'mlaen.

Blindboy, 'Roced': Penillion braidd yn hirwyntog, ond hoffais y gytgan yn fawr, yn enwedig yr odl efo 'roced' a 'bydysawd'. Yr organ geg yn ychwanegu at yr arddull canu gwlad.

Cacwn, 'Bydd dy hun': Llais y bachgen a'r ferch yn gweddu yn neis: mi ddois i hoffi hon fwy a mwy. Cytgan fachog sy'n aros yn y cof a threfniant syml, ond effeithiol.

Cae Gwanwyn, 'Hwylio rownd yr haul': Eto'n swnio fel Dyfrig Topper – yr un cyfansoddwr â chân 'Cyn i'r gân fynd yn hen'. Ond roeddwn yn ei hoffi'n fawr, a buasai'n well gen i ei chlywed wedi ei recordio efo dim ond gitâr a llais. Llais cryf. Y bachyn yn gweithio'n dda: 'Hwylio rownd yr Haul'.

Deulais, 'Deg Peth': Neis cael sain piano yn lle gitâr. Mae yna elfen gospel i hon – a chlywed ychydig bach o 'Rose Of My Heart', Johnny Cash ynddi, sy'n beth da! Hon oedd y gân gyntaf i mi wrando arni, a buaswn yn ei chofio i'w chanu'n ôl. Cais cryf, a geiriau da i fynd efo alaw gofiadwy.

Dôl Gûn, 'Dal i obeithio': Cychwyn yn addawol iawn, gyda dylanwadau Celt (Band Bethesda) – swnio fel dau lais efallai? Ond mae'r gân yn cwympo yn rhywle. Efallai bod alaw pedair llinell y penillion yn debyg iawn – dan ni'n cael ychydig o botensial yn y pontydd, ond y gytgan yn disgyn ychydig yn fflat, mae arna i ofn.

Glan Dulyn, 'Y Capel ar y Chwith': Hoffais y trefniant, a'r llinynnau yn swnio'n hyfryd. Roeddwn yn hoff o'r geiriau sydd yn creu darlun – Bethesda efallai? Ac roeddwn yn hoffi'r cyffyrddiadau fel Bryn Berfa (llysenwau). Doeddwn i ddim yn rhy siŵr o'r newid tempo yn y gân, ond gall hon weithio yn iawn gyda threfniant (e.e. 'Fairy Tale Of New York'). Cais cryf, yn dangos dawn ysgrifennu aeddfed. Uchel ar y rhestr.

Glan Dulyn (2), 'Cariad, Cytgord a Chân': Cân bop hawdd gwrando arni – eto, geiriau sydd yn disgrifio cymuned, a chreu darlun diddorol. Hoffais yr alaw – a strwythur ychydig bach bach yn wahanol, lle mae geiriau gwahanol ym mhob cytgan, ond efo bachyn ar y diwedd, sydd yn eitha effeithiol.

Ifor Eirwyn, 'Rory ar y gitâr': Cân arddull roc (sy'n braf i'w chlywed) am Rory Gallagher. Mae'n *uptempo*, gydag unawd wych, ac yn siŵr o fod yn arwr i'r cyfansoddwr. Mae'r penillion yn arbennig iawn; roeddwn i'n disgwyl clywed cytgan ychydig yn fwy bachog – os oedd cytgan yma o gwbl?

Iwan-Orig, 'Gobaith mewn Cariad': Eto, cân canwr-gyfansoddwr – ac wedi clywed y cordiau hyn sawl tro erbyn hyn. Yn sicr mae rhywbeth yn y gytgan, ond tydy hi ddim yn ddigon cryf i gadw sylw. Llais digon da.

Lelog, 'Clirio'r llanast i gyd?': Mae gan y gyfansoddwraig hon dalent – a dyfodol disglair – ac mae'r gân hon yn dipyn o newid o'r arddulliau canwr-gyfansoddwr niferus sydd yn y gystadleuaeth. Ond nid hon yw'r gân i'r gystadleuaeth hon: mae'n dipyn mwy o sioe gerdd sydd yn mynd o un lle i'r llall.

Maud, 'Aur': Llais da, geiriau eitha diddorol, ond does dim i'm tynnu i mewn i'r gân, e.e. lle mae'r gytgan, neu'r bachyn? Teimlaf ei bod braidd yn llwybro yn ddigyfeiriad – gresyn am hynny.

Morannedd, 'Caedefaidty': Wedi ei chynhyrchu gyda mwy o offerynnau, byddai hon yn gwneud yn iawn yng nghystadleuaeth Cân i Gymru! Mae'r gytgan yn dderbyniol, ond does dim angen 'Caedefaidty' eto hanner ffordd drwy'r gytgan. Mae'r trefniant yn *cheesy*; efallai y byddai'n braf ei chlywed heb fod cweit 'mor Cân i Gymru'!

Pat Roberts, 'Y llygaid yn y gwydyr': Teimlad Gwyddelig, yn hwylio'n braf ar ffurf 6/8. Hoffais y ffidil, a dychmygu clywed Shane MacGowen yn ei chanu! Dydw i ddim yn rhy siŵr o'r gytgan – byddai'n braf clywed 2/3 pennill arall, ond gyda chytgan well.

Phylip Wydr, 'Malbec ar y Mynydd': Fy hoff deitl – a hoff gytgan hyd yn hyn. Rhaid cyfaddef, ar y cychwyn roeddwn yn poeni i ble roedd hon am fynd, gan ei bod yn swnio'n hen ffasiwn ac yn disgwyl clywed llais rhywun fel Rhys Meirion! Ond dan ni'n cael cytgan hyfryd, ac mae'r gân yn rhoi mwy o deimlad o Endaf Emlyn i mi. Mae yma eiriau bach digon diddorol. Cais cryf arall sydd yn siŵr o fod agos i'r brig.

Rhiannon, 'Eira': Dw i'n cael y teimlad fod y gân hon wedi cael ei thaflu i mewn i'r gystadleuaeth ar y funud olaf!

Rhiannon (2), 'Llynnoedd Coed': Llais hyfryd – ond popeth ychydig bach yn rhy syml. Does dim o'i le gyda symlrwydd mewn cân, ond tydy hi ddim yn dal sylw digon.

Sian Francis, 'My Mro': Cân eitha hen ffasiwn eto, ond gyda'i lle yn y gystadleuaeth. Dw i'n hoffi'r geiriau ac maen nhw'n llifo'n braf – gydag ystyr i mi. Ceir y teimlad nad yw'r gân yn mynd i unlle braidd, ond braf clywed cytgan eitha cryf eto.

Stacwr, 'Ystumllwynarth': Cân ddigon hwyliog. Braf clywed am ardal Gŵyr, a da iawn am ffitio 'Ystumllwynarth' i mewn i'r gytgan! Dw i ddim yn meddwl mai hon yw'r orau, ond hoffais y geiriau syml, sy'n creu darlun bach o fro y cyfansoddwr.

Stacwr (2), 'Tafarn Sinc': Roeddwn yn hoff o hon: arddull Sbardun i'r dim! Efallai nad dyma'r gân orau eto, a dim y llais gorau, ond mae yma lot o hwyl, a gallaf weld y potensial i gynhyrchu cân hwyliog iawn yma. Mae'n gwneud i mi fod eisiau peint bach mewn tafarn yn y wlad!

Adran Dawns

Cyfansoddi dawns addas i grŵp o ddawnswyr profiadol ar ffurf tri chwpl

Anfonir y dawnsiau sy'n cael eu cymeradwyo gan y beirniad at Gymdeithas Genedlaethol Dawns Werin Cymru gyda'r bwriad o'u cyhoeddi

BEIRNIADAETH RHODRI JONES

Tair dawns yn unig a dderbyniwyd i'r gystadleuaeth hon. Roedd gofynion y gystadleuaeth yn agored iawn: dawns i dri chwpl o ddawnswyr profiadol; felly, siom oedd y ffaith i gyn lleied ymgeisio. Y brif gamp oedd penderfynu ar y dehongliad o'r gair 'profiadol' a gosod y ddawns yn ei chyd-destun cywir. Tra gwahanol oedd dehongliad y tri ymgeisydd. Er bod y naws yn wahanol i'r tair maent oll â'u cryfderau a'u haddasrwydd ar gyfer dawnswyr profiadol. Mae un yn syrthio i gategori dawns twmpath gydag ychwanegiadau diddorol. Syrth yr ail yn syth i'r categori hwnnw sydd angen dawnswyr profiadol i'w pherfformio. Serch hynny, teimlaf y bydd y ddawns hon yn cael ei defnyddio'n achlysurol mewn twmpathau gan ddawnswyr Cymru wedi iddi gael ei mireinio ychydig. Mae'r trydydd ymgais yn dilyn patrwm dawnsiau Llangadfan; hynny yw, tair adran a thair rhan i bob adran ac yn bendant yn ddawns arddangos yn hytrach na dawns twmpath.

Y ddawns gyntaf, 'Ffair y Rhondda' gan *Mair*. Dawns hwyliog ond heb unrhyw alaw wedi ei chlustnodi ar ei chyfer ond nodir taw jig o 40 bar fyddai angen ar gyfer ei pherfformio. Ceir cyfarwyddiadau eglur a hawdd eu dilyn er efallai y gellid cynnwys 'cwrdd a throi llaw dde gyda'r partner' yng nghymal B2 a nodi 'promenâd gwrthgloc' i ddechrau B1 a C1. Confensiwn ym myd y ddawns werin Gymreig erbyn hyn yw galw 'partner' yn 'gymar'; felly, cyn cyhoeddi'r ddawns, dylai *Mair* sicrhau fod y confensiwn hwn yn cael ei ddilyn. Mater bach yw hyn er hynny.

Yr ail ddawns, 'Penbleth Parc Watford' gan *Bleddyn*. Dawns hwyliog arall wedi ei phriodi â'r alaw 'Glannau'r Wysg', jig 48 o fariau ac mae'n siŵr y gellid ychwanegu jigiau addas eraill ar ei chyfer. Mae'r ddawns yn ei hanfod yn eithaf syml ond oherwydd ei bod yn newid cyfeiriad bob tro trwyddi mae angen cryn brofiad i'w chwblhau'n gywir. Un o broblemau mawr y ddawns hon yw bod angen mynd trwyddi bedair o weithiau er mwyn arddangos i bob cyfeiriad a heb orffen yn y safle gwreiddiol, h.y. yr uned yn wynebu i fyny'r gofod dawnsio. Er hyn, mae'r ddawns yn dangos dychymyg a dyfeisgarwch.

Efallai y gellid addasu B2 y tro olaf trwy'r ddawns, h.y. y pedwerydd tro, er mwyn ei chwblhau yn lân.

Y drydedd ddawns, 'Dawns y Cnapan' gan *Cryngae*. Eto, dawns hwyliog wedi ei gosod i ddawnsio i'r alaw 'Merched y Garth', jig 48 o fariau. Dawns wedi ei dyfeisio er mwyn ei harddangos gan barti o ddawnswyr profiadol yw hon. Mae'r ddawns wedi ei chreu'n gelfydd a'r tri chwpl yn cael y cyfle i arwain y ddawns. Mae'r adrannau yn dilyn yr un patrwm, h.y. cyfarch, cylchoedd a phlethiadau a'r rhain yn llifo'n rhwydd i'w gilydd ac yn cadw undod y cyfanwaith. Mae'r ddawns yn symud i uchafbwynt yn y drydedd adran lle bo'r bleth olaf yn bleth ddwbl. Mae'r cyfarwyddiadau yn eglur ac yn hawdd i'w deall a'r nodyn ar ddiwedd y cyflwyniad yn ddiddorol.

Mae'r tair dawns, er yn wahanol iawn i'w gilydd, yn haeddu cael eu dawnsio gan ddawnswyr Cymru. Mae iddynt, bob un, eu rhinweddau, ond eleni, oherwydd ei cheinder a'i hadeiladwaith celfydd mae'r wobr yn mynd i *Cryngae* am 'Dawns y Cnapan'.

Adran Gwyddoniaeth a Thechnoleg

Erthygl Gymraeg i unigolyn neu grŵp

Cyflwyno erthygl sydd yn gysylltiedig â meysydd Gwyddoniaeth, Technoleg, Peirianneg, Mathemateg neu Feddygaeth (STEMM) i gynulleidfa eang, heb fod yn hwy na 1,000 o eiriau. Croesewir y defnydd o dablau, diagramau a lluniau amrywiol. Sylwer y dylid cydnabod gwaith awduron eraill lle bo'n briodol. Ystyrir cyhoeddi'r erthygl fuddugol mewn cydweithrediad â'r cyfnodolyn *Gwerddon*

....

HYDROGEN – TANWYDD Y DYFODOL?

Yn 1842, datblygwyd y gell tanwydd hydrogen gyntaf gan William Grove, Cymro a anwyd yn Abertawe. Ers hynny mae defnyddio hydrogen wedi bod yn ymylol, efo tanwyddau ffosil yn cael eu ffafrio ar gyfer y rhan helaeth o gymwysiadau. Ond heddiw yn 2024, wrth i sawl gwlad ystyried y ffordd orau i gyflawni eu hymrwymiadau 'sero net', mae hydrogen yn cael sylw eto fel tanwydd amgen.

Yng Nghymru, mae'r llywodraeth wedi ymrwymo i gynhyrchu a defnyddio mwy o hydrogen[1] ac mae Llywodraeth y Deyrnas Unedig hefyd wedi ymrwymo i gynyddu capasiti i gynhyrchu 10GW o hydrogen erbyn 2030.[2] Ledled y byd, mae cyfanswm o 41 o wledydd wedi mabwysiadu strategaethau hydrogen fel rhan o'u cynlluniau sero net.[3]

Sut mae cynhyrchu hydrogen?

Yn draddodiadol, cynhyrchwyd hydrogen mewn adwaith rhwng methan ac ager mewn proses a elwid yn 'steam reforming' (sef 'hydrogen llwyd'). Y drafferth efo'r broses hon yw fod carbon yn cael ei ryddhau. Os yw hydrogen am fod yn danwydd amgen i'n harwain at sero net, mae angen proses lanach i gynhyrchu hydrogen. Yn ffodus mae'r fath broses yn bod. Rydym yn gyfarwydd efo'r broses hon o'n gwersi gwyddoniaeth yn yr ysgol – electrolysis dŵr!

$$Catod: 4H^+ + 4e^- \rightarrow 2H_2$$

$$Anod: 4OH^- \rightarrow 2H_2O + O_2 + 4e^-$$

Ffigur 1 - Electrolysis dŵr

Os cynhyrchir y trydan sy'n mynd i mewn i'r broses electrolysis drwy ffynonellau adnewyddadwy (e.e. ynni solar, ynni gwynt ayyb), mae'n bosib cynhyrchu hydrogen fel tanwydd di-garbon. Gelwir hydrogen a gynhyrchir drwy'r broses hon yn 'hydrogen gwyrdd', ac mae ffocws mawr ar hyn o fewn strategaethau sero net sawl gwlad.

Hydrogen Llwyd

Cynhyrchir mewn adwaith rhwng ager a methan. Rhyddheir carbon o'r broses.

$$CH_4 + H_2O \rightarrow CO + 3H_2$$

Hydrogen Gwyrdd

Cynhyrchir drwy electrolysis dŵr gan ddefnyddio trydan o ffynonellau adnewyddadwy

Hydrogen Glas

Cynhyrchir o'r un broses â hydrogen llwyd, ond cyfyngir ar allyriadau carbon drwy dechnoleg dal a storio carbon

Hydrogen Pinc

Cynhyrchir drwy electrolysis dŵr gan ddefnyddio trydan o ffynonellau niwclear.

Hydrogen Brown

Cynhyrchir drwy nwyeiddio glo. Rhyddheir carbon o'r broses.

Ffigur 2 - Dulliau o gynhyrchu hydrogen

Defnyddio hydrogen

Efallai mai un o'r enghreifftiau mwyaf cyffredin o ddefnyddio hydrogen yw cynhyrchu gwrtaith (cynhyrchu amonia drwy'r broses Haber-Bosch.) Yn wir, mae sawl prosiect 'amonia gwyrdd' yn seiliedig ar ddefnyddio hydrogen gwyrdd ar gyfer y broses hon yn symud yn eu blaenau ledled y byd erbyn hyn.[4]

Ond er mwyn pontio'r bwlch at sero net, mae defnyddio hydrogen yn cael ei hyrwyddo ar gyfer sawl cymhwysiad newydd, er enghraifft y diwydiannau trwm (megis cynhyrchu dur), pŵer a chludiant (gan gynnwys yn y diwydiant awyrennau).[5] Difyr hefyd yw gweld bod bysys wedi'u pweru gan hydrogen wedi bod yn cael eu treialu yn ardal Abertawe yn ddiweddar.[6]

Mae hydrogen hefyd wedi derbyn ystyriaeth ar gyfer gwresogi tai. Er bod hyn wedi'i gynnwys yn strategaeth Llywodraeth y Deyrnas Unedig, mae ymdrechion i dreialu hyn mewn 'pentrefi hydrogen' wedi wynebu gwrthwynebiad (e.e. yn Redcar yng ngogledd Lloegr).[7]

Heriau i'r diwydiant

Er ei fod yn ymddangos yn addawol, mae'r diwydiant hydrogen gwyrdd yn wynebu sawl her. Gellid dadlau bod diffyg effeithlonrwydd y broses yn cyfrif yn ei herbyn ar gyfer sawl cymhwysiad gan fod ynni yn cael ei golli ar ffurf gwres fel rhan o'r broses electrolysis.[8]

Mae hyn yn berthnasol iawn o ran gwresogi tai. Mae pympiau gwres yn medru gwneud defnydd o drydan yn uniongyrchol i wresogi adeilad, felly pam defnyddio hydrogen, sydd wedi cael ei gynhyrchu mewn modd llai effeithlon ac uniongyrchol? Gellir gofyn cwestiwn tebyg ynglŷn â cheir, lle mae opsiwn amgen i'w gael efo ceir trydan.

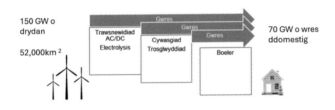

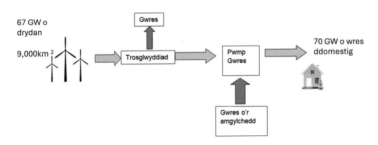

Ffigur 3 - Effeithlonrwydd hydrogen gwyrdd i wresogi tai o gymharu efo pympiau gwres[9]

Her arall i'r diwydiant hydrogen gwyrdd yw'r galw am ddŵr. Am bob cilogram o hydrogen a gynhyrchir mewn electroleiddiwr, mae angen 9 litr o ddŵr. Ond mae hefyd angen ystyried yr angen am ddŵr oeri a'r angen i ddadfwyneiddio'r dŵr cyn ei fwydo i'r electroleiddiwr. Mae'r angen am ddŵr, felly, yn sylweddol, ac amcangyfrifwyd mewn rhai achosion eithafol fod angen cymaint â 177 litr o ddŵr ar gyfer pob cilogram o hydrogen sy'n cael ei gynhyrchu.[10]

Wrth i fwy o brosiectau hydrogen gael eu hyrwyddo, mae rhai yn pryderu nad yw'r mater ynglŷn â chyflenwi dŵr i'r diwydiant hydrogen wedi derbyn ystyriaeth lawn. Mae cwmni dŵr Anglian Water wedi derbyn nifer o geisiadau am gyflenwi dŵr ar gyfer prosiectau hydrogen, sy'n gwneud cyfanswm o 5% o allbynnau dŵr y cwmni.[11] Difyr yw gweld cwmnïau dŵr yn dechrau ystyried integreiddio technolegau hydrogen efo'u prosesau dŵr fel rhan o'u strategaethau sero net hwythau. Enghraifft dda o hyn yw'r prosiect 'lleihau carbon triphlyg' a arweiniwyd gan Anglian Water sy'n bwriadu bwydo elifiant o weithfeydd dŵr gwastraff i electroleiddiwr, a defnyddio'r ocsigen a hydrogen a gynhyrchwyd ohono ar gyfer eu prosesau trin dŵr.

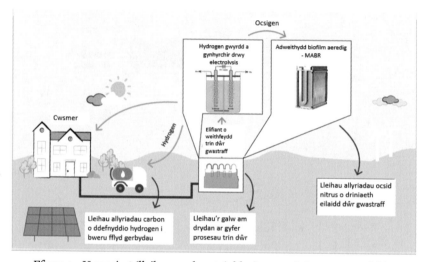

Ffigur 4 - Y prosiect 'lleihau carbon triphlyg' a arweinir gan gwmni dŵr Anglian Water[12]

Mae Dŵr Cymru hefyd wedi bod yn ymchwilio sut y gall integreiddio cynhyrchu hydrogen i'w prosesau trin dŵr. Maent yn bwriadu defnyddio 'biomethan' a gynhyrchir mewn treulwyr anaerobig, a'i drawsnewid i hydrogen drwy 'steam reforming' gan ddal a storio unrhyw garbon a gynhyrchir (hydrogen 'glas' yn hytrach na hydrogen 'gwyrdd').[13]

Dyfodol Hydrogen
Mae'n edrych yn weddol sicr, felly, y bydd gan hydrogen ryw ran i'w chwarae wrth i'r byd drawsnewid tuag at sero net. Ond o ystyried yr heriau sy'n wynebu'r diwydiant, mae'n amlwg nad hydrogen ar ei ben ei hun yw'r fwled aur i ddatrys cynhesu byd-eang.

Haws yw gweld hydrogen fel rhan o gymysgedd ynni sy'n cyd-fynd â nifer o ffynonellau a thechnolegau eraill, efo hydrogen yn cael ei ddefnyddio at gymwysiadau wedi eu targedu lle nad oes ffynhonnell amgenach. Efallai mai'r cymwysiadau mwyaf tebygol lle gallwn weld defnydd helaeth o hydrogen yn y dyfodol yw o fewn y diwydiannau trwm (megis cynhyrchu dur), dulliau cludiant trwm (e.e. diwydiannau hedfan a llongau) ac fel modd amgen o storio ynni a sefydlogi gridiau pŵer. Gellir hefyd weld hydrogen gwyrdd yn cyd-fynd efo ffynonellau ysbeidiol o gynhyrchu ynni (e.e. solar a gwynt) fel dull o storio ynni mewn achosion lle mae gormodedd ohono ar gael.

Beth bynnag a ddaw, difyr yw gweld bod hydrogen (ac ymdrechion William Grove) wedi dychwelyd i fod yn berthnasol yn ein byd ni unwaith eto!

Cyfeiriadaeth

[1] Llywodraeth Cymru, 'Hydrogen yng Nghymru: Llwybr a chamau nesaf ar gyfer datblygu'r sector ynni hydrogen', 2021.

[2] Department for Energy, Security & Net Zero, 'Hydrogen Strategy Delivery Update', 2023.

[3] International Energy Agency, 'Global Hydrogen Review', 2023.

[4] Argus (Andrea Valentini), 'Green shift to create 1 billion tonne 'green ammonia' market?' 2020.

[5] Cranfield Aerospace, 'Delivering zero-emissions for global aviation'.

[6] Hyppo, 'Hydrogen transport trials underway' (https://hyppo.co.uk/news/hydrogen-transport-trials-underway/).

[7] BBC News, 'Redcar hydrogen trial scrapped by government'. [https://www.bbc.co.uk/news/articles/c842wzn9g350]. 2023.

[8] Gareth Richardson, 'Electrolyser Efficiency' [Erthygl Linkedin, https://www.linkedin.com/pulse/electrolyser-efficiency-gareth-richardson].

[9] David Cebon, 'Is energy efficiency important for heating systems?' [Erthygl Linkedin, https://www.linkedin.com/pulse/energy-efficiency-david-cebon?trk=public_profile_article_view].

[10] Arup, Australian Department of Climate Change, Energy, the Environment and Water, Australian Hydrogen Council, 'Water for Hydrogen', 2022.

[11] Utility week, 'Anglian warns of huge water demand from hydrogen'. (https://utilityweek.co.uk/anglian-warns-of-huge-water-demand-from-hydrogen/).

[12] Anglian Water (Giulia Pizzagalli), 'Triple Carbon Reduction General Overview.'

[13] Dŵr Cymru/Costain, 'HyValue – Hydrogen from Biogas' (https://waterinnovation.challenges.org/wp-content/uploads/sites/3/2024/03/HyValue-slides-for-SPRING-21.03.24.pdf).

Disgybl y gelli

Tair ymgais yn unig a ddaeth i law, y nifer isaf (heblaw am un achlysur) tros y degawd diwethaf.

Ymysg amodau'r gystadleuaeth cofnodir y dylai'r erthygl fod yn addas ar gyfer cynulleidfa eang ac y caiff ei hystyried ar gyfer ei chyhoeddi mewn cydweithrediad â'r cyfnodolyn *Gwerddon*. Yn eu hanfod, gogwyddo at gyrraedd cynulleidfa eang wna'r tri ymgeisydd yn hytrach na chyflwyno traethodau academaidd.

Dyma ychydig sylwadau ar y gwaith a dderbyniwyd.

Disgybl y gelli, 'Hydrogen – tanwydd y dyfodol?': Dyma destun amserol. Cyflwyna'r awdur grynodeb o ddulliau cynhyrchu hydrogen a'r modd y gall 'hydrogen gwyrdd' gyfrannu at gyflawni ymrwymiadau 'sero net'. Amlinellir yr heriau sy'n wynebu diwydiant wrth ymateb i'r her cyn cloi gyda sylwadau'r awdur am y modd y gwêl ddyfodol hydrogen fel tanwydd amgen. Braf gweld cydnabyddiaeth i arloeswr y gell danwydd – y Cymro William Grove. Mae'r erthygl yn ddarllenadwy ac yn llifo'n rhwydd. Hoffais ei strwythur gyda'r defnydd o isbenawdau i dywys y darllenydd. Cyflwynir diagramau destlus a manwl ond byddwn yn croesawu ychydig mwy o sôn yn y testun am yr hyn y maent yn ei ddarlunio.

Myrddin, 'Diabetes – problem gynyddol': Gydag eglurhad cryno o hanfodion clefyd siwgr amlinella'r erthygl y problemau a gwyd oni chaiff ei drin, y symptomau cyffredin, y dulliau o'i ganfod mewn claf a'r triniaethau ar ei gyfer. Tynnir sylw at ffyrdd o fyw sydd yn debygol o arwain at ddiabetes math 2 ac at yr ystadegau (gydag un graff) sydd yn arddangos twf y math hwn yn y degawdau diwethaf. Cafwyd crynodeb cymen gan yr awdur, er y byddid wedi elwa o ddarllen y broflen yn fwy gofalus. Cyfeirir at ddull newydd gan Lywodraeth Cymru a rhaglen newydd Gwasanaeth Iechyd Lloegr i wella gofal. Ond trueni na wnaeth yr awdur gloi'r erthygl gyda sylwadau ar ddatblygiadau meddygol sydd yn yr arfaeth a allai wella'n sylweddol gyflwr y rhai sy'n dioddef o'r clefyd.

yr eryr, 'Gorlawnder Gofod': Y cynnydd yn nifer y lloerennau a wibia uwch ein pen yw byrdwn yr erthygl. Cyflwynir hanfodion cynnal lloerennau ar lwybr sefydlog a nodir enghreifftiau o'r newidiadau sydd wedi digwydd tros wyneb y ddaear a gofnodwyd ganddynt tros nifer o flynyddoedd. Trafodir y twf yn nifer y rhai sydd yn cylchdroi'r ddaear (gyda graff a darlun), twf sydd yn prysur gyflymu, ac amlinellir y peryglon megis gwrthdrawiadau a phresenoldeb malurion a ddaw yn sgil hynny. Cyfeirir at gamau yn yr Unol Daleithiau i geisio cwrdd â'r her ond buddiol fyddai crynhoi ar ddiwedd yr erthygl y strategaethau y gellid eu mabwysiadu i ddwyn rheolaeth effeithiol ar y sefyllfa. Erthygl ddifyr ar bwnc nad yw, hyd y gwelaf, yn cael sylw'r prif benawdau. Nid yw'r Gymraeg wastad yn llifo'n esmwyth a dylid bod wedi gwirio'r testun yn fwy manwl.

O'r tair ymgais barnaf taw *Disgybl y gelli* sydd ar y brig ac iddi hi neu ef y dyfernir y wobr.

Dyfeisio ac arloesi

Gall fod yn syniad neu ddyfais hollol newydd neu yn ateb i broblem bresennol mewn unrhyw faes. Gofynnir am geisiadau heb fod yn hwy na 1,000 o eiriau sy'n amlinellu'r syniad. Croesewir y defnydd o dablau, diagramau a lluniau amrywiol. Gall fod yn waith sydd wedi ei gyflawni yn barod neu yn gysyniad newydd

....

BEIRNIADAETH TUDOR THOMAS

Rhoswen: Nid yw'r cyfraniad hwn gan *Rhoswen* yn deilwng ar gyfer gwobr oherwydd nid yw'n ddyfeisgar nac wedi'i gyflawni. Mae offer o'r fath yn bodoli ar ffurf DuoLingo. Yn ogystal, nid yw'r prosiect arfaethedig yn dangos unrhyw dystiolaeth bod y cystadleuydd yn gallu rhoi'r syniad a gynigir ar waith.

Atal y wobr.